U0134702

歴史書
The Histories

歷史書

The Histories

馮 象 譯注

OXFORD

UNIVERSITY PRESS

OXFORD
UNIVERSITY PRESS

Oxford University Press is a department of the University of Oxford.
It furthers the University's objective of excellence in research, scholarship,
and education by publishing worldwide. Oxford is a registered trade mark of
Oxford University Press in the UK and in certain other countries

Published in Hong Kong by
Oxford University Press (China) Limited
39th Floor One Kowloon, 1 Wang Yuen Street, Kowloon Bay,
Hong Kong

© Oxford University Press (China) Limited

The moral rights of the author have been asserted

First Edition published in 2021

All rights reserved. No part of this publication may be reproduced, stored in a
retrieval system, or transmitted, in any form or by any means, without the prior
permission in writing of Oxford University Press (China) Limited, or as expressly
permitted by law, by licence, or under terms agreed with the appropriate
reprographics rights organization. Enquiries concerning reproduction outside
the scope of the above should be sent to the Rights Department,
Oxford University Press (China) Limited, at the address above
You must not circulate this work in any other form
and you must impose this same condition on any acquirer

ISBN: 978-988-877707-5

歷史書
The Histories

馮象 譯注

Impression: I

版權所有，本書任何部份若未經版權持
有人允許，不得用任何方式抄襲或翻印

紀念
董易先生

Dies enim septimus
etiam nos ipsi erimus

是的，那第七天
非我們莫屬

《上帝之城》22:30

目　錄

經書簡字表

希伯來聖經三十九篇

摩西五經

創世記	創	民數記	民
出埃及記	出	申命記	申
利未記	利		

前先知

約書亞記	書	撒母耳記下	撒下
士師記	士	列王紀上	王上
撒母耳記上	撒上	列王紀下	王下

後先知

以賽亞書	賽	約拿書	拿
耶利米書	耶	彌迦書	彌
以西結書	結	那鴻書	鴻
		哈巴谷書	哈
何西阿書	何	西番雅書	番
約珥書	珥	哈該書	該
阿摩司書	摩	撒迦利亞書	亞
俄巴底亞書	俄	瑪拉基書	瑪

聖錄

詩篇	詩	路得記	得
箴言	箴	哀歌	哀
約伯記	伯	傳道書	傳
雅歌	歌	以斯帖記	斯

但以理書	但	歷代志上	代上
以斯拉記	拉	歷代志下	代下
尼希米記	尼		

希臘文次經六篇

多俾亞傳	俾	瑪加伯下	加下
尤迪絲傳	尤	智慧篇	智
瑪加伯上	加上	德訓篇	德

新約二十七篇

馬太福音	太	提摩太前書	提前
馬可福音	可	提摩太後書	提後
路加福音	路	提多書	多
約翰福音	約	腓利門書	門
		希伯來書	來
使徒行傳	徒	雅各書	雅
		彼得前書	彼前
羅馬書	羅	彼得後書	彼後
哥林多前書	林前	約翰一書	約一
哥林多後書	林後	約翰二書	約二
迦拉太書	迦	約翰三書	約三
以弗所書	弗	猶大書	猶
腓立比書	腓		
歌羅西書	西	啟示錄	啟
帖撒羅尼迦前書	帖前		
帖撒羅尼迦後書	帖後		

前　言

　　此書可說是我在癘疫之年的辛勞所得。

　　去年二月《先知書》交稿，開始譯注《歷史書》。那時正值武漢封城，全國支援；美國這邊，航空公司剛發佈改簽和退票公告，一切似乎都是可控的。待到今年四月書稿殺青，因為疫情失控和政治化的操作，世界已經大變——也許永遠地改變了。

　　習慣上，譯注修改完畢，停下來讀幾本書，換換腦筋再作序（導讀）和前言。歷史書（不打書名號，指經書劃分）可討論的問題較多，導讀寫長了，前言就短些，主要談兩點：經書順序和譯名。

　　一、聖書各篇的順序，拙譯從希伯來聖經（詳見本書開頭的“經書簡字表”）。細心的讀者或已發現，這個順序跟流行的教會譯本即基督教舊約，略有不同。例如《路得記》，舊約放在《士師記》和《撒母耳記》之間，屬歷史書；希伯來聖經歸之於聖錄，屬“五小卷”（megilloth），即五篇一組較短的經書：《雅歌》《路得記》《哀歌》《傳道書》《以斯帖記》，會眾傳統上在逾越節、五旬節等五個節期誦讀。舊約的歷史書，《約書亞記》至《列王紀》六卷之外，還有一志兩記：《歷代志》重述聖史；《以斯拉記》和《尼希米記》按猶太傳統，是同一部書的上下卷，講波斯居魯士大帝滅巴比倫之後釋囚（前538），子民回返聖城，重修聖殿再頒聖法等一段歷史。這幾篇，希伯來聖經也歸於聖錄，並以《歷代志》為全書收尾。

　　舊約的內容（正典範圍），基督教各主要教派亦不一樣。新教的舊約同希伯來聖經，天主教和東正教則增加了數篇希臘語“次經”，如《多俾亞傳》《尤迪絲傳》《瑪加伯》《智慧篇》《德訓篇》《巴路克》等。舊約的篇目次序，可以追溯至聖經的第一個（也是最偉大的）譯本，希臘語七十士本，是公元前三世紀中葉至二世紀末，埃及亞歷山大城的猶太學者譯經的豐碑（《創世記》，頁1–3）。當時希臘語是近東各國的行政、外交、商貿和學術共同語。耶穌運動興起後，原始教會走出巴勒斯坦，讀經宣道都用七十士本。面對新宗派迅速成長為新宗教的挑戰和競爭，猶太拉比遂強調"讀原著"，回歸希伯來聖經，棄用七十士本了。

希伯來聖經的結構，大體依照內容與歸典的先後劃分。聖法或摩西五經領頭，接着是眾先知的記述（歷史書和先知書），餘者歸在一處，稱聖錄。七十士本卻是內容跟文體兼顧，而不論歸典先後：前半部分，摩西五經同歷史書，是散文；後半部分詩體為主，即智慧書（《約伯記》《詩篇》《箴言》等）和先知書。

拙譯從希伯來聖經，也有學理上的考量。人神關係的演進，從希伯來聖經到《新約》，其啟示是貫通的。《新約》的編排，明顯套用並對應着希伯來聖經，而非七十士本的順序。福音書載耶穌的言行，相當於摩西五經；《使徒行傳》講耶穌復活升天後，諸門徒的事蹟同保羅傳道，是歷史書；保羅書信及通函，論道辯義批駁謬說，類同先知書；《啟示錄》反思犧牲和苦難，見證新天新地與新人，繼承光大了聖錄的《約伯記》《傳道書》《但以理書》的倫理智慧跟天啟主義理想。聖書的這一大結構的呼應，極具政治神學的意蘊（參閱邁爾斯《上帝傳》），非三言兩語可以概括，容將來另文闡發。

二、譯名，特指人名地名神名等專名的翻譯。西方譯本的慣例是音譯，中文舊譯（如和合本）從之，但並不講求一音一字：以撒（yizhaq）不作以茲哈克，以色列（yisra'el）也不作以斯拉艾爾。我以為這做法是對的。我小時候學過俄語，喜歡俄國文學。覺得俄人的姓和父名的中譯，動輒六七個字，難念難記，不好。原文其實音節不多，詞尾變化（斯基、維奇、索夫、諾娃之類）也不複雜。可是因為俄文輔音豐富，按"規範化"的譯法每個輔音給它一個字，譯名自然就拖沓了。好在希伯來文是閃語，輔音沒那麼"強勢"。

　　拙譯的原則是，專名有選擇地意譯，並注意控制字數。這麼做的好處，一是方便閱讀，二是盡可能地再現/提示原文一些語詞的照應、雙關、隱喻、諧音、反諷等旨趣。當然，普通讀者業已熟悉、約定俗成的不動，如摩西、約書亞、撒母耳、掃羅、大衛、所羅門。這些名字的含義及聯想，便用夾註説明。比如參孫（shimshon），意謂"太陽力士"，對應他戀上的非利士美人兒德麗拉（delilah），"風情萬種"的"黑夜"之女（士16:4）。

　　但是，耶開（yiphtah，"他[耶和華]開[口]"）不作耶弗他/依弗大（和合本/思高本），因為此名頗不尋常，暗示了大士師因貿然許願而不得不獻祭獨生女的悲劇：人向耶和華"開口"所許的願，不能收回。這民間故事風的母題或"橋段"濃縮在了他的名字裏，須以意譯出之（士11:34以下）。

　　再如耶光妻誓女的故事（撒下11章）。耶光（'uriyah）忠勇，人如其名，奉耶和華為生命之光（詩27:1, 56:13）。他沒想到大衛王如此陰險，為了霸佔他的嬌妻，不惜對他，一個在前線殺敵的戰士，下毒手。譯為烏利亞/烏黎雅，主僕之間，義與不義的反差就少了一層。誓女（bath-sheba`），舊譯拔士巴/巴特舍巴，在故事裏始終沉默着，除卻有了身孕後給國王帶過一句話：我懷孕了。聖言儉省，我們不知道她的想法和感情。但大衛就開始算計她的男人，踏入黑暗的罪途。

　　當她第二次被聖書記錄時，大衛已經老了，"蓋了幾床被子，仍不覺暖和"。突然先知納丹來報，她兒子所羅門的對手四王子耶主（'adoniyah）策動政變！誓女拿出了膽略與決斷，立刻叩見臥病的國王，説他曾指耶和華"立誓"，承諾日後讓所羅門繼位。"可如今，竟是耶主稱王，而您，我主君上一無所知"。正説着，納丹也進了宮，問四王子聚眾吃喝呼喊萬歲，怎麼回事。大衛一聽，急了，馬上認了他同誓女的"誓約"，並"起誓"下詔，傳位所羅門（王上1章）。誓女之名，若是音譯，這些意味深長的語詞照應和隱喻便不見了，譯文要失色不少。

　　古人的觀念，名實統一，人神皆然。認識一人，猶如認定一神，始於其真實的名。所以摩西在西奈山遇荊棘燃燒而蒙召時，曾求問聖名。耶和華回答：

"我乃我是者"（'ehyeh 'asher 'ehyeh，出3:14），賜先知聆受了聖者的不可名之名，那萬名之名（《寬寬信箱》，頁182以下）。

猶太哲人、密宗思想家肖棱（Gershom Scholem）嘗言，譯經是一番再造，不啻重寫聖書，做一回寫經人（福克斯，頁xii）。以此"再造若寫經"觀之，專名意譯的倫理指歸，說到底，正是那萬名之源。

天災疫病，寫經人視為神明降罰，或世人須承受的神跡的磨難。癘疫之年，因此也稱"奇跡之年"（annus mirabilis）——對於每一個逃過了神跡的"餘數"即生者來說。這讓見不足者越發感到了譯經的緊迫。

為此，要特別感謝各地朋友的關心、祝福和支持，包括寄送口罩跟防護用品。因而也常常想起在邊疆勞動和教書的日子。那時候，半個世紀前，也有災荒和流行病肆虐，也是靠眾人團結互助，靠信仰與大愛，再造並重寫生命的光。

一年多來，內子承擔了書稿的第一讀者的全部職責。但更要緊的是，她同時還仔細檢索追蹤了今世在神跡面前的失控，並每天堅持着，清掃那失控帶來的各樣後果。

老話說，堅持就是勝利。這在奇跡之年的譯經，也是成立的。

二零二一年六月於鐵盆齋

馮象：《創世記：傳說與譯注》，修訂版，北京三聯，2012。
馮象：《寬寬信箱與出埃及記》，第二版，北京三聯，2012。
福克斯（Everett Fox）[譯注]：《前先知》（*The Early Prophets*），Schocken Books, 2014。
邁爾斯（Jack Miles）：《上帝傳》（*God: A Biography*），Vintage Books, 1996。

那諸神之香膏，人的榮耀

歷史書導讀

一、前先知與寫經人

　　歷史書，即希伯來聖經《約書亞記》《士師記》《撒母耳記》《列王紀》等四篇六卷。猶太傳統，這四篇歸於"前先知"（nebi'im ri'shonim），與《以賽亞書》《耶利米書》《以西結書》等"後先知"相對。前後先知合稱"先知"，置於"聖法"或摩西五經之後，"聖錄"之前，組成聖書的第二部分。前先知記載以色列的歷史，從摩西逝世後約書亞揮師入侵迦南/巴勒斯坦（前1220~1200）講起，至巴比倫滅猶大毀聖殿，子民入囚（前587/586），猶大王耶立獲赦（前562）結束；故名歷史書。後先知則是歷代先知傳道、訓誨、譴責、預言，及頌詩、哀歌、諷喻等文字的彙編，詩體為主；習稱先知書。

　　古人寫經，最初是用紙草紙（葦紙）。紙頁黏接，附軸卷起，閱讀時慢慢展開。為方便閱讀與收存，書卷一般不做得太長（據說存世最長的一軸達39.6米）。經書長了，如《撒母耳記》和《列王紀》，分上下卷，便是這個緣故。先知書裏有"十二小先知"，則是篇幅較短的十二位先知抄在一處，合為一軸。

　　常有讀者和學生問起，《約書亞記》等四篇既是史著，為何題名前先知？原來此處"先知"二字，不是指內容體裁，而是表明聖史乃神的啟示，源自先知的記述。關於先知授經，古代拉比有一個說法：首先，摩西傳五經和《約伯記》——古人以為義人約伯生活在先祖雅各之世，娶雅各的獨生女蒂娜為妻（《創世記/石肩》，頁178），是早於摩西的外族先知。但五經末尾八節，講摩西辭世，耶和華親手安葬，以色列舉哀，約書亞接班（申34:5-12）；這些摩西身後的事，誰寫的呢？說是他的助手約書亞記錄的。約書亞還寫了《約書亞記》。接着，先知撒母耳著《士師記》《撒母耳記》跟《路得記》（路得是大衛王的曾祖母）。《列王紀》則因結尾敘述聖城傾覆，文字與《耶利米書》末章雷同，就歸在先知耶利米名下（威利克，頁22–25）。如此託名於先知，在古人看來，是經書之言真確而必成的保證。

有趣的是，這說法有個明顯的破綻，拉比們居然不介意：《撒母耳記》未及一半，便寫到了"撒母耳辭世"（撒上25:1）。那麼餘下的文字，包括先知死後大衛王的故事，又是誰續的呢？有拉比歸之於大衛身邊的視者賈德或先知納丹（撒上22:5，撒下7:2, 24:11）。不過依照同一邏輯，循經書線索，解作老撒母耳的亡靈自陰間上來（撒上28章，詳見下文），留給我們後人的預言也無妨。

歷史書取材甚廣，有各朝官修《實錄》和先知著作，也有神跡傳說、民間故事、古歌寓言。書中有些文本片斷，可以追溯到士師時代（前1200~1030），掃羅稱王之前。例如《士師記》五章"黛波拉之歌"，重述前一章女先知黛波拉組織聯軍，在基順河大敗迦南人鐵甲兵車的故事，語彙古樸，風格剛健，是聖經裏年代最早的詩章之一。《撒母耳記》的主體部分，大衛王故事，學界通說，作者活躍於所羅門朝（前970~931）或稍後，年代接近摩西五經裏最古的文本傳統，"J"文本。布魯姆先生曾經猜想，這天才作者是一名宮廷史官，而"J"文本則是一位公主或貴婦的手筆；兩人甚至是朋友，熟悉對方的寫作。故而"J"文本同大衛王故事之間有一種不難察覺的應答、競爭又彼此借鑒的關係（布魯姆，頁36以下）。當然，這只是一個美好但無從證實的假說。

聖經學界一般認可另一假說，試圖解釋，何以歷史書裏頻頻出現《申命記》的文字，尤其是教義表達。據《列王紀下》二十二章，猶大王約西亞十八年（前622），修繕耶路撒冷聖殿，祭司在殿內發現一卷"律法書"（sepher hattorah）。相傳此書即《申命記》的前身或其核心部分"申命律"（申12–26章），又名約書。約西亞隨即召集眾長老並祭司先知，"全體子民無分卑小尊大"，誦讀律法書，"在耶和華面前立約"，啟動了一場中央集權的宗教改革。其要點是：統一祭祀，廢地方祭司而獨尊聖殿；拆毀各城的神廟丘壇，包括以色列王設在伯特利/上帝之家的大祭壇；清除迦南偶像，剪滅異教祭司。教義上，則強調回歸摩西之律，恪守信約，國王及臣民若有違忤，必遭禍殃。約西亞的這一改革，對於"淨化"以色列宗教，抵制異教影響，重塑摩西傳統與一神教信條，從而結束"大衛家"的宗教寬容政策，是關鍵的一步，史稱"申命宗改革"。此後，不僅祭祀集中到了聖殿，忠信者祈禱面朝聖城，而且人神關係的維護和民族團結有了新的約書為基石。而約書所載，聖者的教導同應許，更給了苦難中的子民以獲拯救的希望和力量。因為在東方，新巴比倫王朝業已崛起，行將傾覆亞述都城尼尼微（前612），然後西進，與埃及爭奪迦南。猶大已搖搖欲墜。

學者推論，《申命記》教義"滲透"歷史書，很可能是改革風潮裏某個"申命宗寫經人"（Deuteronomist）修訂、編輯的結果。此類申命宗文字，尤以《約書亞記》為多，《士師記》中也比比皆是，唯有《撒母耳記》較少見其痕跡。換一角度，如論者指出，《申命記》亦可視為歷史書的一篇長序。鑒於《列王紀》也不乏申命宗片斷，包括對聖殿焚毀、子民流亡等災變的解讀，故學者設想，全書應有第二次修訂，即寫經人為統一教義基調所做的"潤色"。時在猶大覆滅以後，巴比倫之囚期間（前587/586~538）。

也因為有了這教義框架，書中描繪的以色列的興亡，便可以如宗教家主張的，讀作一部"拯救史"（Heilsgeschichte），即上帝向子民昭示救恩，或他的創世宏圖在人神關係上的展開。其奧秘之真諦，則體現在了一個個歷史人物身上。但同時，框架挪開，這些人就立刻還原為生動的性格和衝突着的意欲：有耶利哥城因窩藏以色列探子而蒙福的妓女，也有沉睡中腦袋被女人的橛釘打穿的將軍；有被耶和華拋棄而不得不向巫婆問亡靈的國君，也有逃避王后的追殺，躲進山洞又忽然與聖言遭遇的先知（書2章，士4章，撒上28章，王上19章）。

先民的歷史文字，大約先是卜辭、家譜、王表、詔令、盟約之類，而後才發展出敘事記言的編年體。真正成熟，卻要等到能夠刻畫人物，敷演對話，剖析成敗，揭示原因，"不虛美，不隱惡"的史著出現，如《左傳》，如《史記》"究天人之際，通古今之變，成一家之言"。這一著史傳統在西方，其第一座高峰和典範，便是希伯來聖經的歷史書，特別是《撒母耳記》。

下面我們就"抓大放小"，舉出全書八個主要人物作一考察。從他們的故事出發，介紹背景知識，提出可供今人研究又具有現實意義的問題，略加申論；以此關照聖史之啟示，供讀者諸君參考。

二、約書亞做錯了什麼

奴恩之子約書亞，出自以法蓮支族。他是摩西手下一員驍將，也是親密的助手；原名何書亞，摩西替他加一聖名詞頭，改作約書亞（hoshea`> yehoshua`，"耶和華拯救"，民13:16）。這個名字希臘語七十士本轉寫為 Iesous，便是中文耶穌的來歷。

以色列出埃及，四十年荒野征途，約書亞屢建功勳，忠心耿耿，深得摩西信任。摩西把他當接班人培養，所以登西奈山聆受聖法，入會幕與耶和華交談，都帶上這位年輕侍從。其他人，包括摩西的哥哥祭司亞倫，只能遠遠望着。最後，子民來到死海北邊，約旦河東岸。摩西自知命數將盡，領約書亞到祭司和全體會眾面前站定，"照耶和華的指示，手按他的頭頂"，宣告了自己的"尊榮"或統帥權的繼承者（民27:15以下）。

《約書亞記》便是寫奴恩之子如何實現摩西的遺願，率以色列攻佔迦南，十二支族分得福地。結構上，書中鋪敘的征戰與各樣神跡，多可對應摩西的事功。例如，渡約旦河，祭司抬約櫃斷流，對摩西舉牧杖分蘆海；子民踏足福地，對希伯來奴隸逃出埃及；約書亞派二探子潛入耶利哥城，對摩西遣十二首領偵察迦南，等等。從戰前會眾在石圈行割禮，停嗎哪（天餅），到驅逐土著、拈鬮分地，"全如耶和華應許摩西所言"（書11:23）。古人講經，常把《約書亞記》跟摩西五經並列，合稱"六經"（hexateuchos）。

然而，約書亞"與眾王爭戰多年，沒有一城同以色列媾和"，"全部是武力奪取"（書11:18-19），這些故事迄今未有考古發現的支持。比如福地的門戶耶利哥城，人居很早，可上溯至公元前九千年中石器時代。青銅時代中期築有城牆屋舍和店鋪，人丁興旺。但是到公元前十三世紀末，鐵器時代開端，以色列"入侵"之際，城已經毀棄兩百年了。約書亞的探子渡河過來看見的，恐怕只是一座沒有圍牆的小村。自然也無須全軍抬着約櫃，吹響羊角號，繞城走七天恫嚇守兵了（書6章）。故學界通說，希伯來人入居迦南中部，是一漸進的過程。其間或有小規模的衝突，如爭奪土地。但常態應是新來者與原住民做鄰居，交換產品，乃至通婚融合。經書強調武力征服，嚴禁通婚，是把後來的戰爭和宗教對立投射到前一個時代。而十二支族拈鬮分地，勾畫福地的疆界，則是神學化、理想化的歷史再造。

　　信仰是聖史的靈魂：驅逐強虜而"獨處一方"，"子民不自命於萬族之列"（民23:9），這一先知啟示的理想信念，跟忠信如一、聖俗兩分、善惡報應的申命宗倫理一樣，是後世子民在流散中企盼救恩，復興以色列的希望之所在。《約書亞記》因而可稱希望之書。

　　《約書亞記》既是"六經"之尾，又是歷史書的頭；這一位置意味深長。因為若我們接着往下讀，進入《士師記》，回頭再看約書亞的功業及摩西的教導，就會發現聖史的另一面：對人神關係的警示和反思。

　　《士師記》開篇，也講征戰，卻是各支族你打你的，我打我的，不復有統一指揮。而且戰事頗不順利，土著趕不走殺不絕，不像先前，迦南諸王的"心全溶化了"，敵族"失了勇氣"（書2:11, 5:1）。更糟糕的是，約書亞晚年最擔心的事發生了：以色列"各回各的帳篷"以後，老輩人凋謝不久，子民竟已經"不識耶和華，也不知他為以色列所行的一切"；於是"幹了耶和華眼裏的惡事，服事起眾巴力來了"（士2:10–11）。怎麼會是這樣？第二代人身上，異教"邪神"（眾巴力）就實現了"和平演變"。先知的告誡、領袖的遺訓和祭壇前的誓約，通通失效。難道約書亞做錯了什麼？

　　摩西的囑託，他都完成了。但作為耶和華的先知和子民的領袖，對標摩西，約書亞有一件事沒做 —— 指定接班人，讓他也能夠蒙耶和華指引而充滿"智慧之靈"（申3:28, 31:7–8, 34:9），以團結並引領全以色列。相反，約書亞留下一個鬆散的支族聯盟；彷彿羊群失了牧人，子民各自為政，動輒內鬥，彼此攻殺，每每受外族欺侮，如《士師記》所述。

接班人，需要多年的鍛煉選拔，這一點約書亞深有體會。他自己在摩西身邊的經歷便是明證：從打仗、施政、頒佈法令到擢立長老，摩西處處提前佈局，樹立繼承者的威信。接班人的培養，事關大業之成敗。

約書亞應該也有助手，麾下更少不了忠勇之士。為什麼接班人空缺了呢？經書沒有解釋。我們只能根據一些事件和人物關係來推測。

很可能，是以艾利阿澤（'el`azar，"上帝佑助"）為首的祭司集團，不贊同摩西的選賢接班模式。約書亞跟祭司艾利阿澤的關係，是摩西定下的。摩西在立接班人時宣佈，約書亞雖是統帥，軍政皆交與他負責，但"他遇事要去艾利阿澤面前，由祭司用石鬮為他求問耶和華的旨意"；神諭頒下，"無論出戰收兵，都要依循"（民27:21）。還說，將來以色列進佔迦南，分地須由艾利阿澤和約書亞共同主持，每支族出一位首領協助；並公佈了一份"耶和華親自指定"的首領名單（民34:17以下）。

這樣，約書亞選立接班人，如果老老實實照摩西的指示辦，須徵得艾利阿澤的同意。摩西這麼做，讓統帥權受祭司制約，是有現實原因的。

祭司之位世襲；艾利阿澤的父親，是摩西之兄亞倫。經書稱摩西口拙（或指嬰兒摩西被埃及公主收養，在宮中長大，故希伯來語磕磕巴巴），一開始，靠哥哥做"口舌"才能向百姓說話（出4:10–16）。亞倫便趁弟弟登西奈山領受十誡，鑄了金牛犢，另立祭禮。摩西下山大怒，把拜過金牛犢的子民砍了三千（出32章）。亞倫又支持姐姐女先知米蓮，挑戰摩西的先知之權，說他娶外族女子不潔。此舉卻惹惱了上帝：米蓮身上長出"雪花般的白鱗"，染了癩病，被關在營地外，流浪了七天（民12章）。

米蓮和亞倫死在摩西之前。但艾利阿澤鞏固了祭司的權柄，兒子菲尼哈（pinehas，埃及名：黑人）更是個心狠手辣的角色。以色列抵達約旦河東岸，在金合歡甸子紮營時，不少人找當地姑娘"行淫"，招致耶和華降怒，瘟疫流行。菲尼哈就闖入閨帳"捉姦"，拿長矛刺穿了一對：西緬支族一個首領跟米甸酋長的女兒（民25章）。罪證呈上，為求聖怒停息，摩西只好下令"向米甸復仇"，雖然那是摩西夫人的家鄉。十二支族各派一千精壯，領軍的卻不是約書亞，而是祭司菲尼哈，"手持聖器並施令銀號"（民31:6）。凱旋獻俘，艾利阿澤又同摩西一起制定了屠殺和潔禮的準則。

所以凡屬聖事，如聖戰、分地、祝聖庇護城、指定利未城，約書亞皆請艾利阿澤拈鬮（書14:1, 21:1），這一制度設置實為摩西對祭司集團的讓步。經書的表述，兩人出場，總是艾利阿澤在前，約書亞在後。審案，如業主/亡父身後無子，五個女兒請求按摩西之律承業，也是祭司為首，統帥和眾頭領在側（書17:4）。征戰結束，河東兩個半支族返回領地，築大祭壇，引起其餘支族不滿，認為是挑戰"全以色列"的示路聖所。派代表前去訓誡，便是菲尼哈領隊，率河西支族的十位頭領（書22:13-14）。

可見，倘若艾利阿澤父子反對，拒絕拈鬮或膏油，約書亞是無法自行選立接班人的。當然，我們不知道他是否有過合適的人選，可曾就此求問神諭，或爭取祭司的支持。經書沒説。但如果此事未成，一定是遇上了阻力，他顧全大局，讓步了。

讀者或許會説，乾脆稱王得了。王位世襲，一統福地，不更好嗎？是的，換作別人，有他的資歷戰功和威望，連同子民全體目睹的約櫃斷流、日月不走等神跡佑助（書3:16, 10:13），再看周邊列族，都是王公統治：怕是會有這心思的（撒上8:5）。

然而，約書亞沒有走這條道。古代拉比的説法是，統帥無後，聖史不載他有兒子。但他若是決意稱王，王位傳子，完全可以收養一個，或認接班人為義子。近東古俗，君王稱神的兒子。以色列後來也接受了這一觀念；上帝藉膏禮認大衛和所羅門為子，賜承永約："你是我的兒子，今日生你的 —— 是我"（詩2:7, 89:26-27，撒下7:14，路3:22）。因此，稱王在宗教上亦是極高的尊榮。約書亞如果受膏承約，便可以親自主祭並遴選祭司，甚而改革教規。而整個祭司集團，一如族中長老和頭領，就成了神的兒子的臣僕，權柄大大削弱。

約書亞不受王權的誘惑，大約是尊奉祖制（部落制），循摩西的教導。

摩西貶抑君主制，視之為外族的統治方式。他雖然不禁止以色列立王，但對覬覦寶座者提出了嚴格的道德要求和警告：國王應敬畏上帝，遵行聖法，而不"妄自尊大、蔑視同胞"；他不可"添購駿馬"或"廣置嬪妃，以免心入迷途"，也"不可聚斂金銀，貪圖財富"。否則，王位必不獲保佑，不會久長（申17:15以下）。摩西的意思很明確，君主制能夠不要是最好，免得塵世的王觸罪於天上的王，把子民引入歧路。而這也是約書亞之後一位英雄，士師基甸（gid`on，"斫者"），拒絕稱王的理由。

當時，米甸已蹂躪以色列達七年之久 —— 沒錯，前述《民數記》的故事誇張了，菲尼哈的聖戰只是小勝米甸，或打了個平手 —— 百姓困苦不堪，直至瑪納西支族小鹿莊一個打麥子的青年蒙召，基甸砸了莊裏的巴力祭壇，砍倒木柱女神。他帶領族人，聯合兄弟支族，趕跑了侵略者；還乘勝追擊，殺了四個米甸酋長。眾人遂勸他稱王，子子孫孫統治以色列。可是基甸回答：不，我不會統治你們，我兒子也不會；統治你們的是耶和華呀（士8:22–23）！意謂士師奮起，只是受聖靈激勵，在上帝面前殺敵，絕非取代那天地間唯一的統治者。這是部落制社會的理想。

基甸妻妾眾多，有七十個兒子。士師去世後，他的石肩妾生的兒子吾父王（'abimelek）說動了舅舅家和石肩居民，拿神廟的銀子招募一支僱傭軍，突襲小鹿莊，把異母兄弟一總斬了。石肩人擁他為王（士9:1–6），但政權僅維持了三年。如此血腥的王位爭奪，應是約書亞可以想見而決心避免的。

可是，接班人空缺，誰來引領以色列呢？約書亞晚年肯定也意識到了，立約本身並不能保證子孫走耶和華的道：不與外族通婚，不呼異教神的名，而全心全意侍奉那救以色列出埃及的上帝。誓約能約束這一代，是因為他們吃過苦、打過仗，曾親眼"見識了耶和華為以色列所行種種偉績"（士2:7）。但他們的後裔就難說了。所以他搬來一塊大石，按祖規立在石肩聖所內那株橡樹下，向會眾宣佈：耶和華告誡我們的每一句話，這石頭"都聽見了。它必作證指控你們，倘使你們對上帝作假"（書24:26–27）！

這是他"送子民上路，各回各的產業"前，最後的訓言。

三、參孫復仇

如果說《約書亞記》是以色列進佔迦南，節節勝利的"回憶錄"，《士師記》恰好相反，寥寥幾筆就顛覆了那份美好回憶：統帥剛走，各支族便開始"追隨異神"，"給巴力與阿思塔為奴"。於是觸犯聖威，耶和華將他們"賣到四周的仇敵手裏"。可是子民一呻吟祈禱，天父又垂憐了，遂"擇立士師（shophtim），從掠奪者掌下拯救他們"。然而士師過世，那些人馬上"調轉頭去腐敗，比父輩還壞"；"諸般邪行同死犟的路，一樣不落"（士2:11以下）。

中文"士師"，本是先秦的官職，掌獄訟刑罰緝盜，相傳皋陶為堯舜之士師；借作譯名，指受聖靈激勵，平日為百姓斷案施教，戰時領軍禦敵的部落首領。理論上，受賜靈恩的唯一條件是神的意願。士師因而是無門檻的聖者（qadosh）；任何人，無分血統、性別、階級或資歷，都可以起身而蒙恩，忽然間聖靈附體，或聽到耶和華的使者召喚（士3:10, 6:12）。

士師皆英雄人物，百姓歌頌，呼之為救星（moshia`）。傳統上，生平事蹟記錄較詳細者，稱大士師；簡略者，稱小士師。《士師記》共載十二位士師，六大六小。

但是為什麼以色列出了這一撥救星，仍舊無法驅除土著，時時被敵族欺壓、奴役呢？經書給出兩條理由：一是會眾不守誓約，沒有搗毀異教祭壇，反而叩拜偶像，故而受罰；其二，上帝在福地留下諸多外族，"未交在約書亞手裏"，目的是考驗子民，教育後人（士2:20-23）。這樣，《士師記》裏一幕幕的流血殺伐，便成了提示申命宗教義和道德教訓的例證：一切不幸皆源自違犯聖法，是報應也是考驗。

有趣的是，幾乎所有故事都保留了"前申命宗"的史料。例如，尾聲一"米迦的祭司"：不僅百姓追隨異神，耶和華的青年祭司也坦然供奉着家神像，不羞於把自己的神職賣個好價錢而背棄恩人米迦。而這位"經濟理性人"不是別個，乃是摩西的長孫約納單（士18:30注）。顯然，這是福地新一代會眾的普遍心理：敬拜耶和華固然是祖宗的教誨，可也別得罪了迦南新家園的神祇。

　　再如大士師耶開（yiphtah，"他[耶和華]開[口]"）的故事。出戰前，他向上帝許下誓願：待我戰勝亞捫子孫，平安歸來，那第一個從家門出來迎接我的，必歸耶和華——必獻作全燔祭（士11:31）。仇敵果然被交在耶開手裏，亞捫屈服在了以色列面前。只沒想到，那跑出門來迎接士師的，既非院子裏的牲口，也不是奴隸，而是心愛的獨生女兒！然而他已經"開口"許願，那聖名見證的誓言不能收回，必須拿女兒還願，獻上祭壇。但是，天父為何如此折磨人父，非要納他的女兒為祭品呢？這是聖法禁止的人祭，迦南異教的陋習（利18:21，申12:31，王下16:3），不是嗎？可知耶開那時，以色列人對上帝的理解還比較"原始"。便是士師，心被聖靈吹拂，也不太明白聖法所謂"耶和華的道"或"正道"與異教之別（創18:19，申9:16, 11:28）——抑或明白了也不在乎？

　　歷史地看，以色列部落制道德秩序的崩潰，刺激了神學教義的抽象化、普世化。但後起的教義跟經書記述的人物故事不吻合，又使得《士師記》的敘事充滿了倫理張力，促人反思而自省。一個膾炙人口的範例，便是十二士師的最後一位：參孫。

　　士師蒙召，受賜靈恩，多是突發事件。丹支族黃蜂崗的參孫（shimshon，詞根同"太陽"，暗喻大力），卻是在娘胎裏就歸了天父。他母親多年不育。一日，忽有天使向她顯現，預言懷孕生子，還說：這孩兒是奉獻於上帝的，註定要擔當大任，"從非利士人掌下拯救以色列"（士13:5）。所以參孫甫一出生，就做了獻身者（nazir），頭不沾剃刀，酒不飲，各種不潔不食。他在山鄉長成一個力士，受耶和華賜福，為聖靈所驅策（士13:25）。奇怪的是，他對同胞的苦境和非利士的壓迫漠不關心，只想着找非利士女人。

　　他下到亭拿鎮，看中一個女子，就要父母去提親。父母望他娶本族姑娘，可是參孫眼裏只有那個非利士女兒。寫經人旁白："父母卻不懂，這事出於耶和華，是要尋一由頭懲處非利士人"（士14:4）。

　　但這神學解釋好似耶開的誓願，是一把雙刃劍。參孫是士師，耶和華的獻身者，不是普通百姓。士師聖者若是為愛欲而不守潔，陷於個人恩怨而拋開聖法，對於會眾是什麼影響？而他本該是子民的虔敬生活的模範。

　　婚禮在新娘家辦，自然是順着非利士人的習俗和異教儀式，宴席上的飲食也不可能符合潔淨律（利11章）。參孫卻拿個人秘密做謎語，跟當地人伴郎賭三十套新衣。他們猜不出，便去嚇唬新娘，逼她哭哭啼啼纏着丈夫討謎底。參孫懷疑妻子與人有染，一怒之下，跑到秤港殺了三十個非利士戰士，剝了盔甲，當作賭輸的新衣，送去給贏家。然後拋下新婚妻子，回家鄉去了。

　　岳父以為他不要新娘了，就把女兒嫁與一個伴郎。力士便向亭拿人報復，捉了三百條狐狸，尾巴綁住，插上火把，燒莊稼和果園。眾人怪罪他岳父，把父女倆扔火裏燒了。他又殺回來，"小腿鋪上大腿，砍了偌大[一堆]"（士15:8）。非利士就發兵進剿。他撿起一塊驢腮骨做武器，旋風般一場屠戮，殺掉一千。

　　參孫的第二個女人，是濱海加沙城的娼妓。加沙屬於非利士五城聯盟，他去那裏買春，真個是膽大包天。但敵人關門打狗的計策失敗了。力士半夜起來，走到城門，讓他們眼睜睜看着，他拔起兩扇門連同門閂門柱，扛在肩頭，上了山。

　　第三個女人 —— 是明媒正娶、寡婦相好還是妓女，經書不言 —— 住在紅葡萄溪谷，卻是他的真愛，名叫德麗拉（delilah，詞根諧音：賣弄風情、嬌小、黑夜，對應參孫/太陽力士）。但德麗拉愛的是銀子。因為非利士酋長答應她一筆鉅款，要她協助制伏力士，她馬上同意了。試探了三次，纏着士師問他大力的秘密，沒成。"他掙斷捆臂膀的[索子]，像掐一段線頭"。第四次，女人使出絕招，怪他不愛自己；參孫被她的"愛"催逼着，"靈中煩得要死"，終於透露了秘密：力氣在他的沒沾過剃刀的七綹長髮（士16:4以下）。

　　士師抵不住"愛"的催逼，似乎性愛才是吸引他、驅策他的"靈恩"，而耶和華的靈早被拋在了腦後。當德麗拉"哄他在自己膝上睡着"，剃去那七綹長髮，她剪掉的不僅是獻身者的大力，也是他身上殘留的最後一點聖潔。

非利士人來抓你了，參孫！她喊。他從睡夢中驚醒，臂膀卻動彈不得。他被非利士人按倒，剜去雙目，押到加沙，用銅鐐鎖了驅趕着推磨。然而，慢慢地，他的頭髮又長回來了。他向耶和華呼喚，求再賜力量，"一舉報還我的兩眼之仇"。上帝遂了他的祈願——太陽力士扳倒了大鯀神廟的兩根中柱，與圍觀他跳舞取樂的非利士人同歸於盡，百姓連同酋長（士16:20以下）。

論勇力或勝績，參孫無疑是一個傳奇英雄。但放進聖史的教義框架，他的行事就"政治不正確"了。首先，他打殺非利士人純是報私仇，幾次衝突皆因找女人或娶妻而起。同胞的苦楚他從未放在心上，遑論收復失地、減輕徭役，雖然上帝揀選他的"初心"，是要他做子民的救星。其次，身為士師和獻身者，卻沉溺於情欲，罔顧聖法的教導；長期跟"留包皮的"敵族廝混，生活在偶像"朽木"面前，更是犯耶和華眼裏的大忌。故而第三，以約書亞的遺訓同石肩之約觀之，太陽力士的齜牙必報、濫殺無辜，還標誌了士師制的衰敗，靈恩失效，摩西之民墮入一個人人為己、自私自利的罪惡世界——"那時候，以色列沒有君王，凡事人覺得對就做了"（士17:6, 21:25）。

這一點，聖言其實也有暗示。英雄死後，"他的親族和家人下來，把他抬了回去，葬於黃蜂崗⋯⋯他父親麻挪亞的墓塋"（士16:31）。是的，加沙人沒有報復，沒有"以眼還眼，以牙還牙"，將參孫的族人圍起來砍倒；也沒有懸屍示眾，褻瀆死者和他的上帝（書8:29, 10:26）。相反，他們允許親友收屍，安葬。換言之，非利士人把神廟慘劇跟之前力士的殺伐視為個人承責的個人行為了——一個流浪漢的情殺，中了邪的癲狂；而且，大鯀神保佑，終於過去了。相比以色列子孫動輒聖戰，屠滅婦孺，加沙人強忍着哀傷，展現了高度的文明和極大的寬仁。

那麼，救星之世，救主把子民交在這樣的異族統治者手裏，究竟是他們應得的懲罰，還是救恩之考驗？

四、撒母耳和掃羅

掃羅（sha'ul，[自上帝]"求得"）原是本雅明支族殷實人家的兒子。他受膏稱王，中籤登基，是上帝派先知撒母耳操辦的（撒卜10章）。可是後來"有耶和華之言降於撒母耳"，道：真後悔立了掃羅為王，因他背離了我，不執行我的指示（撒上15:11）。

全能者全知，過去未來一切盡在他的眼前，按理不應有可後悔或改變心意之事。聖書中的上帝卻不止一次說到"後悔"，從"後悔造了人在世上"開始（創6:6，《以賽亞之歌/後悔》）。揀選掃羅即是一例。

然而天父之悔，真的是因為國王違命，像撒母耳說的？

事情經過是這樣的。掃羅奉神諭，對以色列的世敵亞瑪力發動聖戰，大勝，生擒了阿甲王。但掃羅沒有按聖戰之律就地"禁絕"（herem），人畜殺光，而是把敵酋帶回了石圈，連同擄獲的"上好的牛羊"並"各樣細軟"。撒母耳便趕來質問，指國王抗拒聖言，"幹耶和華眼裏的惡事"。掃羅回答：耶和華的話我怎敢不聽？我擒來阿甲王，將士們留出部分繳獲，是想在石圈祭上帝呀。孰料先知上綱上線起來：究竟耶和華喜歡燔祭與犧牲/還是人聽從耶和華的命令？當然，聽命勝於獻祭/公綿羊的脂肪不如遵從。還說，抗命等於搞異教占卜、膜拜偶像；鄙棄聖言者，必遭擯棄（撒上15:19–23）。

掃羅十分謙恭，馬上認錯，說回來獻祭是軍民的呼聲，自己沒敢違背；故請求赦罪。但撒母耳寸步不讓，預言王位將轉手，賜予一個"鄰人"（即大衛）。還撂下一句狠話："以色列的榮光不會撒謊，不會後悔；他不像人，常變心"（撒上15:29）。意思是至高者（"榮光"）旨意已定，別心存僥倖。

掃羅大概很吃了一驚。因為上帝愛人，人能認錯悔改，他總是歡迎的。先知卻不願替國王祈禱，只同意主祭。然而，他獻的是人祭——彷彿執意要為會眾演示一遍殘忍的"異教陋習"，他親手肢解了俘虜阿甲王。

禮畢，撒母耳即回家鄉拉瑪，與國王決裂，"至死未再見掃羅"。"而耶和華後悔的是，立了掃羅為以色列王"（撒上15:33–35）。

　　明明上帝説了“後悔”（niham），撒母耳卻強調“不會後悔”。這是怎麼回事？不無諷刺意味的是，這“不會後悔”一句是有來歷的，借自一位外族先知比蘭的預言：“上帝不是會撒謊的人，他不像亞當子孫，常變心”（民23:19）。但比蘭在米甸死在了以色列人劍下，因為菲尼哈認定，金合歡甸子的女人勾引子民背叛耶和華，是比蘭設的“詭計”（民31:8, 16，書13:22）。撒母耳為何要引用一個異教罪人的話，來否認聖言，不容國王悔過呢？

　　聖戰而禁絕未盡，據聖法，屬於糾正錯誤即可赦罪一類。菲尼哈伐米甸那次，男丁不留，城寨燒光，但擄回了婦孺和牛羊財物。案情與掃羅這回相仿。摩西糾錯之後，上帝並無處罰菲尼哈或任何子民（民31章）。另一案例，約書亞在禍谷殺牙頂一家，是因為牙頂私取禁絕之物，令以色列破了聖戰之誓（書7章）。但掃羅和麾下將士沒有私吞擄獲，不過是想帶回石圈，“在耶和華面前”舉行祭禮，性質不同。撒母耳既是先知，理應替國王求情，化解聖怒，學習聖祖亞伯拉罕和摩西的榜樣，訴諸救主的大愛及信約義務（創18章，出32章）。但是他捨棄了這一先知的中保與祈禱之責（賽53:12）。

　　而聖者一再啟迪，只要違命者願意悔改，天父是可以反悔而“收回定旨，不降災禍”的（耶18:8, 26:3）。因為耶和華“不輕易發怒，富於仁愛”（出34:6，珥2:13）。何況國王回來石圈獻祭，只是順從民意推遲禁絕。之前撒母耳反對以色列立王，上帝不也是要他傾聽“子民的呼聲”麼（撒上8:7）？

　　是不是國王昏聵，辜負了天父呢？應該也不是。掃羅受膏不久，就聯合南北支族，營救干城百姓，擊敗蛇王，深得民心。石圈加冕前，親隨要求處死拒絕擁立者，掃羅卻寬待他們，成功團結了子民（撒上11章）。隨後攻伐周邊敵族，征討亞瑪力，“打到哪裏都能揚威”；又“常與非利士苦戰”，積極招募勇敢善戰之士（撒上14:47–52）。侍奉上帝他也殷勤，在國中禁了巫術。耶和華似無可不滿。

　　所以，上帝後悔的主因不是掃羅，而是立王，即由立王而起的一系列人事變遷，包括掃羅“違命”，也包括撒母耳的墮落。

撒母耳（shemu'el，"大神/上帝之名"）為人冷酷自私，卻熱衷於呼喚聖名。他是母親漢娜去示路聖所許願求來的孩子，斷奶即送至祭司俄理面前，獻歸上帝（撒上1章）。俄理死後，撒母耳鼓動子民抵制異教，反抗非利士，獲神佑而稱士師。晚年，敵族侵掠壓迫日甚，他卻權欲膨脹，安排兩個不成器的兒子接班做士師。結果他們"貪財受賄，屈枉正義"，搞得民怨沸騰（撒上8:3，平斯基，頁166）。以色列眾長老遂一起來見撒母耳，請求立王。老士師很不高興，說這是作惡。不料天上的王要他聽從民意，接受君主制，哪怕將來會眾舊病復發，"拋棄我，去服事異神"。撒母耳只得遵旨，立一個"比眾人高出一肩"的英俊青年掃羅，給他施了膏禮（撒上9:26以下）——士師制就此滅亡。

然而撒母耳老想着操控新王，不成則百般刁難（奧特，頁230）。國王調兵抵禦非利士人，先知卻爽約不來主祭。見了面又橫加指責，說掃羅的祭禮違反誡命，"耶和華已經另覓一人"做子民的領袖（撒上13:14）；致使軍心動搖，逃散大半。幸而上帝垂聽了掃羅的祈求，賜王子約納丹擊潰非利士（撒上14章）。但老士師依舊一臉陰雲，說是在"悲悼掃羅"。

掃羅終歸還是失了天父的歡心，儘管他生性老實，不善謀斷，為子民征戰了一生。"耶和華的靈離棄了掃羅，並有惡靈降自耶和華，令他恐懼"（撒上16:14以下）。廷臣建議，尋一個琴手驅邪；有人推薦耶西之子大衛。於是大衛抱着三角琴來到國王身邊，伺候被惡靈驚擾的受膏者——登上了歷史舞臺。

掃羅的命途卻坎坷了。一次又一次，他被"說話謹慎，人也俊朗，耶和華與他同在"的大衛利用。每當惡靈附體，他就想除掉這個彈琴的，但事後又悔恨不已，認罪認罰（撒上24:18, 26:21）。末了，非利士又來討伐。吉波山之戰，他已經與聖言隔絕，祈禱、托夢、出鬮一概無效。只好易服扮裝，帶兩個隨從，到多爾泉找女巫求問神諭。女巫作法，喚起撒母耳的亡靈。緣何攪擾，招我起來？傳來熟悉的話音，仍然如生前那般嚴厲，還揪着亞瑪力事件不放。"明天，你和你的兒子就要[下陰間]陪伴我了"，他詛咒國王。掃羅嚇懵了，猝然癱倒在地：他一天一夜沒有進食，虛脫了（撒上28章）。

這一回，撒母耳的亡靈贏了他的主公。以色列軍大敗，"從非利士人面前潰逃，栽倒，被刺穿在吉波山上"。掃羅的三個兒子戰死，自己也被亂箭射中，傷勢沉重，無望突圍了。他命令隨從拔劍："把我捅了，免得那些留包皮的過來捅我，凌辱我"。可是隨從不敢，因為國君的身體不可侵犯（撒上31章）。是的，這受亡靈詛咒的，他在戰士心目中始終是耶和華的受膏者，會眾愛戴的領袖，而非像撒母耳說的，一個被"撕掉王位"的廢人。

"掃羅於是拿起劍來，伏了上去"。這是聖書記錄的第一樁自殺：他雖然被救主擯棄，卻至死不棄以色列子民和他的上帝。通觀聖史，以色列的王能夠做到這一點的不多。

那麼，全能者果真後悔立王，他是後悔立了這樣一個老實人為王呢，還是歎息他的生不逢時，受惡靈驚擾，直至壯烈犧牲，捐軀沙場？

五、大衛的罪與愛

大衛王是以色列最偉大的君主（前1010~970在位）。大衛治下，以色列的疆域達到歷史頂點，囊括了約旦河東及死海以南列邦，向北則越過大馬士革，降伏亞蘭諸部，揚威於哈馬隘口和幼發拉底河西岸的提津（撒下8章，王上5:4）。

大衛的故事（撒上16章至王上2章）有一個問題，常令評家困惑：他百罪纏身，卻人神共愛，什麼道理呢？

上文提及，作者"宮廷史官"是一位敘事天才。大衛尚未露面，讀者對他的非凡使命已存有印象了，因為撒母耳斥責掃羅，說過兩次：上帝"已經另覓一人"；要"從你身上撕下以色列的王位"，轉賜"一個勝於你的鄰人"（撒上13:14, 15:28）。如此鋪墊了，才寫老先知受命去伯利恆，給耶西的兒子施膏禮。耶西讓家中七個兒子出來，在客人面前走一圈；撒母耳卻只注意這個那個的容貌身材，選的都不中聖意。原來耶西還有一個么兒，在外放羊。趕緊派人喚他回來，一看："他[面頰]紅潤，一雙秀目，好英俊"——作者一筆劃出個少年大衛——耶和華吩咐先知：起來，施膏禮吧，就是他了。"自那天起，耶和華的靈就攫住了大衛"（撒上16:12–13）。聖愛偕同聖靈，就再沒有離開大衛。

這可以解釋，緣何他"操起三角琴，撫手一彈"，能驅惡靈。

但大衛行事，無論打仗、投敵、裝瘋或流亡，基本不求問上帝。間或請祭司舉聖衣拈鬮，倒是像為決策背書或平息眾怒（撒上23:2–4, 10–12, 30:7–8）。他靠智謀、經驗跟膽略取勝。例如打巨人哥利亞，就利用其傲慢輕敵，有蠻力而不靈活。罵戰一完，突然前衝，讓對方誤以為將短兵相接，站住了不動。大衛抓住這個瞄準投石的機會——他必須擊中巨人的眉心，銅盔下方——一擊令敵人倒地（撒上17:48以下）。就這樣，掃羅的少年侍從兼琴手成了民族英雄。神的不出場，彷彿大愛臨世的氤氳留白，講了一個"神助自助者"的故事。

的確，大衛（dawid，"所愛"）人如其名，招人喜愛。"全以色列和猶大都愛大衛，因為出征他總是走在前頭"（撒上18:16）。國王卻害怕了，耶和華的惡靈纏住了掃羅。

而掃羅的長子約納丹見着誅巨人的勇士，他的靈就"繫上了大衛的靈"，"愛他如自己的靈"（撒上18:1）。王子同他訂約，呼天父見證摯愛；還脫下大氅，連同戰袍武器一併相贈。及至國王動了殺心，王子勸不動，就冒險給他報信，幫他脫身；為了營救愛人，他寧肯放棄王儲之位。可是，大衛從不言愛。

後來王子陣亡，大衛作了一首輓歌：我為你悲慟，我的兄弟約納丹/你是我何等的歡愉！你的愛於我，不啻奇跡/勝於女子的愛（撒下1:26）。他吟唱着"你的愛"，卻小心翼翼地藏起自己的真實感情，或無情。

小公主米佳也愛上了大衛。國王提出招駙馬的條件：聘禮免了，只要一百個非利士人的包皮。他想借敵人的手剪除琴手。大衛卻帶人去殺了足數的敵人，呈上包皮，娶到了公主。當晚，掃羅派人去守着大衛家，待天亮下手。但聰明的米佳將大衛從窗口縋下，又搬了家神像放在床上，假扮駙馬生病，拖延時間。然而，大衛獲救以後，再也沒回來接她（撒上18:20–27, 19:10以下）。

大衛也很少報恩，對友誼和親情取功利的態度。大衛逃避掃羅的抓捕時，有個果村祭司給他聖餅充饑。他看到附近有王宮的人，卻沒告訴祭司。結果祭司被那人舉報而慘遭滅門（撒上22:22）。又如，他藏身猶大荒野時，糾集窮苦人打遊擊，曾求得摩押王庇護他的父母（大衛的曾祖母路得是摩押人）。可是稱王之後，定都耶路撒冷不久，大衛就渡河進攻摩押：每破一城，居民均殺二留一，殘忍至極（撒上22:1–4，撒下8:2）。

於是大衛做了一個"馬基雅維利式"的君主，一切服從政治目標；仁愛與諾言皆可丟開，欺瞞和殘暴該用就用（《君主論》xvii–xviii）。連他的元配、救命恩人米佳也不放過：掃羅陣亡後，大將軍吾父燈（'abiner）欲歸順耶路撒冷。大衛要他把已經改嫁了的米佳拆散家庭，送來宮中，以便籠絡擁護掃羅家的北方支族。難怪掃羅女兒對寶座上的前駙馬只有鄙視。迎接約櫃進聖城時，見他跟婢女一起"在耶和華面前踢腿旋舞"，就罵他"像個下流無賴赤身露體"。她被大衛打入冷宮，"至死仍無生育"（撒下3:12–16，6:16以下）。

大衛對上帝什麼態度呢？應該說，不拜異神他是做到了的；還寫了許多熱烈的頌詩傳世，據古代拉比的考釋（威利克，頁94–95）——《詩篇》有七十三章（七十士本增至八十二章），題記"屬大衛"。但聖法的規定和信約義務，他是不在乎的。搶掠欺騙屠殺無辜，背叛主子和族人，投靠非利士，百無禁忌。他的衛隊由奉異教的外族組成，須另設神龕與祭司。攻克大都（遺址在今約旦首都安曼），他摘下亞捫大神米爾公的冠冕，將寶石戴在自己頭上，全然不避"偶像穢污"（撒下12:30）。

之前，約櫃入城，會幕搭起，宮中安頓已畢，大衛向先知納丹表示要為上帝建聖居。耶和華大喜，應許國王：將"親自給你造一王朝"並"擢拔你的子實"，要他"為我的名建殿"。"對他，我必為父；於我，他必為子"。而"我的慈愛決不會收回"，必使大衛的王朝與王權永固，寶座永立（撒下7章）。此即上帝與大衛的永約（berith `olam）。後來王朝雖然覆滅了，但子民的冀望不滅，繫於大衛的一位後裔，名之為彌賽亞/受膏者（mashiah，七十士本：christos，基督）；盼他來世普施救恩，造新國新人（耶30:9，結34:23，37:24）。

　　再後來，果然有一位拿撒勒的先知約書亞/耶穌，稱彌賽亞/受膏者/基督，而"苦靈的人"都管他叫"大衛的兒子"（可10:47，太9:27，路18:38）。

　　上帝深愛大衛，勝於他最得力的先知，那手捧十誡約版"面對面承教"的摩西（布魯姆，頁41）。"大衛無論出兵何方，耶和華都賜他得勝"（撒下8:14）。

　　依然，大衛墮入了罪愆。尤其惡劣的是，他霸佔了誓女（bath-sheba`），設毒計害死她的丈夫，忠於上帝和國王的勇士赫提人耶光（'uriyah）。耶和華雖然派了納丹譴責罪人，預言王室必起災殃（撒下12:10–11），但對大衛本人，因為救主自願受制於永約，反而沒有降罰。換言之，大愛使得天父無保留地承約，故而一再容忍"所愛"者——他竟可以任意作惡了。

　　耶光妻七日喪期一滿，大衛便收她入宮。但誓女誕下的大衛的兒子得了重病，眼看不行了。做父親的禁食臥地如守喪，苦苦禱告。然而孩兒一死，他就爬起來沐浴抹油，換上乾淨衣袍，入會幕叩拜了即回宮用餐，一切照舊。臣僕不解，國王道：哀哭是求耶和華憐憫小兒；"現在他死了，我何必再禁食呢？難道我能拉他回來"（撒下12:15以下）？他對至聖，也是實用主義。

　　這麼一位蒙聖愛而受膏承約的上帝之子，大衛是否愛過誰呢？經書上說，長子安信（'amnon，"忠信"）曾"深得[父王]寵愛"。這句話出現在他強姦了異母妹塔瑪之後，原文（列寧格勒抄本）脫，但存於死海古卷（4QSam^a）和七十士本，解釋為何大衛"十分生氣"，卻"無意懲罰"犯罪王子，也沒有安撫悲痛欲絕的公主（撒下13:21）。結果，塔瑪的同母兄押沙龍（'abshalom，"平安之父"）忍了兩年，等到剪羊毛的節慶日，借宴請眾兄弟之機，殺了安信。然後逃去外公家，投奔了亞蘭部族。

　　大衛對押沙龍也寵。安信死後，押沙龍成了最年長的王子。大衛的外甥岳牙將軍看出主子不想廢長立幼，便安排一個村婦扮作悼亡女子去求見君上，講諷喻勸諫，讓押沙龍回京。國王同意了（撒下14章）。

押沙龍一表人才，"由踵及頂了無瑕疵"，一頭美髮，茂密異常。他跟父王和解了，卻按捺不住野心，恨不得擺出御駕的儀仗，"有五十人跑着替他開道"。還經常立於城門前大路旁，接見來御前申冤的百姓，"偷以色列人的心"。如此經營四年，勢成。押沙龍遂在舊都希伯倫吹響羊角號稱王，效忠掃羅家的北方支族立即回應，南北夾擊耶京（撒下15章）。

大衛倉猝出逃。但畢竟"薑還是老的辣"，大衛軍大步撤到河東，在雙營獲取給養。同時在京城安插間諜刺探情報，挫敗了叛黨的計謀。最後，在基列山的林地重創叛軍。押沙龍騎着騾子逃跑時，頭髮被橡樹枝鉤住，"身子懸在了天地之間"，被岳牙率隨從擊斃（撒下18:9以下）。

捷報傳來，大衛顫抖着爬上城樓，邊哭邊喊：啊，我兒押沙龍！我兒，押沙龍！寧願死的是我，替下你！弄得將士們灰溜溜的，無地自容（撒下19:1-5）。這是大衛少有的真心的愛的流露。因為，正如岳牙警告的，偏愛在政治上極不可取：軍心一亂，王權動搖。大衛聽了立刻清醒，不哭了。

然而，領袖的偏愛已經刺激了不和（不像聖愛乃寬赦之源），北方支族"以色列人"覺得大衛祖護本族"猶大人"。回京途中，雙方爭吵起來，國王卻無力平息。本雅明人誓巴領頭造反，隊伍裏的以色列人都跟了他（撒下20章）。這是日後王國分裂的一個預兆。

終於，大衛老了，不能視事。四子耶主發難。而大衛對這個兒子也很寵愛，"向無一句重話"（王上1:6）。耶主得到老將軍岳牙和祭司吾父存（'ebyathar）的支持，邀眾王子和舊都老臣到城外長蟲石宰獻牛羊，準備搶班稱王。

納丹獲悉，急報王子所羅門的母親誓女。誓女忙入內室覲見大衛，照先知說的，以國王曾向她發誓，許諾兒子繼位為由，請求下詔，傳位所羅門。所羅門隨即奉詔，由衛隊護送，搶先至基雄泉行膏禮，吹羊角號，騎父王的牝騾宣示登基，接受百姓歡呼：所羅門王萬歲！消息和着喧聲傳來，耶主一黨大驚，作鳥獸散。嚇得耶主跑去抱住祭壇的犄角，求弟弟別"刀斬他的僕人"（王上1章）。

　　當年大衛有無立誓，許諾誓女之子接班呢？抑或那是納丹幫誓女出的主意，危急關頭的一着險棋？"宮廷史官"沒有挑明，留了白。或者他也只是聽聞——夫妻之間呼聖名見證的誓約，至高者之外，誰能確認？但國王寵愛的三個兒子，安信、押沙龍和耶主，下場都慘，正應了納丹對大衛的預言：你借刀殺士，霸佔人妻，"以後你自己家也躲不過刀劍"（撒下12:10）。

　　上帝究竟愛大衛的什麼呢？他無情無義，從不憚於觸罪，簡直是摩西、約書亞、黛波拉等虔敬無私的先知領袖的反面。然而，如同雅各之子約瑟，他總能設法擺脫困境而不居功，一切成就歸於耶和華佑助。這是上帝所喜歡的。最重要的是，他領導子民擊敗強敵，建國拓疆，定都聖城；不僅扭轉了約書亞歿後以色列各自為政、人人為己的頹敗之勢，而且把雅各子孫變為"一個大族"，"智慧而富有悟性"，走在耶和華面前（申4:7）。所以，至高者揀選大衛，乃至讓他坐於自己右手，踏倒仇敵給他做腳凳（詩110:1，書10:24注），誠然是天父大愛的集中體現；但救主對他的欣賞、寬赦，一趟趟擢拔，也是著眼於政治後果或歷史的轉折。

　　站在歷史的角度，也可以説，歸根結蒂，一切宗教的都是政治的。聖史所記，耶和華之厚愛大衛他的受膏者，亦復如此。

六、所羅門：諸神之香膏

　　大衛之子所羅門（shelomoh，詞根本義：完好、平安；前970~931在位），世稱智慧王，因他向上帝求得"絕大的智慧與悟性"。經書上說，他的智慧之心"如海灘的黃沙廣袤"，"超過了所有東方子孫的智慧，並埃及的一切智慧"。"作有三千箴言，歌千零五首"，為教化百姓；並能論說草木，講解鳥獸蟲魚，與造物溝通。"人們從各國前來聆聽所羅門的智慧，世上眾王……都[仰慕]不已"（王上5:9–14）。

　　大衛之子在耶路撒冷為王，受"諸神之香膏"，極盡"人的榮耀"，而仍然渴求智慧（士9:9，傳1:12–13）；這知不知而知不足，本身就是智慧。

　　眾所周知，或至少王室內部和大臣都曉得：上帝與大衛立有永約，認繼位者為上帝之子，聖殿將由此子建造，俾王權永固，在耶和華面前（撒下7章）。那麼，當所羅門出聖城至岌崩大丘壇獻祭，天父托夢向他顯現，問他欲受賜什麼時，他是否已有預習，早就等着這一夜，奉上祈願？

　　當時，他已經遵父王囑託，一步步剪除威脅，殺了同他爭奪王位的異母兄耶主並其支持者岳牙，及詛咒過大衛的本雅明人石美，罷免了祭司吾父存。隨後迎娶埃及公主，與法老聯姻。他雖然愛着耶和華，照"大衛的規矩"行事，卻也尊重傳統，允許各地子民在丘壇獻祭焚香（王上2:1–3:3）。如此種種，表現出卓越的政治智慧。

　　所以，一俟所羅門説出"請恩賜僕人一顆心懂得，如何領導你的子民，並識辨善惡"，耶和華立即嘉許了他的"成善之言"。因為大衛之子沒有像常人那樣求長生，求富貴或求仇敵性命，而"只求明辨以識得公平"——顯然深諳"智慧難得，更勝過珍珠"之理（伯28:18）。當下賜了他"前人無可比，後人無法超"的智慧，連同富貴榮華，延壽享用；條件是，"若是你走我的道，守我的法令誡命，一如你父親大衛所行"（王上3:9以下）。

　　於是大興土木，建聖殿和王宮。所羅門跟石城王希蘭訂約，用小麥和橄欖油換取黎巴嫩雪松、絲柏和工匠；又徵調民夫，派遣督工進山採石。整個工程歷時二十年完成：聖殿七年，王宮十三年（王上6:37–7:1）。這裏面也有精細的政治設計，一如他擴建耶京的堤壘、城牆，修築各地堅城和倉城的規劃。聖殿乃聖名"永駐之地"，所存約櫃美稱"耶和華的腳凳"（申12:5，撒下7:13，王上8:29，詩99:5, 132:7）。殿的南門直通王宮；宮殿相連，矗立聖山，恰是一幅令人崇仰，引人朝拜的宏偉圖景。對於團結子民，認同大衛王室、王朝與聖城的宗教地位（"大地之臍"），壓制北方支族的分離傾向，極具象徵意義。

　　同時，所羅門重新劃分了捐稅行政區域，全國設十二郡守，"負責供養國王及王室"；每月一郡，輪流輸送。一時間，國泰民安，"以色列人口大增，如海沙之鉅；有吃有喝，人人歡樂"（王上4:7, 20，傳3:13），近乎實現了上帝對聖祖的允諾（創22:17）。

　　因此，當日所羅門受眾王仰慕，是有道理的。比如示巴（今也門、埃塞俄比亞一帶）女王，"帶着大隊扈從"來訪，"一匹匹駱駝滿載香料、黃金和寶石"。她大概也聽説了國王智斷"二妓爭兒"案的故事；但用劍劈孩兒來察驗小兒之母的真假，這種常識性的破案跟司法智慧她未必佩服（王上3章，參較《賢愚經/二母爭兒》）。因為她已經準備了遠比此案複雜刁鑽的難題，欲考倒耶路撒冷的王。真正讓"她的靈把持不住"而欽羨的是：所羅門不僅應答如流，而且，他淹博的智慧也具體呈現在"他建的宮殿、宴席上的珍餚、群臣的坐姿、侍者的立儀、服飾與司酒，以及他在耶和華的殿上獻的全燔祭"（王上10:1-5）——做成了制度化、生活化的政治/宗教實踐，而非停留在抽象的教義或瑣碎的經驗。所以女王亦大有智慧。她通過提問觀察，準確地抓住了所羅門的"功業和智慧"的要點；她甚至讚美了"耶和華您的上帝"，指出那神賜的智慧的最高實踐，"是耶和華出於對以色列的永愛，立您為王，要您秉公行義"（王上10:9）。

　　三個世紀以後，申命宗寫經人批判智慧王，指斥其違犯聖法，生活奢靡，廣築丘壇供奉異神（申17:17）。然而他之能夠"沉湎於美酒膏油"，"及時行樂而成善"，乃是上帝的賜禮，托父親的福（箴21:17，傳3:12）。甚而寵幸法老女兒和外邦美人，後宮收"七百名公主為妃，外加三百嬪妾"，也是循"大衛的規矩"——聯姻以促進或維護政治和外交利益。至於"所羅門晚年，心被妃嬪扭了，朝向異神"，例如在京城東山築壇燒香，祭"摩押的穢物凱魔和亞捫子孫的穢物恥王"（王上11:1-8），大致是照顧外邦人的宗教需求，落實王國的宗教政策。

　　以色列是近東小國。立國之初，雖經大衛征伐四方，外患一度消弭，但為維護國中部族和睦並鞏固邦交計，王室聯姻與宗教寬容，實為唯一可行的策略選擇。其利弊成效，如何運用，大衛以其實用主義的"後果主義"哲學做了示範。所羅門沒有理由改變。

　　事實上，所羅門去世後南北支族裂為兩國，雙方都繼承了大衛之子的政策遺產。北國以色列前期頗為興盛，如經書貶斥的昂力、牙哈父子及耶胡三朝，曾擊敗摩押和亞蘭諸部，且商貿發達。可見宗教寬容未必是國力的病害。而北國覆亡後，申命宗寫經人頌揚的南國猶大的兩位賢君，希士迦和約西亞，卻是取消寬容、打擊異教異端的改革家。其時猶大已淪為大國的藩屬，在亞述和埃及兩霸間搖擺。宗教改革，從禁拜偶像、譴責與外族通婚，到拆毀各地丘壇、集中祭祀於耶京聖殿，再到宣傳上帝降神跡解圍卻敵；這一系列激進措施，實際是弱邦求生存的最後嘗試。但改革也終究未能阻擋強敵入侵和王朝的衰朽。希士迦清空府庫獻銀，乃至剝下聖殿各門包敷的金子，才換得亞述王撤兵。約西亞則誤判形勢，貿然攔截埃及大軍而戰死。法老將繼位的猶大王子幽禁了，另立新王，並罰全國賠款（王下18:13–16, 23:29–35）。

　　歷史地看，所羅門最大的錯誤，智慧王喪失政治智慧的一個症候，是晚年好大喜功，強徵勞役。如此套“苦軛”壓榨以色列人，重新點燃了北方支族的分離主義火種。而這時王國南北皆不太平，紅嶺和亞蘭先後起事，做了“大衛家”的敵手（王上11:14以下）。

　　所羅門似乎汲取了父親在立儲問題上的教訓。至少據經書記載，兒子寬民（rehab`am）的繼位未起波瀾——也許王儲的眾多競爭者先已失勢。然而，智慧王看走了眼，或者沒能夠細心考察並鍛煉接班人。寬民遠非合格的君主，登基後第一件事就搞砸了，丟了半壁江山。

　　本來新王到石肩召集以色列會眾，北方十支族請求減免勞役，政治上很敏感，須妥善處理。可是他不聽父王的舊臣勸諫，反而寵信親隨，“幾個跟他一塊兒長大的年輕人”，傲慢回應並侮辱請願者。結果引發暴動，管勞役的大臣被砸死，自己狼狼逃回耶京。就這樣，“以色列反出了大衛家”，王國一分為二：南北對峙，爭戰不斷（王上12章）。

　　之前，所羅門重築堤壘，見一個青年臣子增民（yarob`am）做事勤快，便命他統管“約瑟家”即北方支族的勞役。這增民手下有了人，就生了異心。一日出城，先知耶親把他拉到田間，學撒母耳對掃羅的預言，説：以色列的上帝有言：看，我要撕了所羅門手裏的王國，分你十個支族（王上11:31，撒上15:28, 28:17）。不想陰謀敗露，增民逃去了埃及。所羅門歿後，十支族在石肩向新王請願，背後的主謀正是從埃及趕回來的增民。而寬民居然毫無準備，遇事又驚惶失措，讓增民成功分裂了永約之國，當了"約瑟家"或以色列的王（王上12:20）。

後人評價寬民王，"寬於蠢，短於智"而官逼民反（德47:23）。培養他的智慧王有沒有責任呢？

所羅門留下的奢華與榮耀，很快就黯淡了。寬民即位第五年（前926），埃及王"上犯耶路撒冷，洗劫了耶和華的殿和王宮；寶物悉數掠走，包括所羅門製作的金盾，一面不留"（王上14:25–26）。於是"諸神之香膏"盡歸諸神，猶大國力大傷。

七、以利亞和以利沙

前文説了，《列王紀》接續《撒母耳記》，也分上下卷。上卷開頭兩章，講所羅門登基和大衛王遺囑，給大衛的故事收尾。第三至十一章，記所羅門造聖殿，迎約櫃，坐象牙寶座，五百面金盾存黎巴嫩林宮，"銀子如石頭之多，雪松如平原的埃及榕之眾"（王上10:27）；風華熠熠，凡四十年。

而後，十二章開始，敘事風格一變。語言直白，修辭儉省，教義鮮明而不避重複，少了《撒母耳記》那種留白的含蓄、複義同反諷。耶和華的先知的形象也變了，從子民的領袖和出征的統帥，變為精通咒誓，能治病宣教，又能降神跡退兵、與異教先知鬥法的神人，上帝之人（'ish 'elohim）。其中最著名、對後世影響最大的一位，是北國牙哈王年間的先知以利亞。

以利亞（'eliyyahu，"耶和華吾神"）來自河東的基列山鄉。他蒙召稱先知，是因為牙哈娶了西頓王的女兒、腓尼基公主夷色貝（'izebel），到處建巴力廟，豎木柱女神，招惹天怒——耶和華要降災，遍地大旱，命他前去警告惡王（王上16:31以下）。

　　以利亞的故事生動曲折，綴滿了神跡。他給貧苦寡婦變出油和麵粉，又救活了她那已經咽氣的孩兒。國王若是派僕人來抓他，他就召天火吞噬他們（王下1章）。但他的先知事業的頂峰，是上果園山祈雨鬥法，一舉消滅夷色貝的四百五十個巴力先知，而結束旱災（王上18章）：頗有當年摩西與法老的術士巫師比試神跡的英雄氣概。

　　然而，法術如此奇妙而慘烈，居然沒鎮住牙哈的王后。她馬上派使臣找到以利亞，説：明日此時，拿命抵命！先知卻“怕了”（王上19:3）。他怕什麼？不是剛剛完勝了對手，耶和華垂聽，降過神跡？怎麼就失了信心？按果園山鬥法的邏輯，應是夷色貝懼怕，惶惶不可終日才對——怕以利亞的上帝追究罪責。畢竟大旱是因牙哈縱容異教而起，而王后是巴力崇拜和巴力先知的總後臺、庇護者。而我們知道，這一次，上帝沒有讓敵人如法老“硬了心”，冥頑不化（出4:21, 7:3, 8:15），成為“神的正義”的提線木偶。國王和王后行使了自由意志，是不能免責的。

　　所以耶和華的先知得勝後的膽怯、慌張，説明鬥法的阻嚇效果有限；而牙哈及臣民亦無悔改之意，儘管他們目睹了祈雨儀式上的神跡與先知大能。在以利亞看來，上帝降災沒有達到預期目的，反而造成連年饑荒，苦了各族百姓。他的沮喪可想而知；只能進荒野逃命了，像亞伯拉罕的妾夏甲母子一樣，往埃及走（創21:14）。

　　但耶和華並未忘記他的先知。天使給累倒在杜松下的上帝之人，送來“紅炭烤熟的圓餅”和一壺水；繼而引導他來到何烈山，即摩西初遇至聖、領受十誡的西奈山，又名上帝之山（出3:1, 19:20）。以利亞便找了個山洞，入內過夜。

　　忽地，聖言降臨：你出來，站山上來/到耶和華面前來！一個聲音説。剎那間“狂風大作山崩石裂”，而後地震，而後大火——上帝卻不在風裏，不在地震也不在火中——直至火焰熄滅，黑地裏“微微有寂靜之聲”，那幾乎溶於曠野的寂寥，而只能用內心感受的啟示之音。以利亞忙取大袍蒙了臉，以免撞見聖容而喪命，出來立於洞口。果然，是“耶和華萬軍之上帝”，“不容不忠”

的那一位！並交代他三項任務：原路走荒野回大馬士革，給亞蘭王的近臣神視（haza'el）膏油，誘使他弒君篡位。然後膏以色列將軍耶胡為王，鼓動他造反，攻殺牙哈之子耶揚王。不過，要先找到舞甸人以利沙（'elisha`，"上帝拯救"），立他為先知，接班承命。

上帝還說，將來，當禍難之日，"我給自己在以色列僅留七千"，即滅國之後子民的殘餘（王上19章）。

這是極嚴厲而黑暗的諭示，卻沒有回應先知面臨的險境和他的惶恐。上帝決定放過牙哈，讓他的兒子和繼位者頂罪；而那是天父給自己的愛子大衛的待遇。箇中原因，要等到王后害死可憐人納伯，國王霸佔了他的葡萄園，才見諸經文。又一次，以利亞受命前來譴責並預言報應："看，我這就降禍於你……凡屬牙哈又對牆撒尿的（俚語，指男性），一律從以色列剪除，奴隸自由人不論"。牙哈聽了，"撕破王袍，麻衣貼肉，開始禁食"悔罪。那謙卑的表態感動了救主，災禍便推遲去了"他兒子的日子"（王上21:21, 27–29）。

但三年過後，耶和華改變了心意。他派下一個"撒謊的靈"，使宮廷先知一齊發迷狂，慫恿國王攻打亞蘭。牙哈遂進軍基列山的高莊，身先士卒與亞蘭軍激戰，不幸中箭身亡（王上22章）——以利亞的預言竟沒有全部落空。

"耶和華要起旋風接以利亞升天之際，正是以利亞偕以利沙離開石圈之時"（王下2:1）。升天是高度儀式化的，且帶上了門徒以利沙做見證。"以利亞握住自己的大袍，卷起，擊打[約旦]河水。河水即左右分開，讓二人走乾地穿越"。這是重演摩西分蘆海的神跡，回放約書亞約櫃斷流的奇觀。

但是以利亞超越了那兩位先輩。"他們正走着談着，突然，一輛火焰戰車，火馬牽引，將兩人分開；以利亞便乘着旋風，升天而去"（王下2:11）。他成了聖書所載未死即升天而永生的第二人；第一人是"常與上帝一同行走"的聖人以諾（創5:24）。

　　為什麼是以利亞蒙福升天，而非子民的領袖和統帥摩西、約書亞，或“以色列的母親”黛波拉，或預言了猶大末日的女先知胡爾妲（王下22:14）？因為上帝還有一椿特殊任務要給他。

　　注意，摩西傳統（包括申命宗教義）不言天堂地獄。人死後，亡靈不論善惡，一律墮入陰間（she'ol），與陽世隔絕。“子裔享尊榮，他無從知曉；遭人輕賤，他也不會察覺 —— 他只能感受肉身的痛苦/亡靈，只為自己哀哭”（伯14:21–22，《聖詩擷英》，頁125）。撒母耳的亡靈同掃羅說話，便是女巫施法，將他從陰間喚了起來，如前文所述。天堂的描寫，希伯來聖經裏沒有；要到希臘化時期，始見於旁經和次經（如《以諾記》《以斯拉二書》），想像為伊甸園般的一座樂園（paradeisos），供復活了的義人居住。《新約》時代，天堂地獄已是流行的觀念了。耶穌安慰跟他一道釘十字架的一個“罪犯”說：阿門，我告訴你，今天你就要同我一起在樂園了（路23:43，啟2:7）。

　　所以以利亞升天，不是登天堂，而是入永生，加入天庭使者的行列。如同天使，將來他也要出列，站到耶和華面前，領受新的榮耀與任務（王上22:21）—— 為那“終了之日”、“報應之日”、“聖怒之日”亦即“耶和華之日”做前驅（賽2:12，耶23:20, 46:10，結13:5，何3:5, 9:7，珥1:15，伯21:30）。

　　這是以色列宗教思想的一大轉折。以利亞升天，實際是對“摩西之歌”關於上帝“藏臉”，不理子民而出離歷史的預言的一個回應。“臉”，在經書裏常喻恩惠（創4:14注）；上帝藏臉，即懸置救恩（申31:17, 32:20）。但懸置不等於遺棄，而是不定時、無期限的延宕；是全知全能者得以保留反悔之權的必要條件（《以賽亞之歌》，頁139以下）。

　　另一方面，升天也暗示了，救主對神跡先知作為一個職業群體的失望。因為顯然，他們游走四方、單幹或結門派而施神跡，於拯救以色列並無助益，儘管也彰示了上帝大能。而且僅憑神跡，子民也無法區分先知的真偽，或正統異端，如摩西早已覺察的：論法力，異教先知一點也不弱（申13:2–4, 18:21–22）。這神跡由奇效而失效的代表人物，便是以利亞的門徒/接班人以利沙。

以利沙拾起老師脱下的大袍，回到岸畔，猛擊河水。河水又左右分開，讓出一條乾道。耶利哥城的一眾先知弟子望見了，都伏地叩拜，認他作了頭領。他就開始施法，用鹽替居民淨化水源。完了，上到伯特利/上帝之家，城裏跑來一群小孩訕笑他。他一怒，就奉耶和華的名詛咒他們。"立刻，林子裏躥出兩頭母熊，撕了其中四十二個孩子"（王下2:23–24）。不難想見，如此妄呼聖名，濫用法術殘殺兒童，給耶和華的公義帶來多大的信譽損失——而且是在上帝之家（beth-'el），以色列的聖所！反而顯得夷色貝剪除與她作對的先知，不那麼狠毒了；畢竟那是宗教衝突、宮廷政治，一如同樣血淋淋的聖者的報仇。而這些小童的親族卻無法向以利沙追討血債，因那是降自聖名的神跡。

有一陣子，以利沙常路過書南。當地有一大戶人家，主婦熱心好客，在房頂上搭了一間小屋，供先知休息。他倒好，不但沒有一聲謝謝，還端架子，待主人像使喚下人。那婦人卻十分大度，從無怨言。後孩兒猝死，上果園山請他施法招靈，求助、謝恩也不亢不卑：愈發襯出這位上帝之人的驕矜和虛偽（王下4章）。

以利沙法術極高。他會往鍋裏撒麵粉解毒，分二十張新麥餅給一百人吃了尚有剩餘；也會治癩病頑疾，往河裏扔一根樹枝讓斧頭浮上水面；還會呼聖名令圍城的敵軍失明。甚而入土以後，他的遺骨仍保有神力，能使已經出殯的死者復生（王下13:21）。但他最主要的功勞，完成老師託付的任務，卻無關神跡，是人的計謀：誘使佞臣神視篡位，殺亞蘭王；膏立耶胡將軍，煽惑他弒君，滅太后夷色貝及牙哈的七十個兒孫（王下8–10章）。

問題是，以色列有沒有因着上帝之人的神跡，加上計謀，回歸正道呢？沒有。而亞述帝國已經崛起在東方——快了，那"耶和華的刑鞭"，要抽打以色列他的子民（賽28:15）。

聖史的深意在此。表面上一片讚辭，飾以申命宗教義，搭起一個善惡報應、黑白分明的神學闡釋架構：一切歸罪於以色列和猶大違反誡命，不守信約；走邪路拜異神必罹禍難。故事細節卻揭示了複雜而矛盾的意欲性格，人神關係的多重面向，以及聖者對貧病婦孺和一切受壓迫者的關愛與憐憫。

　　那麼，神跡先知在以色列的沒落，意味着什麼呢？答案在另一類先知，新的傳道先知（阿摩司、何西阿、以賽亞、彌迦等等）的興起，及其教導的彙集編撰，即先知書。亡國既是定案，子民就必須學會在入囚與流散的苦難中培育信仰同希望，並藉着新先知的啟示，由“祭司之國”，一山巔之城，走向大地萬邦的“聖書之民”。

　　而這，正是以利亞升天的“伏筆”，照應的是先知書中，一位承命必來的使者的預言和慰藉：“看，我要遣先知以利亞來你們中間，迎接那大而可畏的耶和華之日。他必使父母對兒女回心，兒女向父母轉意，以免當我降臨之時，將這一國打入禁絕”（瑪3:23–24）。

二零二一年六月於鐵盆齋

馮象：《創世記：傳說與譯注》，修訂版，北京三聯，2012。

馮象：《以賽亞之歌》，北京三聯，2017。

馮象：《聖詩擷英》，北京三聯，2017。

奧特[譯注]：《古以色列：前先知》(*Ancient Israel: The Former Prophets*)，W.W. Norton & Company, 2013。

布魯姆/羅森堡(Harold Bloom & David Rosenberg)：《J之書》(*The Book of J*)，Grove Press, 1990。

馬基雅維利(Niccolo Machiavelli)：《君主論》(*The Prince*)，Peter Bondanella & Mark Musa英譯，牛津大學出版社，1984。

平斯基(Robert Pinsky)：《大衛傳》(*The Life of David*)，Schocken Books, 2005。

威利克(Jed Wyrick)：《論猶太、希臘與基督教傳統中作者之確認與正典之形成》(*The Ascension of Authorship: Attribution and Canon Formation in Jewish, Hellenistic and Christian Traditions*)，哈佛大學出版社，2004。

張友鸞[選注]：《古譯佛經寓言選》，商務印書館，2015。

歴史書

約書亞記

上篇：征服

一章

卻說耶和華的僕人摩西歿後，以色列三十日服喪期滿，申34:5以下。耶和華諭示奴恩之子、摩西的侍從約書亞，yehoshua`，"耶和華拯救"，摩西的助手和接班人，原名何書亞，民13:16, 27:18–23。道：

²摩西我的僕人死了。冷峻，提醒繼任者鞏固權力。你現在就起身，帶這一族人渡過這約旦河，這/這，提示場景：子民沿河安營，俱在言者面前。去我賜他們（以色列子孫）的土地。括號內似後人補注，七十士本無。下同。³你們腳掌踏上哪裏，那裏我必賜予你們，如我對摩西的允諾。申11:24。⁴從大漠、黎巴嫩這邊，到大河幼發拉底（赫提全境），再到大海日落之處，西抵地中海。都是你們的疆域。福地的傳統烏托邦理想版圖，創15:18，申1:7。對比13–19章，各支族分得的領地。⁵在你有生之年，無人能夠與你對抗；直譯：站在你面前，申7:24。我必與你同在，一如與摩西同在，再次認定其接班人身份，出3:12，申31:8。而決不會把你拋開、捨棄。

⁶你要勇敢，要堅強，舊譯壯膽，不確，申31:6–7。因你必須為這一族人奪取那片我立誓應許他們祖先的家園。⁷唯有非常勇敢堅強，謹守摩西我的僕人為你頒佈的全部律法，torah，教導，特指摩西所傳上帝之法，申4:8。左右不偏，熟語，嚴格執行之意，申5:32。方能無往而不勝。⁸這律法書，摩西手錄，供奉於約櫃旁，申31:24。你要唇上不息，日夜誦習，hagitha，舊譯思想，誤。申6:6, 17:19，詩1:2。以遵行其中載錄的一切；如此保你路路順利，一定成功！⁹難道勇敢堅強不是我的命令？莫驚慌，別洩氣，申1:21, 29, 31:8。有耶和華你的上帝與你同在，無論你去到何方！

動員令

¹⁰**於是約書亞命子民的文書**，shotrey，官長的助手、秘書、工頭等。舊譯官長，誤。出5:6，申16:18, 20:5。¹¹**走遍營地，傳令子民：預備糧草，還有三天**，經書習語，猶言不久或日數無多，往往非確指，2:16, 3:2。**你們就要跨過這約旦河，去佔領耶和華你們上帝賜你們為業的土地。**

¹²**接着，對呂便人、迦得人和瑪納西半支族**，即留居河東的兩個半支族，民32章。**約書亞這樣要求：**¹³**記住耶和華的僕人摩西給你們的指示：**申3:18–20。**耶和華你們上帝要你們休息**，meniah，婉言安居，免受周邊敵族侵擾。**將這片地賜了你們。**¹⁴**所以婦孺牲口皆可留在約旦河東**，直譯（耶路撒冷視角）：對岸，7:7。**摩西分給你們的領地。但你們自己必須過河，率先拿起武器**，hamushim，另作列陣，無定解，出13:18。**全體戰士支援兄弟[支族]**，¹⁵**直至耶和華讓你們兄弟休息，跟你們一樣，當他們也佔據了耶和華你們上帝賜予的領地。然後，你們才可回來約旦河東，領有耶和華的僕人摩西分配的日出之地。**日出，復指河東。

¹⁶**眾人異口同聲，回約書亞：但凡您的指示，一律照辦；要我們上哪兒，任隨調遣！**軍令如山，樹立新領袖權威。¹⁷**從前我們一切服從摩西，現在必聽命於您。**表忠心。其實子民出埃及以後屢屢抗命，不服摩西。**唯願耶和華您的上帝與您同在**，您的，七十士本：我們。**一如與摩西同在！**¹⁸**誰違抗您的命令，不服從您的任何指示，就處死誰——您只須勇敢、堅強！**將士重複摩西語，不忘教誨，申31:7。

探子與妓女拉哈

二章

自金合歡甸子，shittim，以色列人的營地，位於死海東北，民25:1, 33:49。**奴恩之子約西亞悄悄派出兩個探子**，呼應摩西派約書亞、迦雷等十二人刺探迦南的故事，民13–14章。**說：去，偵察福地和耶利哥。**福地門戶，死海以北16公里處。**他們便出發了。**

兩人來到一個名叫拉哈的妓女家裏，拉哈，rahab，"寬敞"；音近驕龍，rahab，賽30:7，詩87:4，伯9:13。**在那兒過夜**。因拉哈接客，消息靈通；或也看中了其住所與城牆相連，下文15節。²**但耶利哥王已經聞報：有人潛來窺探我國，就在今晚，是以色列人！**³**耶利哥王遂派人去查拉哈：**部落城邦不大，幾千居民，酋長/王的情報很準。**上你家來找你的人呢？交出來！他們潛來國中就四處窺探。**⁴**那婦人卻把兩人藏了，回説：對呀，是有人來過這兒，但我不知道他們的來歷。**娼門不問客人身份。⁵**沒等天黑關閉城門他們就走了**，古人通例，城門夜晚禁止出入。**去了哪裏，我也不知道。快去追呀，興許能截住他們！**

⁶**原來她叫[客人]上了房，藏在房頂堆放的麻秸裏。**曬乾做柴火。⁷**眾人慌忙追去，直奔約旦河渡口；**情況緊急，忘了仔細搜查。**而一俟追趕者出城，城門就閉了。**

⁸**這邊，兩人還未睡下，[拉哈]上來房頂，**⁹**對他們説：我知道，這片地耶和華給了你們。恐懼已經籠罩着我們，面對你們，國中居民都嚇癱了！**語出凱旋之歌，出15:15-16。¹⁰**因我們也聽説了，出埃及時，耶和華如何在你們前頭吹乾了蘆海；你們又怎樣處置約旦河東亞摩利人的兩個國王，西宏與斡格，施以禁絕之咒。**出14:15-29，民21:21以下。¹¹**消息傳來，我們的心全溶化了，**yimmas，套喻，形容沮喪、恐懼，賽13:7，鴻2:11。**沒有一人還存着勇氣對抗你們，既然耶和華你們的上帝，天上地下他都是上帝！**顯然拉哈見多識廣，熟悉希伯來人的一神教信條，申4:39。¹²**所以請指着耶和華對我起誓，因為我恩待了你們，你們也要恩待我父親一家。**亮出底牌：危險關頭，家人生命重於城邦安全。**請給我一個可靠的憑信：**舊譯證據，誤。¹³**你們會饒了我父母兄弟姐妹的性命，並他們擁有的一切，免我們一死。**

¹⁴**好，那二人回答，我們願拿性命擔保，**直譯：我們的靈/性命替你們去死。**只要你不洩露我們此行。**你，從諸抄本及下文20節。原文：你們。**待耶和華將這片地賜予我們，我們一定恩待你，守信！**'emeth，同上文12節"可靠"。舊譯誠實，誤。

¹⁵**於是[拉哈]用索子將他們從窗口縋下 —— 她的屋子連着城郭，那段城牆實即她的住所。**徒9:25，林後11:33。¹⁶**你們往山裏走，**耶利哥西面是山地，渡口在東

邊。她叮囑道，**免得遇上追兵。在那兒躲三天，等追兵撤了，再繼續上路。**下接22節。

17**那二人則同她說了：**上接14節，補記窗口對話。**你讓我們發的誓言，須這樣履行：**直譯：我們就不履行/負責（除非）。18**當我們返來此地時，你得把這根朱紅繩子繫在縋我們下去的窗口，**約定暗號，便於入侵者識別，屠城時"越過不進"，6:22–23，出12:13。**並把父母兄弟、全家人口都聚到你這屋裏。**19**凡踏出屋門上街的，即血罪臨頭，**被殺或處死，如償血債，利20:9。**我們概不負責。但那留在家裏跟你一起的，他的血歸我們頭頂，**願負流血之罪。**若是有一隻手碰他！**20**當然，若你洩露了我們此行，你讓我們發的那誓，也就不履行了。**

21**照你們說的，一言為定！說着，她便放兩人下去。他們走後，她把那根朱紅繩子繫在了窗上。**趕緊掛出暗號，戰爭的烏雲已在天際。

22**他們出去，**上接15節。**就往山裏走。在那兒待了三天，直到追兵回城——那些追趕的沿路尋遍了，**沿着河岸。**一無所獲。**

23**那二人這才下山，渡河返來，**回到營地。**將所遭遇的種種向奴恩之子約書亞稟報。**24**完了，還告訴約書亞：**複述拉哈語，上文9節。**這片地耶和華整個兒交在我們手裏了；真的，那國中居民面對我們，全嚇癱了！**

約櫃斷流

三章

次日，約書亞一早拔營，率全體以色列子孫由金合歡甸子出發，至約旦河宿夜，等候渡河。2**三天後，眾文書走遍營地，**3**傳令子民：**參1:10–11注。**你們看到耶和華你們上帝的約櫃被利未祭司抬起，**約櫃，存放摩西十誡約版的神器，出25:16；常伴隨以色列出戰，振奮軍心，民14:44，申20:4。**即可開拔，跟上。**4**但你們同約櫃之間，要保持約兩千肘的距離，**約合914米，傳統上安息日允許外出（不算勞作）的路程。**別挨近它。**以免冒犯至聖，遭上帝擊殺，撒下6:6–7。**這樣就能辨明路向，**

儘管那條路你們從未走過。暗示福地多險阻，包括迦南神祇的"邪路"的誘惑。[5]約書亞通告子民：大家守潔，戒避不潔，忌行房事，出19:10, 15。明天耶和華要在你們中間施神跡！舊譯奇事，不妥。

[6]而祭司，約書亞要他們：約櫃起駕，到子民前頭[準備]過河！他們便抬起約櫃，走到了子民前頭。此句同下文14節，修辭性前置，強調隊形順序。

[7]耶和華諭示約書亞：今天開始，我要使你在全以色列的眼裏稱大，領袖須有威望。讓他們明白，一如與摩西同在，我必與你同在。享同樣的神跡與佑助，1:5, 17。[8]好，你給抬約櫃的祭司下命令吧：等你們到了約旦河邊，就去河水裏站着。

[9]約書亞遂招呼以色列子孫：都過來，聆受耶和華你們上帝之言！救主言出必成，賽14:24, 46:11。[10]由此你們即將領教，永生上帝就在你們中間，約書亞宣佈：他要把迦南人、赫提人、希未人、比利齊人、吉爾迦士人、亞摩利人和耶布斯人，河西土著及移居福地的外邦人，習稱迦南七族，申7:1。從你們面前趕走，趕絕！[11]看哪，大地之主的約櫃，大地之主，此名不見於摩西五經，文本淵源不同。彌4:13，亞4:14。在你們前頭，就要渡約旦河了！[12]現在，你們可從以色列支族裏挑選十二人，每支族一人。此句突兀，同4:2，似誤抄。[13]那些抬着耶和華大地之主的約櫃的祭司，一旦他們腳掌踩進約旦河水，河水即被斬斷，上游下來的波濤就要站住，如一道高牆。出15:8。

[14]於是，當子民拔營前去渡約旦河時，祭司已經抬起約櫃，走在子民前頭。[15]待抬約櫃的來到約旦河邊，祭司抬着約櫃把腳沒入水波 —— 恰逢收穫季節，春天黎巴嫩山峰積雪溶化，河水上漲；五月，下游河谷的頭茬果實成熟。河水漲到了岸畔 —— [16]立時，上游下來的波濤站住，遠遠壘起一道高牆，直至察爾耶附近的亞當鎮；距子民渡河處約30公里。直至，傳統讀法。原文：在。而注入深湖即鹽海的河水，深湖/鹽海，即死海，申3:17, 4:49。則完全斷流了。

子民便在耶利哥對面渡河：[17]祭司抬着耶和華的約櫃，穩穩立於約旦河中央的乾地，讓全以色列走乾道通過，呼應摩西舉牧杖，蘆海為以色列讓道的故事，出14:21以下。直到族人全部跨越了約旦河。

立石為記

四章

當族人跨越約旦河已畢，耶和華又諭示約書亞：²子民裏面你們自己挑選十二人，你們自己，七十士本及通行本作單數：你。每支族一人，同3:12。³然後指示他們：這兒，約旦河中央祭司的腳立定處，你們取十二塊石頭，搬到今晚你們駐紮的營盤，放好。

⁴約書亞遂把以色列子孫裏定了的十二人，每支族一人，叫出來，⁵約書亞吩咐他們：重複主語（約書亞名），以示鄭重。去，到耶和華你們上帝的約櫃前面，約旦河中央，每人搬一塊石頭，扛在肩上，合以色列子孫支族之數。⁶這在你們中間可作一憑信：見2:12注。日後兒女問起：這些石頭什麼意思？教理問答，牢記聖史，出12:26, 13:14，申6:20。⁷你們可告訴他們：約旦河水被斬斷在耶和華的約櫃前——約櫃渡河，斬斷了約旦河水！這些石頭於以色列子孫，便是永久的紀念。

⁸以色列子孫照約書亞的指示辦了，從約旦河中央取出十二塊石頭，搬到營盤，放在那裏，合以色列子孫支族之數，一如耶和華對約書亞所言。

⁹接着，約書亞在約旦河中央，就是抬約櫃的祭司立足處，立了十二塊石頭。編者保存並混合了兩個敘事傳統：約書亞立石，一在石圈，一在河中。至今那些石頭還在。

¹⁰約旦河中，抬約櫃的祭司還站着，直到耶和華命約書亞指示子民的諸事告成（恰如摩西對約書亞的囑託）。此短語不通，七十士本無，當屬補注。子民就趕緊渡河，¹¹[因為]要等子民全數通過了，耶和華的約櫃同祭司才上岸，回到子民前頭。

¹²呂便子孫、迦得子孫和瑪納西半支族渡河，個個全副武裝，做以色列子孫的先鋒，按摩西給他們的指示。接應1:13，民32:20以下。¹³約四萬名精銳從耶和華面前走過，學者估計，以色列擁有超過十比一的優勢兵力。向耶利哥平野進發，只待廝殺。

¹⁴那一天，耶和華使約書亞在全以色列的眼裏稱大，百姓敬他一如敬摩西，敬，yir'u，兼指畏懼、服從權威。在他的有生之年。

¹⁵耶和華諭示約書亞：¹⁶下令吧，讓抬約櫃的祭司從約旦河裏上來。¹⁷約書亞便命令祭司：上岸，從河裏上來！¹⁸待祭司抬着耶和華的約櫃從河裏上來，那些祭司的腳掌剛踏上乾地，重複主語，上文5節注。立刻，約旦河水沖回河床，波濤滾滾跟先前一樣，漲平了岸畔。

石圈

¹⁹子民從約旦河登岸那天，是正月初十；公曆三四月間，逾越節前四日，出12:2以下。他們在石圈安營，石圈，gilgal，本義輪、圈；古迦南聖地，申11:30，何4:15。挨着耶利哥東界。即城邦東界。²⁰那十二塊取自約旦河的石頭，約書亞就立在了石圈，參較上文9節。²¹然後對以色列子孫又説一遍：日後若是兒女問父親：這些石頭怎麼回事？²²你們可向兒女解釋：以色列渡這約旦河，走了乾道。²³耶和華你們上帝在你們前頭吹乾了約旦河水，直至你們通過，兒女視若父輩，參與渡河，稱"你們"。一如當年耶和華你們上帝在我們前頭吹乾了蘆海，直至我們越過。父輩稱"我們"，視同摩西之民，雖然後者卒於荒野，未踏足福地，民14:22–23。²⁴如此，是要大地萬民見識耶和華之手，何等大力！出14:21, 31。並要你們敬畏耶和華你們上帝，日日年年。

五章

果然，約旦河西岸亞摩利人和濱海迦南人諸王聽説，耶和華在以色列子孫前頭吹乾了約旦河水，直至他們越過，他們，傳統讀法。原文：我們。諸王的心溶化了，喻灰心、喪膽，2:11注。全都失了對抗以色列子孫的勇氣。

割禮

²這時，耶和華諭示約書亞：你製作些火石刀，回放雀娘以火石替"流血新郎"割包皮，出4:24–26。給以色列子孫再行一次割禮。以便守福地的第一個逾越節，出12:48。原文句尾有"第二次"，七十士本無，是插注。³約書亞便做了火石刀，在包皮丘給以色列子孫行了割禮。

⁴約書亞這割禮是有原因的：出埃及的子民，凡能上陣的男子，年滿二十成人，從軍在冊，民1:3。從埃及出來後，都死在途中荒野裏了。因信心不足，不服摩西，對天父"大不敬"而受詛，民14章。⁵誠然，出埃及的子民都受了割禮，之後誕在荒野之路上的，卻沒有一個割過包皮。⁶整整四十年，以色列子孫漂泊荒野，直到一代人全部離去，一代，從部分抄本。原文：一族。那些埃及出來的戰士一個不剩 —— 他們不肯聽耶和華的話，所以耶和華發誓不許他們望見福地，亦即耶和華向他們祖先立誓應許我們的那片流淌着奶與蜜的家園。出3:8。⁷他就立了他們的兒子接替他們，讓約書亞主持割禮。這些人留着包皮，因為一路走來都沒受割禮。⁸割禮已畢，一族人便在營地修養，等[傷口]癒合。臨戰行割禮，似不合常理，但三天癒合乃神的旨意。

⁹耶和華諭示約書亞：今天，我把你們身上的埃及之羞圈去了。gallothi，滾、翻、畫圈，解作割去，諧音石圈，4:19注。埃及之羞，指以色列給法老/異教徒為奴。那地方便叫作石圈，至今仍是。子民蒙羞亦是天父之羞，讓列國恥笑，出32:12，民14:15–16。

¹⁰以色列子孫既已安營於石圈，遂於當月十四傍晚，在耶利哥平野守逾越節。呼應出埃及之夜，首個逾越節，出12:14；象徵子民的荒野長征勝利結束。¹¹逾越節次日，他們吃了當地的果實，無酵餅和烤麥。渡河以來在耶利哥周邊的掠獲。就在那一天，¹²嗎哪停了，不再需要荒野裏受賜的"天餅"，出16:31, 35。在他們吃了福地果實的次日。自那年起，以色列子孫斷了嗎哪，他們以迦南之地的物產為食。

天軍統帥

¹³卻說約書亞在耶利哥[境]內，偵察敵情，瞭解地形和人口分佈等。此是一獨立片斷。抬眼一看，啊，對面站着一個人，手持一柄出鞘的劍！擋住去路。約書亞便上前問他：你是幫我們的，還是幫敵人的？¹⁴答：都不是。我乃耶和華的天軍統帥，大天使或天使長。剛到！約書亞忙叩額於地，額，直譯：臉。創19:1。拜道：我主對僕人有何指示？以色列得天軍佑助的消息，可鼓舞會眾鬥志，打擊耶利哥人的士氣，出23:20–23。¹⁵耶和華的天軍統帥對約書亞說：把你腳上的鞋脱了，因你站着的地方聖潔！引上帝對摩西語，出3:5。約書亞照辦了。

聖戰耶利哥

六章

¹那邊，面對以色列子孫，耶利哥已經城門緊閉，雖絕望，力量懸殊，但不投降，也沒逃跑或派人談判。無人出入了。

²耶和華又諭示約書亞：看，我把耶利哥交在你手裏了，君王連同勇士！³你們要圍住那城，所有戰士繞城走一圈，一連六日，天天如此。⁴再要七位祭司，舉七支羊角號，走在約櫃前頭。第七日，則要繞城七圈，七是聖數，象徵聖戰乃造主的規劃。祭司要吹號。⁵一俟羊角響起長音（當你們聽見那號聲），括號內似後人補注，下同。全體子民須高聲吶喊；子民，`am，此處特指軍隊，7:3注。頃刻那城牆便會坍塌，子民就人人向前，攻上去！

⁶於是，奴恩之子約書亞召集祭司，道：約櫃起駕！讓七位祭司舉七支羊角號，走在耶和華約櫃前頭。⁷接着，命令子民：出發，繞城走起！先鋒為耶和華的約櫃開路！⁸（待約書亞給子民下達了指示）七位祭司便舉起七支羊角號，走到耶和華前面吹響號角，耶和華，提喻約櫃。少數抄本及通行本加"約

櫃"二字。**身後，耶和華的約櫃出動了！**⁹**吹號的祭司有先鋒開路，約櫃之後是殿軍；一隊隊行進，號音嘹亮。**

¹⁰**對於子民，約書亞卻傳令：不許吶喊，不要作聲**（一句話也別沾脣）**讓人聽見；哪天我叫你們吶喊，才可吶喊。**

¹¹**就這樣，耶和華的約櫃繞城走了一圈，便收兵回營，**第一天，至黃昏結束，創1:5注。**眾人在營地過夜。**¹²**清晨，約書亞早早起來，祭司就去抬耶和華的約櫃。**¹³**七位祭司舉着七支羊角號，走到耶和華約櫃前頭，邊走邊吹響號角。前面有先鋒開路，耶和華約櫃之後是殿軍；一隊隊行進，號音嘹亮。**¹⁴**第二日，他們也是繞城走一圈，便收兵回營。如此，一連六日。**

¹⁵**第七日拂曉，他們早早起來，繞城走了七圈**（方式一樣，但這一天繞城七圈）**。**¹⁶**第七圈，當祭司吹響號角，約書亞命令子民：吶喊吧，耶和華把這城交給你們了！**¹⁷**城與城內的一切皆須禁絕，**herem，人畜殺光，房屋夷平，獻給上帝（歸聖），利27:28，民21:2–3。**歸耶和華；只有妓女拉哈，及屋裏跟她一起的人可以保命，**保護範圍大於探子的誓約承諾，2:12–13。街坊鄰居也可進屋逃生，如果拉哈願意幫助。**因為她藏匿了我們派去的使者。**¹⁸**但是你們也得防備禁絕 —— 就怕你們貪心，**taḥmedu，從七十士本，參7:21。原文重複：遭禁絕，taḥarimu。**私取禁絕之物，連累以色列的營地也遭禁絕，罹大禍！**¹⁹**所有金銀與銅鐵器皿，都歸聖耶和華，應入耶和華的府庫。**

²⁰**於是子民一聲吶喊，號音大作 —— 子民一聽到羊角號音，子民就拼力高聲吶喊，城牆果然坍塌了！**連同拉哈的房子，繫着紅繩兒的窗口，2:15, 21；神跡破城，也取消了探子的作用。可見此章與二章淵源不同。**立刻，子民發動攻擊，人人向前，攻佔了那城。**考古發現表明，耶利哥城牆毀於青銅時代中期，遠早於子民入居迦南（鐵器時代開端）。²¹**他們禁絕了城內的一切，男女老幼、牛羊毛驢一總交與利劍。**

²²**但對那兩個去過[敵]國的探子，**接同二章的故事。**約書亞另有交代：你們去那妓女家裏，把那女子同她的家人帶出來，兌現你們的誓言吧。**²³**兩個年輕探子便去把拉哈與她的父母兄弟，並所有家人族親，一塊兒領了出來，**那

一段城牆未塌，窗口的紅繩兒起了保護作用。**在以色列營地外面找地方安置了。**異族不潔，不與子民混居。

²⁴**城就放火燒了，連同城內的一切，但金銀與銅鐵器皿除外；這些都上繳了耶和華（居所）的府庫。**居所，beth，家、屋、殿。其時聖所是一座帳幕，出25:8–9。²⁵**唯有妓女拉哈、她父親及所有家人，約書亞饒了性命。時至今日，她還住在以色列，**她，統稱拉哈全家及後人。**只因她藏匿了約書亞派去偵察耶利哥的使者。**

²⁶**當天，約書亞還讓[眾人]立了誓，說：**

若有人膽敢重建這城（耶利哥）
願耶和華咒他！直譯：必受詛咒於耶和華面前。
願他拿自己的頭生子奠基　上帝/聖戰所毀，人不得修復。
取他的幼子安城門！三個半世紀後，果然發生，王上16:34。

²⁷**如此，耶和華與約書亞同在，**呼應1:5, 9。**他的威名傳遍了四方。**

牙頂犯禁

七章

然而以色列子孫在禁絕之誓上背信了：舊譯不確：犯了罪。**猶大支族謝亮的曾孫、蔡伯之孫、迦米之子牙頂，**`akan，諧音禍谷，下文24節注。謝亮，zerah，猶大與兒媳塔瑪之子，創38:30。**私取了禁絕之物。結果耶和華鼻息點燃，**套喻，形容怒火迸發，申9:19。**對準了以色列子孫！**插入一獨立片斷，為攻艾城失利鋪墊。

禍谷

²約書亞從耶利哥派人去伯特利東邊的艾城（近孽偶之家），beth 'awen，貶稱異教神龕，何4:15。吩咐說：你們上去，偵察那片地。他們便上去偵察了艾城，ha`ay，"廢墟"，聖祖初到迦南時曾在此居住，創12:8。³回來稟報約書亞，說：不用全軍，`am，本義民，神或君主的子民，6:5注。兩三千人上去攻打艾城，足夠了。省得全軍上那兒勞頓，他們沒幾個人！輕敵，被耶城的勝利衝昏頭腦。

⁴於是上去約三千子民，不料被艾城人大敗，直譯：潰逃於艾城人面前。⁵殺了他們約三十六個。傷亡不大。艾城人從城門口一路追到採石場，shebarim，地點不詳。在坡腳將他們砍倒。子民的心溶化成了一攤水。士氣低落，2:11, 5:1注。

⁶約書亞撕破外袍，在耶和華的約櫃前叩額於地，直至傍晚；以色列的長老也一同叩拜，抓起塵土撒在頭上。表哀慟，創37:29，伯2:12。⁷哀哉，主耶和華啊，約書亞說，你偏要領這一族人過約旦河，為什麼？為把我們交在亞摩利人手裏，滅掉？學摩西的樣祈告天父：放棄子民等於示弱，讓列族笑話，出32:11–13，民14:13以下。就是不樂意在河對岸待着呀！後悔自己的錯誤決定，委婉抱怨上帝。⁸主啊，求你了！以色列碰上仇敵扭頭就跑，直譯：扭轉頸背。我還有什麼可說的？⁹迦南人跟各地居民聽說了，迦南人，泛稱土著。定會圍攻我們，把我們的名字從世上剪除。喻滅絕。那時，你還能做什麼，為了你聖名至大？提醒救主，聖名及其榮耀須由以色列來彰顯於世。

¹⁰起來！耶和華回答約書亞，你這麼叩拜，做什麼？暗示約書亞疏於職守。¹¹以色列觸罪了，竟敢違背我命他們遵守的誓約，竟私取禁物，明明是偷了還否認，舊譯不確：行詭詐。還放進了自己的行囊！舊譯傢俱，不通。¹²以色列子孫之所以抵擋不了仇敵，碰上敵人扭頭就跑，是因為他們戴上了禁絕之咒。摩西傳統的團體責任：一人觸罪，家族承責，創18:24, 34:27注。除非你們自己毀了這禁物，我不會再與你們同在了！

13起來，命子民守潔，告訴他們：明天聖潔！直譯：為明天守潔。如是耶和華，以色列的上帝有言：你們中間有禁物，以色列！所以你們抵擋不了仇敵，直到你們自己把禁物清除。14明天早晨，你們按支族過來。來約櫃前抽籤（拈石圖）接受神判。撒上10:20–21, 14:40–42。那耶和華讓中籤的支族，讓中籤，直譯：取中。下同。就各宗依次上前；之後，那耶和華讓中籤的一宗，就各家依次上前；最後，那耶和華讓中籤的一家，就男子挨個上前。15那抽中禁物籤的，就要丟火裏燒滅，連同他所有的一切。因為他違反了耶和華的約，在以色列犯下愚妄之孽。欺瞞至聖，大逆。

16清晨，約書亞早早起來，命以色列按支族上前，猶大支族中籤。17而後，叫猶大各宗上前，各宗，從諸抄本及七十士本。原文單數。謝亮宗中籤。之後，叫謝亮宗各家上前，家，從諸抄本。原文：男子。蔡伯中籤。18最後，叫他家的男子挨個上前，中籤的是猶大支族謝亮的曾孫、蔡伯之孫、迦米之子牙頂。

19約書亞對牙頂說：孩子，或我兒。語氣溫和，彷彿不想嚴責。把榮耀歸於耶和華，以色列的上帝吧，向他坦白。todah，兼指表白、認定、謝恩。請告訴我，你幹了什麼，莫隱瞞。20牙頂回答約書亞：沒錯，是我冒犯了耶和華，以色列的上帝，我做了如此這般。21我在擄獲中看見一件漂亮的示拿大氅、示拿，巴比倫古稱，創10:10, 11:2。兩百塊銀子並一錠金，重五十舍克。約合公制570克。我貪心，就拿了；喏，就藏在我的帳篷內，埋土裏，銀子墊底。

22約書亞即差人跑去那帳篷，果然，東西都在帳篷內埋着，銀子墊底。符合供詞，可以定案了。23遂把[贓物]從帳篷內起出，送到約書亞和全體以色列子孫處，擺在耶和華面前。即約櫃前。

24約書亞便將謝亮的曾孫牙頂，連同銀子大氅與金錠，並他的兒女牛驢、羊群和帳篷，他所有的一切，牛驢，單數，未提牙頂妻和奴婢；或是鰥夫，普通牧民。都驅趕着，上到禍谷；`emeq `akor，諧音牙頂，上文1節注二。全以色列相隨。

25約書亞道：你幹嗎讓我們罹禍？嚴厲，如同宣判，呼應6:18。今天，耶和華必降禍於你！全以色列就拿石頭砸他（一邊向人畜扔石頭，一邊點火焚燒）。括號內是補注，七十士本無。²⁶之後，又在他的殘軀上堆起一大堆亂石，罪犯之墳，8:29, 10:27。至今仍在。

耶和華這才收了怒火。那地方因此得了禍谷之名，後世先知預言，終必成希望之門，何2:17。沿用迄今。

攻克艾城

八章

耶和華諭示約書亞：莫畏懼，別洩氣。再次鼓勵，1:9。只管帶領全軍上去，進攻艾城！看，我把艾城王，他的臣民城郭和土地，都交在你手裏了。²你待艾城及其君王，要像處置耶利哥及其君王，但城內的財物牲畜皆可擄走。敵族境內，戰事頻繁，須不斷補給軍需。好，去那城背後設伏吧。

³於是，約書亞全軍出動，向艾城進發。約書亞另選了三萬精兵，此數誇張。另一版本，見下文12節。利用夜幕調遣，⁴命令他們：注意！城外設伏，是在那城背後；即城的西面。古俗，東門為正門。不可離城太遠，務必人人戒備。⁵我會率全軍逼近那城，一旦他們出來迎戰，如上次那樣，我們就撤退。⁶他們肯定要追擊，被我們誘出城來，而且會想：見到我們就逃，跟上回一模一樣！趁着我們逃跑，牽制他們，七十士本脫此短語。⁷你們就從埋伏處殺出，奪城；耶和華你們上帝必把她交在你們手裏。她，擬人指城，陰性名詞。⁸一俟攻佔那城，你們就放火燒城，執行耶和華的指示。參觀士20:29以下。記住，這是我的命令！

⁹約書亞一聲出發，直譯：派他們出發。他們便去到埋伏處，在伯特利和艾城之間，即艾城西面待機。約書亞則留在營地過夜。營地，直譯：民/軍中。

¹⁰清晨，約書亞起個大早，點起兵，便偕同以色列長老，率軍向艾城進發。一路向西。¹¹全體將士跟他一起上到那城對面，在城北紮營，隔一條山溝與艾城相望。¹²他又分出約五千人，此二節描寫與前文重複，但數字迥異，源自故事的另一版本。命其埋伏在伯特利和艾城之間，即那城西面。¹³如此，把子民的大

營安在城北，而將伏兵設在城西。伏兵，`aqebo，腳跟，轉指（傳統讀法）騙子、暗算者，耶17:9，詩49:5。約書亞自己則留在谷地過夜。從少數抄本。原文：去了（谷地）。

¹⁴那邊，艾城王亦已發現[敵情]；他同全城軍民一早起來，急急發兵，迎擊以色列，欲在面對河谷的山坡上交戰。山坡，mora<u>d</u>，校讀從聖城本。原文：定時，mo`ed。可是他沒料到，城背後還有一支伏兵。輕敵兼魯莽，不知敵軍數倍於己，下文25節。¹⁵約書亞和全以色列佯裝不敵，朝荒野之路潰逃。¹⁶於是守城的軍隊也被召來追擊約書亞；軍隊，舊譯不妥：眾民，7:3注。這一追，就被誘離了那城。¹⁷結果艾城（或伯特利）竟不剩一兵一卒，都去追趕以色列了——拋下敞開的城門，他們窮追以色列！

¹⁸耶和華諭示約書亞：把你手中的投槍指向艾城，投槍，kidon，另作佩劍，無定解，耶6:23，伯39:23, 41:21。我這就將她交在你手裏！約書亞便把手中的投槍指向那城：發出攻城信號。¹⁹剛一伸手，伏兵即從埋伏處跳起，直撲那城，攻入，將她一舉拿下；而且馬上，就放火燒城！

²⁰艾城人回頭望去，啊，城裏濃煙衝天。他們卻無力也無處可逃了：力，直譯：手。先前往荒野潰散的那支軍隊，忽已轉身，朝追擊者反撲！²¹原來約書亞和全以色列也看到了那城被伏兵奪取，城裏升起了濃煙，立刻調頭來殺艾城人。²²同時[伏兵]也已出城，兩下夾擊，以色列將他們團團包圍，一片片砍倒，直至一個不剩，無一逃脫——²³只除了艾城王是生擒，被帶到約書亞腳下。

²⁴就這樣，以色列在荒原山野把追擊他們的艾城居民屠殺殆盡；待最後一個倒在了刀刃之下，全以色列折回艾城，將她付之與利劍。²⁵那一天倒下的人，男女總計一萬二千，即艾城全部的人口。按總人口1/5可出戰計，艾城兵力僅兩千四百。

²⁶約書亞沒有掣回他舉着投槍的手，參摩西舉臂，指揮約書亞戰亞瑪力故事，出17:8–15。直至艾城居民被全數禁絕。²⁷城內的擄掠，則以色列僅取牲畜跟財物，遵照耶和華給約書亞的指示。²⁸而後，約書亞焚了艾城，使之永為廢墟，迄今一丘荒涼。²⁹艾城王就釘在了木樁上，把人釘死在樹幹/木樁上，或處死後

懸屍示眾，10:26，申21:22–23。**直到傍晚，日落時分，約書亞才命將屍首從木椿取下，丟在城門口。**上次以軍輕敵，遭擊殺處，7:5。**他們往那殘軀上堆起的一大堆亂石，至今還在。**同7:26。

築壇鑴法

³⁰**接着，約書亞在咒山為耶和華，以色列的上帝，**咒山，`ebal，艾城向北，在石肩北面，與福山相對，申11:29。**築了一座祭壇，**³¹**按耶和華的僕人摩西給以色列子孫的命令，如摩西的律法書所載：**申27:5–7。**祭壇，須用未經釪鑿的整塊石頭；**出20:25。**壇成，他們便向耶和華獻全燔祭，宰了平安祭犧牲。**

³²**那裏，[約書亞]還將摩西當以色列子孫的面寫下的律法，**此處特指《申命記》。**在石頭上鑴了一副本。**mishneh，俾世代流傳，供人誦讀，申17:18注。³³**全以色列，連同長老及文書判官，肅立於約櫃兩側，面對抬耶和華約櫃的利未祭司；客籍一如族人，**客籍，ger，子民中間寄居的外族，包括商賈匠人、戰俘和奴婢。**一半向着福山，**gerizim，在石肩南面，號"大地之臍"，士9:37。**一半向着咒山，一如耶和華的僕人摩西當初為祝福以色列子民所頒之誡命。**

³⁴**隨後，[約書亞]將律法全文宣讀一遍，祝福與詛咒，**申27:13以下。**全如律法書所載。**³⁵**凡是摩西頒佈的，約書亞一字不漏，都向以色列會眾宣讀了——包括婦孺與寄居的客籍，整個會眾。**既是承命，也是行使領袖之權，申31:9–13。

眾王聯合

九章

卻説約旦河對岸的眾王，對岸，此處指河西，福地全境。**從山區到平原，沿着大海之濱至黎巴嫩，**大海，即地中海。**從赫提人、亞摩利人、迦南人，到比利齊人、希未人和耶布斯人，他們聽説這事，**²**就聯合起來，一條心，**直譯：一張嘴。大敵當前，各部落無法自保，只能結盟抵抗，3:10。**要同約書亞和以色列爭戰。**

岌崩的計策

³約書亞如何處置耶利哥與艾城，岌崩的居民也聽説了。岌崩，gib`on，交通
要衝，在耶京西北9公里處。⁴他們卻想出一條計策。`armah，兼指聰明、狡猾、慎重。暗示
善計謀的約書亞亦有被謀算之日。於是喬扮使者，yiztayyaru，生僻詞，無善解。少數抄本：
備了乾糧。參下文11–12節。給毛驢馱上破爛口袋跟裂了又補的皮酒囊；⁵腳上的鞋
也是破了洞又縫的，衣袍襤褸，帶的麵餅全是些乾掉的碎塊。另如欽定本：有
霉斑。⁶這樣來到石圈大營見約書亞，向他和以色列人説：我們來自遠方，請
與我們立個約，可否？

⁷以色列人回這些希未人：迦南土著之一，創10:17。沒準你們是住在我們中間
的，我們怎能同你們立約呢？按摩西之律，福地的外族一律滅絕，不得締約"饒恕"，
申7:2。⁸他們便求約書亞：我們是您的僕人呀。約書亞道：究竟是什麼人？哪
兒來的？

⁹您的僕人來自很遠的地方，不是土著。他們回答，仰承耶和華您的上帝
的威名哪！奉承對方，但也是實話，6:27。他的故事，他在埃及所行的一切，我們
都聽説了，¹⁰還有他對約旦河東那兩個亞摩利王，合石堡王西宏和盤踞在
阿思塔的巴珊王斡格，所行的一切。參2:10。¹¹故我們長老和全國百姓敦促我
們：岌崩是部落長老統治，沒有君主。帶上乾糧上路吧，去迎接他們，告訴他們：
我們是你們的僕人，請與我們立個約吧。¹²這個，是我們的麵餅。我們拿上
它當乾糧，離家那天，還熱着呐；家人新烤的餅。可現在，看，乾了，成碎塊
了！¹³這幾隻皮酒囊，灌滿的時候還是新的；可是看，全裂開了。這些衣袍
鞋子也是，因為路途遙遠，都破爛了。

¹⁴幾個頭領嘗了點他們的乾糧，掰餅分食，象徵接受對方，贊同締約。頭領，從
七十士本。原文：（以色列）人。卻沒求問耶和華的旨意。暗示決策者有共識，無需訴
諸神諭。¹⁵約書亞遂同他們修好，並立約保證他們活命；會眾頭領則向他們
起了誓。

¹⁶立約之後，過了三天才得知，這些人實際是近鄰，就住在自己身旁。¹⁷以色列子孫於是拔營，第三天到達他們的城鎮，即爰崩、小獅寨、kephirah，諧音小獅，kephir。井莊、林鎮。qiryath ye`arim，原名/異教名巴力鎮/城，在聖城西邊，15:60。¹⁸以色列子孫沒有殺他們，因為會眾頭領指耶和華以色列的上帝，向他們起過誓。但整個會眾對頭領就怨聲不停。

¹⁹諸頭領只好這樣回應全體會眾：我們是指耶和華以色列的上帝向他們起誓的，所以我們不能碰他們了。聖名之誓，不可翻悔、作廢或更改，士11:35。²⁰這麼辦吧，讓他們活命，別壞了跟他們立的這誓約，招惹天怒。²¹就讓他們活命，諸頭領提議，叫他們給全會眾劈柴擔水。屬社會底層，但不是子民個人的奴隸，申29:10。這是頭領答應了他們的。

²²而後，約書亞將他們召來訓斥：你們為何欺騙我們，說：我們離你們很遠，而其實就住在我們身旁？²³所以，受詛咒吧，你們！從此給我上帝的家為奴，家，即耶和華的聖所/居處，6:24注。約書亞不提給會眾勞役，上文21節。劈柴擔水，不會斷了！²⁴可是他們回約書亞道：是呀，您的僕人都聽說了，耶和華您的上帝命摩西他的僕人，把這片地全部賜予你們，並要從你們面前消滅境內所有的居民。申20:16–18。我們是萬分害怕喪命，害怕你們，才做了這事。²⁵現在，我們在您手裏了；您看怎樣好，怎樣對，就怎樣處置我們罷！

²⁶他照此處置了：將他們從以色列子孫的手中救出，沒讓殺戮。成功安撫了會眾，解決信任危機。²⁷當天起，約書亞就派他們給會眾和耶和華的祭壇劈柴擔水，至今未斷，在[耶和華]選定的地方。解釋為何爰崩高丘曾是上帝的聖所，王上3:4。

五王攻爰崩

十章

卻說耶路撒冷王義主聞報，義主，'adoni-zedeq，或勝主；聯想犒勞並祝福亞伯拉罕的撒冷城義王，創14:18–20。約書亞取了艾城，將她禁絕，待艾城及其君王一如處置耶利哥及其君王；接着又得知岌崩居民業已同以色列媾和，為後者所接納，²不禁大為震驚。因為岌崩是一座大城，不亞於任何王城（比艾城還大），她的人個個是勇士。人，特指從軍男丁。³耶路撒冷王義主遂遣使去見希伯倫王侯漢、雅木王皮蘭、拉岐王雅菲、艾格隆王德比爾，皆聖城周邊的亞摩利部落。説：⁴亟請諸位上來，助我擊敗岌崩 —— 她敢同約書亞和以色列子孫媾和！或許岌崩與五王曾締約互助？9:1–2。

⁵這五個亞摩利王即聯合起來，耶路撒冷王、希伯倫王、雅木王、拉岐王和艾格隆王各領一軍，上到岌崩，紮了營就攻城。

⁶岌崩人急派人至石圈大營，報知約書亞：萬勿鬆手拋下您的僕人，快上來救救我們，支援我們！促履行誓約，盡保護義務，9:15。岌崩近耶路撒冷，故曰"上"。盤踞山區的亞摩利諸王聯手，正攻打我們！⁷約書亞便點起大軍，出動精兵，從石圈上去。

⁸耶和華諭示約書亞：別怕這些人，都交在你手裏了！他們沒有一個能在你面前站牢。喻對抗，1:5注。⁹約書亞連夜疾行，從石圈上去，打了他們一個措手不及。精兵突襲成功。¹⁰耶和華使他們亂成一團，被以色列大敗於岌崩，被一路追擊到洞莊坡頭，洞莊，beth-horon，位於岌崩西北。砍殺至鑿堡和拜城。`azeqah/maqqedah，在洞莊往南的路上。¹¹而他們剛逃避了以色列，到洞莊坡腳，耶和華就從諸天拐下大顆的雹子砸他們，至高者親自參戰，決定勝負。直至鑿堡；那些被冰雹砸死的，更比死在以色列子孫刀劍下的還多。

¹²約書亞於是向耶和華祈求，當耶和華將亞摩利人交在以色列子孫腳下之日，在以色列眼前，強調神跡有全軍見證。他説：

太陽啊，在岌崩你站住
月亮哪，停在鹿野之谷！`emeq 'ayyalon，在洞莊到拜城中途。
¹³果然太陽站下，月亮不走　哈3:10–11。
等着一族對仇敵復仇。

此事豈非《義士書》有載？古歌集，逸書，撒下1:18。是的，太陽就停在了中天，沒趕着西沉，約有一日之久。助以色列乘勝追擊，殺敵。¹⁴無論之前往後，沒有哪一天是這樣的：盛讚約書亞或義人祈禱之功。人一語，耶和華便垂聽——是耶和華在幫以色列打仗！出14:14，申3:22。

¹⁵約書亞率全以色列回到了石圈大營。

¹⁶那五個王逃脫後，躲進拜城一處山洞。¹⁷有人報告約書亞：找到了，那五個王，藏在拜城的山洞裏。¹⁸約書亞道：搬幾塊大石把洞口封了，派人守在那兒。¹⁹你們自己則不可停下，要繼續追敵，斷其後路，直譯：尾巴。別讓他們跑回城裏。他們已經被耶和華上帝交在你們手裏了。

²⁰就這樣，約書亞和以色列子孫殺得他們落花流水，折損殆盡；殘部倉皇逃進了幾座堅城。²¹大軍回到拜城營地見約書亞，大軍，舊譯不妥：眾百姓。全體平安；再無人敢對以色列子孫搖一下舌頭。直譯：磨鋒利舌頭。喻辱罵、挑釁。

²²於是約書亞下令：打開洞口，給我把那五個王從洞裏提來！²³眾人照辦，將那五個王提出洞來，帶到他面前：耶路撒冷王、希伯倫王、雅木王、拉岐王和艾格隆王。²⁴待眾王解到，原文此處重複"約書亞"（面前）。約書亞即召集以色列軍民，命那些同他一起出征的將軍：過來，把腳踏上這幾個王的脖子！戰勝者的姿態，常見於埃及、亞述石刻，詩110:1。諸將便上前，抬腳踏住他們的脖子。²⁵莫畏懼，別洩氣，約書亞說，要勇敢、堅強！引聖言激勵，1:6–7, 9, 8:1。任何敵人膽敢與你們爭戰，耶和華必這樣處置。²⁶語畢，約書亞[命]將他們斬了，死屍釘在五根木樁上——在樁子上懸着，羞辱並警告迦南敵族，8:29注。直到傍晚。

²⁷日落時分，循約書亞指示，屍首從木樁取下，拋進他們先前藏身的山洞，再用大石封了洞口；[那些石頭]至今還在。

南征

²⁸當天，以下為一理想化的征服名錄，大致是逆時針繞耶京一圈。細節與別處記載多有出入。約書亞還攻佔了拜城，將城與君王付之與利劍，所有生靈一併禁絕，生靈，nephesh，統稱人畜，6:17注。一個不留，待拜城王一如之前處置耶利哥王。

²⁹接着，約書亞率全以色列由拜城直取白丘，libnah，在聖城西南方向，拉岐東北，賽37:8，耶52:1。與白丘交戰。³⁰又一次，耶和華把城與君王交在以色列手裏，所有生靈付之與利劍，一個不留；待她的王一如之前處置耶利哥王。她，擬人指城，8:7注。

³¹之後，約書亞率全以色列由白丘直取拉岐，往南。紮了營就攻城。³²耶和華把拉岐也交在以色列手裏，次日攻克，將城中所有生靈付之與利劍，一如處置白丘。³³其時，革城王侯蘭上來馳援拉岐，革城，gezer，在白丘以北。卻被約書亞擊殺，全軍覆沒，不剩一人。

³⁴之後，約書亞率全以色列由拉岐直取艾格隆，繼續南征。紮了營就攻城。³⁵當天攻佔，將她付之與利劍；那一天，城中生靈盡數禁絕，一如處置拉岐。

³⁶之後，約書亞率全以色列由艾格隆上到希伯倫。移師向東，15:14。一番激戰，³⁷攻克，將她付之與利劍，連同君王、周邊村鎮及內中一切生靈。一如處置艾格隆，他一個不留，城與生靈一併禁絕。

³⁸最後，約書亞率全以色列轉身一擊，對準了德維爾，位於希伯倫西南13公里處，15:15。³⁹將城與君王、周邊村鎮一舉拿下，付之與利劍，所有生靈一併禁絕，一個不留；待德維爾及其君王，一如處置希伯倫，或白丘及其君王。

⁴⁰如此，約書亞征服了整個地區，山嶺、南地、平原和坡田，並那裏的眾王；而且一口不留，凡有氣息的一概禁絕，氣息，neshamah，呼吸，提喻人畜，申20:16，詩150:6。奉耶和華以色列的上帝的命令。⁴¹約書亞擊殺了他們，從加迪斯到加沙，誇張，加迪斯在西奈半島北端，而南征在死海以西，耶京附近。及戈山全

境，南地以北地區。**直至岌崩**。唯獨不提聖城；顯然此片斷的作者不知上文殺義主故事。⁴²**所有這些王及其土地，約書亞一口氣拿下，因為幫以色列打仗的是，耶和華以色列的上帝！**

⁴³**完了，約書亞才率全以色列回到石圈大營。**同上文15節。

北伐

十一章

夏城王雅賓聞訊，夏城，hazor，加利利湖以北重鎮。**急遣使[報警]於馬東王約巴和守戎王、巫莎王**，守戎/巫莎，shimron/'akshaph，迦南北部王城，地點不詳。²**並北方山區、琴湖以南的河谷平原跟濱海多爾崗子的諸王**，琴湖，kinaroth，即加利利湖，民34:11。多爾，在果園山（今海法）以南。³**東西各方的迦南人：山區有亞摩利人、赫提人、比利齊人和耶布斯人，黑門峰山腳、瞭望台一帶有希未人。**黑門峰，hermon，黎巴嫩眾山之巔，聖山。山南有高地，稱瞭望台，mizpah。⁴**於是諸部盡出，營帳連營帳，將士多如海灘上的沙粒，戰馬兵車無數。**誇張修辭，反襯約書亞以弱勝強。

⁵**這些王會合之後，便到迷龍之水一起紮營**，迷龍，merom，上加利利要衝，通說在夏城西南。**迎戰以色列。**

⁶**耶和華諭示約書亞：別怕他們。明天此時，我必把他們刺穿了，一總交到以色列面前。而你們就要砍他們戰馬的蹄筋，火燒他們的兵車。**子民皆步軍，沒有戰馬兵車，須避免正面接敵。⁷**約書亞遂以全軍突襲迷龍之水，打了他們一個措手不及**：迦南人優勢兵力，但也許諸部缺乏協調，一處安營，遇上偷襲就亂了，10:9。⁸**他們被耶和華交在以色列手裏，一敗塗地，往西被一路追擊**，往西，校讀。原文：諸水（焚港）。**至大西頓和焚港**，misrephoth，顯然在海邊，地點失考。**向東則潰逃到瞭望台谷；被殺得沒剩一人。**⁹**照耶和華的指示，約書亞處置了他們，戰馬的蹄筋砍斷，兵車放火燒掉。**

¹⁰緊接着，直譯：當時。約書亞轉身攻佔夏城，揮劍斬了她的王 —— 從前那一帶的王國皆以夏城為首 —— ¹¹又將城內所有生靈付之與利劍，一併禁絕，凡有氣息的，一口不留；然後焚毀了夏城。按聖戰之法。

¹²所有這些王城及其君王，約書亞攻取擒到即付之與利劍，一律禁絕，奉摩西耶和華的僕人的命令。

¹³但那些立於土丘上的村鎮，以色列一座也沒燒，意謂其居民不構成威脅。解釋為何戰後外族依然星羅棋佈，並未從福地消失。除了夏城，那是約書亞焚的。¹⁴各城的財物及牲畜，以色列子孫都擄為己有；人口則付之與利劍，盡數消滅；凡有氣息的，一概不留。

¹⁵但凡耶和華給摩西他的僕人的命令，亦即摩西傳約書亞的命令，約書亞一一照辦；只要是摩西受命於耶和華的，他一事也不曾遺漏。

福地

¹⁶如此，約書亞佔領了整個福地，考古發掘顯示，歷史上以色列入居迦南，大體和平；各支族從不同方向進入，逐步形成後來的局面。[猶大]山區、南地與戈山全境、見10:41注。平原和約旦河谷，連同以色列的山嶺低地；¹⁷從上毛嶺的禿山到黑門峰山腳、禿山，hahar hehalaq，位於南地中部。毛嶺，又名紅嶺，死海以南山區，創36:8。黎巴嫩谷中的福巴力，ba`al gad，巴力作為賜福之神的享祀之地。眾王無不被他拿下斬殺。¹⁸約書亞與眾王爭戰多年，¹⁹沒有一城同以色列子孫媾和，除了住在岌崩的希未人，全部是武力奪取。²⁰原來他們死硬了心，喻冥頑不化；參較上帝令法老心犟，以佈施神跡而彰顯大力，出4:21。是耶和華的安排，以使他們叫陣以色列，自討禁絕而不獲饒恕 —— 以便滅掉他們，依照耶和華給摩西的命令。申7:2，20:16–18。

²¹緊接着，約書亞出兵滅了那片山區即希伯倫、德維爾、葡莊，`anab，在德維爾西面，10:38。及猶大和以色列全境的山地長項族；`anaqim，項納子孫，屬迦南土著，身材高大，稱巨人，民13:22。人口連同村鎮，約書亞一併禁絕。²²以色列子

孫的土地上，長項族未剩一個，唯有加沙、酒榨市和亞士都，三城皆屬南部沿海非利士人的領地。還留下些許。

²³如此，約書亞佔領了整個福地，全如耶和華應許摩西所言；約書亞隨即把地分與以色列為業，按其支族劃定。

於是福地升平，戰事止息。

河東二王

十二章

以下是約旦河東、日出之處的二王 —— 被以色列子孫擊殺而佔據其地，申2:26以下。從亞嫩河到黑門峰，亞嫩河，摩押與亞摩利的界河，民21:13。包括東岸的全部谷地：

²亞摩利王西宏，居合石堡，領地自亞嫩河畔的檜堡，`aro`er，河東南疆邊城，民32:34。到雅博河亞捫子孫的邊境，雅博，yabboq，約旦河支流，橫穿基列山，創32:23。包括河谷與基列山的一半；³東岸谷地，則北至琴湖，南到深湖即鹽海，往東，途經荒莊，beth hayeshimoth，河東交通要衝，民33:49。直抵卑斯迦峰南麓。位於死海東北。

⁴巴珊王斡格，原文此處重複"邊境"。衍文，從七十士本刪。巨人族之遺民，巨人族，repha'im，迦南宗教裏也指祖先幽靈，創14:5，申3:11。居阿思塔和艾德壘，巴珊重鎮，申1:4。⁵領有黑門峰、撒爾迦與巴珊全境，至基述人、馬加人邊界，黑門山以南，戈蘭高地上兩個小國，屬亞蘭諸部，申3:14。以及基列山的一半，與合石堡西宏王接壤。

⁶此二王為摩西耶和華的僕人率以色列子孫所敗，其地由摩西耶和華的僕人分與呂便人、迦得人和瑪納西半支族為業。民32章。

河西諸王

⁷以下是約書亞率以色列子孫在約旦河西岸所擊殺諸王：經師傳統，稱外族部落酋長為王，2:3。從黎巴嫩谷中的福巴力，到上毛嶺的禿山，由北向南，11:17注。其地由約書亞分與以色列各支族，劃界為業——⁸山區和平原，舊譯高原，誤。河谷與坡田，荒野跟南地，原屬赫提人、亞摩利人、迦南人、比利齊人、希未人和耶布斯人：

⁹耶利哥王，一名；

伯特利近旁艾城王，一名；

¹⁰耶路撒冷王，一名；

希伯倫王，一名；

¹¹雅木王，一名；

拉岐王，一名；

¹²艾格隆王，一名；

革城王，一名；

¹³德維爾王，一名；以上見6–10章。以下順序不明，當另有所本。

牆村王，一名；牆村，geder，失考，一說即基拉耳，創20:1。

¹⁴夷平城王，一名；參較民21:1–3，士1:17。

亞拉得王，一名；

¹⁵白丘王，一名；

亞杜蘭王，一名；亞杜蘭，伯利恒西面一小城，創38:1。

¹⁶拜城王，一名；

伯特利王，一名；

¹⁷蘋果寨王，一名；蘋果寨，tappuaḥ，在石肩南面。

希弗王，一名；希弗，得名於瑪納西支族一個頭領，民26:32。

¹⁸圍水王，一名；圍水，'apheq，沿海沙壟平原雅空河上重鎮。

沙壟王，一名；

¹⁹馬東王，一名；七十士本脫此句。

夏城王，一名；

²⁰守戎（迷倫）王，一名；迷倫，少數抄本無；七十士本：迷龍。

巫莎王，一名；

²¹塔納城王，一名；

麥吉度王，一名；基順河谷兩處兵家必爭之地，士5:19。

²²聖丘王，一名；聖丘，qedesh，城在上加利利，夏城西北。

果園山約尼安王，一名；

²³多爾崗子的多爾王，一名；

石圈的戈印王，一名；石圈，七十士本：加利利。

²⁴樂都王，一名；樂都，tirzah，在石肩東北，後為北國都城，歌6:4。

—— 諸王合計：三十一名。

下篇：分地

十三章

後來，約書亞老了，上了年紀。耶和華道：你老了，上了年紀，但仍有大片福地有待佔領，此片斷與前文以色列順利侵佔福地的故事矛盾，源於並回應不同的歷史記憶。²即這些地區：

非利士人各區，西南沿海。基述人全境。加利利湖以東。³從面朝埃及的黑水，shihor，尼羅河支流，埃及與迦南/巴勒斯坦的界河，賽23:3。向北到埃克龍邊界，可算作迦南人的地盤：非利士人五個酋長，踞加沙、亞士都、秤港、酒榨市和埃克龍。五城聯盟，史誤：約書亞時代，非利士人尚未從克里特島來迦南大規模殖民。加上亞衛人⁴在南邊，申2:23。迦南人的全部領地，包括屬西頓人的洞區，me`arah，黎巴嫩境內？七十士本另讀：對着加沙。此句有訛，無善解。直至圍渠，'apheqah，今貝魯特東北。至亞摩利人邊境；河東。⁵以及舸山人的土地，舸山，gebal，腓尼基港城，西頓向北，希臘名Byblos：紙草、書。**並整個黎巴嫩向着日出處，自黑門峰山腳的福巴力到哈馬隘口。**過大馬士革，理想中的福地北界，民13:21。

⁶山區所有的居民，從黎巴嫩到濱海焚港，濱海，校讀。原文：諸水，11:8。**西頓人全體，我必親自將他們從以色列子孫面前驅除。你只須照我的指示，拈鬮為以色列分配即可。**原文無"鬮"字，從一抄本補，民36:2。**⁷好，現在就把這片地分了，給九支族跟瑪納西半支族為業！**七十士本另有：從約旦河到日落處大海，你要給他們，以大海為界。

河東支族

⁸之前（瑪納西支族的另一半）同呂便人、迦得人已得了產業，原文無括號內文字，從七十士本補。**是摩西在約旦河東岸分給他們的——摩西耶和華的僕人親自劃分：**應這兩個半支族的要求，承認其既得利益，着眼於子民團結，民32章。**⁹從雅嫩河畔的檜堡起，**見12:2注。**包括谷中的城邑和整個高原，米底巴到笛邦，**雅嫩河北岸重鎮，民21:30。**¹⁰併合石堡稱王的亞摩利王西巨集的全部城鎮，直至亞捫子孫邊境。**今約旦西北。**¹¹還有基列山和基述人、馬加人的領地，連同黑門峰與巴珊全境，至撒爾迦；¹²以及巴珊王斡格的全部國土，他曾統治阿思塔和艾德壘，是巨人族最後一位遺民。**見12:4注。**他們是被摩西擊敗、驅除的。**

¹³但是，以色列子孫沒能趕走基述人和馬加人，所以至今，以色列內中仍住着基述、馬加。按摩西所傳的誡命，異教外族留居福地乃是玷污。

¹⁴唯獨利未支族不分產業；負責祭祀，得享祭肉，利7:29–36，申18:1。**他們那一份，在耶和華以色列的上帝之火祭，**七十士本脫"火祭"，同下文33節。**如[耶和華]所言。**

¹⁵呂便子孫支族的[一份]，摩西是按宗分配的。¹⁶其領地從雅嫩河畔的檜堡起，到米底巴，死海東北，尼波峰附近。**包括谷中的城邑和整個高原——¹⁷合石堡及高原諸城：**以下列舉原屬摩押與亞摩利的城鎮。**笛邦、巴力高丘、巴力庵，¹⁸雅哈城、企東、照城，¹⁹雙城子、西阪、谷地山頂的拂曉堡，**zereth hashshahar，山臨谷地或谷中有山，山頂建一石堡，名拂曉。**²⁰毗珥廟、卑斯迦峰的坡田和荒莊——**

²¹高原上所有的村鎮，併合石堡稱王的亞摩利王西巨集的全部國土。他是被摩西擊敗的，連同[五位]米甸王公，哀衛、勒根、蘇洱、戶珥和勒巴，都是西宏的藩屬，當地酋長。故事見民31章。

²²至於比爾之子比蘭，那個術士，不承認其為耶和華的先知，民22:18。以色列子孫將他付之與利劍，跟殺了的扔在一處。民31:8, 16。

²³[西面]呂便子孫的領地以約旦河為界。並且隔死海與猶大相望。

以上是呂便子孫各宗分得的產業——城鎮及所屬村寨。

²⁴迦得支族，迦得子孫的[一份]，摩西也是按宗分配。²⁵其領地為雅則、基列山諸城、亞捫子孫一半的土地，至大都對面的檜堡；大都，rabbah，遺址在今約旦首都安曼，申3:11。²⁶從合石堡到瞭望台的高莊和貝托寧，從雙營到德維爾邊境。德維爾，從古譯本。原文：利德維爾。²⁷還有谷地的哈蘭屋、寧拉屋、棚村、北村，即合石堡西宏王餘下的國土。民32:1, 33以下。[西面]以約旦河為界，至琴湖南端，沿約旦河東岸一線。

²⁸以上是迦得子孫各宗分得的產業——城鎮及所屬村寨。

²⁹瑪納西半支族的[一份]，摩西也是按宗分配。³⁰其領地從雙營起，包括整個巴珊，即巴珊王斡格的全部國土，亞珥在巴珊的所有營寨，共六十座。亞珥，瑪納西之子，民32:41。³¹基列山的一半同阿思塔、艾德壘，斡格的巴珊王城，則分給了瑪納西之子瑪吉的後裔，佔瑪吉後裔各宗的一半。

³²以上是摩西在耶利哥城對面約旦河東的摩押平原所分產業。

³³但利未支族，摩西未分產業；同上文14節。他們那一份，在耶和華以色列的上帝，如[耶和華]所言。

河西支族

十四章

以下是以色列子孫在迦南之地分得的產業，是祭司艾利阿澤和奴恩之子約書亞，艾利阿澤，摩西兄大祭司亞倫之子，利10:6。及以色列子孫各支族的族長為他們劃分的，想像分地由祭司主持，集體討論決策，而非領袖一人賞賜，13:6。²亦即按耶和華借手摩西下達的命令，借手，熟語，指先知傳諭。拈鬮分配，給了九個半支族。民26:52–56。³因為摩西已為另外兩個半支族分了產業，在約旦河東，但他們中間的利未人不分。⁴原來約瑟子孫有兩個支族，瑪納西和以法蓮；源於雅各認孫為子，創48:5以下。而國中雖無利未人的一份，卻給了他們若干城邑作居所，連帶牧場供放養牲畜。民35:2–8。

⁵如此，奉摩西所傳耶和華的旨意，以色列子孫劃分了福地。

迦雷

⁶有猶大子孫來石圈見約書亞，克納斯人耶孚尼之子迦雷進言，迦雷，本是迦南土著，部落加盟猶大，成其一宗，15:13，民13:6, 32:12注。道：

你知道的，關於你我，耶和華在加迪斯對上帝之人摩西有何諭示。⁷摩西耶和華的僕人派我從加迪斯去偵察福地時，強調摩西是神的全權代表，應許分地的誓言有效。我四十歲；詳見十二頭領刺探迦南故事，民13–14章。我是敞開心扉向他報告的。反言別人隱瞞實情。⁸儘管跟我一同上去的兄弟們涼了眾人的心，直譯：使心溶化，2:11, 5:1, 7:5。我還是一心跟從耶和華我的上帝。一心，直譯：滿（心）。⁹摩西那天是起了誓說的：千真萬確，你腳踏過的那片地，將來歸你和你的子裔為業，永遠！因為你，一心跟從耶和華我的上帝。民14:24。¹⁰而果然，如他所言，耶和華讓我活到了現在；四十五年了，經師據此推測，若刺探迦南發生在出埃及第三年，則約書亞分地距以色列入侵迦南七年。自從耶和華將此言諭示摩西，當以色列跋涉荒野之際。看，今天我已經八十五歲了，¹¹今天我依然強壯，一如摩西派遣我之日；現在力氣仍不減當年，無論打仗[帶兵]進出！¹²所以請把這片山地，那天耶和華許下的，分給我。那天你也聽到的，什麼那裏有巨人族，即長項族，11:21注。城池又大又堅固。引另外十個探子的洩氣話，民13:27以下。但如果耶和華與我同在，我必驅除他們，如耶和華所言！委婉提醒領袖，應善待功臣。

¹³於是約書亞道了祝福，兌現上帝之人摩西的諾言。將希伯倫給了耶孚尼之子迦雷為業。

¹⁴故此，希伯倫至今仍是克納斯人耶孚尼之子迦雷的產業，只因他一心跟從耶和華以色列的上帝；¹⁵希伯倫舊稱四城子；qiryath 'arba`，因城分四區，或四部落建城而得名，創23:1。作者把"四/阿爾巴"讀作了人名，15:13。[這老四阿爾巴]原是長項族裏的巨人。

於是福地升平，戰事止息。同11:23。

猶大支族

十五章

猶大子孫支族，各宗拈鬮所得，南抵紅嶺邊界，其南端即齊恩荒野。²其南界始於鹽海之端，從向南伸出的舌尖起，喻死海南灣，民34:3。³往南至蠍子關，ma`aleh `aqrabbim，或蠍子坡。穿越齊恩，由南面上至加迪斯；經赫營，上到亞達，此二名合一，即亞達營？民34:4。轉底村；qarqa`，地面、底部。⁴然後經阿茲門，出埃及河，埃及與迦南的界河，13:3。邊境延伸到大海為止。此是你們的南界。你們，七十士本：他們。

⁵東界，即鹽海，至約旦河口。

北界始於約旦河口[鹽]海之舌。死海北端。⁶那邊界上至山鶉屋，beth hoglah，山鶉亦是女子名，17:3。經河谷屋北面，到呂便之子拇指石。'eben bohan，此名奇特，別處不載，且呂便支族的領地在死海以東。⁷接着，那邊界由禍谷上至德維爾，見10:38注。向北，到石圈，面對溪谷南側的血關。ma`aleh 'adummim，在耶京到耶利哥中途，得名於當地紅色石灰岩。那邊界再經由太陽泉之水，由聖城東面向南，與本雅明支族劃界。出漂工泉，⁸然後順啼子谷上去，ge' ben-hinnom，在聖城西南，谷中有迦南冥王享童子祭的焚化地，王下23:10，耶7:31。從南面登耶布斯人的肩頭，即耶路撒冷。那邊界升至山巔，俯瞰西邊的啼子谷，接巨人谷北端。參12:4注。⁹從山巔，那邊界繞了個彎，到開泉之水，me nephtoah，連讀，音近埃及法老名，Merenptach。而後是以弗侖山諸城，再彎至巴力鎮，即林鎮為界。見9:17注。[10]自巴力鎮，那邊界往西，轉毛嶺，har se`ir，耶京以西，非指南方的紅嶺，申1:44。經林山北肩，猶言北坡。即腰村，kesalon，或蠢村。下到太陽廟，取道亭拿，創38:12。[11]抵達埃克龍北肩。非利士人地界，13:3。那邊界又繞至醉城，shikkeron，位於非利士北部平原。穿越巴力鎮一帶山區，出帝建，直到大海為界。

[12]西界，即大海。以上是猶大子孫各宗的領地與四界。

鐲姑

[13]耶孚尼之子迦雷所得的那一份，在猶大子孫中間，鼓勵其部融入猶大，14:6注。按耶和華對約書亞的訓諭：四城子，或項納父親的城，即希伯倫。見14:15注。[14]迦雷趕走了項納那三個兒子：或子裔。石煞、阿希曼和塔爾麥（皆項納所生）。括號內似補注，七十士本無，民13:22。[15]隨即從那裏上去，攻打德維爾的居民——德維爾舊稱書記城。kiryath-sepher，參觀10:36–39。[16]迦雷宣佈：誰能拿下書記城，我把女兒鐲姑給他為妻！鐲姑，`aksah，詞根本義：腳鐲、踝環。[17]結果拿下那城的是他的兄弟，泛指堂房兄弟或同宗親戚。克納斯之子奧特尼爾。史載子民的第一位士師（部族首領/判官），士3:9–11。子，猶言人。迦雷便將女兒鐲姑給他為妻。

[18]不想她一到，顛覆前文父權/男權敘事，鐲姑機智、主動。就慫恿丈夫問她父親要畦田。暗示新郎受賜不多，未能獲得良田。慫恿丈夫，七十士本：他（丈夫）慫恿她。士1:14。待她下了毛驢，新娘騎驢過門。迦雷問她：你想要什麼？[19]她說：請賜我一句祝福！喻嫁妝，視為父親祝福。既是送我一片旱地，直譯：南方之地。婉言奧特尼爾封地缺水，貧瘠。求您把水泉也給我！於是迦雷將上泉和下泉都給了她。

猶 大 城 鎮

[20]以下是猶大子孫支族各宗分得的產業：

²¹猶大子孫支族的邊城，跟紅嶺接壤的南地有：

帝聚、qabze'el，以下地名多有失考或重複/重名者，不一一指出。羊村、亞古，²²基納、笛蒙、一說即笛邦，尼11:25。亞德亞大，七十士本：檜堡，撒上30:28。²³聖丘、夏寨、伊特南，²⁴齊夫、羔村，撒上15:4。女主城，be`aloth，或即女主井，19:8。²⁵新營、希斯倫城（即夏城），與雅賓王城同名，11:1。²⁶阿曼、聽城、摩拉達，²⁷福神寨、hazar-gaddah，或芫荽寨。肥營、民33:29。脫身屋，²⁸狐村、誓約井和周邊村莊，從七十士本，尼11:27；見17:11注。原文城名：bizyothyah。²⁹巴力鎮、伊墟、骨莊，³⁰厄爾托拉、蠢人寨、夷平城，見12:14注。³¹齊克拉、糞坑、madmannah，參賽10:31。海棗枝，³²母獅城、希爾辛、泉村、石榴：或二名連讀：石榴泉，尼11:29。總計二十九城，此數一說減去了屬西緬支族的城鎮，19:1–9。及所屬村寨。

³³平原有：

俄希陶爾、黃蜂崗、阿什納，³⁴匝諾、園泉、蘋果莊、雙目鎮，創38:14。³⁵雅木、參10:3。亞杜蘭、枝城、鑿堡，參10:10。³⁶雙門、飾城、圈市和周邊圈欄：從七十士本。原文似城名：gederothayim。共十四城，及所屬村寨。

³⁷赤南、另作赤安，彌1:11。新鎮、迦得塔，³⁸迪勒安、瞭望台、約帖，³⁹拉岐、參10:3。隆城、bozqath，詞根本義：腫、隆起。艾格隆，⁴⁰卡崩、拉赫瑪、基特利，⁴¹圈城、大鯀廟、beth dagon，大鯀是非利士人的神，通說是魚/漁神或雨/穀神，士16:23。南媽、拉麥女兒名，創4:22。拜城：參10:10。共十六城，及所屬村寨。

⁴²白丘、參10:29。豐邑、煙屯、`ashan，一說即煙井，撒上30:30。⁴³開城、阿什納、駐軍鎮，⁴⁴基拉、尼3:17。欺埠、馬堡：彌1:14–15。共九城，及所屬村寨。

⁴⁵埃克龍和周邊村鎮；屬於非利士五城，歷史上與以色列時有衝突，13:3。⁴⁶由埃克龍往西，所有鄰近亞士都的城邑及所屬村寨，⁴⁷包括亞士都和周邊村鎮，加沙和周邊村鎮，至埃及河，以大海為界。

⁴⁸山區有：

棘鎮、亞提爾、枝城，⁴⁹達納、書記城即德維爾，書記，從七十士本，上文15節。原文：荊棘，sannah。⁵⁰葡莊、參11:21。俄希特摩、崖寧，⁵¹戈山、參10:41。霍壘、基洛：共十一城，及所屬村寨。

⁵²**伏擊村、杜默**、dumah，從諸抄本。原文：高地，rumah。**埃山**，⁵³**雅農、蘋果屋、圍水城**，參12:18。⁵⁴**蜥莊**、ḥumṭah，參利11:30。**四城子即希伯倫、么鎮：共九城，及所屬村寨**。

⁵⁵**馬甕、果園莊、西弗、尤達**，⁵⁶**帝植**、yizre`e'l，見17:16注，何1:4, 2:24。**約德安、匝諾**，⁵⁷**基尼**、七十士本二名連讀：基尼匝諾。**戈崗、亭拿：共十城，及所屬村寨**。

⁵⁸**哈爾胡爾、石屋、牆寨**，⁵⁹**裸山**、ma`arath，或禿山。**牙娜廟、帝直：共六城，及所屬村寨**。七十士本另有：響村、以弗拉即伯利恒、毗珥……等十一城，及所屬村寨。

⁶⁰**巴力城即林鎮、大邑**：rabbah，在聖城西面，9:17。**二城，及所屬村寨**。

⁶¹**荒野有**：

河谷屋、耶利哥東南。**米丁、護城**，⁶²**尼布山、鹽鎮、小羊泉**：`en gedi，死海西岸一富饒綠洲，歌1:14。**共六城，及所屬村寨**。

⁶³**但是，盤踞在耶路撒冷的耶布斯人，猶大子孫沒能趕走**；承認入侵遇挫，10:41注三。耶京後被大衛王佔領，但他也向耶布斯人購買（而非徵用）建祭壇的地，撒下24:24。**至今，那些耶布斯人仍在耶路撒冷，在猶大子孫身邊居住**。

以法蓮支族

十六章

約瑟子孫拈鬮所得，東面始於約旦河，對着耶利哥城，即由耶利哥之水入荒野，此句有訛，無定解。**從耶利哥進山區，上至伯特利；**²**再由伯特利到杏村**，luz，巴旦杏/扁桃，伯特利（上帝之家）的舊名，創28:19。**沿阿爾基人的邊境至冕城**。`ataroth，參民32:3。阿爾基，屬本雅明支族。³**然後往西，下到亞夫列特人的邊境**，亞夫列特，屬亞設支族，代上7:32。**抵下洞莊地界**，見10:10注。**經革城**，參10:33。**延伸到大海為止**。

⁴**此即約瑟二子，瑪納西和以法蓮，分得的產業**。

⁵**以下是以法蓮子孫各宗的領地：其產業之東界，自亞達冕城起，**或即上文2節之冕城。**到上洞莊。**城分上下，大約是依山而建的。⁶**而後那邊界一路到海，再向北，繞到米赫摩薩。**位於石肩東面，以法蓮領地的北端，17:7。此句無定解。**再朝東，轉塔納示路，**ta'anath shiloh，示路"發情"。**經此，抵亞諾東邊。**⁷**從亞諾下到冕鎮和姑娘城，**na`arah，一說在耶利哥西北。**擦着耶利哥，止於約旦河。**⁸**蘋果寨方向，**參12:17, 17:8。**那邊界向西，走到葦溪，**na_hal qanah，瑪納西邊界，17:9。**延伸至大海。**

以上是以法蓮子孫各宗的產業。⁹**此外，瑪納西子孫的產業中間，也有留給以法蓮子孫的城邑，**所謂飛地，支族間也有混居的，17:9。**包括城鎮及所屬村寨。**

¹⁰**但是，盤踞在革城的迦南人沒有被趕走；**見15:63注。**至今，那些迦南人仍住在以法蓮境內。只是他們得做苦工。**

瑪納西支族

十七章

接着，由瑪納西支族作為約瑟的頭生子拈鬮：基列山和巴珊歸了瑪納西的長子、基列之父瑪吉，代表河東的半支族。**因為他是一名戰士。**暗示其靠武力奪得領地，民32:39以下。²**瑪納西別的後裔，各宗也都有所得：亞比葉澤子孫、希勒子孫、亞斯烈子孫、石肩子孫、希弗子孫、石米達子孫。**瑪吉之子基列的六子，民26:30–32。**此為約瑟之子瑪納西的男性後裔各宗。**男性，舊譯男丁，不妥。

³**但是瑪納西玄孫、瑪吉曾孫、基列之孫、希弗之子西羅夫哈無子，他只有女兒，名叫：瑪拉、諾婭、皓拉、蜜佳、娣匝。**詳見民27:1以下。⁴**她們來見祭司艾利阿澤、奴恩之子約書亞和眾頭領，說：耶和華曾命摩西，親族中間也給我們一份產業。**親族，'ahim，兄弟、近親、族人。**於是，循耶和華的訓諭，她們在叔伯中間分到了產業。**叔伯，直譯：她們父親的兄弟。⁵**就這樣，除了約旦河東的基列山、巴珊之地，瑪納西拈得十份，**河西半支族的產

業。⁶因為瑪納西的女兒一如兒子，也分到一份產業。基列之地則歸了別的瑪納西後裔。

⁷瑪納西的領地，從亞設到石肩對面的米赫摩薩；參16:6。由此邊界向南，或向右。取蘋果寨泉邊的居民：⁸蘋果寨的地歸瑪納西，但瑪納西邊界上的蘋果寨屬以法蓮子孫。參16:8。⁹接着那邊界下到葦溪；溪南，瑪納西的城鎮中間，有幾座歸以法蓮。見16:9注。而後，瑪納西的邊界折回溪北，延伸至大海——¹⁰南面屬以法蓮，北面歸瑪納西，以海為界；北接亞設，東抵以薩迦。¹¹瑪納西在以薩迦同亞設境內，還有安寧崗和周邊村莊、直譯：和她女兒。擬人，指村鎮。安寧崗，beth she'an，河西交通要衝，扼帝植河谷的東大門。伊比蘭堡和周邊村莊，以及多爾、多爾之泉、塔納城和麥吉度的居民及周邊村莊：原文"多爾"以下四城重複四遍：居民和她女兒。譯文合併為一句。第三[城]也是座崗子。指多爾，11:2, 12:23。補注，無定解。

¹²然而，瑪納西子孫沒能佔領這幾處城邑，那片地就仍是迦南人居住。征服並不順利，16:10。¹³後來以色列子孫強盛了，曾迫使迦南人服勞役，王上9:15–22。但從未徹底驅除。

約瑟子孫

¹⁴約瑟子孫向約書亞進言，說：為什麼你拈鬮只分我一份，我，單數強調兩支族兄弟一家。只一塊產業，而我的人口最多，蒙耶和華如此賜福？此短語原文有訛，七十士本及通行本無"如此"。創48:15–16, 20。¹⁵約書亞道：既然你人多，以法蓮山地於你又窄了，你可上到比利齊人跟巨人族地界，見12:4注。自己往林子裏開墾哪！

¹⁶那片山地容不下我們呀，約瑟子孫回答，何況盤踞在谷地的迦南人都擁有鐵甲兵車，木制兵車，包鐵皮。土著佔據富饒的谷地，裝備比入侵者先進，士1:19。比如安寧崗和周邊村莊，還有帝植山谷的那些人。帝植，塔納城以東河谷，多爾之泉往南，15:56。¹⁷可是約書亞對約瑟家，對以法蓮和瑪納西說：正因為你人多力

大，拈鬮一份不夠，引對方的話，反用其論據。¹⁸所以山地也歸你；對，就是些林子，但你盡可砍伐，開墾出來歸自己。而那些迦南人雖有鐵甲兵車，[看似]強大，終要被你驅除。

示路之會

十八章

以色列子孫全體會眾集合於示路，shiloh，以法蓮境內傳統聖地，伯特利以北17公里處，士18:31。**立起會幕**，並設祭壇，22:29。**一俟福地被他們征服。²但以色列子孫尚有七個支族**，實為六個半，除去河東兩個半支族，及猶大、以法蓮、利未。**還未分得產業。³約書亞遂訓示以色列子孫：**

還要拖到幾時，你們不去承受耶和華你們祖宗的上帝賜你們的家園？⁴你們每支族選三人，我派他們立即起身，走遍全境，勘察各自的產業，直譯：照他們的產業記錄她（領地）。然後回來報知於我。⁵地應劃為七份，[如]猶大按疆界佔南方，約瑟家按疆界據北邊。兩地疆界已定。⁶所以你們要把地勘作七份，回來向我稟報。我就在這兒，在耶和華我們上帝面前，給你們拈鬮。⁷不過你們中間利未人不分產業，他們以做耶和華的祭司為業。參13:14，申10:9。至於迦得、呂便跟瑪納西半支族，他們已在約旦河東、日出之處得了產業，見13:8以下。是摩西耶和華的僕人親自劃分的。

⁸那些人便起身出發——對出發去勘地的人，約書亞這樣命令：出發！走遍全境，勘察了回來稟報。我就在這兒，在耶和華面前，即約櫃前，7:23。在示路，給你們掣鬮！⁹那些人便去了。他們穿行全境，逐城勘劃，包括各支族已奪取的和未到手的地區。作七份記錄在冊。然後回到示路營地，呈交約書亞。

¹⁰於是約書亞在示路，在耶和華面前，給他們掣了鬮；就在那裏，依其份額，約書亞為以色列子孫劃分了土地。

本雅明支族

[第一]鬮，本雅明子孫支族各宗抽得的領地，在猶大子孫和約瑟子孫之間。¹²其北界始於約旦河，沿耶利哥城北肩，爬上西面山區，出於孳偶之家的荒野。見7:2注。¹³由此抵杏村，邊界沿杏村南肩，即伯特利，下到亞達冕城，見16:5注。進入下洞莊以南山地。參16:3。¹⁴至此西端，那邊界繞了個彎，向南，由洞莊對面的南山，延伸至巴力城，即林鎮，參15:60。一座猶大子孫的城。此為西線。

¹⁵南線，從林鎮一端起，那邊界折回以弗崙，校讀，參15:9，原文不通：往西。七十士本：加辛。出於開泉之水；¹⁶接着，那邊界下到山腳，面對啼子谷，北接巨人谷；見15:8。而後經啼子谷，沿耶布斯人的南肩，下到漂工泉。參15:7。¹⁷由此北轉，出太陽泉，直至石頭圈，正對血關；再往下，到呂便之子摳指石。參15:6。¹⁸復經河谷屋北肩，河谷屋，從七十士本。原文：對着河谷。下至河谷。¹⁹之後，那邊界經山鶉屋北肩，延伸至鹽海向北伸出的舌尖，喻湖灣，15:2注。止於約旦河南端。此為南界。

²⁰東線，則以約旦河為界。

以上是本雅明子孫各宗所得產業的四界。

²¹本雅明子孫支族，各宗的城鎮有：

耶利哥、山鶉屋、砍谷，`emeq qeziz，本義砍斷，或指其地貌？²²河谷屋、羊毛鎮、伯特利，²³亞衛、母牛城、parah，在耶京東北。小鹿寨，`ophrah，一説近伯特利。²⁴亞押村、俄夫尼、戈丘：共十二城，及所屬村寨。

²⁵岌崩、拉瑪、井莊，²⁶瞭望台、mizpeh，常見地名，15:38。小獅寨、參9:17。摩礎，²⁷勒根、帝醫、yirpe'el，一説在耶京西北。塔爾拉，²⁸肋村、zela`，掃羅王父子歸葬處（祖塋），撒下21:14。千夫、ha'eleph，或二名連讀：千夫肋村。耶布斯即耶路撒冷，耶布斯，從古譯本。原文：耶布斯人。戈崗、林鎮：共十四城，及所屬村寨。

以上是本雅明子孫各宗的產業。

西緬支族

十九章

　　第二鬮拈出，歸西緬，即西緬子孫支族各宗；其產業位於猶大子孫的產業內，散居，無完整領地，後融入猶大。參雅各對西緬的詛咒，創49:7。²**分得的產業有：**

　　誓約井、be'er-sheba`，以下地名多與猶大的重複，15:26–32。**聽城**、shema`，從七十士本，15:26。原文重複：誓約。**摩拉達**，³**狐村、巴力鎮、骨莊**，⁴**厄爾托拉、伯圖爾**、參15:30，蠢人寨。**夷平城**，⁵**齊克拉、兵車屋、牝馬寨**，⁶**母獅城、夏路辛：共十三城**，上文2節 "誓約"（聽城）或是衍文，未算在內。**及所屬村寨。**

　　⁷**泉村、石榴、豐邑、煙屯**：同15:42。**共四城，及所屬村寨**，⁸**連同這些城邑四周所有的牧場，至女主井**，或井之女主，15:24。**南地高丘。**

　　以上是西緬子孫支族各宗的產業。⁹**這西緬子孫的產業取自猶大子孫之份：鑑於猶大子孫的疆域較廣**，舊譯不妥：猶大人的分過多。**西緬子孫從中分了一份產業。**

西布倫支族

　　¹⁰**第三鬮，抽了歸西布倫子孫各宗。其分得的領地始於逃生鎮**：sarid，位於領地南端。¹¹**往西，邊界爬升至暈村**，mar`alah，拿撒勒西南山地，麥吉度以北。**擦着駝峰，與約尼安對面的溪谷相會。**¹²**自逃生鎮向東，轉日出之地，經由塔博之腰地界，出達弗壘，上崖輝寨。**yaphia`，今拿撒勒西南3公里處。¹³**由此東行，日出方向，經酒榨井、首領季**，`ittah qazin，相傳即耶穌變水為酒的小山村迦拿，約2:1。**出石榴城，再轉抖莊。**¹⁴**北界，繞一個彎至合恩屯，止於帝開谷**；ge yiphtah-'el，領地西北角。¹⁵**連同卡塔、草甸、守戎、以達拉、麵餅屋**：beth lehem，名同猶大的伯利恒。**共十二城，及所屬村寨。**

　　¹⁶**以上是西布倫子孫各宗的產業，連城帶村都是。**

以薩迦支族

¹⁷第四鬮拈出，歸以薩迦，即以薩迦子孫各宗。¹⁸其領地包括：帝植、見17:16注。腰寨、kesuloth，即塔博之腰，上文12節。書南，¹⁹鑿井、hapharayim，加利利湖西南。西雍、阿納哈拉，塔博山東南。²⁰拉比特、基雄、厄維茲，²¹雷丘、園泉、哈達泉，碎莊。beth pazzez，一說在塔博山東面。²²與之接壤，有塔博山、驕城、太陽寺，異教地名，參15:10。邊界到約旦河為止：共十六城，及所屬村寨。

²³以上是以薩迦子孫支族各宗的產業，連城帶村都是。

亞設支族

²⁴第五鬮拈出，給亞設子孫支族各宗。²⁵其領地包括：從南界起。份城、項鍊鎮、肚村、巫莎，見11:1注。²⁶阿拉王、亞瑪德、米夏爾。往西，抵果園山和白丘黑水。一說指基順河下游。²⁷折回日出方向，轉大�廟，異教地名，15:41注。與西布倫接壤，入北面的帝開谷、谷地屋、尼耶爾，出來左手即喀布爾；kabul，意為鎖住、一無用處，王上9:13。²⁸連同艾弗壈、部分抄本：僕城，21:30。寬鎮、溫泉、葦莊，至大西頓為止。誇張，亞設距北邊的腓尼基海港西頓還遠。²⁹然後邊界轉朝拉瑪，直至石城要塞；也是腓尼基人的港市。再轉庇塢，一路到海，瑪哈列、校讀從傳統本注，原文有訛。阿欺埠，³⁰以及亞柯、校讀，士1:31，原文：烏瑪。圍水、寬丘：共二十二城，及所屬村寨。

³¹以上是亞設子孫支族各宗的產業，連城帶村都是。

拿弗他利支族

³²第六鬮拈出，歸拿弗他利子孫，即拿弗他利子孫各宗。³³其邊界始於黑勒夫、塔博山東北，南界。查納寧橡樹，及紅土隘、'adami hanneqeb，加利利湖西岸

山村。**帝建，直至站城**，laqqum，加利利湖南端，約旦河口西南小鎮。**止於約旦河**。[34] **西面，邊界轉向塔博諸嶺**，山北向西。**由此出鑴城：南接西布倫，西臨亞設，望約旦河於日出方向**。原文"約旦河"前有"猶大"，衍文，從七十士本刪。[35]**城邑設防者有：四邊、策爾**、此二名或非城名，無定解。**溫泉鎮、拉卡、琴堡**，此三城在加利利湖西南岸畔。[36]**土城、拉瑪、夏城**，[37]**聖丘**、參11:1, 12:22。**埃德疊、夏寨泉**，[38]**邑壘、帝塔**、migdal-'el，加利利北部要塞。**歸聖城、牙娜廟**、beth `anath，加利利湖往西20公里，迦南人的山村。**太陽屋：共十九城，及所屬村寨**。

[39]**以上是拿弗他利子孫支族各宗的產業，連城帶村都是**。

丹支族

[40]**丹的子孫支族各宗，拈的是第七鬮**。[41]**其分得的領地包括**：南邊與猶大交界。**黃蜂崗、俄希陶爾、太陽城**，又名太陽廟，15:10。[42]**狐穴、鹿野**、參10:12。**以特拉**，[43]**橡村、亭拿、埃克龍**，非利士人地界，13:3。[44]**艾爾特科、岌丘、女主城**，[45]**耶胡、閃電子**、bene-beraq，今特拉維夫市郊。**石榴榨**，gath-rimmon，約帕東北，近綠水溪口。[46]**以及綠水和拉孔**，七十士本：靠海的綠（水）。**邊界正對着約帕**。海港，今特拉維夫南郊，拿1:3。

[47]**可是丹子孫的領地沒能保住**。婉言被土著擊敗。七十士本：丹子孫沒能趕走亞摩利人，敗退山中，被亞摩利人⋯⋯奪了領地。**丹的子孫不得不[北]上，攻寶石城**，leshem，位於北加利利，黑門峰西南麓，又名獅城，layish，士18:7。**攻破了將她付之與利劍。佔領者定居那裏以後，就把寶石城命名為丹城——丹是他們祖宗**。參觀士18章。

[48]**以上是丹的子孫支族各宗的產業，連城帶村都是**。

[49]**土地按疆界分配已畢，以色列子孫給奴恩之子約書亞也分了一份產業，在[子民]中間**；[50]**即循耶和華的訓諭，將他想要的城邑**，暗示領袖謙讓，最後分配，但眾人知道他的喜好。**以法蓮山地的養剩亭**，通說在石肩西南。原名聖陽亭，

timnath-heres，士2:9，為異教聖所；子民避諱，倒讀聖陽為養剩，-serah。**給了他。重建之後，他在那城住下了。**

⁵¹以上是祭司艾利阿澤、奴恩之子約書亞同以色列子孫各支族的族長，在示路，在會幕門口，耶和華面前，拈鬮劃分的產業。如此，分地完成。

庇護城

二十章

耶和華諭示約書亞：告訴以色列子孫，你們自己定幾座庇護城，如我借手摩西所言；參14:2注，出21:13。**³讓那失手誤傷人命的逃去**，故殺除外。**尋求你們庇護，躲避報血仇的。**聖所避難，遏制血親復仇，民35:11–15，申19:1以下。以下至6a，七十士本脫。**⁴他只要逃到這些城裏的一座，站在城門口**，傳統上長老聽審斷案處，申21:19, 22:15, 25:7。**向那城長老的耳中稟明實情**，debarayw，舊譯事情，弱。**他們即可放他入城，給一個安身之處。⁵倘若報血仇的追來，不可將犯了命案的交出**，犯了命案，直譯：殺人者。**因為他是誤殺鄰人**，泛指族人、任何人。**同[死者]素無仇冤。⁶應允許他留居城內，直至立於會眾面前受審**，此句矛盾，既已在城門口據實裁判，似無必要再審一次。以下至句末，七十士本脫。**至現任大祭司去世：**民35:25–28。**而後，那犯了命案的才能回自己家鄉**，直譯：回他的城和他的家。**即當初他出逃的村鎮。**

⁷於是，他們在拿弗他利山地祝聖了加利利的聖丘，參12:22, 19:37。**在以法蓮山地祝聖了石肩**，參17:7。**在猶大山區祝聖了四城子，即希伯倫。**參14:15, 15:54。**⁸而在約旦河東，耶利哥城對面日出之地，他們定了高原荒野呂便支族的金礦鎮，基列山迦得支族的高莊，及巴珊瑪納西支族的戈蘭。**申4:43。

⁹以上是為全體以色列子孫與寄居其間的客籍所指定的各城。按摩西之律，子民客籍一視同仁，民35:15。**凡失手傷了人命的皆可逃去那裏，以免死於報血仇之手，而未及立於會眾面前。**接受審判。

利未城

二十一章

之後，利未人族長來見祭司艾利阿澤、奴恩之子約書亞同以色列子孫各支族的族長，²在迦南之地的示路，向他們說：提醒各支族履行義務。耶和華曾借手摩西傳旨，要賜我們城邑居住，連同放養牲畜的牧場。利未人享有居住和獲供養的權利，但城的治權屬於原主，14:4，民35:1–8。³以色列子孫遂循耶和華的訓諭，從自己產業中給利未人分了以下城邑，各有牧場：

⁴[第一]鬮拈出，歸哥轄人各宗：利未生三子，革順、哥轄、米拉利，出6:16。利未人裏祭司亞倫的子孫，亞倫、摩西出於哥轄的長子安蘭，出6:20。從猶大支族、西緬支族和本雅明支族拈得十三城；⁵哥轄子孫的其餘各宗，校讀從傳統本注。原文：從各宗。則從以法蓮支族、迦得支族和瑪納西半支族拈得十城。

⁶革順子孫各宗，就從以薩迦支族、亞設支族、拿弗他利支族和瑪納西半支族拈得十三城。

⁷而米拉利子孫各宗，則從呂便支族、迦得支族和西布倫支族[拈得]十二城。

⁸如此，以色列子孫拈鬮，將這些城邑連帶牧場分給了利未人，奉耶和華借手摩西頒下的誡命。

⁹從猶大子孫支族和西緬子孫支族劃出的各城，列名如下：

¹⁰第一鬮，歸亞倫子孫，祭司貴族集團。即利未子孫哥轄人的一宗，從七十士本，代上6:39。原文複數。¹¹他們分得：四城子，或項納父親的城，即希伯倫，在猶大山區，連同四郊牧場。¹²但那城的田畝村莊，仍是耶孚尼之子迦雷的地業。見14:13–15。¹³這樣，祭司亞倫子孫得了希伯倫及其牧場，給犯了命案的做庇護城，參20:5–6。並白丘、¹⁴亞提爾、俄希特摩、¹⁵霍壘、德維爾、¹⁶泉村、`ayin，七十士本：煙屯，15:42, 19:7，代上6:44。尤達、太陽廟，各有牧場：原文每

一城名後皆有 "及其牧場"，譯文合併。下同。**共九城，取自此二支族。**[17]**以及，從本雅明支族：岌崩、戈丘、**[18]**牙娜城、阿爾蒙，各有牧場：共四城。**

[19]**亞倫子孫眾祭司所得，總計十三城，連同牧場。**

[20]**至於哥轄子孫其餘各宗，**非亞倫後裔，接上文5節。**亦屬利未人哥轄子孫，其拈鬮所得的城邑，出自以法蓮支族，**[21]**有：以法蓮山地的石肩及其牧場，給犯了命案的做庇護城，並革城、**[22]**雙堆、洞莊，各有牧場：共四城。**[23]**以及，從丹支族：艾爾特科、岌丘、**[24]**鹿野、石榴榨，各有牧場：共四城。**[25]**從瑪納西半支族：**約旦河西。**塔納城、伊比蘭堡，**yible`am，校讀，參17:11，代上6:55。原文重複：石榴榨。**各有牧場：二城。**

[26]**哥轄子孫其餘各宗所得，總計十城，連同牧場。**

[27]**利未人革順子孫各宗分得，給犯了命案的做庇護城的，從瑪納西半支族：**約旦河東。**巴珊的戈蘭、阿思塔廟、**be`eshterah，另如古敘利亞語譯本：阿思塔，代上6:56。**各有牧場：二城。**[28]**從以薩迦支族：基雄、達弗壘、**[29]**崖木、園泉，各有牧場：共四城。**[30]**從亞設支族：米夏爾、僕城、**`abdon，參19:28注。[31]**份城、寬鎮，各有牧場：共四城。**[32]**以及，從拿弗他利支族：加利利的聖丘及其牧場，給犯了命案的做庇護城，並溫泉鎮、雙城，各有牧場：共三城。**

[33]**革順人各宗所得，總計十三城，連同牧場。**

[34]**利未人其餘各宗，即米拉利子孫分得，從西布倫支族：約尼安、卡爾塔、**[35]**石榴城、**校讀，參19:13，代上6:62。原文：丁拿。**草甸，各有牧場：共四城。**傳統本脫以下二節，從諸抄本補，參代上6:63–64。[36]**從呂便支族：金礦鎮、雅哈城、**[37]**企東、照城，各有牧場：共四城。**[38]**以及，從迦得支族：基列山的高莊及其牧場，給犯了命案的做庇護城，並雙營、**[39]**合石堡、雅則，各有牧場：共四城。**

[40]**米拉利子孫，或利未人其餘各宗，拈鬮所得，總計十二城。**

[41]**如此，利未人在以色列子孫的地業中間，一共分得四十八城，連同牧場。**分屬亞倫後裔和其餘各宗。[42]**這些城，每一座都帶有四郊牧場，城城如此。**

賜福之諾言

⁴³如此，耶和華將福地整個賜予了以色列，一如他立誓應許其祖宗，讓他們佔領了入居。重申美好願望，11:16, 23；實則入侵屢屢受挫，不得不與迦南人共處，15:63, 17:12。⁴⁴耶和華還賜他們四境安寧，一如對其祖宗的誓言；而他們的仇敵，沒有一個能在他們面前站牢。喻對抗，10:8。所有敵人，耶和華都交在了他們手裏。⁴⁵所有賜福之諾言，haddabar hattob，兼指美言美物，聖言所成。凡耶和華應許以色列家的，不曾有一言落空——全部應驗了。

尾聲：臨別祝福

二十二章

於是，約書亞召集呂便人、迦得人和瑪納西半支族，回到河東兩個半支族故事，首尾呼應，1:12以下。²道：耶和華的僕人摩西的命令，你們都遵守了；我的話，我的指示，你們也都聽從。³這些年，直譯：這許多天。泛指較長一個時期，14:10注。你們從未拋下自己的兄弟，直到今天，謹守耶和華你們上帝的誡命。⁴現在，耶和華你們上帝賜你們兄弟安寧了，河西安定，清除了敵害，21:44。一如其諾言；現在可以返回自家帳篷了，回到摩西耶和華的僕人在約旦河東分給你們的地業。⁵但你們必須十分注意，遵行摩西耶和華的僕人為你們頒佈的誡命與教導，兼指聖法，1:7注。要愛耶和華你們上帝，始終走他的道，原文複數，指每一次道路選擇，乃至是非判斷。守他的誡命，依靠他，侍奉他，以你們的全心與全靈！經書熟語，申6:5, 10:12, 11:13, 13:4。

⁶言畢，約書亞道了祝福，送他們上路，他們便回帳篷去了。

⁷瑪納西支族的一半，摩西分在巴珊；另一半，約書亞讓他們在約旦河西的兄弟中間得了一份。參17:17–18。因此，當約書亞送眾人回去帳篷時，還特意祝福他們，⁸説：你們帶了這許多財物跟大群牛羊、金銀銅鐵和大包的

衣服，戰利品，不提戰俘/奴隸，留給了河西支族？**回到自家帳篷，這些從仇敵那裏擄獲的，要同你們兄弟分享！**

石頭圈祭壇

⁹呂便子孫、迦得子孫和瑪納西半支族遂告別以色列子孫，從迦南之地示路起身，向基列之地進發，回返耶和華借手摩西傳旨，要他們承受的地業。¹⁰來到迦南地界的約旦河石頭圈，geliloth，或作地區，18:17。**呂便子孫、迦得子孫和瑪納西半支族在那兒的河畔修築祭壇——一座引人矚目的大祭壇。**

¹¹消息傳到了以色列子孫耳中：聽着，呂便子孫、迦得子孫跟瑪納西半支族築了座祭壇，挨着迦南地界，在約旦河石頭圈，以色列子孫的對岸！壇在河東，狹義的福地之外，申12:10。**¹²以色列子孫一聽這個**，原文此處重複"以色列子孫"，從少數抄本及古譯本刪。**全體會眾聚集到了示路，要求發兵討伐。**

¹³以色列子孫[先]派祭司艾利阿澤之子菲尼哈去基列之地，菲尼哈，pinehas，埃及名：黑人，出6:25。**見呂便子孫、迦得子孫和瑪納西半支族；¹⁴跟他同行的有十位頭領，以色列各支族一家一個，每一個都是以色列宗族的族長。**包括河西瑪納西支族另一半的頭領。**¹⁵一到呂便子孫、迦得子孫和瑪納西半支族的駐地基列**，或許河東支族也已警惕，不敢分散。**他們就聲討開了：**

¹⁶此乃耶和華的全體會眾之言：佔領道德高地和教義正統。**這背信之罪什麼意思？**舊譯乖謬：犯的是什麼罪，7:1注。**竟敢對以色列的上帝不忠，時至今日還背離耶和華，為自己修建祭壇——造耶和華的反呀，今天！**語氣激憤。

¹⁷還嫌不夠嗎，我們在毗珥犯下的罪行？與"摩押女兒"通婚，拜大神巴力，民25章。**那一次耶和華的會眾遭了瘟疫，至今未能潔淨**，擔心瘟病仍有復發的可能。**¹⁸可你們今天又背離耶和華！好，既然你們今天造耶和華的反**，原文無"既然"，從七十士本補。**明天，他必對以色列會眾全體降怒！**

¹⁹但如果你們是嫌地業不潔，那就過河，回耶和華的地業，回到耶和華帳幕的駐蹕之所，來我們中間承業。萬不可向耶和華造反，把我們也捲入反叛，或作反叛我們，亦通。自個兒另修一座祭壇，跟耶和華我們上帝的祭壇對着幹！視為挑戰河西的示路聖所，破壞祭祀的集中統一，申12:5。歷史上，統一祭祀是以色列建君主制以後的事。²⁰那個謝亮之子牙頂，對禁絕之誓不忠，以色列會眾不就全體犯了天怒？詳見7:1以下。因他的咎責而喪命的，可不止他一人！

²¹呂便子孫、迦得子孫和瑪納西半支族急忙作答，向以色列族長解釋：

²²眾神之神，'el 'elohim，古代近東傳統，至高者的尊號，申10:17。舊譯生造：大能者神。耶和華！眾神之神，耶和華！他，當然知道——願以色列也明白：呼天父見證，試圖說服對方。若有半點反叛，抑或對耶和華不忠，願他今天別救我們！咒語，回應河西支族的軍事威脅。²³若我們築祭壇是想背離耶和華，或是在此獻全燔祭、素祭或平安祭的犧牲，願耶和華親自追討！²⁴不，我們這麼做，是怕有朝一日，你們的子孫會問我們子孫：耶和華以色列的上帝干你們何事？²⁵約旦河不就是耶和華設在你我之間的邊界，呂便子孫哪迦得子孫？耶和華之內，沒你們的一份！舊譯不通：與耶和華無分。結果，你們子孫弄得我們子孫不再敬畏耶和華了。婉言子民分裂，兩岸對峙。

²⁶因此我們想：這麼辦吧，築一座祭壇，不為全燔祭也不為別的犧牲；²⁷只是在你我之間，在我們後代之間做一見證：耶和華我們一直侍奉，當面敬拜，到示路的會幕獻祭，18:1, 19:51。獻我們的全燔祭與平安祭的犧牲。將來你們子孫也就不會說我們子孫：耶和華之內，沒你們的一份。²⁸而且我們考慮：日後如果碰上人這麼說我們，或者說我們後代，就可以回他：請看這個副本，tabnith，建築、式樣、複製品。耶和華的祭壇，我們祖宗製作的；改換動詞，不說"築"，有意示弱。不為全燔祭也不為別的犧牲，而是做你我之間的見證。²⁹不，不，我們絕沒有反叛耶和華的意思，絕不會撇開耶和華我們上帝帳幕前的那座祭壇，另築一座來獻全燔祭、素祭或犧牲，今天還背離耶和華！

　　³⁰祭司菲尼哈同一起來的會眾頭領或以色列族長，聽了呂便子孫、迦得子孫和瑪納西子孫的解釋，都覺得滿意。直譯：在他們眼裏為善。³¹祭司艾利阿澤之子菲尼哈便向呂便子孫、迦得子孫和瑪納西子孫宣佈：今天我們明白了，回應上文22節。耶和華在我們中間，婉言會眾團結。因你們並未對耶和華犯下背信之罪 —— 不啻從耶和華手中救出了以色列子孫。避免了一場內戰，及神對雙方的懲罰。

　　³²於是，祭司艾利阿澤之子菲尼哈率眾頭領辭別了呂便子孫和迦得子孫，此段不提瑪納西半支族，一說是較原始的文本。自基列之地返回迦南之地，向以色列子孫報告了事情經過。³³以色列子孫聞報，大喜；同上文30節"覺得滿意"。以色列子孫個個讚美上帝，再也不提發兵討伐呂便子孫迦得子孫，摧毀他們的家園了。³⁴而呂便子孫跟迦得子孫則管那祭壇叫"見證"，原文無"見證"，從少數抄本補。聯想雅各同舅舅拉班堆石見證的故事，創31:47–48。說：原文無此字，從七十士本補。有它做我們之間的見證，耶和華是[我們]上帝。

約書亞的遺訓

二十三章

　　耶和華賜以色列四境安寧，擺脫仇敵以後，入侵告一段落。又過了多年，約書亞老了，上了年紀。呼應13:1, 14:10。²約書亞召集全以色列及長老、首領、判官和文書，囑咐他們：學摩西的榜樣，申29:1, 31章。

　　我真的老了，上了年紀。³你們呢，也都見到了，耶和華你們上帝如何處置列族，全都是為了你們；是的，耶和華你們上帝，他親自替你們打了仗！一切勝利歸於救主，10:11, 13:6。⁴看，這些殘存的外族，並我剷除的列族，此短語原文置於"約旦河"後，似插注。從約旦河到大海日落之處，到，校讀。原文：和。我已拈鬮分給你們各支族為業。⁵而耶和華你們上帝，他將親自為你們開路，動詞時態一變，原來迦南尚未征服。在你們前頭驅除他們，讓你們佔領他們的土地，一如耶和華你們上帝所應許。

⁶所以你們必須非常堅定，舊譯（大大）壯膽，誤。遵行摩西的律法書上記載的一切，決不可偏離寸分。成語，直譯：偏朝右或朝左，民20:17，申5:32。⁷不可跟你們中間殘留的外族往來；隔離居住，免受異教習俗的"污染"。他們神祇的名字，你們切勿呼喚，勿指它們起誓，或詛咒祈禱，出23:13。也勿服事、叩拜。⁸相反，要依靠耶和華你們上帝，一如你們至今的作為。子民整體而言。

⁹耶和華已為你們驅除了強大的外族，而你們——迄今無人能在你們面前站立。見1:5, 10:8注。¹⁰你們一個人可擊潰一千？熟語，利26:8，申32:30。是因為耶和華你們上帝親自替你們打仗，實踐他的諾言哪！¹¹故你們須十分注意，視如生命，或作：為你們自己。愛耶和華你們上帝。

¹²但如果你們掉轉頭去，依傍那些留在身邊的外族殘餘，跟他們通婚，彼此娶嫁，三令五申，依然未能禁絕，出34:16，申7:3–6。¹³那你們得明白，耶和華你們上帝就再不會到你們前頭驅除列族；而他們便成了害你們的圈套和羅網，抽你們腰的皮鞭，leshotim，校讀。原文：遊蕩，leshotet。七十士本：紮腳跟的釘，民33:55。扎你們眼睛的刺，直至你們從耶和華你們上帝賜予的這片樂土上消滅。樂土，兼指其肥沃而承約，申1:35, 8:7。

¹⁴好了，今天我要去走世人的路了。婉言辭世。世人，直譯：大地/全世界。承認吧，以你們的全心與全靈，參22:5。所有賜福之諾言，凡耶和華你們上帝應許的，不曾有一言落空——全部應驗在你們身上了，未有一事不成。見21:45注。

¹⁵但正如耶和華你們上帝應許的福祉已一一應驗，同樣，耶和華的降禍之諾，也必在你們身上全部兌現，申28章。乃至將你們滅絕，清出耶和華你們上帝賜予的這片樂土。

¹⁶若是你們違背耶和華你們上帝命你們信守的誓約，去服事、叩拜異神，耶和華必點燃鼻息，盛怒狀，7:1注三。對準你們，叫你們出清他恩賜的福地，ha'arez hattobah，預言樂土塗炭，信約不存，申4:26。馬上滅亡！

石肩之約

二十四章

接着，約書亞集合以色列各支族於石肩，地處福地中部，亦是亞伯拉罕初入迦南得異象設祭壇處，創12:6–7。召以色列眾長老、首領、判官和文書，命他們站在上帝面前。面對約櫃，代表子民，18:8。奴恩之子始終沒有指定或培養接班人。²約書亞向全體子民道：

此乃耶和華以色列的上帝之言：回顧聖史，重申救恩乃信約之基石。很久以前，你們的祖先泰臘，亞伯拉罕和拿鶴的父親，住在大河那邊，聖祖故鄉，在幼發拉底河下游古城吾珥，創11:27–32。服事異神。³是我把你們父親亞伯拉罕從大河那邊攜來，領他走遍了迦南大地。立為先知，應許福地，創12:1–9。我使他子實繁衍，賜了他以撒；不提長子以實瑪利及阿拉伯諸部，創16:15, 21:1以下。⁴又將雅各、以掃賜予以撒，創25:19–26。分毛嶺給以掃為業。創36:6–8，申2:5。雅各卻跟他的兒子下了埃及。創46:1–7。

⁵於是我派了摩西與亞倫，並降徵兆，從七十士本。原文不通：如/當。以瘟疫打擊埃及。完了才帶你們出征；開始長征。⁶當你們祖宗走出埃及，來到海邊時，埃及人的車騎追着你們祖宗，也到了蘆海。⁷耶和華垂聽了呼求，直譯：他們呼求耶和華。他降下一片黑霧，ma'aphel，本義黑暗，經書僅此一用，指上帝為子民引路的雲柱，出14:19–20。橫亙在你們和埃及人之間；然後令海水合攏，淹沒了他們。這，你們都親眼見着了，我如何處置埃及。出14:26–31。

之後，你們在荒野裏待了多年。直譯：多日，22:3注。⁸我帶着你們來到約旦河東亞摩利人地界，他們竟挑起戰端；我就把他們交在你們手裏，讓你們佔領其家園，[看]我在你們前頭摧折他們。民21:21以下。⁹跟着，有摩押王雀伯之子巴剌起來與以色列爭戰，聘請比珥之子比蘭來詛咒你們。¹⁰可是我無意俯聽比蘭，據此，比蘭不是耶和華的先知，成了摩押王的幫兇。參較民22:8–20。他只好祝福了你們 —— 從他手中我解救了你們。

¹¹後來，你們渡過約旦河，不言約櫃斷流的神跡，3:16–17。抵近耶利哥城。耶利哥的主人卻向你們開戰，主人，ba`aley，統稱君臣百姓。[還有]那些亞摩利人、比利齊人、迦南人、赫提人、吉爾迦士人、希未人和耶布斯人，插入迦南七族，渲染戰事，突兀，3:10。通通被我交在了你們手裏。¹²我還遣大黃蜂為你們開道，大黃蜂，另讀（變換母音）瘟疫，出23:28，申7:20。在你們前頭趕走了兩個亞摩利王──無須你們的劍、你們的弓！勝負非人力可定，詩118:8。¹³這土地是我的恩賜，而非你們開墾，申6:10–11。這一座座城非你們建造，卻可以入居；葡萄園橄欖樹非你們栽種，卻可以享用。

¹⁴所以，敬畏耶和華吧，侍奉他，全忠全信！直譯：在完全而忠信中。舊譯不確：誠心實意。還要清除你們祖宗在大河那邊和在埃及服事的神祇，以侍奉耶和華。創35:2，結20:7。¹⁵但如果侍奉耶和華在你們眼裏為惡，熟語，形容不喜歡、不願意，民22:34注。那今天你們做個選擇，侍奉誰：是從前祖宗在大河那邊服事的神祇呢，還是亞摩利人的眾神，他們的家園已歸你們居住。諷刺，異教偶像任選。至於我，我的家人，我們只侍奉耶和華！

¹⁶子民齊聲回答：不，不，我們絕不會背棄耶和華，去服事什麼異神！¹⁷是耶和華我們上帝，他把我們跟父輩一起領出埃及，那奴隸之獄，出13:3，申5:6。並在我們眼前降下那些大徵兆，一路保護我們，俾我們穿行於列族之中。¹⁸耶和華還在我們前頭驅趕列族，包括盤踞此地的亞摩利人。因此我們侍奉耶和華是一定的，唯有他是我們上帝。申7:9。

¹⁹然而約書亞告誡子民：表示懷疑，看子民以往的表現。可你們侍奉不了耶和華，因他是至聖之上帝，容不得不忠的上帝，舊譯不妥：忌邪的神，出20:5，申4:24。他決不會拂去你們的忤逆與罪愆。拂去，喻赦免、饒恕，出23:21，何14:3。²⁰若你們背棄耶和華，去服事外邦的神，他必轉而降禍，除盡你們，儘管先前他恩待過你們！

²¹子民忙回約書亞說：不，耶和華才是我們要侍奉的！²²約書亞便正告子民：那你們對自己做見證，你們選定了耶和華，非他不侍奉！

眾人道：我們見證！

²³好！那就把你們佩戴的外邦神祇丟掉，如帶有神像或動物圖案的首飾，創35:4。把心兒對準耶和華以色列的上帝！心兒對準，喻專一、忠誠，詩119:36，箴2:2。

²⁴子民就向約書亞道：耶和華我們上帝，我們一定侍奉，他的話我們句句聽從！

²⁵那一天，約書亞同子民立了一約，他在石肩給他們定下一條法例。即上文所述（子民見證）尊奉一神的信條。舊譯不清：律例典章。²⁶約書亞還把這些話寫在上帝的律法書上，作聖法的附錄。然後搬一塊大石，立在耶和華聖所內那株橡樹下。橡樹象徵神明，創12:6, 18:1。²⁷立好，約書亞向全體子民宣佈：看，這石頭就是我們的見證！近東古俗，立石見證，22:34，創31:48。耶和華告誡我們的每一句話，它都聽見了。它必作證指控你們，倘使你們對上帝作假！戒形式主義、表面文章。舊譯背棄，不確。

²⁸說完，約書亞便送子民上路，各回各的產業。以下為三則附記。

約書亞辭世

²⁹諸事已畢，奴恩之子約書亞，耶和華的僕人，也是摩西和大衛王的稱號，出14:31，申34:5，詩18:1, 89:3。便辭世了，享年一百一十歲，同先祖約瑟的壽數，少摩西十歲。³⁰歸葬於他分得的領地，以法蓮山地的養剩亭，見19:50注。在震山北面。七十士本插注：他們把他在石圈給以色列子孫行割禮的火石刀也放進了墳墓……至今仍在。³¹約書亞生前，以及約書亞歿後，那些見識了耶和華為以色列所行種種偉績的眾長老在世時，以色列一直侍奉着耶和華。同士2:6–9。

約瑟遺骸

³²至於以色列子孫從埃及帶來的約瑟遺骸，遵先祖遺囑，創50:24–25，出13:19。就安葬在了石肩，亦即當年雅各花一百封銀子，從石肩之父哈莫的兒子們手裏買下的那片地，創33:19。屬約瑟子孫的產業。

³³**而後，亞倫之子艾利阿澤辭世，歸葬戈崗，即其子菲尼哈在以法蓮山地分得的鎮子**。七十士本多一句，講以色列人安居後膜拜異神，被上帝交在摩押王手裏，受十八年蹂躪。

二零二零年三月初稿，二一年二月定稿

士師記

序一：猶大征戰

一章

　　卻說約書亞歿後，摹仿《約書亞記》開篇 "摩西歿後"，書1:1，但作者取猶大視角。以色列子孫求問耶和華：通過祭司掣石鬮，領受神意，出28:30，民27:21。我們當中該誰先上去，攻打迦南人呢？²耶和華回答：掣鬮結果。該猶大上去。通說猶大支族沒有繞道至約旦河東岸，而是從南路直接進入迦南。看，那片地我這就交在他手裏！

　　³猶大便對哥哥西緬説：走，一塊兒上我掣得的地界，進攻迦南人！然後我跟你去拿你的掣鬮所得。西緬就一塊兒去了。西緬支族後融入猶大，書19:1注。

　　⁴猶大甫一出征，耶和華便將迦南人和比利齊人交在他們手裏。他們在貝澤擊潰了一萬人：約數，表眾多。⁵在貝澤遭遇貝澤之主，'adoni bezeq，部落酋長的號。一場激戰，大敗迦南人、比利齊人。⁶貝澤之主慌忙逃跑，但還是被追兵捉住，剁去了大拇指和大腳趾。羞辱俘虜，使其失去作戰能力。此篇多血腥故事，包括聖經裏最暴力的章節。⁷貝澤之主歎道：從前七十個王被剁了大拇指大腳趾，七十，也是約數。王，即迦南城邦的酋長。在我的餐桌下撿[殘渣吃]；上帝是拿我幹的事報應我啊！他被帶去耶路撒冷，釋放？抑或想像中的押送？死在了那裏。

　　⁸猶大子孫就直搗耶路撒冷，攻破後全城付之與利劍，一把火燒光。作者想像或後人補注，參下文21節。耶京一直是土著地盤，兩百年後才被大衛王征服，撒下5:6以下。⁹之後，猶大子孫又下來，跟盤踞在山區、南地和平原的迦南人爭戰。以下為同盟軍戰績：迦雷、奧特尼爾和基尼人。¹⁰猶大先攻住在希伯倫的迦南人——希伯倫舊稱四城子——擊敗了石煞、阿希曼和塔爾麥。民13:22，書15:14。

¹¹由此進擊德維爾的居民——德維爾舊稱書記城。¹²迦雷宣佈：同書 15:15-19。誰能拿下書記城，我把女兒鋥姑給他為妻！¹³結果拿下那城的是他 弟弟，堂弟或同宗晚輩。克納斯之子奧特尼爾。本書所載，以色列第一位士師（部族首領 /判官），3:9-11。迦雷便將女兒鋥姑給他為妻。¹⁴不想她一到，就慫恿丈夫問她 父親要畦田。慫恿丈夫，七十士本：他（丈夫）慫恿她，書15:18注。待她下了毛驢，迦 雷問她：你想要什麼？¹⁵她說：請賞我一句祝福！既是送我一片旱地，求您 把水泉也給我！於是迦雷將上泉和下泉都給了她。

¹⁶基尼人何巴，原文無"何巴"，從古譯本補，參4:11，民10:29。即摩西岳父的子 孫也加入猶大子孫，從海棗城上去，海棗城，即耶利哥，申34:3。入猶大荒野，到 亞拉得附近的南地，定居在了當地人中間。校讀：亞瑪力人中間，撒上15:6。此句無 確解。

¹⁷猶大同哥哥西緬乘勢出擊，接回上文3節。打敗了盤踞策法的迦南人， 策法，南地城邦，近亞拉得。全城禁絕，更名為夷平城。hormah，諧音禁絕，herem，民 21:3。¹⁸接着，猶大攻佔了加沙、秭港和埃克龍全境。攻佔，亦作者想像，遲至大衛 王才真正實現，撒下5:17-25, 8:1。故七十士本：但猶大未能奪取（三地）。¹⁹耶和華與猶大同 在，他佔領了山區；但他未能驅除那些盤踞谷地的，因為他們擁有鐵甲兵 車。書17:16注。

²⁰希伯倫，按摩西的訓示，就分給了迦雷，補充上文10節。他從那兒逐出了 頂納的三個兒子。舊譯族長，誤。頂納，`anaq，或作巨人，書11:21注。²¹可是盤踞在耶 路撒冷的耶布斯人，本雅明子孫沒有趕走；聖城屬本雅明領地，書18:28。至今， 那些耶布斯人仍在耶路撒冷，在本雅明子孫身邊居住。參觀書15:63。

約瑟家的手

²²那邊，約瑟家上去攻伯特利，後來成為福地北方的聖所，上帝之家，創28:19。耶 和華與他們同在。²³約瑟家對伯特利——那城舊稱杏村——展開偵察時，²⁴ 尖兵看見一人從城裏出來，尖兵，shomrim，執行警戒、巡邏任務者。便向他打聽：

這城的入口在哪，**請指點我們，一定恩待你！** 承諾保護投降者；聯想妓女拉哈，書2:12。²⁵**那人指出了入城的暗道。** mebo'，考古發現，一些迦南古城有暗道進出。舊譯不當：進城的路。**於是他們把全城付之與利劍，但放走了那人並其宗親。**

²⁶**那人去到赫提人的地方，建了一座城，起名杏村；** 紀念故鄉。**那名字至今還在。** 以下記錄北方各支族失利之地域。

²⁷**然而，瑪納西沒能征服安寧崗和周邊村莊，** 直譯：和她女兒。擬人，指村鎮，書17:11注。**以及塔納城、多爾、伊比蘭堡和麥吉度的居民及周邊村莊；** 原文各城重複：居民和她女兒。譯文合併為一句。**那片地仍是迦南人居住。** ²⁸**後來以色列強盛了，曾強迫迦南人服勞役，但從未徹底驅除。** 同書17:12–13。

²⁹**以法蓮也沒趕走盤踞革城的迦南人，** 以法蓮南界邊城，書16:3, 10。**故而革城的迦南人仍住在他[們]中間。**

³⁰**西布倫未能趕走基特壨和草甸的居民，** 基特壨，一說即卡塔，書19:15。**故而迦南人仍住在他[們]中間，但須服勞役。**

³¹**亞設也沒趕走亞柯的居民，以及西頓、瑪哈列、** 校讀，參書19:29。原文：阿赫拉，'ahlab。**阿欺埠、赫爾巴、** helbah，詞根字母與阿赫拉重複，或係誤抄。**圍水和寬丘的居民；** ³²**故而亞設人只好住在當地的迦南人中間，因為趕不走他們。**

³³**拿弗他利未能趕走太陽屋和牙娜廟的居民，** 書19:38。**住在了當地的迦南人中間，但太陽屋、牙娜廟的居民得給他們服勞役。**

³⁴**亞摩利人卻迫使丹的子孫退進山區，不讓他們下來谷地。** 丹支族被迫北遷，另覓家園，書19:47注；伏筆照應下文18章。³⁵**亞摩利人還守住了太陽山、** har-heres，一說即太陽城，書19:41–42。**鹿野與狐穴；但在約瑟家的手變沉重以後，** 手，喻實力。**也淪為服勞役的了。**

³⁶**而紅嶺的疆界，** 紅嶺，從七十士本。原文有訛：亞摩利人。此節是補注。**始於蠍子關，** 猶大與紅嶺交界處，民34:4，書15:3。**至岩堡，** sela`，紅嶺要塞，王下14:7，賽16:1。**一路向上。**

淚村

二章

耶和華的使者從石圈上來淚村，bo<u>k</u>im，一說在耶利哥西面山區。七十士本：伯特利/上帝之家。參20:26, 21:2。道：神諭。**我把你們領出埃及，帶來福地，一如我立誓應許你們先祖。我說了**：通過摩西傳達。**我同你們的約，永不毀棄。²而你們，則不可跟這片地的居民訂約，必須拆毀他們的祭壇。**申7:1–6。**但我的話你們就是不聽 —— 你們幹了些什麼呀！³好，那就這樣**：直譯：我就說/想。**我不去你們前頭驅趕他們了，讓他們做你們的頑敵**，zarim，校讀從古譯本。原文：肋下（的棘），ziddim。**叫他們的神祇設羅網縛你們！**

⁴不想耶和華的使者對以色列子孫撂下這一番話，子民個個高聲痛哭。⁵他們管那地方叫淚村，參上帝之家的"淚橡"，創35:8。還在那兒向耶和華獻了犧牲。

序二：死硬的路

⁶約書亞既已送子民上路，重述領袖之死，書24:28–31。以色列子孫遂各回各的產業，把地佔了。

⁷約書亞生前，以及約書亞歿後，那些見識了耶和華為以色列所行種種偉績的眾長老在世時，子民一直侍奉着耶和華。入侵者一代守約。⁸而奴恩之子約書亞，耶和華的僕人，享年一百一十歲才辭世，⁹歸葬於他分得的領地，以法蓮山地的聖陽亭，timnath-<u>h</u>eres，又名養剩亭，書19:50注。在震山北面。

¹⁰然而，當那代人全部歸去與列祖團聚之後，熟語，喻去世，創25:8，民20:24，申32:50。跟着起來的下一代卻不識耶和華，即不覺得上帝大能，是子民唯一的倚靠；非否認其存在，賽1:3。也不知他為以色列所行的一切。

¹¹原來以色列子孫幹了耶和華眼裏的惡事，熟語，猶言冒犯，申4:25, 17:2, 31:29。服事起眾巴力來了。巴力，迦南大神，複數統稱異教神。¹²他們背棄了耶和華，列祖的上帝，即領他們出埃及的那一位；反而去追隨異神，膜拜周邊

各族的神祇 —— 不惜惹耶和華動怒：¹³背棄耶和華，給巴力與阿思塔為奴。阿思塔，迦南生育女神兼愛神。¹⁴於是耶和華點燃鼻息，套喻，盛怒狀，書7:1注三。對準了以色列；將他們丟給掠奪者去掠奪，賣到四周的仇敵手裏，叫他們再不能在敵人面前站立。猶言無法對抗，書10:8。¹⁵無論往哪兒出征，耶和華巨手帶來的都是禍害，申28:25。一如耶和華所言，如耶和華給他們的誓言，陷他們於極慘的苦境！暗示敵強我弱，形勢十分被動。

¹⁶耶和華便擇立士師，shophṭim，裁判者、統治者，此處特指受聖靈激勵而蒙恩的部族首領，3:10，摩2:3。從掠奪者的掌下拯救他們。¹⁷可是士師他們也不聽從，只顧追着異神行淫，喻信奉或容忍異教，利17:7，申31:16。朝它們叩拜，那麼快就背離了自己祖宗奉耶和華的誡命所走的路，好樣不學。教育出了問題：接班人培養失敗。¹⁸而每當耶和華給他們擇立士師，耶和華皆與士師同在，以救眾人脫離仇敵之手，只要那士師在世；只要他們受人欺壓發出呻吟，耶和華都會垂憐。恩典之源，賽60:10。¹⁹但士師一過世，他們就掉轉頭去腐敗，解釋上文17節。比父輩還壞；就跟隨了異神，忙着服事、叩拜：諸般邪行同死犟的路，喻忤逆，冥頑不化，出32:9，申9:6, 31:27，結3:7。一樣不落。

迦南外族

²⁰於是耶和華點燃鼻息，對準了以色列，説：既然這一族違背了我命他們祖宗信守的誓約，我的話一句不聽，²¹那我就不再去他們前頭驅除列族了，約書亞去世遺下的任何一族！²²藉此倒可以考驗以色列，補充一條理由，苦難不僅是神的懲罰與報應，也是救恩的考驗，上文11–15節。[看]他們是否遵行耶和華之道，一如其先祖遵守。²³耶和華因而保留了這些外族，入侵迦南受阻的又一解釋，書21:43注。沒有立刻驅除他們，也未交在約書亞手裏。

三章

以下是耶和華保留的各族，藉以考驗以色列所有未經歷迦南戰事者，新解：留下敵族，目的是用戰爭教育下一代。²只為**教育以色列子孫後代學習打仗**，至少那些**缺乏戰爭歷練的**；³**非利士人的五個酋長**，提喻五城聯盟，書13:3–6。**迦南人全部，西頓人和希未人**；另讀：赫提人，書11:3，撒下24:6。後者盤踞在黎巴嫩山區，從巴力黑門的山腳到哈馬隘口。⁴**這些人留下，恰好考驗以色列，看他們是否遵從耶和華借手摩西給他們祖宗頒佈的誡命。**

⁵**而以色列子孫就住到了迦南人、赫提人、亞摩利人、比利齊人、希未人和耶布斯人中間**；書3:10, 24:11注。⁶**還娶他們的女兒為妻，把自家女兒嫁給他們的兒子**，通婚導致民族融合，宗教寬容，視同背信，創24:3，申7:3–4。**一同服事他們的神。**序言完。

十二士師：奧特尼爾

⁷**於是耶和華眼中，以色列子孫幹了惡事**：見2:11注。**竟忘卻耶和華他們上帝，去服事眾巴力與木柱女神**。'asheroth，迦南海神，巴力之母；兼指刻着她形象的神柱，出34:13，申16:21。⁸**耶和華就點燃鼻息，對準了以色列，將他們賣到河間亞蘭王黑雙惡手裏**。黑雙惡, kushan rish`athayim, 似綽號。河間亞蘭，今敘利亞北部，創24:10。校讀：紅嶺。**整整八年，以色列子孫給黑雙惡為奴。**

⁹**終於，以色列子孫向耶和華呼求，耶和華便為以色列子孫擢立一位救星來施救：迦雷的弟弟、克納斯之子奧特尼爾**。見1:13。子，猶言人，書15:17。¹⁰**一俟耶和華的靈附體**，受聖靈激勵，2:16注，賽11:2。**他就當了以色列的首領**，直譯：就領導/審判以色列。**毅然出戰。而耶和華把亞蘭王黑雙惡交在他手裏，他將黑雙惡按在了掌下。**¹¹**而後四境平寧，有四十年。**事蹟記載較詳，習稱大士師，共六位。

艾胡

但克納斯之子奧特尼爾去世後，[12]**以色列子孫又幹了耶和華眼裏的惡事。而因為他們幹的是耶和華眼裏的惡事，耶和華就使摩押王犢子強盛，**犢子，`eglon，暗諷其體胖如肥犢/祭牲待宰。**以色列不敵。**[13]**那犢子糾集了亞捫子孫同亞瑪力，前來攻打以色列，佔了海棗城。**福地的門戶，1:16注；重走當年約書亞渡河入侵之路。**以色列子孫給摩押王犢子為奴，達十八年之久。**

[15]**終於，以色列子孫向耶和華呼求，耶和華便為他們擢立一位救星：本雅明人基拉之子艾胡，**'ehud，大士師之二。基拉，本雅明之子，創46:21。**一個綁起右手的人。**即做事用左手者，左撇子。**以色列子孫向摩押王犢子進貢，就請出了他的手。**喻勇力。左撇子任使節和領隊。[16]**艾胡備了一把雙刃匕首，一短肘長，**短肘，gomed，長度單位，肘到拳頭的距離。**綁在大腿右側，**便於使左手。用衣袍遮住。[17]**來到摩押王犢子面前，獻上貢品 —— 這犢子是個大胖子 ——**[18]**獻畢，打發走了抬貢品的人，**[19]**自己卻從石圈附近的偶像碑回來，**偶像碑，pesilim，或是神龕名，用作地標。書4:19注。**說：陛下，我有一句密言啟奏。**言，或作事，亦通。**[國王]道：靜！侍立左右的就退了下去。**[20]**艾胡近前，[見]他坐在涼樓上，**高處風涼、僻靜。只一個人。**艾胡便說：我有一句上帝之言啟奏！**上帝，'elohim，兼指諸神（複數）。艾胡剛從石圈的神龕回來，故言。**他就從寶座上站起。**急切狀；反諷，不知神諭實為凶信，是要取摩押王性命。[21]**忽然艾胡左手一伸，**不用通常執武器的右手，令對方反應不及。**從大腿右側拔出匕首，刺中了[國王]的小腹 ——**[22]**連柄帶刃都刺了進去，匕首整個被脂肪包住，**細節荒誕而誇張，意在凸顯其肥碩笨重。**乃至沒法從肚子裏拔出；而糞便已流了[一地]。**肛門失禁。糞便，pareshdonah，拼寫有訛，無確解。

[23]**艾胡把涼樓的門閉了，上了閂，才出來到了廊房。**misderonah，僅此一用，無定解。[24]**他走了以後，僕人們回來，一看，樓門閂上了，心想：定是他遮着腳呢，**婉言便溺。臣僕聞到了臭味。**在涼樓內室。**指廁所。[25]**眾人便等着，直等得心慌了，他還不開樓門；**漫畫風，完全忘了那個來進貢的以色列人。**只好拿鑰匙把門打開 —— 啊，主子躺倒在地，死了！**

²⁶他們耽延猶豫的那會兒，艾胡已經脫身，過了偶像石，安抵母山羊道了。se`irah，村名或路名。<sup>27</sup>他一到，就向以法蓮山地吹響了羊角號，吹響，yithqa`，同上文21節"刺"。以色列子孫就從山上下來，聚在他身邊。原先都四處躲着，害怕敵人。他走在頭裏，²⁸對眾人喊：跟我走！耶和華把你們的仇敵摩押交在你們手裏了！

眾人便跟他下去，奪取了約旦河各個渡口；奪取，舊譯把守，誤。一舉截斷了摩押，一個也不許渡河。摩押在河東；國王一死，軍心大亂，欲渡河回國。²⁹那一次，他們打倒了摩押，約一萬人，全是壯丁和精銳，壯丁，shamen，兼指肥壯，聯想犢子王的肥碩。沒有一個逃脫。³⁰那一天，摩押屈服在了以色列的掌下。而後四境平寧，有八十年。

山孒

³¹之後，還有一位牙娜之子山孒，shamgar，外族人名，5:6。牙娜，`anath，迦南女戰神，大神巴力之妹。一作地名，即牙娜廟，書19:38。他揮一根趕牛棒，擊斃了六百非利士人。誇張修辭，參15:15–16。他也是以色列的救星。經書略提一筆，習稱小士師，也有六位。

火炬女黛波拉

四章

但以色列子孫又幹了耶和華眼裏的惡事，在艾胡歿後。失去了首領，復入歧途，是士師傳略的套路。²耶和華將他們賣到迦南王雅賓手裏；後者在夏城為王，迦南王，誇張，當時並無統一的迦南。夏城在加利利湖以北，書11:1。大軍由一位西將軍統領，西將軍，sisera'，非閃族名。駐紮在外族的哈羅舍。harosheth haggoyim，地點不詳。

³末了，以色列子孫向耶和華求救，因為[雅賓]擁有九百輛鐵甲兵車，裝備明顯強於子民，1:19。蹂躪以色列子孫，已有二十年之久。

⁴其時有一位女先知黛波拉，deborah，"蜜蜂"。號火炬女，'esheth lappidoth，或閃電妻。當了以色列的士師。兼指判官、首領，2:16, 3:10注二。⁵她常坐在以法蓮山地的拉瑪跟伯特利之間，那株黛波拉海棗樹下，樹因女先知而得名。以色列子孫都上那兒請她斷案。

⁶她派人去拿弗他利的聖丘，書19:37。把亞比諾安之子巴拉克召來，巴拉克，baraq，"一道閃電"。道：難道耶和華以色列的上帝還沒下令？反問用作強調語式，下文14節。去，引兵上塔博山，位於基順河東北。要拿弗他利子孫和西布倫子孫出一萬人給你！此與下章的詩體版不同，僅加利利兩支族參戰，5:14–18。⁷我會把統領雅賓大軍的西將軍連同他的兵車通通引來，到基順河尋敵——待我將他交在你手裏！基順河，qishon，季節河，流經麥吉度，至果園山注入地中海。⁸巴拉克卻吞吞吐吐：如果有你同行，我就去；你不去，我也不去。七十士本插注，說明原因：因我不知道哪天耶和華的使者會賜我得勝。⁹我去的，她回答，同你一起去。但你這一路走去，就與榮光無緣了，因為耶和華會把西將軍賣到一個女子手裏！

言畢，黛波拉起身，跟巴拉克去到聖丘。¹⁰巴拉克在聖丘召喚西布倫與拿弗他利，一萬人擁來他腳後；團結在頭領周圍，組成抗敵聯軍。黛波拉也一同上去了。

¹¹此時，此節突兀，打斷敘事，照應下文17節葉娥故事。基尼人賀伯已經離開基尼族，qayin，"鐵匠"族？一說即米甸人，民10:29。賀伯，heber，"符咒"。即摩西岳父何巴的子孫，見1:16注。將帳篷紮在了查納寧橡樹，書19:33。距聖丘不遠。

¹²卻說西將軍聞報，亞比諾安之子巴拉克上了塔博山。搶佔有利地形，以逸待勞。¹³西將軍急點起兵車，傾巢而出，九百輛鐵甲兵車並麾下全部人馬，從外族的哈羅舍趕到基順河。¹⁴黛波拉對巴拉克說：傳神諭。起來！耶和華把西將軍交在你手裏，就在今日了！難道耶和華沒衝在你前頭？如聖者承諾，5:19–21，申9:3，撒下5:24。巴拉克便從塔博山衝了下去，一萬人緊隨其後。身先士卒。¹⁵而耶和華使西將軍並其兵車大軍，一見到巴拉克的利刃，直譯：對劍刃，在巴拉克面前。就亂成一團。出14:24。西將軍慌忙棄了兵車，徒步逃走。¹⁶巴拉

克一路殺去，攢着兵車殘部直至外族的哈羅舍；西將軍全軍仆倒在劍下，無一倖免。

¹⁷西將軍隻身逃命，走到基尼人賀伯的妻子葉娥的帳篷：葉娥，ya`el，"野山羊"。好在夏城王雅賓跟基尼人賀伯家還算和睦。指望牧民幫助，躲避追兵，卻不知賀伯是以色列的盟友。¹⁸而葉娥已經出來，迎着西將軍說：主公請進，請進來吧，別怕！男人在外放牧，只有女人在家。他便進了她的帳篷，[葉娥]拿一床毯子給他蓋上。暗示將軍困憊已極，而葉娥沉着勇敢。¹⁹[西將軍]道：可有一點水喝？我渴。她就打開盛奶的皮囊，給他喝；坐起來喝，然後躺下，參5:25。完了又給他蓋好[毯子]。²⁰[西將軍]又道：你站到帳篷門口去，若有人來查問：裏面有人嗎？就說沒有。²¹可是，待將軍鼾聲一起，馬上從門口回來。賀伯妻葉娥拿起一根帳篷的橛釘，又尋出錘子；悄悄走到他身後，握緊了橛釘，對準他的太陽穴，一錘打下，"野山羊"心裏緊張，拼力一擊，5:26–27。把[那顆頭顱]釘在了地上——而他因為疲乏，還在熟睡——就死了。

²²看，巴拉克追着西將軍，過來了！葉娥迎將出去，主動，帶着自豪，而非站在門口等對方查問。說：來，進來看看你尋找的人！他走進[帳篷]看時，呀，西將軍！他倒在那裏，死了，太陽穴釘了根橛釘！殺敵酋的榮光歸了葉娥，上文9節。

²³就這樣，上帝那一天在以色列子孫面前制伏了迦南王雅賓。接回上文3節，子民反抗"迦南王"獲勝。²⁴以色列子孫的手按住迦南王雅賓，越按越重，猶言實力大增，1:35。直至迦南王雅賓被剪除。

黛波拉之歌

五章

那一天，黛波拉引吭，此歌剛健古樸，大約是女先知為慶祝凱旋並感恩而作，屬於聖書裏年代最早的詩章。同亞比諾安之子巴拉克唱道：tashar，單數第三人稱陰性：黛唱巴隨，4:6。

²**當以色列披散長髮** 戰士許願歸聖，不剃鬚髮，13:5，民6:5。

民眾踴躍從軍 —— 讚美

屬耶和華！ 踴躍從軍，hithnaddeb，本義自願、義勇、響應號召。

³**聽哪，君主！王公們，請側耳！** 以萬國為聽眾。

我要詠唱，要向耶和華獻歌

耶和華，以色列的上帝。

⁴**耶和華啊，當你從毛嶺開拔** 天父本是戰神，出15:3。

出征自紅嶺之野； 來自米甸和西奈荒野，申33:2。

大地顫抖，諸天傾瀉 神現之兆，詩68:7–8。

是呀，烏雲潑雨 ⁵**群山搖晃** 從七十士本，賽63:19。原文：淌下。

在耶和華面前，西奈的那一位 ——

在耶和華以色列的上帝面前！

⁶**當牙娜之子山尕之日** 見3:31注。

正當葉娥之時，商旅斂跡 受迦南人壓迫、搶掠，4:3。

行路的通通繞道。

⁷**以色列的村莊一座座消失** 村莊，perazon，無圍牆的，指農村。

直到你，黛波拉奮起 你，古體單數第二人稱陰性。欽定本：我。

奮起，啊以色列的母親！

⁸**自從人選了什麼新神** 譴責子民追隨異教，招來災禍。

戰火就燒進了城門。 摩西的預言和詛咒應驗，申28章。

以色列四萬人中間

可曾見一面盾牌一枝長矛？ 受盡欺辱，不敢反抗，撒上13:19–22。

⁹**我的心向着以色列的首領** 本義頒行法令，轉指領導，申33:21。

為子民他們踴躍當先 —— 讚美　揭竿而起，蒙召而稱義。

屬耶和華！為子民，或如七十士本：子民中間（那踴躍當先的）。

10啊，騎白驢跨鞍氈的，行路的　白，另作灰裏透紅、黃褐。

放聲吧，你們　騎驢跨鞍，指富人，與徒步的窮人相對。

11蓋過弓箭手的吶喊！弓箭手，mehazezim，分掠物，轉指射箭。

還要在打水處一樁樁數説

耶和華的公義

他的以色列農人的勝利 ——　　zidqoth，同上句“一樁樁公義”。

是呀，下到城門了，耶和華之民！城門，提喻激戰。

12醒來呀醒來，黛波拉！

醒來呀醒來，唱起來！直譯：説一支歌。聯想傳神諭，促舉兵。

起身哪，巴拉克，捉你的俘虜

亞比諾安的兒子！

13於是殘存者竟撲向強敵　殘存者，子民屢遭屠戮，故言，賽1:9。

耶和華之民為我踏倒了勇士。我，校讀：他。此節歧解紛紜。

14那來自以法蓮的，根子在亞瑪力　雅各兄以掃的後裔，3:13。

你身後，是本雅明你的族人；　謂其勇氣可比世敵？無善解。

瑪吉派出了首領　留居河東的瑪納西半支族馳援，書17:1。

西布倫手持點兵的杖；直譯：書記官的杖。

15以薩迦的頭人與黛波拉同行

巴拉克有拿弗他利聽命　拿弗他利，校讀，4:6。原文：以薩迦。

緊跟他衝進山谷。山谷，即基順河谷，4:7。一共六支族參戰。

可是呂便的眾親族　領地在死海東岸，受大漠的遊牧部族威脅。

心裏老是猶豫 —— ¹⁶為什麼　猶豫，從諸抄本。原文：頒令。

還在羊圈間流連，坐聽

牧哨？呂便的親族啊　牧哨，牧人招呼羊群的哨音或笛聲。

心裏的猶豫好大！

¹⁷基列卻定居於約旦河東　基列，即迦得支族，領地也在河東。

丹呢，為何滯留船上？鄙其孱弱，給腓尼基船主做傭工，1:34。

亞設則坐在了海濱

找他的港口安家。不提南方的猶大與西緬，南北支族尚未聯合。

¹⁸惟有西布倫無人貪生怕死　直譯：（敢）對死鄙棄性命。

一如拿弗他利

守田野高地。聯軍主力是西布倫、拿弗他利，4:10。

¹⁹諸王齊來討伐：迦南人也是聯軍，非雅賓王一個城邦，參4:3。

迦南王在塔納城

在麥吉度水畔鏖戰　基順河谷兩處兵家必爭之地。

卻一個銀錢也未掠得。

²⁰天上，星星也參戰了！聖戰者獲天軍佑助，書10:13，詩18:14。

由各自的軌道打擊西將軍 ——　道出敵酋名字。

²¹基順河的激流卷走了他們　回放法老的兵車陷於泥濘，出14:25。

激流翻滾的基順：翻滾，qedumim，亂流迎擊狀。欽定本另讀：

前進，我的靈，使勁！　古老（的河）。無確解。

²²於是馬蹄震響

他鐵騎奔騰，奔騰！

²³詛咒米羅斯，耶和華的使者說：

狠狠詛咒那些村民！米羅斯，地名或部落名，詳不可考。

因為他們不肯來助耶和華

助耶和華大敗強敵。baggibborim，或作（派）勇士（助戰）。

²⁴願女子當中葉娥第一有福！助上帝獲勝者，4:17。

勝於所有帳篷裏的女人　反言"野山羊"雖在帳篷，卻可稱勇士。

願基尼人賀伯的妻

蒙福！

　　²⁵他討水喝，卻飲了奶　他，指西將軍，4:19。

她用頂尊貴的碗端上凝乳。彷彿招待貴賓：喝奶易入睡。

²⁶然後[左]手拿起帳篷的橛釘

右手取工匠的錘子

對準西將軍頭顱就是一記

一錘把太陽穴擊穿！筆法儉省，略敵酋躺下熟睡的細節，4:21。

²⁷他趴下了，仆在她腳間　暗示葉娥利用色相，消除將軍的戒心。

朝她兩腳曲身仆倒　　或作胯下，則是形容她的英雄氣概。

就趴那兒，一動不動

死掉！

　　²⁸窗口，她還在探望　如電影切換鏡頭，先拍背影。

西將軍的母親隔着窗櫺在歎息：teyabbeb，生僻詞。七十士本：

他的戰車怎麼了，遲遲不來？　眺望。無定解。

什麼事耽擱了那隆隆車輪？

²⁹聰明的女官給了回覆　嘲諷，"聰明"只在幻想大軍的擄獲。

她仍舊自言自語：

³⁰莫非他們在分擄獲

每人得了一兩個子宮？raḥam，貶稱女奴。

繳來的彩衣要歸西將軍

那堆繡花的彩衣；

要挑兩件斑斕些的

圍我的頸項！校讀。原文不通：擄獲之眾頸項。

³¹就這樣，願你的仇敵全滅亡

耶和華！

而愛你的人就像朝日蓄勇　你，從二抄本及古譯本。原文：他。

升起一輪輝煌！此節一說是後加的。

而後四境平寧，有四十年。

米甸侵掠

六章

　　之後耶和華眼中，以色列子孫又幹了惡事，耶和華遂把他們交在米甸手裏，阿拉伯半島西北角遊牧部族；摩西夫人亦屬米甸，家鄉近西奈半島，出2:15–22。達七年之久。²米甸將以色列按在掌下；為了躲米甸，以色列子孫在山上挖了藏身處，[利用]洞穴和峭崖。修築要塞，賽33:16。此句無定解。³只要以色列播了種，米甸就聯合亞瑪力跟東方子孫上來，東方子孫，統稱河東沙漠遊牧諸部，耶49:28。⁴紮了營便攻打；他們毀掉田園的出產，放牛羊吃莊稼。直至加沙一帶，一樣生計也不給以色列留下，牛羊毛驢搶光。⁵因為他們是趕着牲口馱着帳篷上來的，蝗蟲般的密集，數不清的人跟駱駝；其時遊牧部落已有馴養，用於運輸和作戰；以色列的役畜主要是毛驢，創24:10注。一入境就大肆侵掠。⁶就這樣，以色列受盡了米甸之苦，以色列子孫呼求着耶和華。

　　⁷正當以色列子孫向耶和華呼求，古譯本無此句，抄重？控訴米甸，⁸耶和華派了一位先知，來訓誡以色列子孫：此乃耶和華以色列的上帝之言：是我領你們走出埃及，掙脫奴隸之獄；無名氏引經據典，出13:3, 20:2，申5:6。⁹那從埃及人掌下，從所有的壓迫者掌下解救你們的，是我！我在你們前頭驅除他

們，把他們的土地賜予你們；¹⁰還叮囑你們：我，乃耶和華你們上帝。你們入居亞摩利人的家園，萬勿懼怕他們的神祇。懼怕，猶言追隨、拜祭，2:12。然而，我的話你們就是不聽！

基甸蒙召

¹¹[這時]來了一個耶和華的使者，坐在小鹿莊的篤耨香樹下。小鹿莊，`ophrah，塔博山往南，帝植山谷內。那棵樹屬於亞比葉澤人耶男。yo'ash，常名；瑪納西支族基列一宗的後裔，民26:30，書17:2。他兒子基甸正躲着米甸人，基甸，gid`on，"斫者"。在榨酒的池子裏打麥子，怕敵人發現了來搶。¹²耶和華的使者對他顯現了，道：耶和華與你同在，大力勇士！伏筆，暗示其生性膽小，亟需信仰扶持，下文34節。¹³當不起呀，我主，敬語。基甸回答。要是有耶和華同在，我們怎會落到這地步？他的奇跡，祖輩人給我們講的那些，都哪兒去了？領我們出埃及的不是耶和華嗎？反駁前文無名先知的佈道，要求天父履行信約。可如今耶和華一丟了事，把我們扔在了米甸掌下！

¹⁴耶和華卻已轉過臉來，喻恩顧。說：基甸聆受神諭，但眼前坐着的仍是天使。去，盡你的這份力量，大力源自聖靈，下文34節，但人須有自由意志的選擇與擔當。從米甸掌下救出以色列——難道我還沒派定你麼？見4:6注三。¹⁵當不起呀，主啊，基甸慌了；我，我憑什麼救以色列？看，瑪納西數我這一宗最窮，haddal，兼指弱小。謙辭。我父親家，數我最小。家裏的小弟，8:19。

¹⁶但是耶和華道：我會與你同在的；你必擊垮米甸，如擊一人。猶言無一是對手。¹⁷若是我在你眼裏蒙恩，基甸央求，請給我一個徵兆，舊譯證據，不確。是你在與我說話。如同摩西，一再推辭，出4:1以下。¹⁸求你別離開這兒，等我回來，把祭品擺在你面前。

好，我等你回來，他說。

¹⁹基甸回去，預備了一隻小山羊，又取一筐麵，筐，'ephah，乾量單位，約合公制10–20升。烤了無酵餅。肉擱在籃子裏，湯拿罐兒盛了，送到篤耨香樹

下，聖樹，視若神龕。一樣樣獻上。²⁰上帝的使者道：肉同無酵餅，放在這塊磐石上，猶如祭壇。再把湯澆在上面。彷彿酹祭。[基甸]照辦了。²¹耶和華的使者將手中的杖一伸，杖頭碰着肉和無酵餅，那岩石就騰起一團火焰，吞了肉和無酵餅。神跡，成就全燔祭，利9:24。而耶和華的使者便從眼前消失了。²²基甸明白了，那真是耶和華的使者：哎呀，基甸喊道，主耶和華！我見到了耶和華的使者，但天使並非至聖，人遇見不會喪命或歸聖，創32:31，出33:20。面對面呢！

²³傳來耶和華的回答：你平安了，舊譯放心，不妥。別怕，不會死的。²⁴基甸遂就地為耶和華修了一座祭壇，利用剛才放祭品的磐石。稱作“耶和華：平安”。創33:20，出17:15。時至今日，它還立於亞比葉澤人的小鹿莊。

²⁵當晚，耶和華吩咐他説：取你父親的小公牛，那頭七歲大的肥牛；校讀。原文費解：並第二頭牛。下同。拆毀你父親的巴力祭壇，旁邊那木柱女神也砍倒。暗示基甸名“斫者”。²⁶然後在這岩堡頂上築一座祭壇，岩堡，美稱山崖，上文2節。獻歸耶和華你的上帝。準備停當，即取那頭肥牛，獻作全燔祭，柴火就用你砍倒的神柱。舊譯不確：木偶。²⁷基甸便從僕人中挑了十個，奴僕不少，似莊裏大戶人家。照耶和華的指示辦了。但因為害怕父親家跟莊裏的人，顯然家人和莊民拜迦南神的居多。沒敢白天行事，是趁夜做的。

²⁸清晨，莊民起來：什麼？巴力祭壇砸了，一旁的神柱也斷了；而那頭肥牛呢，獻上了新修的祭壇！²⁹這事誰幹的呀？他們一個問一個，調查了一番才發現：是耶男之子基甸幹的！³⁰於是莊民找耶男説：把你兒子交出來，處死！竟敢砸巴力的祭壇，砍倒旁邊的木柱女神！³¹不料耶男回那群圍攻者道：你們這是替巴力爭訟？teribun，舊譯不通：爭論。他用得着你們救援？願替他爭訟的，明早受死！詛咒，但未指聖名發誓或引用聖法，申17:2–5，是氣話。倘使他算得神明，讓他自己爭訟，既然他被砸了祭壇！眾人懼怕上帝降禍，退下。

³²當天，[基甸]得了一個稱號“巴力訟”，yerubba`al，“巴力/主[替子民]爭訟/辯護”，鄉親反其意而用之。意謂：讓巴力跟他爭訟，因為他砸了祭壇！

羊毛

³³正值米甸同亞瑪力、東方子孫組成聯軍，渡過約旦河，把營帳安在了帝植山谷。加利利與撒瑪利亞的東界，河谷通向約旦河，書17:16注。³⁴耶和華的靈倏地裹住了基甸，賦予其勇力，堅定信心。他吹響羊角號，亞比葉澤便聚在了他身後。參3:27。³⁵他就派使者走遍瑪納西，族人也紛紛響應；族人，直譯：他。指瑪納西。他又派使者到亞設、西布倫和拿弗他利，他們都上來同他會合。他，校讀。原文：他們。

³⁶基甸向上帝道：求徵兆，聯想摩西蒙召故事，上文17節注二。若是你真要借我的手拯救以色列，如你説的，³⁷看，我這兒剪一束羊毛放禾場上。如果露珠僅落上羊毛，而地面全乾着，我就曉得了，如你所説，你要借我的手拯救以色列！³⁸果然：次日起個大早，拿羊毛來擰，那一束羊毛裹絞出滿滿一碗露水。羊毛吸了整個禾場的露水。³⁹可是基甸向上帝道：求你莫對我點燃鼻息，容我再多説一句。學聖祖跟耶和華談條件，創18:22以下，確保起義獲神的護佑。可否讓我再試一次那羊毛？這一次，讓羊毛乾着，地面落滿露珠！

⁴⁰當夜，上帝真這樣做了：一地的露珠，僅有羊毛是乾的。

舔水人

七章

於是，巴力訟即基甸率麾下全軍一早起身，安營於顫泉。`en harod，位於河谷南面的吉波崖下。米甸大營卻在北邊，摩利崗下，校讀，參下文8節。原文：從。隔着谷地。

²耶和華諭示基甸：你率領的人太多了，米甸我不能交在他們手裏；聖戰不靠人力，詩20:7, 118:8。免得以色列對我吹噓，説：是我的手讓我得勝！因驕傲而背棄救主，申8:17，賽10:13。³所以你去向全軍耳中宣佈：凡怕得顫抖的，都可

以回家！顧泉驗兵，引摩西之律，申20:8。**如此，基甸檢驗一道**：校讀從傳統本注，參下節。原文有訛：由基列山折回/脫身？無善解。**軍中去了兩萬二千，留下一萬。**

⁴**耶和華諭示基甸：人還是太多。讓他們下到水畔，我在那裏為你[再]檢驗一道。若是我說"這個可以同去"，即可同去；倘若我說"這個不可同去"，就別讓他出戰。**⁵**[基甸]便領軍下到水畔，耶和華道：凡伸舌頭，像狗一樣舔水的，**即用手掬起，喝掌中的水，是隨時準備戰鬥的姿態。**可歸在一處；那跪下去飲水的，**視為放鬆戒備。**則另歸一處。**原文脫此五字，從古譯本補。⁶**結果用手掬水到嘴邊舔的，共計三百；餘者都是跪着飲水。**

⁷**耶和華諭示基甸：用這三百"舔水"人，我必賜你們得勝，將米甸交在你手中。其餘的人皆可遣返。**⁸**於是，就讓他們拿了大軍的糧草和羊角號；**他們，指舔水人。**然後打發以色列人回各自的帳篷，只留下三百。**佯裝撤軍，迷惑敵人，遊擊隊戰術。**而米甸大營就在他腳下，隔着谷地。**

⁹**當夜，耶和華又降言於他：起來，下去攻營，我把它交在你手裏了。**¹⁰**如果你害怕出擊，可帶上隨從普拉一起去探營，**隨從，na`ar，或作僕人。¹¹**聽聽他們在說什麼。之後，你的手就會堅強，就敢攻營了。**深知"斫者"膽小，需要鼓勵，6:12注。**他便帶着隨從普拉下去，摸到大營的警戒哨邊上。**

¹²**米甸同亞瑪力、東方子孫諸部進駐谷地，密密麻麻猶如蝗蟲，數不清的駱駝，多如海沙。**套喻，誇張修辭，6:5，出10:14，耶46:23。¹³**基甸摸到那兒，恰逢有人在跟夥伴講夢：**哨兵聊天。**聽着，他說，我做了個夢，夢見一個大麥圓餅，**象徵打麥人基甸與農耕以色列，6:11。**滾進了米甸大營，直奔帳幕；**代表遊牧民族。**將它一下撞倒，翻了個底朝天——帳幕塌了！**¹⁴**那夥伴回答：**圓夢。**這不是別的，是那個以色列人耶男之子基甸的劍哪；上帝把米甸及全營都交在他手裏了！**

¹⁵**基甸聽到那夢講完，如此圓解，忙俯伏敬拜。**又得一徵兆，並獲悉敵軍士氣不高。**趕回以色列營地，就喊：起來！真的，耶和華把米甸大營交在你們手裏了！**你們，七十士本：我們。¹⁶**他將三百人分為三隊，每人手上發一支羊角號、一隻空罐兒，罐裏插一根火把。**¹⁷**隨即傳令：看着我，照着做！**原文押尾

韻。去到大營邊沿，我做什麼，你們也做什麼。¹⁸一俟我吹響號角，你們就跟我身旁的人一塊兒吹號，圍繞營地，邊吹邊喊：少數抄本及古譯本此處另有：舉劍。為了耶和華！為了基甸！

¹⁹基甸率一百人摸到大營邊沿時，正值中更敲過，古人一夜分三更，每更約四小時，出14:24，詩90:4。剛剛換崗。突然，羊角號吹響了，罐子脫手哐啷一聲打碎，²⁰三隊人一齊吹號摔罐；左手舉着火把，右手持羊角號，邊吹邊喊：舉劍！為了耶和華，為了基甸！佯攻，造聲勢。²¹他們一個個站開，把營地圍住。營內大亂，人人奔竄，一片呼嚎。²²那三百支號角益發響亮，耶和華已使全營的人彼此舉劍，互相殘殺。熟睡中驚醒，黑地裏不辨敵我，彷彿失智，撒上14:20。大軍潰逃了，直至察爾鄆方向的金合歡屋，察爾鄆，從諸抄本，參王上4:12。原文：察爾拉。至塔巴附近的舞甸河岸。企圖逃回河東。

²³以色列人已集結了拿弗他利、亞設和全瑪納西，追擊米甸。參6:35。²⁴基甸又另派使者，走遍以法蓮山地，呼籲：快下來，迎擊米甸，趕在他們前頭奪取約旦河各個渡口，直譯：諸水。下同。直至巴剌屋。以法蓮人紛紛回應，佔了約旦河各個渡口，包括巴剌屋。²⁵他們捉住兩個米甸酋長，或將軍。老鴉和野狼，`oreb/ze'eb，古人常以動物取名，賽10:26，詩83:11。一邊猛追米甸；他們在老鴉岩殺了老鴉，在野狼榨斬了野狼，榨，即酒榨。並把老鴉和野狼的首級，從約旦河對岸送到了基甸面前。

八章

以法蓮人問他：你為何這樣待我們，進攻米甸，卻不叫上我們？後來者擄獲較少，故而不滿。說着，就大吵大嚷。²[基甸]這麼回答：我所做的，比起你們算得了什麼？以法蓮拾得的葡萄，難道不比亞比葉澤摘收的更好？新首領/士師冷靜，很會運用修辭說理，化解矛盾，維護支族聯盟。³上帝是往你們手裏交的呀，那米甸酋長老鴉和野狼！我能做的，比起你們又算什麼？以法蓮後來成為北方諸支族之首，創48:17–20。

聽了他這一番話，那些人的怒氣消了。

犧牲和泡影

⁴基甸趕到約旦河。上接7:22，追擊米甸的另一版本。**過了河，他同三百扈從都困乏了，但必須追擊。**七十士本另讀：又累又餓。**⁵於是對棚村人説**：棚村，sukkoth，距雅博河與約旦河交匯處不遠，創33:17。**請給我腳後的人幾個圓餅吃，**腳後的人，猶言扈從，4:10。**他們困乏了；我還得追擊犧牲和泡影，**zebah/zalmunna`，綽號，指其如祭牲遭宰殺的命運，異神的庇護/黑影化為泡影，詩83:11。**兩個米甸王。**即部落酋長，書12:7注。**⁶可是棚村的頭人回答：莫非犧牲和泡影的巴掌已經在你手中，**意謂被降伏，或做了俘虜。**該我們拿麵餅供你的軍隊了？**不相信"斫者"能戰勝米甸。**⁷那好，**基甸忿忿道，**待耶和華把犧牲、泡影交在我手裏，我拿荒野的荊棘扒了你們的肉！**把人剝光了丟在荊棘上碾壓致死的酷刑。無定解。**⁸接着，上到[小鎮]上帝照面，**penu'el，雅各與上帝或天使摔跤處，在棚村東面，創32:31。**提出同樣的請求，上帝照面人的答覆跟棚村人一樣。⁹因而他回上帝照面人，也是這一句：待我得勝歸來，我必砸了這塔！**瞭望塔，提喻鎮子。

¹⁰這時，犧牲和泡影已退到毀毀城，qarqor，諧音拆毀，暗示覆滅。**尚有兵力約一萬五千；此即東方子孫剩下的全部人馬，在倒下了十二萬揮刀的戰士以後。¹¹基甸卻從諾巴、約比哈東邊，**基列山區，迦得和瑪納西半支族地界，民32:35, 42。**尋了一條住帳篷人的小路上去，**獲當地牧民幫助。**趁敵營不備，發起突襲。¹²犧牲和泡影逃跑；但基甸緊追不捨，捉住了米甸二王，犧牲和泡影，令敵軍無不驚顫。**照應顫泉驗兵，7:1以下。

¹³戰鬥結束，耶男之子基甸由太陽關回來，關，從七十士本。原文：向上。**¹⁴抓到一個少年，是棚村人。經盤問，寫出一份棚村頭人跟長老的[名單]，**即少年招供，書記記錄。**有七十七人。¹⁵一到棚村人那裏，他就宣告：看，這是犧牲和泡影！**押上戰俘示眾。**你們怎麼奚落我來着？莫非犧牲和泡影的巴掌已經在你手中，該我們拿麵餅供你困乏的人了？**添一詞"困乏"而略去"軍隊"，凸出對方拒絕供食的敵意，上文6節。**¹⁶説着，便將全村長老拿下，用荒野的荊棘扒了棚村**

人[的肉]。扒,校讀從古譯本,參上文7節。原文:使懂得。¹⁷那座上帝照面的塔,他也砸了,鎮民則屠殺淨盡。彷彿聖戰,不留活口。

¹⁸完了,問犧牲和泡影:你們在塔博山殺的那些人如何?從通行本,quales。原文:在哪兒?舊譯不通:什麼樣式。答:很像你呀,他們,個個儀表堂堂,像王子。¹⁹基甸道:他們是我親哥哥,一母同胞。直譯:我母親的兒子。基甸排行最小,6:15。一如耶和華永生,起誓語,呼神見證,耶4:2。若是你們留了他們性命,我本可不殺你們。²⁰於是吩咐長子葉特爾:起來,斬了他們!盡血親復仇的義務,民35:19。可是那孩兒拔不出刀,他害怕了——畢竟只是個小孩。²¹犧牲和泡影就說:還是你自己來吧,了斷我們!大義凜然。勇力是男人的事。直譯:像男人,其勇力。基甸站起,殺了犧牲和泡影;他還拿下了他們駱駝的月牙項圈。坐騎的貴重飾物。

金聖衣

²²以色列人便勸說基甸:您把我們從米甸掌下救了出來,您就統治我們吧,統治,meshal,舊譯管理,誤。您和您的子子孫孫!建立世襲君主制,學周邊民族,申17:14。²³不,基甸回答,我不會統治你們,我兒子也不會統治你們;統治你們的是耶和華呀!撒上8:5以下。²⁴接着,基甸又道:我有一個請求,請把你們每人掠獲的耳環鼻環給我。原來[被搶的]是些以實瑪利人,時而與米甸人混同。都戴金環。²⁵好啊,我們給,眾人回答。戰利品上繳,維持祭祀,民31:28以下。於是鋪開方袍,一個個把自己掠獲的耳環鼻環扔在上面。²⁶[基甸]收取的金環,共稱得一千七百舍克,不算米甸王的月牙項圈、耳墜跟紫紅色袍子,也不計他們駱駝頸子上的飾物。²⁷基甸遂用這些金子製作了一領聖衣,'ephod,大祭司禮服,胸袋放石鬮,用以判斷神諭,出28:6以下;轉指聖所聖物,形制不詳。金子,移自上節。置於家鄉小鹿莊。全以色列都上那兒去同它行淫,聖衣因靈驗而成了拜祭對象,2:17注。聯想亞倫鑄金牛犢故事,出32章。基甸和家人也掉進了這張羅網。

²⁸就這樣，米甸屈服在了以色列子孫面前，再沒有昂起頭來。基甸生前，四境平寧，有四十年。

²⁹而後耶男之子巴力訟回家安居。³⁰基甸有七十個兒子，皆親生，直譯：他的大腿/下體所出，創46:26注。因為他妻妾甚多。³¹他有一妾住在石肩，迦南人。也給他生了一子，取名吾父王。'abimelek，常名，暗喻君主制，並基甸在接班人問題上的失敗。³²耶男之子基甸頤享天年才辭世，歸葬於亞比葉澤人的小鹿莊，他父親耶男的墓地。

吾父王

³³然而基甸歿後，以色列子孫又回頭去找眾巴力行淫，未能避免與土著融合，2:11注。把誓約巴力當作神來供奉。誓約巴力，ba`al berith，迦南人的誓言與契約之神，9:4。³⁴以色列子孫甚而沒記住耶和華他們上帝，沒記住，婉言背棄、不忠。即從四周仇敵掌下救出他們的那一位。³⁵對於巴力訟基甸一家，他們也不忠誠，忘了士師反對君主制的教誨，9:16以下。未報答以色列受之於他的恩惠。

九章

巴力訟之子吾父王到石肩找舅舅，對舅舅和整個外公家族說：通過表親爭取迦南人支持，以抗衡異母兄弟。²請向全體石肩主人的耳中問問這個：主人，兼指石肩上層和居民，書24:11注。到底哪樣對你們好，是巴力訟七十個兒子都統治你們，還是受一人統治？還有，請記住，舊譯記念，誤。我才是你們的骨肉。喻親人，同中文。³舅舅們便替他把這番話向全體石肩主人的耳中說了；後者就動了心，要追隨吾父王，說：是呀，他是我們的兄弟！⁴遂從誓約巴力的廟裏拿了七十塊銀子給他，吾父王便用這些錢雇了一群無賴兇徒當隨從。背棄以色列的上帝，組織武裝。⁵然後直撲小鹿莊的父親家，把自己的兄弟，巴力訟的七十個兒子，推到同一塊石頭上斬了。當指抓捕了一個個處死。只有耶無咎，yotham，常名，暗示/反言天父必承責而報復。巴力訟的幼子，藏起來留了性命。

⁶於是石肩主人跟堆堡全體集合，堆堡，beth millo'，一說即石肩的要塞，石肩塔，下文46節。到石肩的那棵石柱橡樹下，石柱，校讀。原文：立起。書24:26。擁立吾父王為王。

⁷消息傳到耶無咎那裏，他登上福山，gerizim，在石肩南面，與咒山相對，申11:29，書8:30。站在山頂高聲喊道：聽我說，石肩的主人，願上帝也聽見你們！若想辯解。

⁸[一天]樹林子跑了出來　引寓言比興。
想膏立一位樹王
遂向橄欖樹道：做我們的王吧！首先求林子裏的"貴族"。

⁹橄欖樹回答：
難道要我捨棄出油　十月榨橄欖油，詩104:15。
那諸神的香膏、人的榮耀　特指膏禮，撒上10:1, 16:13。
去林木之上搖曳？諸神，或作（複數表大）上帝，3:20注。

¹⁰樹林子又找無花果樹說：
來，你做我們的王吧！

¹¹無花果樹回答：
難道要我捨棄我的甘甜　初夏頭茬成熟，賽28:4，耶24:2。
我上佳的果實
去林木之上搖曳？

¹²樹林子又找葡萄樹說：
來，你做我們的王吧！

¹³葡萄樹回答：

難道要我捨棄我的新酒 八月摘葡萄釀酒，詩104:15。

那愉悦諸神和人的葡汁 傳9:7，德31:27–28。

去林木之上搖曳？諸神宴飲，常見於異教故事。

¹⁴**樹林子無奈，只好央求荊棘**：喻身份低、人品差者。

那你來做我們的王吧！

¹⁵荊棘回答樹林：

若你們真心立我做受膏的王 真心，舊譯不通：誠誠實實。

來吧，躲進我的綠蔭；諷刺，林木竟想托庇於刺叢。

不然，願烈火自刺叢騰起

吞了黎巴嫩雪松！暗示吾父王放火，不得善終，下文49節。

¹⁶**所以，若你們是完全出於忠信，擁立吾父王為王**；承認迦南人不受基甸遺訓的約束，有權立王，8:23。**若你們一直善待巴力訟並其家人，對得起他親手立下的功勳**——¹⁷**想當年我父親為你們打仗，拼了性命從米甸掌下救出你們；**¹⁸**而今你們竟起來殘害我父親的家人，殺他的兒子，七十個推上同一塊石頭；而你們擁立吾父王，那婢女的小子**，引莎拉貶損夏甲母子語，創21:10。**給石肩主人為王，卻是因為他成了你們的兄弟！**斥吾父王背叛親兄弟和基甸家族。—— ¹⁹**是呀，若你們待巴力訟並其家人，完全出於忠信，那麼今天，願你們以吾父王為歡愉，願他也以你們為歡愉！**²⁰**不然，願烈火自吾父王騰起，吞了石肩主人與堆堡**！參下文49節。**願烈火自石肩主人與堆堡騰起，吞吃吾父王！**

²¹**言畢，耶無咎就逃走了。他一步不歇，跑到陂池才住下，**陂池，be'er，失考，一說在塔博山東面。**躲開了他哥哥吾父王。**

石肩之亂

²²吾父王在以色列稱王三年。稱王，yasar，舊譯管理，誤。²³上帝卻在吾父王與石肩主人之間降下惡靈，石肩主人就背叛了吾父王——²⁴終於，對巴力訟七十子的暴行回轉來，他們的血要塗在屠殺兄弟的吾父王頭上，喻報應，償還血債。並支持那兇手的石肩主人頭上。²⁵石肩主人在幾個山頭設了伏，算計他。但那些伏兵只管搶劫路人，紀律敗壞，烏合之眾。消息傳到了吾父王耳裏。

²⁶有個奴兒厭哥，ga`al，"厭棄"，人稱奴隸兒子，綽號？帶着親族遷來石肩，贏得了石肩主人信賴。²⁷他們下田給[主人]摘葡萄，踩[榨池]，一同歡慶豐收，進神廟吃喝；一邊吃喝，一邊罵吾父王。²⁸奴兒厭哥説：吾父王是誰？石肩是誰？要我們給他為奴？這巴力訟的兒子跟他委派的澤布，不稱其官職，表輕蔑，下文30節。不也服事過石肩之父哈莫的人嗎？挑撥關係：吾父王按父系是以色列人，而非石肩人。憑什麼我們給他為奴？²⁹要是這一族人歸我的手指揮，我早把吾父王幹掉了！我會這麼呲吾父王：我會，從七十士本。原文：而他。你多多派兵，出來呀！

³⁰邑宰澤布聽到奴兒厭哥的言語，大怒。³¹他心生一計，bethormah，在詭詐中。另作地名，無確解。派人去通報吾父王，説：看，奴兒厭哥帶着親族進了石肩，正在鼓動全城造您的反呢！鼓動，me`irim，校讀。原文：包圍，zarim。³²所以快起來，連夜率軍到野地裏埋伏。搶佔有利地形。³³明早，日頭一出就攻城。待他同追隨者出城接戰，您看情況處置即可。直譯：處置如你的手所遇，撒上10:7。

³⁴於是吾父王連夜發兵，趕到石肩，分四隊埋伏了。國王頗懂戰術。³⁵當奴兒厭哥出來，在城門口站下時，吾父王和他的伏兵也剛好立起。³⁶厭哥望見人影，對澤布説：看，山頭上有人下來！可是澤布回答：你把山頭的影子看成人了。日上東山，林木投下長長的黑影，掩蔽了伏兵。³⁷一會兒，厭哥又説：看，有人從大地的肚臍下來，肚臍，tabbur，山巔、中心、臍眼，此處指福山聖地，結38:12。還有一隊，走占卜師橡樹那條路過來了！占卜師橡樹，或即摩利/石柱橡樹，上文6

節，創12:6，申11:30。³⁸澤布就問他：現在你的大嘴巴哪去了？譏其吹牛。說呀，吾父王是誰？要我們給他為奴？這不就是你鄙視的那幫人？出擊吧，今天跟他大戰一場！假意支持，而厭哥不知是計。

³⁹厭哥便衝在頭裏，石肩主人跟着，迎戰吾父王。⁴⁰可是吾父王一衝，他轉身就逃，原來是個孬種。那些來不及退進城門的，倒地死了一片。⁴¹吾父王就駐紮在阿路瑪，在石肩東南8公里處。澤布則驅逐了厭哥及其親族，不許他們留居石肩。

⁴²次日，百姓準備出城下田。消息傳到吾父王耳裏，澤布傳遞的情報？⁴³他立即點兵，分作三隊，去田間埋伏。一見百姓出了城，便衝上去砍殺：⁴⁴吾父王自己領一隊人，從七十士本及通行本作單數，原文複數。搶到城門口攔截；另外兩隊就撲向田頭，將地裏的人砍倒。⁴⁵那城吾父王攻了整整一天才攻破；然後屠城，把城夷平，土裏撒鹽。破壞土壤，並象徵永為廢墟，不得重建。

⁴⁶石肩塔的主人聽說，全部躲進了誓約大神廟的棱堡。zeriah，堡壘由此得名？上文6節。或作地堡/地道，無定解，撒上13:6。誓約大神，即誓約巴力，8:33。⁴⁷吾父王聞報，石肩塔主人都龜縮在一處，⁴⁸吾父王便領兵上了黑山。zalmon，或即石肩北面的咒山，詩68:14。吾父王手裏提一把斧子，斫下一根樹枝，拿起放在肩上，命令部下：看到我做什麼了？快，照樣做去！⁴⁹於是眾人各自斫了一抱枝子，又跟着吾父王，把樹枝堆在棱堡四周，放火點着了棱堡。躲在裏面的石肩塔人都燒死了，男女約有一千。

⁵⁰吾父王隨即進軍提貝；tebez，位於石肩東北，一說即樂都，書12:24。圍住了提貝，一舉攻取。或因提貝人也支持或參加了反叛。⁵¹那城中央有一座碉樓，全城男女，所有的主人都躲了進去，把門關死了，爬到樓頂。⁵²吾父王趕到樓下，就開始攻打。正當他接近樓門，準備放火時，⁵³有個婦人拋下一扇磨石，正中吾父王頭頂，砸碎了他的腦蓋。又一次，女子勇殺敵酋，4:21, 5:26。⁵⁴他立刻叫給他執矛的隨從，矛，keli，武器。7:10注。說：你拔劍殺了我吧，免得人說，我是被婦人殺掉的！那隨從便刺死了他。⁵⁵以色列人見吾父王死了，就散夥回家了。似乎國王的軍隊由子民組成；一說此句是補注。

⁵⁶如此，上帝將吾父王殺害自己七十個兄弟而對父親造下的罪孽，擲還了他；⁵⁷同樣，石肩人的纍纍惡行，上帝也扣還了他們頭頂。重申神義之報應，上文24節，結9:10。從而在他們身上應驗了，巴力訟之子耶無咎的詛咒。

陀拉

十章

吾父王之後，有以薩迦人多多之孫、普瓦之子陀拉起來，陀拉，tola`，"櫟胭脂蟲"，創46:13，賽1:18。拯救以色列。他住在以法蓮山地的棘鎮，shamir，一說即撒瑪利亞，王上16:24。²當以色列的首領達二十三年；首領，或士師，3:10注。辭世後歸葬棘鎮。

亞珥

³之後，有基列人亞珥起來，亞珥，ya'ir，"他發光"。當以色列的首領達二十二年。⁴他有三十個兒子，騎三十匹小公驢，`ayarim，當時富人的坐騎，5:10，12:14。擁有三十座城，`ayarim，同小公驢，諧音亞珥。在基列之地，人稱亞珥寨，至今猶然。民32:41，申3:14。⁵亞珥辭世後，葬於喀劻。小士師之三，但並無解救子民之功。

以色列的苦難

⁶然而以色列子孫又幹了耶和華眼裏的惡事，服事起眾巴力與阿思塔來了，見2:13注。連同亞蘭神祇、西頓神祇、摩押神祇、亞捫子孫跟非利士人的神祇。迦南男女諸神加上周邊五族，共七組神祇。他們背棄了耶和華，不再侍奉。⁷耶和華就點燃鼻息，對準了以色列，將他們賣到非利士人和亞捫子孫手裏；二族一在西南，一在東北，子民兩面受敵。⁸自那年起，七十士本：當那時。似補注。任其摧殘壓榨以色列子孫，即約旦河對岸亞摩利境內基列山區的所有以色列子孫，

達十八年之久。⁹尤其是亞捫子孫，還跨過約旦河來進攻猶大、本雅明和以法蓮家；以色列困苦極了。

¹⁰以色列子孫遂向耶和華呼求：我們知罪了！怎就背棄了我們上帝，去服事眾巴力呢？表懺悔。¹¹耶和華回答以色列子孫：難道埃及人、亞摩利人、亞捫子孫和非利士人，¹²以及西頓人、亞瑪力人跟馬甕人——每當你們遭他們欺凌，馬甕，書15:55，七十士本：米甸。共七個敵族，七次拯救。而向我求救——難道我沒有從他們掌下救出你們？¹³可是你們竟把我背棄了，給異神為奴；不，我再也不拯救你們了！救主說氣話。¹⁴去，找你們選中的神靈去，困厄之時，喊他們來營救你們！譏諷眾神失靈，耶11:12。¹⁵但以色列子孫求着耶和華，說：罪在我們；你看怎樣好，就怎樣處置我們罷！認罪，甘願受罰，書9:25。只求你今天救救我們！¹⁶說着，便一個個把外邦神祇都清除了，毀棄神像、帶有異教元素的服飾等，書24:23。又來侍奉耶和華。而他的靈也已受不了以色列的苦難。天父不忍，是人世苦難的邊界。舊譯不妥：心中擔憂。

耶開

¹⁷恰逢亞捫子孫集結，到基列山紮營。亞捫地處基列以東。以色列子孫也集合了，安營在瞭望台。當年雅各與舅舅拉班立約劃界處，創31:49。¹⁸眾人[包括]基列的頭人們，左六字同位語彆扭，似插注。一個問一個：誰敢挑頭，跟亞捫子孫爭戰，誰做全體基列居民的首領！子民普遍有畏戰情緒，亟需將才。

十一章

基列人耶開，yiphtah，"他（耶和華）開（口）"。宕開一筆，引出英雄。是個大力勇士，一如基甸，6:12。卻是妓女的兒子。私生子。耶開的父親叫基列，象徵河東基列之地，民26:29。²基列的妻子也給他生了幾個兒子；正妻後生，像莎拉。但正妻的兒子長大了，就要把耶開趕走，說：我們父親的家，沒你的份，因為你是別的女人的小子！別的女人，暗指其母是娼妓，創21:10。³耶開便逃走了，遠離弟弟們到福城居住。福城，tob，基列東北邊陲小鎮。[很快]耶開身邊聚起一幫無賴，reqim，市井潑皮、無業遊民等，9:4，撒上22:2。跟着他出沒。婉言搶劫。

⁴後來，亞捫子孫就進犯以色列了。⁵當亞捫子孫攻打以色列之際，基列的眾長老來福城找到耶開，⁶跟耶開商量：來做我們的將軍吧，一起抗擊亞捫子孫。語氣不甚尊重，似招募雇傭軍。⁷耶開回答基列長老：當初恨死我，把我趕出父親家的，不是你們嗎？原來有夙怨，長老是異母弟的後台。怎麼現在一遭難，就來找我了？⁸基列長老只好求耶開：所以我們現在回來請你呀，口氣變了。請跟我們上路吧，一起抗擊亞捫子孫，做我們的頭人，全體基列居民的首領！ro'sh，也是士師的主要職能，2:16注。⁹耶開便對基列長老說：好吧，你們引我回去抗擊亞捫子孫，若是耶和華把他們交在我面前，部分抄本：我手裏。喻戰勝敵人。那我就做你們的首領！謹慎：願意先做將軍立功，贏取民心，以免首領成虛銜。¹⁰基列長老一口答應耶開：我們之間有耶和華垂聽，呼神見證。保證按你說的做到！

¹¹耶開遂同基列長老上路。眾人接着立他做了子民的首領和將軍；事態緊急故。子民，復指眾人。直譯：他們之上。而耶開則在瞭望台，也是新首領的家鄉，下文34節。在耶和華面前，特指聖所祭壇，出戰前可立誓許願或求神諭。把他那些條件又說了一遍。

¹²耶開遣使去見亞捫子孫的王，說：先禮後兵，亞捫為聖祖侄子羅得之後，申2:19。你我之間怎麼回事？直譯：何事於我於你。習語，表示責怪、驚詫、拒絕提議等，撒下16:10，約2:4。你居然進犯我國？¹³亞捫子孫的王回答耶開的使者：因為以色列從埃及上來那次，奪了寡人的國土，自亞嫩河到雅博河，再到約旦河；強辯，把摩押、亞摩利諸部的土地劃入亞捫境內了。所以現在，就和平交還吧。

¹⁴耶開再度遣使，回覆亞捫子孫的王，¹⁵道：此乃耶開之言：以下歷史回顧取自民20–21章及申2章，但摻了亞捫元素。以色列並無獲取摩押之地或亞捫子孫之地。¹⁶當初以色列從埃及上來，是取道荒野，越蘆海，至加迪斯。qadesh，"神聖"（綠洲），南地門戶，位於西奈半島北端，民20:14。¹⁷以色列曾派出使者，請求

紅嶺王允許過境，但未獲紅嶺王首肯。又派人去見摩押王，他也不准。以色列只好留在加迪斯。¹⁸之後，仍是走荒野，繞過紅嶺與摩押之地，從摩押的日出方向抵達亞嫩河對岸安營，而沒有進摩押：那亞嫩河是摩押的界河。

¹⁹而後以色列派使者去見亞摩利王西宏，合石堡的君主。以色列請求允許過境，前往家園。指迦南，民21:21，申2:26以下。²⁰可是西宏不信任以色列；信任，七十士本：願意。非但不准過境，西宏還調集大軍，在雅哈城紮營，向以色列開戰。²¹耶和華以色列的上帝卻把西宏全軍交在以色列手裏，令其大敗。而以色列就佔領了亞摩利人居住的那片土地，²²將亞摩利從亞嫩河到雅博河，由南向北。自荒野至約旦河，自東往西。全境據為產業。

²³如今，耶和華以色列的上帝已在他的子民以色列前頭驅除了亞摩利人，你想取而代之？²⁴莫非你不打算要了，你的神凱魔賜你的產業？凱魔，kemosh，摩押戰神，民21:29。亞捫人拜的大神叫米爾公，milkom，而非凱魔，王上11:5–7。但耶和華我們上帝在我們面前賜下的那份產業，我們是要定了！

²⁵再說了，你比摩押王雀伯之子巴剌還強麼？見巴剌王與比蘭故事，民22–24章。他可曾與以色列爭拗？可曾同他們爭戰？參觀書24:9–10。

²⁶而且，以色列入居合石堡及周邊村鎮、檜堡及周邊村鎮，或亞嫩河沿岸各城，三百年了，為什麼在此期間你們不收復呢？意謂不主張、無行動等於承認佔領/入居者的主權。²⁷所以不是我開罪於你，而是你在禍害我，向我開戰——願審判一切的耶和華，今天在以色列子孫和亞捫子孫之間擲下判決！照應第一次遣使所言，上文12節。

²⁸可是亞捫子孫的王對耶開帶給他的話，一句也沒聽。

耶開的女兒

²⁹但耶和華的靈已降於耶開。猶言蒙召，擢為士師，2:16, 3:10。他越過基列山和瑪納西，取道基列山瞭望台，由基列山瞭望台直取亞捫子孫。由北向南。

³⁰耶開還向耶和華許下誓願：若是你真的將亞捫子孫交在我手裏，³¹待我戰勝亞捫子孫，平安歸來，那第一個從家門出來迎接我的，第一個，從通行本。原文動詞強調語式：無論誰/什麼（首先）出來。必歸耶和華 —— 必獻作全燔祭！以為首先碰見的會是院子裏的牲口或奴婢？

³²耶開突入亞捫子孫，發起攻擊，耶和華果然將他們交在了他手裏。³³他從檜堡殺到米尼一帶，二十座城，再一路殺到葡萄園甸子。'abel keramim，一說在大都（今安曼）附近。就這樣，亞捫子孫慘敗，成就了士師之功業，3:30, 8:28。屈服在了以色列子孫面前。

³⁴耶開返回瞭望台，來到家門口時 —— 什麼？那跑出來迎接，搖着鈴鼓跳着舞的，是自己女兒！年輕女子載歌載舞，歡慶凱旋，是古俗，出15:20，撒上18:6–7。他唯一的孩兒！除了她，他別無兒女。³⁵所以一見是她，[耶開]就撕破衣袍，喊道：啊呀，我的女兒！你讓我痛倒了，因痛苦而跪倒/蜷縮狀。舊譯愁苦，誤。你把我放在禍難裏了！我對耶和華開過口，婉言許願。不能收回呀！向天父起誓，不可食言，民30:3。³⁶父親啊，她回答，既是對耶和華開的口，就照您唇上所出的待我吧，姑娘明白，自己是父親許下的（誓願）標的。因為耶和華拿下您的仇敵亞捫子孫，替您復仇了。耶開痛極，無言：開口的結果竟是獨生女充當人祭的犧牲。³⁷接着，又向她父親道：但有一事請准許，請給我兩個月，讓我去山上遊蕩，校讀。原文有訛：下（山）。另作哭泣。同我的女伴一起，哀哭我的童貞。哀青春蹈火，未能結婚生子。³⁸去吧，他應道。

於是讓她出去了兩個月。她和女伴去到山上，一起痛哭她的童貞。³⁹兩個月結束，她回到父親面前，讓父親拿她還了所許的誓願，委婉，不說全燔祭，亦不譴責"燒獻自家兒女"的迦南"異族惡習"，利18:21，申18:9–10。而她尚未與男人相認。婉言婚配。

從此以色列有了一種風俗：源起古代近東各族的還陽節，以新風俗祛魅。⁴⁰每年以色列的女兒都要出去，一年四天，為基列人耶開的女兒唱哀歌。另作紀念，無定解。

以法蓮在渡口

十二章

以法蓮人卻集結了，渡河到北村，或作向北，書13:27。質問耶開：為什麼你進攻亞捫子孫，不叫上我們同去？表面理由，參8:1–3。我們要放火燒了你的房子，連你在內！不僅針對士師本人，意在打壓基列（房子）。²耶開回答：我和族人跟欺凌我[們]的亞捫子孫爭鬥時，原文脫"欺凌我"，從七十士本補。曾向你們求援，但你們沒來救我擺脫敵手。³我見救兵無望，就把一條命提在手裏，成語，豁出去之意，撒上19:5，伯13:14。衝向亞捫子孫，是耶和華將他們交在我掌下！而你們今天上來找我開戰，是幹什麼？指其無理發難，不獲神的佑助，必敗。⁴於是耶開召集全基列的人，抗擊以法蓮。基列人大敗以法蓮，以下至句末，七十士本脫。儘管後者老說：從以法蓮逃走，你們就成了基列？嘲笑基列人出身混雜，無資格稱以色列。混進以法蓮，又混瑪納西！混進，直譯：在內中。

⁵基列還奪了約旦河各個渡口，兵家必爭之地，3:28, 7:24。攔截以法蓮。每當逃命的法蓮人過來，角色顛倒，以法蓮成了逃命人。請求過河，基列人便問他：是不是以法蓮人？若答"不是"，⁶他們就說：那你說"水流"！shibboleth，或麥穗，同音詞。若是他咬不準字音，說成了"穗流"，sibboleth，可知當時以法蓮方言的發音，sh/s不分。就當場拿下，在約旦河渡口把那人殺了。

那一次倒下的以法蓮人，足有四萬二千。誇張。

⁷耶開當以色列的首領，計六年。大士師之五，掌權最短。基列人耶開辭世後，葬於他的基列故鄉。校讀從七十士本。原文：基列諸城。

伊夫贊

⁸之後，有麵餅屋的伊夫贊當以色列的首領。小士師之四。麵餅屋，beth lehem，屬西布倫，近拿撒勒，書19:15。⁹他有三十個兒子、三十個女兒；女兒都嫁去

外鄉，兒子則從外鄉迎娶三十位姑娘。七十士本：媳婦。他在以色列稱士師，計七年。¹⁰伊夫贊辭世後，葬於麵餅屋。

橡君

¹¹之後，有西布倫人橡君當以色列的首領。橡君，'elon，常名，同祖宗西布倫的次子，創46:14，民26:26。他在以色列稱士師，計十年。¹²西布倫人橡君辭世後，葬於西布倫境內的鹿野。'ayyalon，諧音橡君。

亞僕

¹³之後，有比拉松人希列之子亞僕當以色列的首領。亞僕，`abdon，常名。比拉松，位於石肩西南山地，屬以法蓮。¹⁴他有四十個兒子、三十個孫子，騎七十匹小公驢。權勢顯赫，10:4注。他在以色列稱士師，計八年。¹⁵比拉松人希列之子亞僕辭世後，葬於以法蓮境內亞瑪力人山地的比拉松。山地曾屬亞瑪力？或仍有世敵盤踞？5:14, 6:3–5, 33。

參孫

十三章

然而耶和華眼中，以色列子孫又幹了惡事，耶和華就把他們交在非利士人手裏，達四十年之久。超過之前受外族奴役的年數，3:8, 14, 4:3, 6:1, 10:8。

²有一個人，[家住]黃蜂崗，在丹和猶大交界處，書15:33, 19:41。屬丹支族，其時大部已北遷，1:34注。名叫麻挪亞。manoah，"休憩之地"。他妻子不育，膝下無子。古人視為已婚婦女的恥辱，創11:30, 30:23，撒上1:6。³忽有耶和華的使者向這女人顯現，女人，同上節"妻子"，參孫故事的母題之一。道：聽着，你雖然不育，膝下無子，但你會懷孕的，會生一個兒子！⁴所以務須注意，葡萄酒、烈酒勿

飲，各種不潔勿食。⁵因為看哪，你要懷孕生子了！但他的頭別沾剃刀，長髮標誌力量，象徵獻身歸聖，民6:2以下。因這孩兒是在娘胎裏就奉獻於上帝的；母親懷胎，亦如腹中的獻身者，nazir，歸聖。從非利士人掌下拯救以色列，自他開始！暗示參孫無緣全勝；以色列的獨立與建國，是掃羅和大衛王的功業。

⁶女人便去向丈夫説：方才來了一個上帝之人，美稱聖者、虔敬之人。容貌像上帝的使者，好可怕呢。常人對神子的印象。我沒問他從哪來，他也沒告訴我他的名字。忘了主客間的禮數。⁷但他説：看哪，你要懷孕生子了！所以葡萄酒、烈酒勿飲，各種不潔勿食。因這孩兒是奉獻於上帝的，略去孩子來世當救星的任務，不想讓丈夫知道？從娘胎裏直到去世之日。終生歸聖。

⁸麻挪亞遂懇求耶和華：求求你，主啊，你派來的那位上帝之人，可否再來一趟並指教我們，孩兒誕下我們該做什麼？關心嬰兒獻身有何要求。⁹上帝應允了麻挪亞，上帝的使者又一次降臨；當時女人正坐在田裏，她丈夫麻挪亞不在身旁。天使有意避開丈夫，僅指教妻子。¹⁰女人趕緊跑去告訴丈夫：聽着，她説，白天來過的那人，白天，bayyom，或昨日：神子再訪女人，已是傍晚，算第二天，創1:5注。七十士本：那天。又向我顯現了！¹¹麻挪亞忙起身，跟着妻子去到那人面前，來到田間。説：您就是同這女人講話的那位？答：是我。¹²麻挪亞道：願您説的馬上應驗！這孩兒將來要守什麼規矩呢？¹³耶和華的使者回答麻挪亞：凡我囑咐了這女人的，她都要當心：不直接回答，暗示丈夫非受教者。¹⁴凡葡萄藤結的一律不吃，葡萄酒、烈酒勿飲，各種不潔勿食，略去蓄髮一句，亦不提士師大任，彷彿那是神子同女人的秘密。凡我傳她的誡命皆謹守。

¹⁵麻挪亞便對耶和華的使者説：讓我們款留您，為您預備一隻小山羊吧。盡地主之誼。¹⁶耶和華的使者回答麻挪亞：即使留下，我也不會吃你的麵餅；規矩變了，當年聖祖曾款待上帝與天使，創18章。但如果你想預備燔祭，則應獻給耶和華。然而，麻挪亞不知他是耶和華的使者，遲鈍，但黑地裏也看不清神子的模樣。¹⁷麻挪亞接着又問耶和華的使者：請問尊名？待您説的應驗，我們好把榮耀歸您。¹⁸耶和華的使者道：何必問我的名字？同雅各問天使名，得到的回答，創32:30。那是奧秘！詞根同下節"神跡"。

¹⁹於是麻挪亞取來小山羊並素祭，在磐石上獻與耶和華。神跡出現了：直譯：他就施了神跡。麻挪亞和妻子偷眼看去，²⁰忽而一團火焰自祭壇騰起，升向天空，耶和華的使者乘着那一柱祭壇之火，上去了。暗示孩兒的神力與性格。麻挪亞和妻子一見，慌忙叩額於地。書5:14注。²¹但耶和華的使者就再沒有向麻挪亞，或向他妻子顯現了。這時麻挪亞才明白，那是耶和華的使者。²²麻挪亞對妻子説：我們死定了，因為看見了上帝。意識到神子或是天父的化身，而人見聖容必死，出33:20。²³女人卻説：鎮靜而自信。若是耶和華決意叫我們死，他不會從我們手上收全燔祭與素祭，不會讓我們看見所有這些，同時還這麼關照我們。

²⁴後來，女人誕下一子，取名參孫。shimshon，詞根同 "太陽"，暗喻其超人大力。那孩兒長大，受了耶和華賜福；²⁵耶和華的靈在丹營，參18:12。在黃蜂崗與俄希陶爾之間，開始將他驅策。pa`amo，擊打、驅趕、攪擾。暗示任務緊急而危險，可1:12。

婚宴猜謎

十四章

參孫下到亭拿。埃克龍東邊，平原小鎮，創38:12，書19:43。他在亭拿看見一個女子，是非利士人的女兒。²便上來稟告父母：回到山鄉。我見到一個女子，在亭拿，是非利士人的女兒。請把她娶來，給我為妻吧！要父母去提親。³父母不解，説：敢情你兄弟的女兒當中，或我的族人中間沒了女人，你得去留包皮的非利士人那裏找老婆？祖制，子民不同外族通婚，以免追隨 "邪神"，背棄上帝，創24:3-4, 28:1, 34:14。可是參孫回父親道：就她了，給我娶來！我眼裏只她一個！直譯：她在我眼裏正/好/對。獨生子任性慣了。⁴父母卻不懂，這事出於耶和華，原來參孫的種種缺點及違反誡命，都是宏圖設計。是要尋一由頭懲處非利士人 —— 當時非利士人統治着以色列。從沿海擴張到了中部山地。

⁵參孫（與父母）下亭拿去。括號內似誤抄，與下文矛盾。走到亭拿的葡萄園，不避葡萄，13:7。忽然一頭少壯獅子，咆哮着朝他撲來！⁶説時遲那時快，耶和華的靈攫住了他，他赤手空拳，居然將獅子撕碎了，彷彿撕一隻小山羊。第一功。但這事他沒告訴父母，⁷而是逕自下去找那女子説話：婉言求婚。參孫眼裏只有她一個。

⁸不久，他回去娶她，繞了路去看那頭死獅。咦，殘骸裏有一窩蜜蜂，還釀了蜜！⁹他就刮下來捧在掌中，繼續前行，邊走邊吃。屍骸不潔，獻身者破戒，民6:6。回到家，因手捧蜂蜜，就沒去看望未婚妻。給父母一些，他們也吃了。也沾染不潔。他沒告訴父母，那蜜取自死獅的殘骸。

¹⁰參孫把父親接到女方那裏，母親不參加外族婚宴，循聖者避不潔的誡命，13:14。按年輕人的做派，依從女方即非利士人的風俗。擺開筵席。¹¹[當地]人見了，七十士本另讀：怕了。就給他請了三十個伴郎。因新郎是上門女婿。作者喜歡三和三的倍數。¹²參孫對他們説：我給你們猜個謎，怎麼樣？若你們能在這七日婚宴期間猜出來，喜事辦一周，第一夜圓房，創29:23, 27。我送你們三十件亞麻內袍、三十套新衣。¹³猜不出的話，你們得賠我三十件亞麻內袍、三十套新衣。眾人回答：你把謎語説來，我們聽着！¹⁴於是他説：

有吃的出於吃者
有甜的出於強者。明顯不公，謎底本身是秘密，而非常識。

三天過去，他們猜不出這謎語。

¹⁵第四天，從七十士本。原文：第七天。他們對參孫的妻子説：哄哄你丈夫，把謎底揭給我們；不然，我們放火燒了你，你父親家！火是故事的另一母題，13:20。莫非你們請了我們來，是要搶光我們？指新娘與外族男人合謀圖財。¹⁶參孫妻便哭哭啼啼去纏他，説：你是恨我，根本不愛我！你給我的族人猜謎，族人，直譯：族人之子。對我也不肯透露！他解釋道：看，我連父母都沒告訴，

幹嗎透露給你？¹⁷她纏着他，不依不饒哭完了七日婚宴。實則哭了四天。第七天，[參孫]實在磨不過她，把謎底說了。她就去告訴了族人。

¹⁸於是第七天，夕陽西下之前，校讀：進洞房前。鎮上的人對他說：

有什麼甜過蜂蜜？
有什麼強於猛獅？

他只回了一句：

若非套我的小母牛拉犁
你們揭不開我的謎底！不知妻子受人威脅，反而怪她出軌。

¹⁹但耶和華的靈已將他攫住。他下到秤港，非利士五城之一，1:18，書13:3。一下殺了三十個人，剝下他們的盔甲，halizotham，剝下的盔甲武器等，撒下2:21。當作成套新衣，戰利品價值高於衣袍，同時也展示了勇力。送去給那些揭開謎底的人。然後怒氣衝衝，回父親家去了。

²⁰參孫妻就歸了伴過他的一個伴郎。女方認為參孫拋棄新娘，婚姻無效，15:2。

驢腮骨

十五章

不久，到了麥收時節，參孫牽了隻小山羊來看望妻子。攜厚禮，欲同妻子和好，不知她已嫁了別人，14:20。讓我進內室，會會老婆，他說。可是岳父不許他進門。²我以為你記恨，不要她了，岳父說，所以把她給了你的伴郎。但她妹妹不是比她漂亮嗎？你改娶她吧！婚嫁父親做主。³參孫回答他們：向聚攏來的女方親族和當地人說。這一次非利士人吃我的苦頭，可別怪我！

⁴參孫走開去，捉了三百條狐狸。此亦神力，受聖靈驅使，13:25。三百，也是三的倍數，14:11注。然後取來火把，將狐狸一對對綁住尾巴，不讓它亂跑。插上火把。⁵點燃尾巴上的火把，往非利士人的莊稼地裏一放，就把麥捆和未割的莊稼，連同葡萄園橄欖林子一總燒了。

⁶這事誰幹的？非利士人都在問。有人說：參孫呀，那個亭拿人的女婿！他[岳父]把他老婆領回來，給了他的伴郎！非利士人就上去，把她和她父親扔火裏燒了。以火報火，一語成讖，14:15。父親，諸抄本及七十士本、古敍利亞語譯本多一字：父親家。⁷參孫向這些人道：既然你們這樣行事，我不報仇，誓不罷休！⁸說着，便殺了過去，小腿鋪上大腿，砍了偌大[一堆]。極言士師屠戮之慘烈。完了，才下去，住在鷙鳥崖的岩穴內。鷙鳥崖，sela`` `etam。參孫與別的士師不同，獨往獨來，只報私仇。

⁹而後非利士人上來，在猶大紮營，鋪開去佔了腮骨莊。lehi，地點不詳。

¹⁰你們為何進攻我們？猶大人問。答：我們是來綁參孫的，一報還一報！直譯：要對他做，如他對我們做的。¹¹一下子，三千猶大人下到鷙鳥崖的岩穴，三千，約數，暗諷其怯懦。責怪參孫：你不曉得嗎，我們受非利士人統治？你幹什麼連累我們？不屬同一個支族，故稱連累，而拒絕庇護。答：我對他們，也是一報還一報啊。¹²眾人便明說了：我們是來綁你的，要把你交去非利士人手裏。那就向我發誓，參孫說，你們這邊不會害我！否則也將加倍報復。¹³當然不會，他們保證；我們只要綁了你交到他們手裏，決計不會殺你的。於是拿兩根新索子，結實，怕他掙脫了逃走，16:11。把他捆了，從石崖下帶上去。

¹⁴走到腮骨莊，非利士人歡呼着湧來看他；忽地耶和華的靈攫住了他，那捆臂膀的索子就像一片細麻着了火，神力如火。綁手腕的那根頓時化掉。喻鬆脫。¹⁵恰好見着一塊新鮮的驢腮骨，新鮮，較重，不會乾裂。但屍骨不潔，用作武器，力士又破了戒律。就伸手撿起，用它擊殺了一千人。參3:31。¹⁶參孫大喊：

一塊驢腮骨——

這一堆又一堆；hamor，與"驢"同音，指敵人的屍體。

一塊驢腮骨——

我殺掉一千人！

[17]説完，就把手中的腮骨扔了。那地方後來便叫作腮骨坡。

[18]他這才覺得口渴得不行，急呼喚耶和華：第一次祈禱。是你，賜僕人的手大獲全勝；該我現在渴死，倒在那些留包皮的人手裏嗎？語氣不甚恭敬。[19]上帝遂使腮骨莊的窪地裂開，湧出一股清泉。[參孫]喝了，元氣恢復，元氣，ruah，風、氣、靈、精神。不啻重生。於是那眼泉水得名喚者泉，`en haqqore'，或山鶉泉。一説山鶉是原名，後人以參孫故事附會。至今還在腮骨莊。

[20][參孫]於非利士之日在以色列稱士師，凡二十年。大士師之六，16:31。

參孫在加沙

十六章

[一天]參孫去到加沙，在那兒遇見一個妓女，便進了她[的屋]。冒險入敵巢尋歡，聖者不避穢人。對比探子與妓女拉哈故事，書2章。[2]加沙人聽説參孫來了，原文脱"聽説"，從七十士本補。忙圍攏來，又通夜埋伏在城門口，打算悄悄地守一晚，懼其神力，不敢進屋抓捕。説：等到天亮，就殺了他！[3]不想參孫只睡到半夜；力士有心計。夜半時分，他起來了——握住那兩扇城門，連同一雙門柱和門閂，一下拔起，舊譯：拆下來，誤。扛在了肩頭。就這樣，一路扛去，上了希伯倫對面的山頂。走了約65公里。

德麗拉

[4]此後，他在紅葡萄溪谷愛上一個女子，跟之前尋妓不同，這第三個非利士女兒是他深愛的。名叫德麗拉。delilah，詞根諧音：賣弄風情、嬌小、黑夜，對參孫/太陽力士。無確解。[5]非利士人的幾個酋長便上去找她，五城頭領一起行動，3:3。説：你哄哄

他，參14:15。看他這麼大力氣哪來的，我們得怎樣制伏他，把他綁起來折磨。伏筆暗示力士的命運，下文21節。舊譯不通：克制。我們會每人給你一千一百塊銀子。鉅款。

⁶德麗拉就纏着參孫問：跟我說說，你這麼大力氣，哪來的？怎樣才能綁起來，折磨一下你呢？假裝講性愛遊戲。⁷參孫回答：如果用七條新牛筋繩綁我——要沒乾的，新鮮牛筋不會乾裂。我就虛弱了，跟別人一樣。⁸非利士酋長於是給她送來七條沒乾的新牛筋繩，她便一條條把他綁了。趁其熟睡，下文14節。⁹待人在內室裏埋伏好，她就喊了起來：非利士人來抓你了，參孫！[參孫]騰地掙脫了，那牛筋繩像一根麻絨線被火一撩。喻其神力，15:14。結果，他的大力仍是個謎。

¹⁰德麗拉卻對參孫說：情人繼續討"謎底"，陰謀未暴露。看，你戲弄我，騙我！你老實告訴我，現在就說，怎麼綁住你？¹¹答：如果用新索子綁我——要從未用過的，見15:13注。我就虛弱了，跟別人一樣。¹²德麗拉便取來幾根新索子，想必是酋長提供。把他綁了，然後大喊：非利士人來抓你了，參孫！——內室裏也埋伏了人，可是他掙斷捆臂膀的[索子]，像掐一段線頭。

¹³德麗拉仍纏着參孫不放：到現在，你還戲弄我，騙我！告訴我，究竟怎麼個綁法？潑辣，正是力士着迷的性格。答：如果把我的七綹頭髮跟[織機上的]緯線編在一起，以下至"編在一起"，原文脫，從七十士本補。七綹，獻身者蓄髮，結辮；七為聖數，致敬造主。再用杼子釘在牆上，杼子，passalos，或作木橛。我就虛弱了，跟別人一樣。¹⁴待哄他睡着，德麗拉便把他的七綹頭髮跟緯線編在一起，用杼子釘住，七十士本：釘在牆上。然後大喊：非利士人來抓你了，參孫！可是他從睡夢中驚醒，將織機的杼子和緯線一併拔了。七十士本另有：他的大力仍是個謎。

¹⁵[德麗拉]就嗔怪他：你心裏根本沒我，怎能說"我愛你"呢？愛情至上，不應像猜謎。三次了，你戲弄我，不告訴我，你這麼大力氣哪來的。¹⁶她不依不饒，天天纏着他叨嘮，弄得他靈中煩得要死，靈中，猶言整個的人。¹⁷終於，把心裏藏着的都吐露了，事不過三，第四回，士師防守失敗，14:17。說：我的頭

沒沾過剃刀，因我從娘胎起就是上帝的獻身者了。一旦剃掉頭髮，破獻身者戒律，13:5。我就會失去力氣，變得跟常人一樣弱了。

18德麗拉覺得他把心裏藏着的都吐露了，即派人去請非利士人的酋長，說：這一回，上來吧！他把心裏藏着的都告訴我了。我，傳統讀法。原文：她。非利士酋長趕緊上來，手裏捧着銀子。兌現承諾。19待哄他在自己膝上睡着，德麗拉便喚人[遞刀]，把他的七綹頭髮剃了。tegallah，單數第三人稱陰性：她剃。七十士本：他剃。就這樣，她開啟了他的受難，七十士本：他開始變得虛弱。而他果然失了力氣。20非利士人來抓你了，參孫！她喊。他從睡夢中驚醒，心說：如同前幾次，我抖一抖即可脫身。他不知道，耶和華已離棄了他。受難一如違反誡命，也是救主的設計，14:4注。21非利士人將他捉住，剜了他的雙眼。折磨反叛者的酷刑，王下25:7，耶39:7。然後押着他下到加沙，用銅鐐鎖了，逼他在大牢裏推磨。

22但他的頭髮，剃掉以後，開始長回來了。伏筆，神力復生。

23[這天]非利士人的酋長集會，在加沙神廟。為他們的神大鯀舉行盛大祭典。大鯀，dagon，非利士人殖民迦南後信奉的大神，主掌漁農，書15:41。歡聲之中，他們宣佈：

是我們的神，把參孫那仇敵
交在了我們手裏！

24百姓見到他們的神，民眾湧進神廟，禮瞻神像。紛紛讚美，一片頌揚：

是我們的神，把仇敵　一抄本同上節：參孫那仇敵。
交在了我們手裏——
那毀壞我們家園
屠殺無數同胞的頑敵！

25他們心花怒放，一會兒又嚷嚷起來：叫參孫出來，給我們跳個舞樂樂！wisaheq，笑、逗樂，轉指舞蹈、表演。舊譯（在我們面前）戲耍，不妥。於是從大牢裏提出參孫，讓他在眾人面前跳舞逗樂；完了又叫他站到兩根柱子之間。²⁶參孫對牽他手的僮僕説：請讓我摸摸支撐這神廟的柱子，我好靠一靠。頭髮長出，心計/智慧也回來了。²⁷當時廟裏擠滿了男女，非利士酋長悉數出席，天台上的男女約有三千，又是三的倍數，15:11。都在看參孫跳舞。

²⁸參孫便向耶和華呼喚：第二次祈禱，15:18–19。主耶和華啊！求求你，記得我，獻身者復仇之請。舊譯眷念，弱。出33:13，民10:9。求你再賜我力量，就這一次，happa`am，詞根同動詞（聖靈）"驅策"，13:25。啊上帝！讓我向非利士人復仇，一舉報還我的兩眼之仇！另讀：哪怕僅為兩眼裏的一隻報仇。心裏唯有私仇，始終不念同胞的苦難，15:8注。²⁹説着，參孫抱緊了支撐那神廟的兩根中柱，右臂一根，左臂一根；身子往上一貼，³⁰參孫大吼：讓我死吧，帶上非利士人！他迸出全副氣力，神廟塌了，壓上了酋長和廟裏所有的百姓。賠命率遠超酋長拉麥，創4:24。與他同歸於盡的死者，比他一生殺死的還多。

³¹而後，他的親族和家人下來，家人，直譯：父親全家。把他抬了回去，非利士人允許收屍，不報血仇，或視兒手為逐出部落的流浪漢。葬於黃蜂崗與俄希陶爾之間他父親麻挪亞的墓塋。參孫父先已逝世。他在以色列稱士師，凡二十年。

尾聲一：米迦的祭司

十七章

卻説以法蓮山地有一人，名米迦。mik̲ayehu，"誰能比耶和華"，常略作：mik̲ah。²他對母親説：您那一千一百塊銀子，同非利士酋長每人給德麗拉的錢，16:5。就是被人拿走，然後您發了詛咒，還向我耳中説——但是，銀子在我這兒，是我拿的。吞吞吐吐，因受詛而害怕，承認偷錢。媽媽道：願我兒蒙耶和華賜福！母親以祝福抵消先前的咒誓。³他就把那一千一百塊銀子交還母親，可是媽媽説：其實這銀子我已祝聖於耶和華了，即向神許願。由我親手交與我兒，做一尊神像或鑄像。給至高者塑像，違反十誡之二，出20:4。喏，還是給你！⁴然而他堅持把銀子還了母親。不敢收下，怕銀子還帶着詛咒。

母親便拿出兩百塊銀子，工錢。交給銀匠，請他做了一尊神像即鑄像，小銀像，或木雕包銀。放在米迦家裏。⁵於是這個米迦有了一間神龕。直譯：上帝的屋。他還製作了一領聖衣、求神諭用，8:27注。幾個家神像，teraphim，顯然嚴格的一神教觀念在子民中間尚未普及，創31:19，何3:4。並立自己一個兒子，手舉犧牲，直譯：（把犧牲）裝滿他的手，出28:41，29:9。當他的祭司。⁶那時候，以色列沒有君王，此評語尾聲在敘事節點重複四遍，儼如副歌，18:1，19:1，21:25。凡事人覺得對就做了。自由而爭競，反言神的代理人/受膏者缺席。

⁷有一年輕人，na`ar，一作少年。但流浪漢能被長者認作"父親兼祭司"，應是有些職業經驗和社會歷練的。寄居在猶大的伯利恒，聖城南面。是出於猶大支族的利未人。利未支族散居各地，以做祭司為業，書13:14，18:7。⁸這人離開猶大伯利恒鎮子，想另尋一地寄居。他走走停停，進入以法蓮山地，來到米迦家。⁹你從哪兒來？米迦問他。答：我是利未人，來自猶大的伯利恒，想找一個寄居的處所。¹⁰米迦道：就住在舍下吧，給我做個父親兼祭司。父親，尊稱神職權威。我每年給你十塊銀子，另管吃穿。原文此處另有：利未人走了。似衍文，抄重。¹¹利未人同意了，在他家住下；他看這年輕人，就像自己的一個兒子。米迦性格善良。¹²米迦請利未人手舉犧牲，年輕人就當了他的祭司，成了米迦家的一員。伏筆，暗示父親/祭司負有超出寄居者/客籍的義務。¹³米迦說：現在我曉得了，耶和華會恩待我了，因我有利未人做祭司。畢竟任命兒子做專職祭司有點勉強。

獅城

十八章

那時候，以色列沒有君王。見17:6注。

當時丹支族也在尋覓可定居的產業，因為以色列各支族唯有他們，直到那天還未分產業。其實分了，但被天父交在了異族手裏，1:34，13:1，書19:40–47。²於是丹的子孫從全支族選人，派了五名勇士，自黃蜂崗與俄希陶爾出發，去探察[新]家園。關照他們：去吧，查明那片土地！他們進入以法蓮山地，來到米迦家，住了一宿。³在米迦家，在家人中間。他們認出了那個利未青年的口音，講他們熟悉的猶大方言？就湊近去問他：誰帶你來的？你在這兒幹啥？這裏能給你什麼？仔細打探。⁴答：米迦待我如此這般，他聘了我給他當祭司。只說聘用，不提做父親，17:10。⁵那些人就說：請求問上帝，求神諭。我們想知道，我們此行能否成功？⁶祭司道：去吧，願你們平安！你們走的路常在耶和華眼前。彷彿吉利，又模棱兩可。

⁷那五人便上路去了。來到獅城，layish，黑門峰西南，書19:47注。只見城內百姓安居樂業，頗似西頓人的風俗，平寧而無備；boteah，信任人、無憂慮。既沒有國王發號施令，也無人獨攬大權。此句原文晦澀，歧解紛紜，校讀參傳統本注。距離西頓尚遠，跟亞蘭也不往來。閉塞而無盟邦。亞蘭，從西瑪庫本。原文：人。

⁸回到黃蜂崗與俄希陶爾的兄弟中間，眾兄弟忙問：怎麼說，你們？⁹答：起來，上去攻打他們！那片地我們看了，真是非常之好！創1:31。你們還等什麼？別磨蹭了，趕快，佔領那片地去！¹⁰出發吧，你們會碰上一族無備的人，看準了獅城人的弱點。土地寬廣，而且，上帝已經把她交在你們手裏——但凡田畝所產，她，指土地/城，陰性名詞。那裏一樣不缺。

¹¹於是，從黃蜂崗與俄希陶爾的丹支族出動了六百人，常見軍隊編制單位，3:31。皆佩帶兵器，¹²上到猶大的林鎮安營。林鎮，又名巴力城，在聖城西邊，書9:17。因而那地方又稱丹營，參13:25。至今未變，在林鎮背面。即西面，正門朝東。¹³由此他們進入以法蓮山地，來到米迦家。

¹⁴那五個去過獅城之地的探子，就告訴兄弟們：知道嗎，這片房子裏有聖衣、家神像和一尊[上帝]鑄像。直譯：神像或/即鑄像，17:3–4。現在你們懂了吧，該做什麼？

¹⁵他們便掉頭上那個利未青年的屋子，（去米迦家）向他道平安。見面問候語。括號內似插注。¹⁶那六百佩帶兵器的丹的子孫，左四字移自句末，原文錯置。就站在大門口，叫門。¹⁷讓那五個來過此地的探子進屋，去拿聖衣、家神像和[上帝]鑄像。故事裏無論偷、搶，皆說拿，17:2。祭司卻到了大門口，中計了。同那六百佩帶兵器的戰士一起站着。¹⁸[忽見]幾個人從米迦家提着聖衣、家神像

和[上帝]鑄像出來，祭司慌了：你們這是幹什麼呀？ ¹⁹別作聲，他們回答。
捂上你的嘴，跟我們走吧，給我們做個父親兼祭司。<small>新家園須有自己的聖所跟神職</small>
<small>人員。是給一個人當家庭祭司好呢，還是在以色列做一支族或一宗的祭司？</small>
²⁰祭司動了心；<small>"經濟理性人"，覺得對就做，17:6。</small>他接過聖衣、家神像和那尊偶
像，<small>合夥作案。</small>加入了他們的隊伍。

 ²¹他們繼續前行，讓婦孺、牲畜跟輜重走在前頭。<small>戰士殿後，防備米迦追擊。</small>
²²離開米迦家蠻遠了，米迦家和鄰屋的人才得了警報，<small>或作：叫喊（抓賊）。</small>
跑來追趕丹的子孫，²³一邊向丹的子孫呼喊。後者轉過臉來，對米迦說：
怎麼回事，你叫了人來？²⁴[米迦]道：我的神，<small>指上帝鑄像或家神像，皆通。</small>我
製作的，你們拿了不算，還帶走祭司！我還剩下什麼？居然問我"怎麼回
事"！²⁵丹的子孫回答：別讓我們再聽你嚷嚷！不然一幫苦靈人撞上你們，
<small>苦靈，marey nephesh，兼指受苦、哀傷、發怒、兇狠，撒下17:8；失去領地的丹支族的寫照。</small>奪
你和家人的性命！²⁶言畢，丹的子孫回頭上路。米迦見他們勢大，只好轉身
回家。<small>接受叢林法則。</small>

 ²⁷就這樣，他們帶着米迦的製作，並他曾經的祭司，來到了獅城，撲向
平寧而無備的一族。[丹的子孫]將全城付之與利劍，一把火燒光。<small>同1:8, 25。</small>²⁸
果然，無人救援，因為她距離西頓尚遠，跟亞蘭也不往來：<small>見上文7節注四。</small>她
位於通向寬城的一條溪谷中。<small>寬城，beth-rehob，丹城東北山城，屬亞蘭，撒下10:6。</small>

 經過重建，他們入住那城，²⁹稱之為丹城，名從祖宗即以色列的兒子
丹；但那城原本叫獅城。³⁰而後，丹的子孫給自己立起那尊神像，請摩西之
孫、<small>摩西，從諸抄本及七十士本、通行本。原文插一字母（上標）為先知避諱：瑪納西，mⁿshh。</small>
客順之子約納單，<small>yehonathan，"耶和華恩賜"。原來那服事偶像的利未青年是摩西後裔。</small>
並其子孫，做丹支族的祭司，直至那片地入囚之日。<small>被亞述征服，王下15:29。此</small>
<small>句為補注。</small>

 ³¹那米迦製作的神像，<small>此節係編者補記，貶抑北國的示路聖所。</small>他們也自己供
着，直到上帝的屋在示路的日子用盡。<small>聖所毀於非利士人之手，撒上4章，耶7:12，詩</small>
<small>78:60–61。</small>

尾聲二：利未人的妾

十九章

那時候，以色列沒有君王 —— 卻有一利未人，寄居在以法蓮山地的深處。路途遠，荒僻，故謂深。他從猶大的伯利恒娶了一個小妾。地位如奴婢，創21:12，出21:8注。²可是那妾像當妓的，喻其不服主子管教，非指性關係。七十士本意譯：一怒之下。竟把[男人]丟下，跑回父親家，猶言娘家，創38:11。在猶大的伯利恒一住就是四個月。³做丈夫的只好帶上僕人，備一對毛驢，起身去找她，向她的心兒說話，熟語，形容討歡心、安慰，創34:3, 50:21。勸她回來。她就讓[丈夫]進了父親家。七十士本：當他來到她父親家。

少女的父親見他來了，少女，古俗女子十二歲月信至，可論婚配。大喜，知道兩人和解了。忙張羅待客。⁴岳父即少女的父親留他住了三日，一塊兒吃喝歇宿。⁵第四天，他們清早起來，準備上路，少女的父親對女婿說：吃小點麵餅吧，婉言用餐。心勁兒足了，喻吃飽有力氣。再走不遲。好客，也是為做妾的女兒着想。⁶於是坐下，兩人一起用餐。岳父請女婿，女兒不上桌。少女的父親對那人又說：何不再住一晚，讓心兒樂樂？作者愛用"心"字。⁷那人本來起身要走，但岳父一再挽留，就住下了。⁸第五天，起個大早要走，少女的父親又說：心勁兒得足呀！於是兩人又[坐下]用餐。不知不覺日頭偏西了，⁹那人同小妾、僕人便起身告辭，岳父即少女的父親勸道：看，天色將晚，索性再住一宿。瞧，日頭快落了，反復提示，黑夜/慘劇在逼近。在這兒過夜吧，讓心兒樂樂！明天一早再上路，回你的帳篷。提喻家鄉，20:8。

¹⁰然而那人不願意留宿。他起身上了路，來到耶布斯亦即耶路撒冷對面，耶布斯，意為踩踏。帶着一對上了鞍的驢、他的妾和僕人。校讀。原文：妾同他一起。

¹¹臨近耶布斯，日頭西沉。僕人問主子：要不我們轉去這座耶布斯人的城，上那兒投宿？¹²主子道：外邦人的城我們不進，守潔。他們不是以色列

子孫。我們還是去戈崗。gib`ah，在聖城北邊，掃羅王的家鄉，撒上10:26。[13]接着，又吩咐僕人：走，我們上別處去，戈崗或者拉瑪，哪兒投宿都行。[14]於是他們繼續趕路。太陽落山時分，到了本雅明的戈崗。[15]遂下來，往戈崗投宿。進了城，在廣場坐下，卻沒有人家讓他們留宿。違反待客之道，聯想罪城所多瑪故事，創19章。

[16]末了，夜幕降臨，一老者從田間勞作歸來——他也是以法蓮山地人氏，寄居在戈崗，外鄉人，一如羅得在罪城，創19:9。而本地人係本雅明子孫——[17]老者抬眼見城裏廣場上有個旅人，就問他：你去哪兒？從何處來？[18]那人答：我們是從猶大的伯利恒來的，要去以法蓮山地深處——在下是那裏的人，到猶大伯利恒去了一遭，正在返家途中，校讀從七十士本，參下文29節。原文：去耶和華的家。指聖所。可是沒有人家肯收留。[19]其實我們自己已有秣料餵驢，麵餅和酒在下也有，還有這個婢女並您僕人身邊的僮僕，婢女，謙稱小妾。我們一樣不缺。只需一個睡處。[20]老者道：願你平安！表示歡迎。一切需用，包在我身上；只是你們不可在廣場上過夜。[21]說着，便領他進了自己家，把驢餵了，又安排洗腳、用餐。

[22]他們正滿心歡喜，突然一群本地人，百戾魔伢仔，喻惡人；百戾，beliyya`al，是傳說中的惡魔，申13:14，撒下22:5，詩18:4。把屋子團團圍住，砰砰打門，喊那老者即房主人：把人交出來，進了你家的那個，讓我們認識認識！借喻性交，21:11–12，創19:5。[23]房主人就出去，勸他們：別，別，各位兄弟，千萬別幹那種壞事。這人既已進來我家，這麼做可恥呀！hannebalah，特指違犯聖法的罪行。[24]要不，我有女兒，是姑娘身子，還有他的妾，視婦女如財物，親生女兒亦不例外。妾是客人的婢，犧牲她，丟卒保車，創19:8。我把她們領來，你們拿去折磨，隨便怎樣處置。但對這人，求求你們，別做可恥的事情。[25]可是那些人不願聽他的。那做丈夫的就抓住小妾，推出[門]去，給了他們。"經濟理性人"為活命能捨棄一切，如撒旦指出，伯2:4；救主卻沒有干預。那些人便同她認識，糟踐了整整一夜，直到拂曉，曙色初現才把她放了。

²⁶黎明時分，那女人回來了；她倒在了她主子留宿的人家門口，直至天亮。暗示黑夜過去，仇殺將至。²⁷早晨，她主子起來，打開屋門，正準備上路——誒，這女人，他的小妾，這才認出，想起她來。趴在屋門口，兩隻手搭在門檻上。²⁸起來！他說，該出發了！不管死活。以利未人/祭司的麻木殘忍，凸顯以色列的確沒了君王，那唯一的王。沒有回答。故事至此仍不說"死"字。那人便將她馱上驢背，動身回家。

²⁹回到家裏，取出一把尖刀，ma'akeleth，特指屠宰用刀，創22:6, 10。抓住他的小妾，再一次抓住她，上文25節。把肢體切開，作十二塊。對應子民十二支族，但本雅明人是兇犯，不在送殘屍之列。然後將她分送以色列全境，³⁰並吩咐使者：你們去通報全以色列：自以色列子孫出埃及之日至今，可曾有過這樣的事？校讀從七十士本。原文脫前半節：凡見到（殘屍）的都說：自以色列出埃及之日至今，從未有過，也沒見過這樣的事。請大家想想，商量一下，給個説法！

血洗本雅明

二十章

於是以色列子孫全體出動，從丹城到誓約井，兩地代表福地的北界與南疆，撒上3:20，撒下3:10。包括基列之地，伏筆照應21:8以下。會眾集合如一人，十一支族組成聯軍。在瞭望台，耶和華面前。聖所祭壇前，11:11。²子民的首領都站到一處，以色列各支族組成上帝子民的會眾，四十萬揮刀的步兵。誇張修辭。³而本雅明子孫也聽説了，插入語，下接14節。以色列子孫上了瞭望台——以色列子孫發問：説吧，這惡行是怎麼回事？⁴那利未人，遇害女子的丈夫，回答：戈崗屬本雅明，我帶着小妾去投宿。⁵戈崗主人卻起來害我，主人，猶言居民，9:2注。當晚包圍了我[住]的屋子。他們企圖殺我，將我的妾強暴了致死。不說自己為保命犧牲了少女，19:25。⁶所以我才拿來我的妾，切開了分送以色列的產業各地，因為那些人對以色列造下的可恥暴行！⁷聽着，你們都是以色列子孫，因而負有族人報血仇的團體義務，創34:27，利20:5注。請大家評評理，做決定！

⁸全體子民如一人站起，喊道：我們誰也不要回帳篷，誰也不要返家！表決心，請戰。⁹現在就行動，討伐戈崗，拈鬮出兵！¹⁰以色列各支族都要出人，一百抽十，一千抽百，一萬抽千，給大軍籌集糧草。保障後勤。然後[大軍]一到本雅明的戈崗，校讀。原文：戈丘。就替以色列雪恥！視為全族受辱，而非一人的命案，創34:7。¹¹如此，以色列人全體集結，聲討那城，團結有如一人。

¹²以色列眾支族派人走遍本雅明支族，單數從七十士本及通行本，原文誤作複數。宣告：這是何等的惡行，居然發生在你們中間！¹³馬上交出兇犯，戈崗的那幫百戾魔仔仔，見19:22注。讓我們處死他們，從以色列根除邪惡！申17:12。然而，本雅明不肯聽自家兄弟以色列子孫的呼籲。內戰爆發。

¹⁴本雅明子孫遂從各城彙集戈崗，上接3a節。準備迎擊以色列子孫。¹⁵那一天，自各城招募的本雅明子孫，計有兩萬六千人揮刀，不算戈崗居民。原文此處抄重：七百精兵。從古譯本刪。¹⁶全軍並有七百精兵，清一色的綁起右手，左撇子，一如艾胡，3:15注。且善用環索投石，毫髮不爽。

¹⁷以色列人這邊，除去本雅明，總計四十萬人揮刀，個個是戰士。絕對優勢兵力。¹⁸他們起身，上到伯特利求問上帝；開戰前求神諭。以色列子孫說：我們當中該誰先上去同本雅明子孫交戰？耶和華回答：猶大先上。簡短，不言勝負。¹⁹於是以色列子孫一早出發，至戈崗對面紮營。

²⁰以色列人出營，向本雅明進攻——以色列人對戈崗擺開陣勢。此役一波三折，類似約書亞攻打艾城故事，書7–8章。²¹但本雅明子孫從戈崗殺出，那天以色列毀棄在地的，喻陣亡。足有兩萬兩千人。以下二節對調，以順文意。²³以色列子孫就上去，退回伯特利。在耶和華面前痛哭直到傍晚，而後求問耶和華：可否再去同我們的兄弟本雅明交戰？耶和華回答：只管進攻。依然簡短。²²以色列軍便鼓起勇氣，在前一日佈陣的地方擺開陣勢。²⁴這第二天，以色列子孫又迫近了本雅明子孫；²⁵這第二天，本雅明又從戈崗殺出，迎擊以色列子孫，毀了一萬八千人在地，全是揮刀的[戰士]。

²⁶以色列子孫全軍撤退，回到伯特利，哀哭着坐在耶和華面前。當日禁食，表懺悔，志哀，詩35:13。直到傍晚，給耶和華獻上全燔祭和平安祭。²⁷而

後以色列子孫向耶和華求問 —— 當時那是上帝約櫃的駐地，此句係編者插注。民25:7，書22:13。[28]那些日子有亞倫之孫、艾利阿澤之子菲尼哈在[約櫃]前執禮 —— 說：可否再次出擊，同我們的兄弟本雅明交戰？抑或休兵算了？想知道勝負。耶和華回答：進攻！明天我必把他[們]交在你手裏。預言。

[29]以色列遂在戈崗四周設伏。謀事在人，用計。以下至章末，兩個文本傳統交織，敘事重複，不甚連貫。[30]第三天，以色列子孫向本雅明子孫挑戰，如同前兩次，對着戈崗佈陣。[31]本雅明子孫就出城迎敵，卻被引開去了。如同前兩次，他們開始攻擊大路上的敵軍；那大路一頭通伯特利，一頭往戈崗 —— 一頓砍殺，野地裏倒下約三十個以色列人。[32]本雅明子孫說：碰上我們就垮了，跟上回一模一樣！驕兵輕敵。其實以色列子孫是奉命：直譯：（先已）說了。撤！引他們離開城池，上大路。

[33]以色列將主力撤至海棗巴力，ba`al tamar，地點不詳。重新佈陣。牽制敵軍。同時以色列的伏兵從戈丘西面的埋伏處殺出，西面，從七十士本。原文：荒地。[34]那一萬精銳，全以色列的特選，對戈崗發起了猛攻！戰鬥十分激烈，而一方還不知道，大禍業已臨頭。

[35]耶和華在以色列面前大敗本雅明；強調成事在神。那一天，以色列子孫在本雅明毀了兩萬五千一百人，參較下文46節。全是揮刀的[戰士]。

[36]本雅明子孫這才明白，大勢已去 —— 下接45節。

原來以色列人在本雅明面前佯敗，插入此段，添加細節，書8:19以下。是因為對戈崗設了埋伏。因為，直譯：倚仗。[37]那支伏兵迅雷一般攻破了戈崗，然後鋪開，伏兵將全城付之與利劍。[38]之前，以色列人與伏兵約定，原文"伏兵"後有衍文：大/多。從古譯本刪。破城後升煙為號，[39]以色列人即可反攻。正當本雅明開始砍殺以色列人，刺倒了約三十個，說：真是一碰就垮，跟上回一模一樣！ —— [40]城裏升起了一柱濃煙。本雅明回頭望去，啊呀，整座城煙火衝天！彷彿全燔祭，kalil，全城獻與上帝，申13:17。[41]而以色列人已經轉過身來，本雅明人一片驚恐，出15:15。因為都看見了，大禍臨頭！[42]他們在以色列人面前潰散，朝荒野奔竄。可是廝殺纏上了他們，而城裏衝出來的又斷了他們退路。校讀從聖城本。原文費解：毀之於中間。城，原文誤作複數。43**本雅明被兩頭夾擊，追趕踐踏，從諾哈直到戈崗對面的日出之地**。從諾哈，minnohah，從七十士本，代上8:2。原文：休憩地，menuhah。44**[那一天]本雅明栽倒了一萬八千人，勇士盡失——**

45**他們慌忙轉身，**上接36a節。**逃往荒野，朝石榴岩方向。**sela` harimmon，傳統說法，在伯特利東面。**大路上被摘去了五千人，**比作以色列摘吃果子。**餘部逃到戈東，**失考。**又被追兵殺了兩千。**46**那一天，本雅明共倒下兩萬五千人，**包括出城的主力和戈崗守軍，"修正"上文35, 44節的數位，片斷不同故。**全是揮刀的勇士。**47**但有六百人轉身逃進荒野，到了石榴岩，在石榴岩躲了四個月。**勝者手下留情，沒有圍攻。

48**以色列人就回去剿滅本雅明子孫，把他們付之與利劍——各城的人畜，**人，mimmethim，校讀從傳統本注。原文：完好，methom。**遇上即殺**；內戰演變為聖戰，子民禁絕子民。書8:26–28。**所到的村鎮一把火燒光。**

瞭望台之誓

二十一章

以色列人曾在瞭望台起誓：戰前誓師之會，20:1, 8。**我們誰也不可把自家女兒給本雅明為妻。**視之為敵族，禁絕的對象。

2**子民來到伯特利，**聖戰結束，回聖所舉行祭禮。**坐在上帝面前，放聲大哭，直到傍晚：**3**耶和華啊以色列的上帝，他們說，為什麼以色列會是這樣，如今以色列缺了一支族？**雅各家不再完整，辜負了祖宗。4**次日，子民早早起來，就地築起一座祭壇，**新壇，以示誠意。**獻上全燔祭和平安祭。**5**以色列子孫還說：以色列支族當中，誰沒上來耶和華面前，參加會祭？這是因為他們對那不來瞭望台拜祭耶和華的，**即拒絕參加討伐本雅明者。**曾立一大誓：殺無赦！**

6**然而，以色列子孫對自家兄弟本雅明有了悔意，**yinnahamu，兼指憐憫。**說：今天以色列被斫斷了一支。**7**怎樣才能給殘存者娶妻呢？**指石榴岩的六百殘部，20:47。**我們是指耶和華發過誓，決不把女兒給他們為妻的呀**。誓言不可撤回，11:35。

      [8]**有人就問：以色列支族當中，有誰沒來瞭望台拜祭耶和華呢？對了，基列山的干城**，yabesh，位於約旦河東，基列之地西北，是本雅明的傳統盟友，撒上11章，撒下2:4。**沒有一人入營，參加會祭。**[9]**待軍隊集合點名，果然，基列山干城的居民無一在場。**[10]**於是會眾派出一萬二千勇士**，這一次自己決定，未求神諭，20:18。**命令他們：去，把基列山干城的居民付之與利劍，包括婦孺！**剷除盟友，以絕後患。[11]**你們須這樣處置：但凡男子，及與男子相認即同床的女子，一律禁絕**。七十士本此處多一句：但童女你們得留下性命。他們照辦了。[12]**他們在基列山干城的居民裏，找到四百個童女，未曾與男人相認或與男子同床的，就把她們帶到迦南之地示路營內**。約旦河西聖地，書18:1注。

      [13]**之後，全會眾派人去石榴岩傳話與本雅明子孫，宣佈同他們和解。**[14]**本雅明當時就回來了**。先拿回部分領地。**[會眾]便把基列山干城女子裏活下來的那些，給他們為妻──但是人數不足**。還缺兩百，引出搶婚故事。

示路的女兒

      [15]**於是子民對本雅明仍抱有悔意，因為耶和華在以色列支族中開了一道缺口**。既是懲罰，也是對會眾團結的考驗。[16]**會眾長老就說：本雅明絕了女人，怎麼給殘存者娶妻呢？**[17]**還說：本雅明的遺民得有人承嗣呀，別讓以色列泯沒了一支。**[18]**可我們自己沒法把女兒給他們為妻，因為，以色列子孫曾立下誓言：那給本雅明送女人的，必受詛咒！**補充上文1節的誓言。

      [19]**有人出了個主意：看，有個耶和華的節**，一說源於迦南豐收節，9:27；姑娘着白袍入葡萄園跳舞，擇偶成婚，《拉比法典/禁食篇》4:8。**每年在示路舉行──那城在伯特利北邊，伯特利到石肩那條大路的東側，乳香村南面**。乳香村，lebonah，示路西北一山村。

²⁰於是他們教本雅明子孫這麼做：**你們去葡萄園裏埋伏。**²¹**好好盯着，一俟示路的女兒出來跳舞，你們就從葡萄園衝出，每人劫一個示路女兒當老婆，攜回本雅明之地。** 故事原型，或是節日搶婚的古俗。²²**她們的父兄如果來向我們要人，**舊譯不通：爭競。**我們就説：看在我們的份上，請寬待他們。** 或作：我們恩待了他們。原文有訛，無定解。**我們打仗，無法給每人找一個老婆。** 我們，古譯本：他們。**但你們這邊也沒有許配，並不會因此而承罪。** 未違反瞭望台之誓。

²³**本雅明子孫照辦了。他們按自己的人數，**共兩百光棍，上文14節注。**搶了跳舞的姑娘做妻子；搶到就走，趕回自家產業，然後重建了城鎮居住。**

²⁴**之後，以色列子孫便解散了，**不幸的示路人勢單力薄，只能忍了。**按支族宗親離開那裏，返回各自的產業。**

²⁵**那時候，以色列沒有君王，**士師時代結束，17:6, 18:1, 19:1，指向先知撒母耳故事，及君主制的建立。**凡事人覺得對就做了。**

二零二零年五月初稿，二一年二月定稿

撒母耳記上

漢娜獻子

一章

從前，以法蓮山地的雙丘有個祖菲人，雙丘，ramathayim，示路往西，圍水東南，又名拉瑪，下文19節。名叫艾爾迦納，'elqanah，"上帝創造/獲得"。是以法蓮人祖菲的玄孫、托戶曾孫、艾力胡之孫、耶憐之子。耶憐，yeroham，常名。[2] 他有兩房妻子，大房名漢娜，hannah，"恩典"。二房叫珍珠。peninnah，元配不育，納珍珠為二房，創16:2。珍珠有孩子，漢娜沒有。[3] 這人每年要離開鎮子，上示路朝覲，為萬軍耶和華獻祭。住棚節至聖所守節，出23:16，利23:39，書18:1注。那裏有俄理的兩個兒子，霍夫尼與菲尼哈，皆埃及名。做耶和華的祭司。伏筆，2:12以下。

[4] 每逢獻祭之日，艾爾迦納都會帶幾份給妻子珍珠和她的兒女；家人分享祭餐，申12:17-18。[5] 漢娜卻要給雙份，另如七十士本：僅給一份。因為漢娜是他所愛，雖然耶和華閉了她的子宮。[6] 她的對頭就冷嘲熱諷，舊譯不通：大大激動。把她百般奚落，只因耶和華閉了她的子宮。名為恩典，竟無緣蒙生子，士13:2注四。[7] 年年如此，每次上到耶和華的屋，都是這麼冷嘲熱諷。害得她傷心落淚，飯也不吃一口。[8] 丈夫艾爾迦納勸她：漢娜，你哭什麼，那麼傷心？何苦餓着呢？直譯：不吃。有我對你好，不比十個兒子強？不便或不欲批評珍珠。

[9] 待他們在示路用了餐，漢娜就起身，去耶和華面前站着。此短語原文無，從七十士本補。而祭司俄理的座椅，恰挨着耶和華聖所的門柱。[10] 她靈中的苦楚化為向耶和華的祈禱，淚水漣漣，[11] 遂許下這一大願：萬軍耶和華啊，若是你垂顧你使女的卑微，兼指痛苦，路1:48。不忘把使女放在心上；直譯：記住我而不忘使女。若是你恩賜使女一個男孩，我一定將他獻給耶和華，一輩子，頭不沾剃刀！歸聖而獻身，士13:5。

¹² 她這麼禱告良久，在耶和華面前，俄理卻在注意她的嘴唇。¹³ 原來漢娜是在心裏訴説，俄理只見嘴唇蠕動，聽不到話音，以為她喝醉了：一般禱告要出聲，而節期酗酒者多。¹⁴ 你想醉到幾時？還不把酒戒了！俄理説她。¹⁵ 漢娜道：啊不，大人，可憐我一個苦靈女人，苦靈，qeshath-ruah，指生活艱辛，伯30:25。葡萄酒烈酒一滴沒喝呀。我這是在向耶和華傾吐苦情，直譯：我的靈。¹⁶ 請別把使女當百戾魔女兒了。猶言壞女人，士19:22注。我是因為煩惱悲傷已極，才説到了這會兒。¹⁷ 去吧，俄理回答，願你平安！願以色列的上帝遂你所願。但祭司沒問苦靈究竟有何困難，祈求什麽。¹⁸[漢娜]拜道：小婢在大人眼裏蒙恩了。態度十分恭敬。言畢，女人就去了。她恢復了飲食，七十士本：回到她的旅店，同丈夫一起吃喝。臉上的[愁雲]也不見了。

¹⁹ 次日，一家人早早起來，到耶和華面前敬拜了，便返回拉瑪家中。拉瑪，即雙丘，上文1節注。艾爾迦納與妻子漢娜相認，婉言同房，創4:1，士11:39。果然，耶和華記得：²⁰ 漢娜懷上了！期滿，誕下一子，取名撒母耳：shemu'el，"大神／上帝之名"，諧音：自上帝求得，sha'ul me'el，9:2注。因為，漢娜説。他是我向耶和華求得的！

²¹ 又到年祭，丈夫艾爾迦納偕全家上去，向耶和華獻祭並還願。感恩之禮，慶母子平安，利22:29。²² 漢娜卻沒有上去，而是對丈夫説：等孩兒斷了奶，我就帶他去。而一旦見到耶和華的聖容，見到，nir'eh，傳統本標音作：出現（在耶和華面前），nir'ah。是虔敬讀法，避人見聖容之禁忌。他就得留下，永遠在那兒了。²³ 她丈夫艾爾迦納同意了：你覺得好就行，等他斷奶再説。流露出真實感情，捨不得；古人斷奶較晚。唯願耶和華立定你口中所出！從七十士本及死海古卷，4Qsamᵃ，指漢娜的許願。原文：他的話（應驗）。妻子於是留下給兒子哺乳，直至斷奶。

²⁴ 一俟斷奶，她便帶上孩兒，[叫丈夫]牽一頭三歲小公牛，從七十士本及死海古卷。原文：三頭公牛。背一筐麵粉並一皮囊酒，一起來到示路耶和華的屋──儘管那孩兒還小。直譯：那孩兒（還是個）孩兒。²⁵ 他們宰了牛，便送孩兒去見俄理。²⁶ 漢娜説：大人在上，大人的靈常在，起誓語，但不指上帝，虔敬故。靈，指整個的人、生命。我就是當年站在您這兒向耶和華禱告的那個女人。²⁷ 這

孩兒，便是耶和華[垂聽了]我的祈禱，遂我所願，我求得的！²⁸我要將他奉獻耶和華，奉獻，hish'iltihu，贈送、借給、轉讓，詞根同"求得"。一輩子，讓他獻歸耶和華！

他們就在那兒拜祭了耶和華。他們，從少數抄本，2:11。原文：他。死海古卷：她。

漢娜之歌

二 章

漢娜還做一祈禱，編者插入的感恩頌，內容風格與故事情節不甚吻合。說：

我的心因耶和華而欣喜
啊耶和華，我犄角高揚！犄角，象徵大力、榮光，詩18:2, 75:4–5。
開口就把仇敵[嘲笑] 一作吞吃。但漢娜似不應自比野獸。
憑你的救恩，我歡愉！賽61:10，路1:47, 49。

²無可比擬而至聖，耶和華——
除了你絕無別個，無磐石 經書熟語，喻上帝、神明，申32:15。
如我們上帝。

³所以說話不要太傲慢 警告子民的敵人。
不要口吐愚狂；'athaq，妄言，不敬神，詩31:18, 94:4。
因為耶和華上帝全知
[人的]作為歸他衡量。依據聖法，佈施公義。

⁴壯士的弓紛紛折斷 弓，喻勇力。神的審判將顛倒社會/階級秩序，
跌倒的，卻有勇力束腰。 讓受壓迫者翻身，賽54:1，詩113:7–9。
⁵飽足的[現在]要為一塊麵餅賣勞力

餓肚子的，再不用受饑；

而荒胎的竟連生七胎　極言家庭完滿，參下文21節。

那兒女成群的，反遭遺棄。　'umlalah，凋敗、淒涼狀。

⁶耶和華賜死，也賜生命　打開子宮，結胎生產。

又扔陰府又讓人高升；陰府，即陰間，一切亡靈的歸宿，申32:22。

⁷變貧變富，都在耶和華

有貶低也有褒舉。

⁸卑微的，他自泥塵裏擢拔

把窮人撿出糞堆

令他們與王公同席

繼承其榮耀之位。路1:52–53。

因為，地柱全屬耶和華　古人以為地下有柱，立於深淵。

是他將世界立定。詩24:2, 75:3，伯9:6, 38:6。

⁹虔敬者的腳步，他必守護

黑地裏使惡人沉寂──　yiddammu，猶言毀亡，賽15:1，耶8:14。

決不許人靠蠻力獲勝。

¹⁰凡與耶和華為敵的，他必粉碎　從死海古卷。原文：耶和華啊

必從諸天擲下雷霆！　他的敵人被粉碎。

啊地極到地極，耶和華審判：地極，猶言天下萬物，賽40:28。

大力必賜予他的王　史誤：其時以色列尚未建君主制，8:1以下。

他受膏者的犄角，必高揚！受膏者，復指國王。詩89:17, 24。

¹¹之後，上接1:28。艾爾迦納[與妻子]回到拉瑪家中；那孩兒則留在了祭司俄理面前，從其受教。開始侍奉耶和華。

俄理的兒子

¹²**俄理的兒子卻是[一對]百戾魔伢仔**，喻惡人，1:16，士 19:22。**既不理會耶和華**，¹³**也不守祭司得自子民之份**。mishpat，法定可取的祭品份額，利 7:28–36，民 18:8–18，申 18:3 注。**逢人宰獻祭牲，煮祭肉時，祭司的僕人就過來，手拿一把三齒叉**，肉叉。¹⁴**往鍋盆釜鑊裏戳**。四樣器皿，形制失考。**凡是那叉子撈出的，祭司便拿去享用**。從古譯本。原文：用它。**他們對所有來示路的以色列人，都這麼幹**。示路聖所的規矩和祭司特權，與後來載於聖法的耶京聖殿的制度不同。¹⁵**甚而不等燒脂肪**，化為青煙，由上帝悅納，利 3:3–5。**祭司的僕人就過來，對獻祭者說：交肉了，給祭司烤去！他不要你煮過的，只要生肉！**¹⁶**若那人回答：先讓脂肪燒化了吧，然後您中意的儘管挑！他就訓斥：不！現在就交，不然我強取了！**¹⁷**所以耶和華眼中，這[兩個]年輕人罪愆極大，因為他們蔑視耶和華的祭品**。他們，從死海古卷及七十士本。原文：人。

¹⁸**撒母耳也在耶和華面前執禮，小童繫一條細麻聖衣**。祭司穿着，如圍裙，下文 28 節。¹⁹**母親每年為他做一領小無袖外袍**，me`il，也是祭司服，配聖衣，出 28:31。**她同丈夫上來獻年祭時，便帶來給他**。²⁰**俄理總是祝福艾爾迦納夫婦：願耶和華由這女人賜你以子實**，喻兒女、後代。**回報她給耶和華的奉獻**。呼應 1:28。**而後，他們就回家。**

²¹**耶和華確實眷顧漢娜，她懷孕生了三子二女**。加上撒母耳，共六胎。**同時，小撒母耳跟耶和華在一起**，死海古卷：在耶和華面前。**漸漸大了。**

²²**俄理卻上了年紀**。死海古卷另有：九十歲了。參 4:15。**他聽說兒子對全以色列犯下的種種，又如何找那些在會幕門前伺候的女子睡覺**，伺候，或指異教活動，出 38:8。死海古卷無此短語。²³**就訓斥他們：怎麼回事？所有人都在講你們幹的壞事，連我都聽到了！**²⁴**不行，我兒，我聽到都是罵名**，直譯：不好的傳聞。**但已傳遍了耶和華的子民。**²⁵**人如果觸罪於人，可請上帝裁斷**；或如七十士本：求上帝寬赦。上帝，路德本及欽定本：士師。**人若是觸罪於耶和華，誰能替他求情呢？然**

而，他們聽不進父親的話，因為耶和華已決意殺掉他們。惡人雖有自由意志，
"硬了心"的終極原因仍是神意，出 4:21, 7:3。

　　²⁶同時，小撒母耳日漸長大，既蒙恩於耶和華，又受人喜愛。路 2:52。

徵兆

　　²⁷一上帝之人，美稱先知或聖者，書 14:6，耶 35:4。來見俄理，説：此乃耶和
華之言：當年你父親家在埃及給法老家為奴，原文脱"為奴"，據死海古卷及七十
士本補。父親，指祖宗利未。我沒有再三顯現麼？²⁸難道我沒有從以色列支族中揀
選他，做我的祭司，登我的祭壇，焚香獻牲，舉聖衣在我面前；舉聖衣，形
容拈鬮求神諭，士 8:27。沒有把以色列子孫的火祭全部賜予你父親一家？利未人負
責祭祀。²⁹為什麼，踢開我的犧牲和素祭，踢開，死海古卷：覬覦。明明我已規定
了居處？ma`on，即聖所，提喻祭禮。一説為衍文，無善解。而且榮耀你的兒子，更勝
於我，只管拿我子民以色列祭品的初熟之果，養肥自己！斥其破壞祭禮，褻瀆至
聖。³⁰所以，耶和華以色列的上帝宣諭：我曾應許你家，一如你父親家，永
在我面前行走。指做祭司而蒙福。可是現在──耶和華宣諭──我決不允許！
榮耀我的，我賜榮光；鄙棄我的，必遭鄙視！詩 18:25-27。³¹看哪，日子快到
了，我要砍下你的臂膀，象徵力量、權勢，賽 33:2，詩 10:15, 37:17。你父親家的臂
膀，使你家絕了長者。³²而你將目睹對頭 [佔了] 居處，對頭，zar，或作敵人、困
頓。校讀：你將嫉恨地目睹。無定解。並以色列受賜的一切福祉，但你家不會有一
個長者，永不。³³我會留一人，不從祭壇前剪除；要他哭瞎眼睛，他，從死
海古卷及七十士本。原文：你。靈中悲徹，當你的一眾家人死於刀劍。從死海古卷及
七十士本。原文費解：死（如）眾人。

　　³⁴這於你是一徵兆，你兩個兒子霍夫尼與菲尼哈的命運──二人將在
同一天殞命。見 4:11。³⁵我要擢立一位信仰堅定的祭司，通説指大衛王的祭司撒
都，撒下 8:17。他將依從我的心、我的靈行事。而我必給他修築堅固的家，堅
固，ne'eman，同上句"信仰堅定"。讓他行走在我的受膏者面前，為以色列的君主制正

名，上文 10 節注，撒下 7:11–16。**日日年年。** [36] **而你家的殘餘，**在示路聖所衰落後。**每一個都要去向他叩拜，乞討一塊銀錢或麵餅，說：求求了，給我一份祭司的活，讓我吃上一口麵餅。**

撒母耳蒙召

三章

卻說小撒母耳在俄理面前侍奉耶和華，接回 2:11。**當時耶和華極少降言，異象亦屬罕見。**暗示俄理家族與聖言隔絕。

[2] **那天，俄理在自己屋裏躺着；他眼睛昏黯，幾乎看不見了。**老祭司昏聵，一個時代即將過去。[3] **上帝的燈尚未熄滅，**黎明前。燈，即約櫃幔子外面的長明燈，出 27:20–21，利 24:3。**撒母耳睡在耶和華的聖所內，上帝的約櫃那裏。**頒佈神諭處，出 25:22。[4] **忽而耶和華呼喚撒母耳。**死海古卷：撒母耳！撒母耳！**在！他應了一聲，** [5] **跑到俄理 [床]前說：在這兒呢，**hineni，應答語，同上節"在"。**您叫我？**似乎聖言飄忽不定，微弱，王上 19:12，孩子無經驗，辨別不了。**答：我沒叫啊，回去睡吧。他便去睡下了。** [6] **俄而，耶和華又喚：撒母耳！撒母耳忙爬起來，到俄理 [床]前說：在這兒呢，您叫我？答：我沒叫啊，我兒；**愛稱。**回去睡吧。** [7] **原來，撒母耳對耶和華尚無認知，未曾聆受耶和華之言。**認知、聆受，乃先知之責。[8] **所以第三次，當耶和華呼喚撒母耳時，他又爬起來，到俄理 [床]前說：在這兒呢，您叫我？俄理卻明白了，是耶和華在喚這孩子。** [9] **俄理便叮囑撒母耳：去睡覺吧。如果他再叫，你就回答：請說，耶和華，僕人恭聽。撒母耳便回房睡下了。**

[10] **耶和華來了。他站下，像前幾次一樣呼喚：撒母耳！撒母耳！**話音變得清晰，但並無顯現聖容。**撒母耳忙回答：請說，僕人恭聽！**沒說聖名，膽怯故。[11] **耶和華遂向撒母耳道：看，我要在以色列做一件事，凡聽到的，他兩耳必打鳴。**恐懼狀，耶 19:3。[12] **到那天，我必向俄理兌現我對他家的預言，從頭至尾，全部！** [13] **我已經告訴他了，**通過上帝之人，2:27–36。**我要辦他家的罪，至永遠，**

因為他明知兒子褻瀆上帝，'elohim，從七十士本。原文：為自己（詛咒），lahem，係虔敬者改寫。卻不制止他們。制止，或作斥責。¹⁴如此，對俄理家我立誓：俄理一家的咎責，無論犧牲抑或素祭皆不能遮蓋，喻赦免。至永遠。

¹⁵撒母耳躺着，睡不着了。捱到天亮。打開耶和華的屋門，準備執禮。撒母耳卻不敢把異象告訴俄理。¹⁶可是俄理已經在叫撒母耳了：撒母耳啊，我兒！他只好應聲：在。¹⁷[俄理]問：他跟你講了什麼？別瞞我，啊？願上帝這樣待你，並加倍[降罰]，咒誓語。如果你把他跟你講的對我隱瞞一個字！¹⁸撒母耳就複述了一遍，什麼也沒隱瞞。[俄理]道：他是耶和華，他覺得好就行了。虔誠，伯1:21, 2:10。

¹⁹就這樣，撒母耳長大了。耶和華與他同在，讓他說話沒有一句掉落在地。即每次預言，所傳神諭都能應驗。²⁰全以色列，從丹城到誓約井都曉得，撒母耳信仰堅定，參2:35。是耶和華的先知。²¹而耶和華則繼續顯現於示路，因為耶和華常給撒母耳啟示，人神關係修復，藉新擢立的少年先知。在示路，以耶和華之言。

四章

而撒母耳的話就傳遍了以色列。以下至7:1，講約櫃失而復得的故事。

約櫃入囚

其時，非利士人集結，進攻以色列。原文無此句，從七十士本補。以色列發兵迎擊非利士人，到佑助石紮營，佑助石，'eben ha`ezer，參7:12。非利士人則安營於圍水。迦南中部雅空河上重鎮，書12:18。<sup>2</sup>非利士人擺開陣勢，同以色列激戰；顯然敵軍掌握主動，戰術組織亦強。以色列敗給了非利士人，約有四千人陳屍戰場。陳屍，從古譯本。原文：（非利士人）殺了。<sup>3</sup>軍隊回營後，軍隊，`am，舊譯百姓，不妥。以色列眾長老說：何以今天耶和華令我們在非利士人面前大敗？乾脆把耶和華的約櫃從示路請來，企圖用約櫃或神的"親在"激勵士氣，書6:6，撒下11:11。讓他到我們中間，救我們擺脫敵手。⁴於是子民派人去到示路，抬起了那只神獸護駕之萬軍耶和華的約櫃。神獸，kerubim，天庭護衛，造型常作人首獅身牛蹄鷹翼；約櫃施恩座兩端各置一匹，錘金製成，創3:24，出25:18。俄理的兩個兒子也跟着上帝的約櫃一起[下來]：霍夫尼與菲尼哈。

⁵耶和華的約櫃到達營地，全以色列歡聲雷動，四野迴響。⁶非利士人聽見那陣陣歡呼，説：希伯來人營裏這麼大的響聲，怎麼回事？接着，得知是耶和華的約櫃到了營地，⁷非利士人怕了，紛紛説：是神明入營哪。神明，'elohim，或作上帝。但非利士人不識耶和華。還説：有禍了，我們，從來沒有過的事情！⁸有禍了我們，誰能從這些偉力之神的掌下解救我們？以為以色列也是多神崇拜。就是這些神，在荒野裏降下各種瘟疫，makkah，打擊，轉指瘟疫、殺戮。打垮了埃及。暗諷敵人愚昧，混淆了子民出埃及與荒野長征。⁹但是勇敢些，做個男子漢，非利士人！不然就給希伯來人為奴吧，就像他們曾是你們的奴隸。士10:7，13:1。做個男子漢，戰鬥！

¹⁰於是非利士人開戰，以色列潰敗，爭相逃命，各奔各的帳篷：一場極大的屠殺，同上文8節"瘟疫"。以色列倒下了三萬步兵。¹¹上帝的約櫃也被劫了去，詩78:61。俄理的兩個兒子一同殉命：霍夫尼與菲尼哈。見2:34。

¹²有個本雅明人從陣上逃出，當天跑回示路，衣服撕了，滿頭塵土。報喪、志哀狀。¹³他趕到時，俄理正靠着座椅，向路上眺望；向路上，或作：在路邊。他的心為上帝的約櫃在顫抖。預感凶多吉少，或因兒子身負聖言的詛咒，3:12–14。那人進了城，消息傳開，全城一片哀嚎。¹⁴俄理聽到哭號，就問：這喧聲，出什麼事了？對比上文6節。那人趕快走來，稟告俄理。¹⁵俄理已經九十八歲，眼睛直着，看不見東西。暗示與救主的榮耀隔絕，2:22，3:2。¹⁶那人向俄理説：我是從陣上回來的，陣上，七十士本：營地。今天剛逃出戰場。[俄理]道：究竟怎麼回事，孩子？¹⁷那報信的回答：以色列在非利士人面前奔逃，大軍一敗塗地；還有，您兩個兒子陣亡了，霍夫尼與菲尼哈，上帝的約櫃也被劫走了！¹⁸他剛提一句上帝的約櫃，[俄理]便從座椅上往後一仰，跌出了大門，校讀：（座

椅）挨着大門，1:9。**摔斷脖子，死了**。老人虔誠，經受不起約櫃入囚的打擊；死在門外，則屍體未玷污聖居。**因為他人老了，而且肥重**。

　　他在以色列稱士師，借指其社會/宗教地位，而非説他領導部族的軍事和司法。**凡四十年**。

　　¹⁹ **他的兒媳，菲尼哈妻子，有孕在身，快臨盆了**。**她聽説上帝的約櫃遭劫，公公和丈夫死了，就被娩痛攫住，彎下身去生產**。²⁰ **臨終，侍立在旁的婦人安慰她説：別怕，你生了個兒子呢**！回放雅各妻拉結難產，創35:16–18。**她沒回答，也沒留意**，因已力竭。²¹ **只是給孩兒起名易卡波**，'i-kabod，"無榮耀"或"榮耀在哪"。**意為：榮耀自以色列入囚**，galah，聖史的關鍵字之一，也是苦難孕育救恩的一個徵兆。**指上帝的約櫃遭劫，而公公和丈夫雙亡**。原文無"雙亡"，從諸抄本補。²² **她説：入囚了，以色列的榮耀，因為上帝的約櫃被劫走了**。

上帝的手太重

五章

　　非利士人奪得上帝的約櫃，就把它從佑助石運到亞士都。非利士五城之一，書13:3。² **然後非利士人將上帝的約櫃抬進大鯀廟**，士16:23注。**放在大鯀身旁**。把敵人的神像神器等當作俘虜/戰利品，祭祀大神。³ **次日，亞士都人一早起來**，七十士本插注：進來大鯀廟。**看哪，大鯀仆倒在耶和華的約櫃前，臉磕在地上**！以為沒放穩，偶然事故。**便把大鯀扶起，立於原處**。⁴ **可是，次日清晨起來，看哪，大鯀又臉磕着地，仆倒在耶和華的約櫃前，而且大鯀的頭和雙手都砍斷了**，如同俘虜，士1:6–7。**丢在門檻上 —— 他只剩了一段殘軀**。從古譯本。原文：只剩大鯀。⁵ **所以時至今日，大鯀的祭司和進大鯀廟的人都不敢踏亞士都大鯀的門檻**。古俗，門檻有靈異守護，忌腳踩，番1:9。

　　⁶ **而耶和華出了重手，折磨起亞士都人，使他們患上腫瘤**，`epholim，傳統讀法：痔瘡、膿腫，tehorim。皆指肛門，申28:27，詩78:66。一説指腺鼠疫症狀。**[癘疫]蔓延**

亞士都四境。⁷亞士都人見狀，都説：以色列上帝的約櫃，不能留這兒了。他下手太狠，別説我們，大鯀我們的神也吃不消！

⁸於是派人請非利士人諸酋長來商議，説：這以色列上帝的約櫃，怎麼辦呢？眾人道：讓以色列上帝的約櫃轉去酒榨市吧。七十士本另讀：酒榨市人説，讓上帝的約櫃來我們這兒吧。他們就轉移了以色列上帝的約櫃。⁹可是一轉到那兒，耶和華就對那城出手，一場大恐慌降臨：城裏的人無分老幼，私處都生了腫瘤。私處，yisatru，另作（腫瘤）發作。¹⁰只好把上帝的約櫃送去埃克龍。亦屬五城聯盟。然而，上帝的約櫃一到埃克龍，埃克龍人就嚷嚷一片：為什麼把以色列上帝的約櫃弄來這裏？原文無"為什麼"，從死海古卷及七十士本補。想害死我[們]跟族人？

¹¹只好又派人去請非利士人諸酋長，説：請把以色列上帝的約櫃送走，送回原地，別害死了我[們]跟族人！因為死亡的恐慌籠罩了全城，那上帝的手太重了。kabdah，指懲罰之酷烈。詞根同俄理"肥重"、以色列的"榮耀"，4:18, 21–22。¹²而沒死的人則受着腫瘤的煎熬，求救聲滿城，飄向雲天。反諷：天上並無大鯀，唯有聖者之榮耀。

約櫃還家

六章

耶和華的約櫃在非利士之鄉，足有七個月之久。疫情嚴重。

²末了，非利士人召集祭司術士，説：這耶和華的約櫃，該怎麼辦？望諸位指教，如何將它送回原地？委婉，不説歸還。³答：若要送走以色列上帝的約櫃，不可空手送它；須辦一場贖過祭賠他。而後你們才會康復，贖出自己；從死海古卷及七十士本。原文：並明瞭（為何）。何愁他的手不放過你們？不必皈依，獻祭即可贖罪。⁴眾人又問：那如何賠他，辦贖過祭呢？'asham，舊譯不確：為賠罪的禮物，利5:15注。答：按非利士酋長之數，獻五個金瘤、五隻金鼠，因為你們酋長一如百姓，遭的是同樣的癘疫。⁵所以，給你們的腫瘤並那肆虐國中

的老鼠造像吧，把榮耀歸於以色列的上帝。書7:19。也許他會將手放輕些，喻寬赦。鬆開你們，連同你們的神祇與土地。⁶何必學埃及和法老的樣，心那麼肥重？套喻，形容愚頑，出4:21, 7:3。而他們受了愚弄之後，不還是放行，讓人走？作者假設非利士人知曉子民出埃及的聖史。⁷好了，抓緊準備一輛新車、兩頭哺乳的母牛，要沒負過軛的；民19:2，申21:3。把母牛套上新車，犢子牽回牛棚。以最不可能即違反動物本性的條件，選牛拉車，以彰顯神意。⁸而後取耶和華的約櫃，裝車，再放上一隻匣子，'argaz，或小箱子。生僻詞，僅此一用。盛那些做贖過祭賠他的金器。完了，讓它自己走去。它，指約櫃。⁹你們看好：若是它取道回自家地界，上太陽廟，進入猶大山鄉，書15:10。這大災難就是他造下的了。若否，則可以知道，不是他的手打擊我們，而是遭逢意外。包括別的神靈的制裁。

¹⁰眾人照辦了。挑了兩頭哺乳的母牛，套上車，犢子關進牛棚；¹¹再將耶和華的約櫃裝了車，連同匣子和金鼠及腫瘤造像。腫瘤，從諸抄本。原文：痔瘡，5:6注。

¹²那對母牛一上路，便逕直往太陽廟去了，順着大道，邊走邊哞，不偏左右。丟下嗷嗷待哺的犢子，被聖靈驅使，如力士參孫，士13:25。非利士人的酋長跟在後面，直至太陽廟地界。

¹³太陽廟[的人]正在谷中割麥。一抬眼，望見了約櫃，忙跑去歡迎。從七十士本。原文重複：看。¹⁴車子來到太陽廟的約書亞家田頭，停下了。那裏有一塊大石，可充當祭壇。他們就劈了車子的轅木，拿母牛獻作耶和華的全燔祭。¹⁵耶和華的約櫃則由利未人搬下，聖器俗人不可觸碰，民1:50–53, 3:10。連同旁邊那只盛金器的匣子，放在大石上。那天，太陽廟的人給耶和華獻了全燔祭，宰了犧牲。¹⁶非利士那五個酋長看了，當天即回了埃克龍。

¹⁷非利士人做贖過祭，賠還耶和華的金瘤如下：亞士都一個，加沙一個，秤港一個，酒榨市一個，埃克龍一個；¹⁸金鼠則是按非利士五酋長並其城邑之數，包括堅城和無圍牆的村莊。如此各地皆獻金鼠，不止五隻，上文4節。而那塊大石，從死海古卷及七十士本。原文：大草場。上面放過耶和華的約櫃，在太陽廟的約書亞家田頭，至今仍是見證。

¹⁹**太陽廟的人迎接耶和華的約櫃時，耶立的兒子們卻沒有一同歡慶。** 從七十士本。原文：他殺了太陽廟的人，因為他們看了耶和華約櫃裏面。**耶和華便殺了他家七十人。** 原文插注：五萬人。**族人大慟，因為子民遭了打擊，** 一說牛車不潔，帶來了金瘤金鼠之疫。**好大一場殺戮！** 兼指瘟疫，4:8注。

²⁰**於是太陽廟的人説：誰能立於耶和華這至聖上帝的面前？** 唯恐執禮不周，再有人喪命。**離開這裏，他可以上誰那兒呢？** 一說兵敗後，示路聖所損毀，故有此問。²¹**遂派出使者，去向林鎮居民説：** 林鎮，原屬歸順的发崩人領有，書9:17。**非利士人歸還了耶和華的約櫃，你們下來，把它抬上去吧。**

七章

林鎮的人就下來，把耶和華的約櫃抬了上去，送到小丘上的吾父貴家。 吾父貴，'abinadab，常名。**他兒子艾利阿澤由眾人祝聖了，** 立為祭司。舊譯分派，誤。**負責守護耶和華的約櫃。** 下接撒下6章。

撒母耳稱士師

²**自約櫃停放在林鎮之日起，過了許久，足有二十年；以色列全家想起耶和華就痛哭。** yinnahu，校讀：轉向、思念。無定解。

³**撒母耳便告誡以色列全家：你們若是全心復歸耶和華，就把你們中間那堆外邦神祇跟阿思塔清除了，** 士2:13注。**一心向着耶和華，唯他是尊；** 建立嚴格的唯一神信仰，申6:4，30:10，書22:5。**他必從非利士人掌下解救你們。**⁴**以色列子孫遂清除了眾巴力與阿思塔，除了耶和華，概不尊奉。**

⁵**於是撒母耳説：聚集全以色列，到瞭望台，** 到聖所立誓，士20:1, 8。**我要替你們祈求耶和華。**⁶**他們便齊聚瞭望台，汲了水來，潑在耶和華面前。** 悔罪取潔儀式。**並在那天禁食，説：我們觸罪於耶和華了！** 士10:10。**而撒母耳就在瞭望台當了以色列子孫的士師。** 兼指首領，士3:10，4:4注。

⁷非利士人聽說，以色列子孫在瞭望台聚集，非利士人諸酋長就上來討伐以色列。鎮壓起義。以色列子孫聽說非利士人來了，都嚇壞了。⁸以色列子孫要撒母耳：快呼求耶和華我們上帝，千萬別停！求他救我們擺脫非利士之手。⁹撒母耳便取一隻吃奶的羊羔，吃奶的，強調其純潔無疵。全牲燒獻，供奉耶和華。撒母耳替以色列向耶和華呼求，耶和華應允了他。¹⁰撒母耳獻全燔祭之際，正是非利士人迫近了攻以色列之時。但那天耶和華雷霆大作，朝非利士人擲下，令其大亂而在以色列面前潰敗。勝利首先歸於救主，是《申命記》的教義和敘事傳統。¹¹以色列人趁勢出擊，追殺非利士人，從瞭望台一路擋到羔兒寨底下。羔兒寨，beth kar，當在瞭望台西南。

¹²撒母耳然後拿一塊石頭，立於瞭望台和牙莊之間，牙莊，shen，七十士本及古敘利亞語譯本：老莊，yeshanah，位於耶路撒冷北邊。名之為佑助石，立石柱供奉神明，原是迦南風俗，創28:18, 31:45, 35:14。說：耶和華佑助至此。

¹³就這樣，非利士人屈服了，不敢再侵犯以色列的疆界。撒母耳生前，耶和華的手始終按着非利士。¹⁴非利士人從以色列奪走的城鎮，都歸還了以色列，自埃克龍到酒榨市；誇張修辭。以色列從非利士人手中收復了疆土。以色列與亞摩利人之間，亦太平無事。或因結盟，一起對抗非利士。

¹⁵終其一生，撒母耳在以色列稱士師。¹⁶他每年都巡視伯特利、石圈、瞭望台，在這幾個地方為以色列斷案。活動範圍不大，集中在本雅明北部至以法蓮南緣。¹⁷之後，即回拉瑪，又名雙丘，1:1注。他的家鄉。他在那裏也審斷以色列，還築了一座祭壇，歸耶和華。

子民求立王

八章

撒母耳年事已高，立了[兩個]兒子為以色列士師。²長子名約珥，yo'el，"耶和華上帝"，常名。次子名耶父，'abiyyah，"吾父耶和華"，亦常名。同在誓約井當士師。3 可是兒子沒有走他的道，暗示教子無方。反而貪財受賄，屈枉正義。出23:2。

　　4 以色列眾長老一起來拉瑪見撒母耳，5 説：看，您上了年紀，兒子又不走您的道。失去接班的資格。不如給我們立一個王，統領我們，像列族一樣。忘了子民應與眾不同，乃是神的特選產業，出19:5，民23:9，申17:14。6 撒母耳卻認為這話錯了，直譯：惡/錯在撒母耳眼裏。怎能説：給我們一個王，統領我們？撒母耳就向耶和華祈禱，7 耶和華回撒母耳道：子民的呼聲還是得聽，無論他們對你説什麼；承認百姓的合理要求，士師制已敗壞，失去信任而難以延續。但他們拒絕的不是你，而是我——拒絕我做他們的王！人君不僅也會腐敗，還可能損及神權，士8:23。8 他們現在對你做的，不啻當年待我的種種，原文脱"我"，從七十士本補。從我領他們走出埃及之日至今，動輒拋棄我，去服事異神！暗示君主制或許能統一祭祀，打壓異教，士10:13。9 好吧，你就照他們説的——但必須給一個嚴肅的警告，告訴他們，將來統治他們的王所享有的特權。

　　10 撒母耳遂把耶和華的訓示，原原本本向那些請求立王的子民傳達了，請求，sho'alim，諧音撒母耳，1:20注。11 説：將來統治你們的王，會有此等特權：mishpat，司法、正義、慣例，轉指國王徵兵抽税發勞役等權柄。他將徵召你們的兒子，當他的車夫馬弁，在他的御輦前奔走。12 他將廣封千夫長、五十夫長，使人給他犁田收割，或製造武器、裝備兵車。13 他將選用你們的女兒，給他配製香料或烹飪食品。不說廣置嬪妃、聚斂金銀之憂，申17:17。14 他將拿走你們最好的田畝、葡萄園和橄欖林，分給他的臣僕。15 他將對你們的穀物和葡萄園徵什一税，賞賜他的宦官跟僕人。16 他將驅使你們的奴婢，並最壯的牛驢，牛，從七十士本。原文：青年。替他幹活。17 他將抽你們羊群的什一税，而你們卻要淪為他的奴隸。18 到那天，由於你們自己所選立的王，你們個個要哀嚎；忍受不了暴君，向天父籲求。但那一天，耶和華不會理睬你們。彌3:4，箴1:28。

　　19 可是子民不願聽撒母耳的話，反而説：不，得有一個王啊，我們！20 如此我們即可像列族一樣，讓國王統治我們，率領我們，出征打仗！21 撒母耳聽了子民叨叨，把那些話都向耶和華耳中複述了。老士師堅持反君主制的立場，希望勸動上帝。²²耶和華回答撒母耳：就照他們説的，給他們立王吧。

撒母耳卻吩咐以色列人：散去吧，各自回家！下接10:17。

掃羅尋驢

九章

卻説本雅明有一人，引入另一敘事，至10:16。名叫基士，是雅飛亞的玄孫、貝可拉的曾孫、石羅之孫、亞別之子。上溯四代，示其身份特殊，1:1，番1:1。這本雅明人家道殷實，或如七十士本：是個勇士。²育有一子，名掃羅，sha'ul，（自上帝）"求得"。是個英俊青年：論英俊，以色列子孫沒有一個及得上他 —— 他比眾人高出了一肩。

³[一天]掃羅父親基士走失了幾匹母驢，基士吩咐兒子掃羅：你可帶一個僕人，去把驢尋回來。⁴可是走遍了以法蓮山地，走過三區，shalishah，一説在石肩西南，王下4:42。一無所獲；走到沙林，sha`alim，諧音掃羅。仍無蹤影；走完了本雅明之地，還是不見。

⁵最後他們來到祖菲之地，撒母耳的家鄉，1:1。掃羅對身旁的僕人説：走，回去吧；不然父親要放下母驢，擔心我們了。⁶[僕人]道：看，這鎮子有位上帝之人，見2:27注。鎮子，一説即拉瑪，7:17。極受敬重，説話句句應驗。我們上那兒去吧，興許他能指點我們，怎麼就走了這一路。暗示尋驢人也走失了，不見自己受膏稱王的命途。舊譯不確：當走的路。⁷可是去的話，掃羅回答僕人，給那人送點什麼呢？袋子裏的麵餅光了，也沒禮物贈與上帝之人。我們還有什麼？⁸僕人就報告掃羅：看，我手上還有四分之一塊銀子，恰好可以送那上帝之人，請他為我們指路。僕人乖巧，反襯主子的懵懂。¹⁰説得是，掃羅同意了僕人，走，我們過去！他們便往那上帝之人的鎮子去了。

¹¹爬上那鎮子的山坡，遇見幾個出來打水的少女，聯想利百加、拉結故事，創24:11，29:1以下。就問她們：視者在嗎？——⁹從前在以色列，此節為編者插注，

解釋"視者"，後移以順文意。人去求問上帝，求神諭。常這麼説：走，找視者去！因為如今的先知，從前叫視者 —— [12] 少女回答：在呀。這不，就在前頭，趕快！姑娘熱情指路，但掃羅始終不語，困惑或躊躇不決。他剛到鎮上，因為今天百姓要在丘壇宰獻犧牲。請撒母耳主祭。丘壇，建於高丘的迦南神龕，子民改造成上帝的祭壇，民 33:52，申 12:2。[13] 你們一進鎮子就會碰見他，不待他上丘壇用餐。因為他不到，百姓不能吃，必須等他祝祭；之後，客人才進食。分食祭肉，利 19:6。所以上去吧，即刻，你們就會碰見！

[14] 二人遂上去，走到那鎮子的城 [門口]，看，撒母耳迎面而來，正要上丘壇去。[15] 原來，掃羅抵達的前一日，耶和華已向撒母耳耳中啟示：[16] 明天此時，我會從本雅明之地送一人過來，你要以膏禮立他為以色列我子民的領袖，nagid，不說國王，照顧視者的情緒。他將從非利士人掌下解救我的子民。建立君主制的主要理由：以色列擺脫外族統治。因為，子民的苦難就在我眼底，原文脱"苦難"，從七十士本補，出 3:9。他們的哀鳴已上達天聽！[17] 所以撒母耳見到掃羅，耶和華便提示説：看，就是這人！約 19:5。我跟你説過，他將統治我的子民。

[18] 掃羅上前，在門洞裏向撒母耳打聽：請問，視者的家在哪裏？不識先知，仍是問路。[19] 撒母耳回答掃羅：我就是視者。請，先上丘壇去。今天你們要同我一起用餐；明早為你送行，我再講你心頭掛慮的那事。[20] 至於你的母驢，果然是先知，不等求教者啟齒，已看透他的心事。三天前走失的那幾匹，不必擔心，已經找着了。畢竟，以色列全部的珍寶歸誰呢？若非歸你，歸你父親家？暗示掃羅稱王，統合十二支族。[21] 掃羅回答：可是我 —— 我不是本雅明人，來自以色列最小的支族嗎？差點因戈崗慘案而毀於內戰，士 21:15 以下。我 [們]宗在本雅明支族，單數從古譯本。原文複數：眾支族。不就是最卑微的一宗？這種事，您跟我講幹什麼？

[22] 撒母耳卻領着掃羅和他的僕人，進了餐室，祭壇外面，分食祭肉處，耶 35:2。讓他們坐在來賓即大約三十個客人的首席。神秘，不打招呼亦不介紹，直接進入儀式。[23] 接着，撒母耳吩咐廚子：上我交給你的那一份吧，就是我説要你

預留的那份。²⁴廚子便端上 [一盤] 後腿和肥尾，'alyah，校讀。原文：附在上面的，he`aleyha。放在掃羅面前。[撒母耳] 道：解作廚子語，亦通。看，留了這份，給你上了，請用吧——特意為你存到這會兒；這些客人也是說了要請的。此短語原文有訛，無善解。那一天，掃羅同撒母耳一起用了餐。

²⁵之後，他們從丘壇下來，回到鎮上。床已經在露台上鋪好，夏季睡露台，風涼。掃羅就睡下了。從七十士本。原文：他同掃羅在露台上談了，他們一早起來。

膏禮

²⁶拂曉，撒母耳上露台來叫掃羅：起來，我送你上路。掃羅便起來，跟着撒母耳出了門。²⁷下到城郊，鎮子在小山丘上，上文11節。撒母耳對掃羅說：叫僕人先走，到前面去。不欲外傳，對王權持懷疑態度。原文插注：（僕人）就去了。從七十士本略。你且停下片刻，待我把上帝之言傳與你。

十章

撒母耳拿出一小瓶油，澆在他頭頂。施膏禮。然後親吻了他，道：難道不是耶和華膏立你為他子民以色列的領袖？原文：他產業的領袖。以下至節末，原文無，從七十士本補。是的，你要統治耶和華之民，救他們擺脫仇敵之手。見9:16–17。而你被耶和華膏立為他產業的領袖，有此徵兆：²今天離開我以後，正午時分，bezelzah，無解，或作地名。譯文從通行本。你在本雅明境內、拉結墓旁會遇見兩個人。他們會告訴你，你尋覓的那幾匹母驢找到了；但你父親擱下了母驢的事，在為你們心焦呢，說：我兒呢，我怎麼辦哪？³由此繼續前行，來到塔伯橡樹，近伯特利，屬本雅明。你會遇見三個人，上伯特利 [拜祭] 上帝。一個牽三隻小山羊，一個拿三張餅，一個背一皮囊酒。三樣祭品。⁴他們會向你請安，並獻上兩張麵餅，象徵百姓擁立。你應接受他們手中的 [饋贈]。⁵之後，抵達上帝的戈崗，又名掃羅的戈崗，11:4，士19:12。那裏有非利士人駐防。故須謹慎，暫不公開稱王。進城時，你會碰上一群先知，結門派的靈媒或傳神諭者。從丘壇下來，前頭走着撥弦敲鼓吹簫彈琴的。這些人會口出預言，[6]而耶和華的靈會突然將你攫住，舊譯不通：大大感動你。**你就跟他們一道迷狂而預言，變了另一個人。**暗示王權的合法性源自靈恩。舊譯不妥：新人。參19:20–24。[7]**一旦你得了這些徵兆，即可見機行事**，直譯：行你的手所遇。手，兼喻能力、機會，士9:33。**因為耶和華必與你同在。**

[8]**而後你就先我下到石圈**，耶利哥城東面，書4:19。插入此節，伏筆鋪墊兩人的決裂，13:7b-15。**等我下來會你，獻全燔祭，宰平安祭犧牲。你得等候七天，直到我來會你，指示你該做什麼。**試圖控制受膏的王。

[9]**而一俟[掃羅]轉過肩去**，提示其魁偉俊朗，9:2。**離開撒母耳，上帝就賜了他另一顆心；**即從根本上改變思想，鼓起勇氣。舊譯新心，不確。**而那幾樣徵兆，當天都應驗了。**簡筆，直接寫徵兆三。[10]**他們由那兒來到戈崗，**原文無"由"字，從七十士本補。**果然，一群先知迎面走來！立刻他被上帝的靈攫住，就加入了那些人的迷狂與預言。**[11]**原先認識他的人，見他跟先知一道口出預言，不禁一個問一個：這基士的兒子怎麼啦？**不稱本名而叫某人兒子，表輕蔑、責備等，賽7:4。**居然掃羅也掉進先知堆裏了！**[12]**也有本地人這麼回答：可他們的父親是誰？**靈媒先知出身卑賤，故百姓驚訝，美男子跟他們混上了。父親，指門派頭領。**從此有了這句成語：居然掃羅也掉進先知堆裏了。**

[13]**迷狂結束，他便上了丘壇。**校讀：回家了。

[14]**掃羅的一個叔叔問他和僕人：**在祭壇遇到叔叔？**你們去哪兒了？尋驢呀**，他說；**沒找到，才去了撒母耳那裏。**[15]**叔叔便問掃羅：**或作：掃羅的叔叔又問。**請告訴我，撒母耳同你說了什麼。**[16]**掃羅回叔叔道：他只是說，母驢找到了。但撒母耳所言，立王一事，[掃羅]隻字未提。**形勢尚不明朗，保密，上文5節。

掃羅中籤

[17]**撒母耳召集子民，在瞭望台耶和華面前，**舉行聖所大會，7:5。[18]**向以色列子孫宣佈：此乃耶和華以色列的上帝之言：**先知傳諭程式，士6:8–9。**是我將以色

列領出埃及，從埃及人掌下，從壓迫你們的列國手中解救了你們。[19]**可是今天，你們背棄了上帝，儘管每一次災殃困厄，都是他拯救你們。而你們卻說：不，**從諸抄本及古譯本。原文：對他（說）。**給我們立一個王！**見8:5。**那好，你們就按支族宗系，站到耶和華面前來。**

[20]**撒母耳便叫以色列各支族上前，**抽籤決疑，判斷神意，常用於定罪，書7:16–18。**本雅明支族中簽。**[21]**接着，叫本雅明支族按宗系上前，雨人宗中簽。**雨人，maṯri，綽號？**然後，叫雨人宗挨個上前，**此八字原文無，從七十士本補。**基士之子掃羅中簽。找他，人卻不見了。**雖已承載靈恩，還沒有變另一個人，換另一顆心，9:21。

[22]**只好再求問耶和華：這人來了沒有？耶和華道：那兒，他躲在行囊堆裏。**漫畫手法：大個子鑽小行囊。[23]**眾人跑去拉他出來，站到子民中間：他比眾人高出了一肩。**同9:2。[24]**撒母耳遂向全體子民說：看見了嗎，耶和華揀選之人？子民當中，他無與倫比！百姓齊聲歡呼：吾王萬歲！**直呼國王，不稱領袖，9:16注。

[25]**於是，撒母耳將君王的特權為子民一一說明，**參8:11–18。**並載於書卷，**規定國家制度君臣義務，不啻架空聖法，另立憲政。**放在耶和華面前。**作譴責君主制的見證，申31:26。**之後，撒母耳才打發子民各自回家。**[26]**掃羅也回到戈崗家中，跟隨他的，不乏被上帝觸摸了心尖的勇士。**從死海古卷及七十士本。原文：軍隊。觸摸心尖，猶言聖靈激勵。反映了支持者的強硬立場。[27]**但百戾魔伢仔就冷言冷語：**見2:12注。**哼，這傢伙能救我們？就鄙視他，沒有進奉禮品。**死海古卷多出一段，講蛇王蹂躪約旦河東，剜人右眼，七千子民逃到干城避難。

干城大捷

約莫一個月以後—— 從死海古卷及七十士本。原文接上句：但他沒作聲。

十一章

亞捫人蛇王上來，蛇王，naẖash，象徵惡勢力，賽27:1，詩91:13。**圍攻基列山的干城。**士21:8注。**干城百姓乞求蛇王：同我們立約吧，我們願意服事[大王]。**

做藩屬，每年進貢。²亞捫人蛇王回答：同你們立約？除非這個條件：剜掉你們每人的右眼，讓全以色列受辱！待若戰俘，剜右眼，令其失去作戰能力。³干城眾長老拜道：請 [大王] 寬限七天，算準了敵酋驕傲，不知掃羅稱王。俾我們向以色列全境遣使。倘使救援無望，我們就出城見您。隱含歧義：出城有投降、迎戰兩種可能。

⁴使者抵達掃羅的戈崗，沒有向各支族分別求援。向子民耳中報告了消息，眾人放聲大哭。⁵這時，看，掃羅趕着牛從田間回來了。似乎還在務農，不想理政。怎麼啦，掃羅問，大家哭成這樣？眾人就把干城人說的複述一遍。⁶掃羅聽着那些話，忽而被上帝的靈攫住，第二次，10:10。鼻息點燃。喻發怒。⁷當下牽過一對牛來，斬成碎塊，分送以色列全境，回放利未人的妾故事，士 19:29–30。命使者通告：凡不跟隨掃羅和撒母耳出戰者，初次行使王權，借重士師的威望，7:15。此即他的牛的下場！威脅並規定懲罰。頓時，耶和華的恐怖席捲子民，參 14:15，創 35:5。他們出征彷彿一人。喻團結。⁸點兵，是在貝澤，通說在石肩東北，士 1:4。計有以色列子孫三十萬，猶大人三萬。一比十，合後世南北支族之數，當屬補注。⁹[掃羅] 對報信使者說：單數從古譯本，原文複數。這句話你們可回覆基列山干城的人：明天日頭炎熱時，援兵就到！使者回去，報告了干城人，大家化憂為喜。¹⁰干城人遂傳話與 [蛇王]：明天我們出城，任隨你們處置。

¹¹次日，掃羅兵分三隊。兵，舊譯百姓，誤。末更破曉時分，末更，半夜兩點至六點，出 14:24。殺入敵營，屠戮亞捫，直至日中。殘餘四散，連兩個在一處逃命的也沒有。

石圈加冕

¹²有子民問撒母耳：是誰說的，掃羅豈能統治我們？原文無“豈能”，從二抄本補。把人交出來，處死他們！要求消滅反對派，10:27。¹³不，掃羅發話，今天一個也不處死，因為耶和華今日把勝利歸了以色列。寬容和解，以利王政。¹⁴撒母耳便向子民提出：走，我們去石圈，到那裏重新確認王權！確認城郊膏禮和瞭望台中簽，10:1, 21。

¹⁵ 於是全體子民來到石圈。那裏，在石圈在耶和華面前，祭壇見證。他們擁立掃羅為王；並在那裏宰平安祭犧牲，獻與耶和華。那裏，掃羅率以色列人全數好好慶祝了一番。全數，強調各支族宗系均表擁護。

撒母耳的告誡

十二章

終於，加冕禮畢。撒母耳訓示全以色列：看，你們向我提出的，我都依從了；順應民意，是天父的要求，8:7。我給你們立了一位君主。² 今後，就是國王引領你們了。部落士師的靈恩首領制終結。而我呢，老了，頭也白了——儘管我兒子還陪着你們。歎兒子不成器，接不了班，讓君主派坐大，8:1–5。我從小至今，一直走在你們前頭。³ 看，我在這兒。告我吧，當着耶和華，當着他的受膏者，即掃羅王。你們作證：我奪過誰的牛？搶了誰的驢？可曾欺壓誰沒有？抑或從誰手裏受賄而蒙上了眼睛？喻枉法裁判，對比君主特權，8:11–18。讓我賠還你們！

⁴ 眾人回答：您從不欺壓我們，也沒向人手裏索取任何東西。⁵ 願耶和華見證你們 [所言]，他說，一如他的受膏者今天見證，我手中你們一無發現。要求掃羅當眾認可，士師清白。眾人道：見證！

⁶ 撒母耳還告誡子民：耶和華見證，原文脱"見證"，從七十士本補。是他成就了摩西與亞倫，成就，直譯：造。將你們先祖領出埃及。⁷ 所以你們站上來，彷彿上公堂爭訟。讓我在耶和華面前同你們辯一辯，耶和華為你們及祖輩佈施了多少恩義。⁸ 當年雅各南下埃及，曾飽受埃及人欺凌；從七十士本，原文無此七字。你們祖宗向耶和華哀求，耶和華便派了摩西與亞倫，率你們先祖走出埃及，入居此地。⁹ 但他們接着就忘了耶和華他們上帝，結果被他賣到夏城大軍的西將軍手裏，交在非利士人跟摩押王掌下，士 4:2, 13:1, 3:12。兵燹不斷。¹⁰ 於是他們又向耶和華哀求：我們知罪了，拋棄了耶和華，去服事眾巴力和阿思塔。見7:3–4, 6。求你此刻救我們擺脫敵手，我們一定侍奉你！¹¹ 耶和華便

派了巴力訟、巴拉克、從七十士本。原文：伯丹。耶開和撒母耳，士 6:32, 4:6, 11:1。從四周仇敵的掌下解救你們，讓你們重享安寧。

12 可是，你們看到亞捫子孫的蛇王來犯，卻對我說：參 11:1 以下，情節不同。不，得有一個王統治我們哪！—— 雖然耶和華你們上帝就是你們的王。擔心塵世的王會削弱至高者的權威，8:7。13 好了，你們選擇、自己求得的王在此；求得，諧音掃羅，9:2 注。強調子民後果自負。看，耶和華賜予了你們一位君王！14 若你們敬畏並侍奉耶和華，聽他的話而不違抗耶和華的命令，若你們跟統治你們的王都追隨耶和華你們上帝，[那就無妨]。15 但如果你們不聽耶和華的話，抗拒耶和華的命令，則耶和華必對你們，對你們的王出手。王，從七十士本。原文：祖宗。

16 所以你們站好了，看什麼樣的大功，dabar，聖言所成、神跡。耶和華要施於你們眼前。17 不是今天割麥子嗎？初夏，巴勒斯坦旱季。但我要呼求耶和華，請他打雷下雨，以使你們明白並且看到，你們提出立王的要求，在耶和華眼裏，是犯了多大的惡！舊譯大罪，不妥。立王是神允許並確認了的。

18 言畢，撒母耳即向耶和華祈求；當天，耶和華又打雷又下雨。子民個個對耶和華，也對撒母耳恐懼不已。先知以神跡樹權威。19 眾人紛紛央求撒母耳：請替您的僕人向耶和華您的上帝禱告，饒我們一命，雖然我們罪愆纍纍，還要求立王，更添了一樁惡行！

20 撒母耳回答子民：莫害怕。誠然你們做了這些惡事，但耶和華萬勿背離。相反，須全心侍奉耶和華，21 不可背轉身子去追隨混沌；tohu，虛無、混亂，貶稱異教神，兼喻毀亡，賽 34:11, 40:23。那些虛無之物，它們幫不上也救不了誰。22 因為，既然耶和華樂意，讓你們做了他的子民，出 19:5，申 7:6。耶和華為了聖名至大，包括對以色列的諾言，在列族中的聲譽和榮耀，出 14:4, 32:11–13。就決不會捐棄子民。

23 而我，也絕不會觸罪於耶和華，停止替你們祈禱，或者不教你們行善走正道。重申先知的中保之責，出 33:12 注。24 不，唯有耶和華你們須敬畏，全心侍奉，於忠信之中。be'emeth，舊譯不確：誠誠實實，賽 10:20。想一想吧，為了你們，他造下了何等偉績！詩 126:2–3。²⁵ 但如果你們怙惡不悛，你們同你們的王一樣，難逃毀亡！

吹響羊角號

十三章

掃羅……歲登基，原文有訛：一歲。七十士本無此節。後世有 30 歲或 21 歲登基的說法。在以色列為王兩年。年數或有脫文；一說是虛數，貶抑“蠢”王，撒下 2:10，徒 13:21。

² 掃羅從以色列挑選了三千人，兩千在儲倉和伯特利山區護衛掃羅，拱衛石圈，11:15。儲倉，mikmas，耶京向北，伯特利東南。一千歸約納丹，yonathan，“耶和華恩賜”，掃羅長子，14:49。此時長子已能領軍，掃羅稱王多年了。守本雅明的戈崗。鎮守家鄉，10:26, 11:4。餘者遣散，各回自家帳篷。以下屬另一片斷。

³ 約納丹殺了非利士駐戈崗的督辦。刺殺地方長官，發動起義。解作擊敗敵族駐軍，亦通，10:5。戈崗，校讀。原文：戈丘。兩名相似，易混淆。及至非利士人聞報，掃羅已經在各地吹響羊角號，說：讓希伯來人聽見！起義口號。⁴ 全以色列聽得掃羅殺了非利士人的督辦，以色列着實噁心了非利士人，噁心，nib'ash，發臭、令人厭恨。大批子民便彙聚石圈，加入了掃羅 [的隊伍]。

⁵ 非利士人急調軍討伐以色列，戰車三千，從古譯本。原文：三萬。騎兵六千，將士多如海灘上的沙粒。誇張修辭，書 11:4。上來就圍攻儲倉，在孳偶之家東面安營。孳偶之家，伯特利及附近地區的別名，書 7:2。⁶ 以色列人一看，禍難臨頭，抵擋不了，紛紛躲進山洞、刺叢、岩穴、棱堡和旱井。棱堡，或作地道，無定解，士 9:46。⁷ 還有的就渡過約旦河，還有的，從七十士本。原文：希伯來人。逃往迦得之地和基列山。

先知爽約

掃羅卻留在了石圈，跟隨他的人都瑟瑟發抖。軍心動搖。⁸ 他按撒母耳的約定，等了七天，見 10:8。但是撒母耳沒來石圈。軍隊就丟下 [掃羅]，軍隊，或作子民，上文 4 節。**散亂了。**⁹ **掃羅道：把全燔祭平安祭給我拿來！** 採取行動或迎戰前，祈神佑助。**接着，就獻全燔祭。**¹⁰ **祭成，啊看，撒母耳來了！** 掐準了時候。**掃羅忙出去迎接，問候。**¹¹ **撒母耳問：這是在做什麼？** 不拜國王。**掃羅回答：我看軍隊丟下我散去，您又沒如期到達，而非利士人已經包圍儲倉。**¹² **我想：眼見非利士人要下來石圈攻我了，可我還沒求耶和華降恩。迫不得已，就獻了全燔祭。**

¹³ **不料撒母耳對掃羅説：蠢哪！耶和華你的上帝頒下的命令，你不遵從；** 先知強橫，卻說不出掃羅做錯了什麼。**否則，耶和華已將你的王朝立定於以色列，至永遠了！** 王朝，舊譯王位，不確。¹⁴ **但現在，你的王朝立不住了。耶和華已經另覓一人，合他心意的；耶和華要命他為子民的領袖，** 指大衛，徒 13:22。**只因你沒遵守耶和華給你的命令！**¹⁵ **言畢，撒母耳起身，離開石圈走了。** 原文：從石圈上到本雅明的戈崗。

剩下的人跟着掃羅，從石圈上到本雅明的戈崗，與駐軍會合。 從七十士本，原文無此句。**掃羅數點身邊的餘部，尚有約六百人。** 逃走了大半。

儲倉大捷

¹⁶ **於是，掃羅同兒子約納丹率餘部在本雅明的戈丘設防，非利士人則紮營於儲倉。** 中間隔一條臨谷，14:4。¹⁷ **自營地非利士人發兵毀掠，分為三隊：一隊取道小鹿寨，** 朝北，書 18:23。**奔襲狐區；** 'ereẓ shu`al，失考。¹⁸ **一隊出擊洞莊；** 往西，書 10:10。**一隊直取俯視鼴狗谷的高地，** 從七十士本。原文：邊界。鼴狗谷，ge hazzebo`im，在儲倉東南。**荒野方向。**

¹⁹ **當時，以色列國中找不到一個鐵匠。** 蕩開一筆，寫背景。**非利士人有一句話：要提防希伯來人私造刀槍。**²⁰ **因而全以色列，連磨個犁鏵鋤頭斧子鐮刀，** 從七十士本。原文重複：犁頭。**都得下去找非利士人。**²¹ **價錢是：** peẓirah，或作鈍、銼。無確解。**犁鏵鋤頭三分之二塊銀子，磨斧子或裝刺棍，** 牧人用於驅趕牲畜，傳 12:11。**三分之一塊銀子。** 校讀。原文：三齒耙？無定解。²² **所以到了開戰之**

日，掃羅和約納丹麾下，竟無一個是手裏拿刀槍的；唯有掃羅和兒子約納丹佩帶兵器。

²³這時，非利士軍的前哨已到了儲倉隘口。

十四章

那天，掃羅之子約納丹吩咐給他執矛的隨從：或僕人，士9:54。走，我們上那邊，幹非利士人的前哨去！他沒請示父親。違犯軍紀？²掃羅守在戈丘外圍，戈丘，校讀，13:16。原文：戈崗。坐於密谷的石榴樹下，一說即石榴岩，士20:45。密谷，migron，在猶大北界，賽10:28注。身邊約有六百人。³[給他]舉聖衣的，喻祭司拈鬮，2:28注。是亞希托之子耶親，'ahiyah，常名。即示路的耶和華祭司俄理之孫、菲尼哈之子易卡波的侄兒。參4:21。沒人知道約納丹走了。

⁴約納丹去非利士人的前哨，所須穿越的那道隘口，兩側各有一面石崖。直譯：石牙。一名勃策，一名荊棘；⁵一崖朝北，原文"崖"後有：柱。衍文，從七十士本刪。面對儲倉，一崖朝南，面對戈丘。

⁶約納丹對執矛的隨從說：走，我們過去，幹掉那些留包皮的前哨！留包皮，貶稱外族，士14:3, 15:18。興許耶和華會佑助我們，什麼也擋不住耶和華拯救，不管人多人少。⁷照您的心意幹吧，執矛者回答，我跟您一條心！意譯參七十士本。原文：我跟你一起如你的心。⁸好，約納丹道，我們衝過去，暴露給他們看！試探敵人的反應。⁹要是他們說：站住，等我們過來！我們就原地站下，不攻上去。¹⁰但要是他們說：上來打我們呀！我們就上去，因為這於我們是一個徵兆：從而獲知神的意願。耶和華把他們交在我們手裏了。

¹¹兩人就故意暴露給非利士人的前哨。看哪，非利士人說，希伯來人從藏身的山洞跑出來了！參13:6。¹²哨兵還向約納丹和執矛者喊話：上來呀，我們有樣東西要教你們曉得！譏嘲，料子民不敢挑戰。約納丹命執矛者：跟着我，上！耶和華把他們交在以色列手裏了。¹³說着，約納丹就手腳並用往上爬，利用山岩掩護，進入哨兵視線的盲區，接近後突襲。執矛者緊隨其後。[敵人]在約納丹面前接連栽倒，猝不及防。繼而被執矛者一一了結。¹⁴這約納丹和執矛者的頭

· 132 ·

一次突襲，殺了二十人左右，用箭和野地裏的石塊。校讀從七十士本。原文費解：約半條犁溝，一畝的地。

¹⁵ 恐慌籠罩了軍營和四野，前哨跟毀掠者人人戰慄，連大地也震顫不已：好一場上帝的驚恐！猶言極大的不可抗拒的恐怖，11:7。¹⁶ 掃羅的哨兵從本雅明的戈丘眺望，戈丘，校讀。原文：戈崗。啊，敵營怎麼了，敵營，從七十士本。原文：喧鬧/眾多。四下潰散！直譯：溶化。¹⁷ 掃羅傳令麾下：點名，看我們有誰出去了。點畢，是約納丹和他的執矛者不見了。

¹⁸ 掃羅遂對耶親說：拿聖衣來！請祭司拈鬮，準備出戰，士 1:2-3, 20:9。因為那天是他在以色列面前舉聖衣。從七十士本。原文有訛：因上帝的約櫃那天和以色列子孫。但約櫃已停放在林鎮，7:1，且非求神諭之器。¹⁹ 掃羅同祭司還在說話，非利士營地卻已喧聲大作。掃羅忙叫祭司：收手！來不及拈鬮了。²⁰ 隨即掃羅集合全軍，投入戰鬥。看，那些人揮劍彼此砍殺，一片混亂，無以復加。士 7:22。²¹ 而那兒的希伯來人，原先服事非利士人，被帶來營地的，服勞役、做苦工的子民。就轉身投向以色列，跟了掃羅和約納丹。²² 同樣，躲藏在以法蓮山區的以色列人，一聽非利士人潰逃了，也都出來追擊、攔截。²³ 那一天，耶和華把勝利歸了以色列。

約納丹違禁

戰鬥越過了孽偶之家。七十士本另有：掃羅麾下全軍約有一萬人，戰鬥蔓延至以法蓮山區。²⁴ 以色列人那天拼盡了全力，七十士本：那天掃羅做了一件蠢事。掃羅卻命將士發誓，說：天黑前，在我向仇敵復了仇之先，誰吃食，誰受詛咒！古人通例，以禁食取潔換神明出手賜勝。於是，全軍竟顆粒未嘗。士 20:26。

²⁵ 走進一片樹林，ya`ar，或作（同音詞）蜂窩。原文句首有"全地"，似抄重。地上有一個蜂窩。²⁶ 眾人上前看那蜂窩，啊，淌着蜜！卻無人伸手去蘸一點放嘴裏，都畏懼那誓言。²⁷ 可是約納丹沒聽到父親約束將士的誓言，他拿一根棍子，把棍尖兒戳進蜜蜂窩，再用手蘸了擱嘴裏，他眼睛就亮了。精力恢復狀。

²⁸ 有個士兵提醒説：您父親讓軍隊立了大誓，今天誰吃食，誰受詛咒！所以大夥兒都疲憊了。

²⁹ 是呀，約納丹回答，我父親讓福地受累了。**福地，提喻子民。**可是請看，我眼睛多亮，就嘗了這一口蜜！³⁰ 倘使大夥兒可以盡情享用今天的繳獲，那非利士仇敵遭的殺戮豈不更慘？

³¹ 那一天，非利士人慘敗，從儲倉到鹿野，**一路向西，書 10:12, 19:42。**直殺得將士筋疲力盡。³² 子民撲上擄獲，**比作鷙鳥撲食。**搶來牛羊犢子就地宰了，連血帶肉吃了起來。**餓極而違犯聖法，利 17:10, 19:26，但與王子食蜜無關。**³³ 掃羅聞報：不好了，子民冒犯耶和華，吃了帶血的肉！便説：背信哪，你們！給我推塊大石頭過來！**從七十士本。原文：今天（推）。**³⁴ 接着，掃羅下令：你們散到子民中去，叫他們把牛羊牽來，一律在這兒宰吃。**在大石頭/祭壇上放血。**切勿觸罪於耶和華，吃帶血的肉。當夜，子民一個個把手中所得牽了來，**所得，從七十士本。原文：他的牛。**在那裏宰殺。³⁵ 掃羅則築起祭壇，獻歸耶和華；那是他給耶和華建的頭一座祭壇。

³⁶ 而後掃羅有令：我們連夜下去，劫掠非利士人到天明，不留一個活口。眾人答：[大王]覺得好就行！但祭司説：應當先去上帝那兒。**繼續先前中斷的拈鬮，求神諭，上文 19 節。**³⁷ 掃羅遂求問上帝：我能下去追擊非利士人嗎？你會把他們交在以色列手裏麼？但那天沒等到答覆。³⁸ 掃羅道：你們都過來，子民的將領，好好查查，今天又是哪個觸罪了？**吃血不算，因已採取補救措施。**³⁹ 一如耶和華以色列的救主永生，**起誓語，士 8:19。**便是我兒子約納丹犯事，他也必須受死！**暗示父子間有矛盾。**子民無一作聲。

⁴⁰ 於是他向全以色列説：你們站這邊，我同約納丹我兒站那邊。子民回答掃羅：[大王]覺得好就行！⁴¹ 掃羅祈告道：耶和華啊以色列的上帝！**以下至"真鬮"，從七十士本。原文殘缺：請出全（鬮）。**為什麼今天不答覆你的僕人？若是此罪在我，或在我兒約納丹，耶和華啊以色列的上帝，請出光鬮；若是罪在以色列你的子民，請出真鬮！**聖衣形制不詳，內置二石鬮，名光與真，'urim**

wethummim，用以求問神意，決疑斷案，出28:30。結果約納丹跟掃羅中鬮，子民清白。[42] 掃羅又道：在我和約納丹我兒之間拈鬮！約納丹中鬮。

[43] 掃羅便問約納丹：告訴我，你做了什麼？約納丹回答：我只是嘗了嘗棍尖兒上的蜜，用手蘸了一小點。不過，處死我好了。[44] 掃羅道：願上帝這樣待我，並加倍[降罰]，咒誓語，3:17。如果不處死你，約納丹！狠話，亦是蠢事，上文24節注。[45] 但將士紛紛進言，勸掃羅：約納丹為以色列打了這樣大的勝仗，豈可處死？不，萬萬不能！一如耶和華永生，他一根頭髮也不應落地上；他今天的功勞，是上帝佑助的呀！誠如王子所言，上文6節。如此，子民贖下了約納丹，一如贖歸聖之長子，出13:13。救了他一命。直譯：他沒死。

[46] 掃羅就放過了非利士人，沒有追擊。非利士人遂得以還家。

掃羅揚威

[47] 掃羅拿下了以色列王位，便開始攻周邊敵族，藉戰爭鞏固王權。摩押、亞捫子孫、紅嶺、佐巴諸王跟非利士人，佐巴，一亞蘭王國，撒下8:3。諸王，死海古卷及七十士本：王。他打到哪裏都能揚威。yarshia`，定罪、懲惡。古譯本：得勝，yoshia`。[48] 還立下奇功，擊敗亞瑪力，從掠奪者手裏救出了以色列。

[49] 掃羅有三子：約納丹、耶男、yishwi，又名巴力男、恥男，撒下2:8。瑪基書亞；malki-shua`，"吾王富"。略一子吾父貴，31:2，代上8:33。並二女：長女名米拉，小女名米佳。參18:17以下。[50] 掃羅的妻名雅美，'ahino`am，"吾兄弟/親族美"。是雅怒的女兒。他的將軍叫吾父燈，'abiner，燈（內爾）喻生命、希望、方向，撒下22:29。是掃羅叔父內爾的兒子。[51] 掃羅父親基士和吾父燈父親內爾，均為亞別之子。見9:1。

[52] 掃羅一生，常與非利士苦戰。凡有勇敢善戰之士，例如大衛，16:18。掃羅只要見到就招至麾下。

聖戰亞瑪力

十五章

撒母耳對掃羅説：此章故事母題同 13:7b-15，但傳統迥異。我受耶和華召遣，膏立你為他子民以色列的王。所以耶和華的話音你得聆聽，[2] 此乃萬軍之耶和華之言：

我要懲罰亞瑪力，追究他的行事，懲罰 /追究，paqadti，舊譯沒忘，誤。當年以色列出埃及途中曾遭他襲擊。出 17:8–16。申 25:17–19。[3] 去吧，快，攻打亞瑪力，禁絕他所有的一切，絕不憐惜，因獻歸神明，稱聖戰，書 6:17 注。男女無論，小童乳兒和牛羊駝驢，一總殺光！

[4] 於是掃羅募集軍隊，募集，直譯：使聽（令）。在羔村檢閱，羔村，tela'im，通説在猶大南部，近米甸。計有步兵二十萬，誇張。猶大人一萬。[5] 掃羅逼近亞瑪力城時，七十士本：諸城。在溪谷設下埋伏。[6] 然後掃羅傳話給基尼人：傳統盟友，士 1:16, 4:11 注。走吧，趕緊離開亞瑪力人，免得我把你跟他一塊兒滅了。你，單數表親近。當初以色列子孫從埃及上來，你曾以仁愛相待。詳不可考。基尼人便離開了亞瑪力。

[7] 掃羅隨即大敗亞瑪力，從沙國一路殺到埃及東面的書珥 [荒野]；沙國，hawilah，此處指阿拉伯邊境，創 25:18。[8] 生擒了亞瑪力王阿甲，民 24:7。而臣民則一律禁絕，付之與利劍。[9] 掃羅與將士卻留下阿甲，連同上好的牛羊和肥犢羔子，並各樣細軟。這些他們沒捨得禁絕，掠奪通常是戰爭的目的。只毀了看不上的或無用之物。

[10] 便有耶和華之言降於撒母耳，道：[11] 真後悔立了掃羅為王，天父至慈，可收回定旨，耶 18:8；後悔，也是人格神的一大特徵，創 6:6。因他背離了我，不執行我的指示。撒母耳氣壞了，他原本就反對君主制，8:6, 21。終夜向耶和華哀哭。

[12] 清早起來，撒母耳去見掃羅。有人告訴撒母耳：國王身邊有先知的耳目。掃羅去了一趟果園莊，在希伯倫東南 13 公里處，由南地回石圈路上，書 15:55。給自己立碑；記功碑。返來又走，下了石圈。[13] 撒母耳趕到掃羅那裏，掃羅説：願您蒙

耶和華賜福，耶和華的指示我執行了。國王老實，對先知與神權政治毫無防範。[14] 撒母耳問：怎麼我耳中有羊咩，我聽着有牛哞？[15] 掃羅答：哦，那是從亞瑪力繳獲的，將士們留下上好的牛羊，是想獻與耶和華您的上帝呢。其餘的我們都禁絕了。[16] 停，hereph，舊譯不妥：住口罷。撒母耳打斷掃羅，讓我告訴你，耶和華昨夜傳我的諭旨。昨夜，或作今夜，若對話發生在先知得夢後的白天；古人以黃昏日沒為一日之始，士13:10注。[掃羅]説：請講。

[17] 撒母耳道：雖然你覺得自己微小，回放9:21。難道你不是以色列眾支族的頭，耶和華膏立的以色列王？意謂須承擔君主義務，維護信約，12:20以下。[18] 耶和華遣你出征時，怎麼説的：去，禁絕那些罪惡的亞瑪力人，向他們開戰，消滅他們！[19] 為什麼你不聽耶和華的話，反而撲上擄獲，責其貪心，罔顧聖言，14:32。幹耶和華眼裏的惡事？[20] 掃羅回答撒母耳：耶和華的話我怎敢不聽？直譯：的確聽了。我奉耶和華的派遣出征，擒來了亞瑪力王阿甲，禁絕了亞瑪力。[21] 將士們留出部分繳獲，禁絕之物裏頭等的牛羊，不過是想在石圈祭耶和華，您的上帝呀。[22] 然而撒母耳説：

究竟耶和華喜歡燔祭與犧牲
還是人聽從耶和華的命令？直譯：聲音。
當然，聽命勝於獻祭
公綿羊的脂肪不如遵從。何6:6，摩5:21以下。
[23] 實因抗命等於占卜之罪
違忤，一似膜拜偶像。直譯：偶像與家神。西瑪庫本：偶像之罪。
而既然你已鄙棄耶和華之言
他就擯棄你，國王！

[24] 掃羅便向撒母耳道：我觸罪了，違反了耶和華的敕命和您的囑咐，承認先知作為中保或聖言仲介的權威。因為害怕子民，`am，或將士，上文21節。聽從了他們的呼聲。委婉辯解，民意難違；而這正是救主的教導，8:7。[25] 現在可否替我赦罪，一

起回去，我好繼續敬拜耶和華？欲留住老士師主祭，求問神諭。²⁶**但撒母耳回掃羅說：不，我不同你回去。因你鄙棄了耶和華之言，耶和華也擯棄了你，不要你做以色列王了。**

²⁷**言畢，撒母耳轉身就走，掃羅一把抓住他的袍裾，**原文無"掃羅"，從死海古卷及七十士本補。**撕下了一片。**²⁸**撒母耳說：今天耶和華從你身上撕下以色列的王位，賜了一個勝於你的鄰人。**re`aka，親友、身邊人，即大衛，13:14。²⁹**而且，以色列的榮光不會撒謊，**榮光，nezah，兼指永恆，婉稱上帝。**不會後悔；他不像人，常變心。**此節引民 23:19，與上下文矛盾，一說是插注。³⁰**[掃羅]歎道：我是觸了罪，但還是請您在子民長老和以色列面前尊重我，**舊譯不確：抬舉我。**一起回去，俾我敬拜耶和華您的上帝。**服軟，承認王權離不開神權支持。³¹**撒母耳這才隨同掃羅回去，而掃羅就拜了耶和華。**

³²**接着，撒母耳發話：把亞瑪力王阿甲給我帶上來！阿甲走上來時，腳步打顫；**ma`adannoth，另作（拖着）腳鐐、碎步。無定解。**阿甲說：這死，真苦啊！**從死海古卷及七十士本。原文：這死的苦，終於離去了。³³**撒母耳道：**

一如你的劍
使多少婦人喪子
女人中間
你母親也要喪子！

撒母耳在石圈，在耶和華面前，肢解了阿甲。禁絕，如宰獻祭牲。

³⁴**之後，撒母耳去了拉瑪；**與國王決裂，以家鄉為基地，7:17。**掃羅回家，上到掃羅的戈崗。**

³⁵**撒母耳至死未再見掃羅，**參 19:22–24，傳統不同。**雖則撒母耳也悲悼掃羅。**知其命數已定，但君主制不可阻擋。**而耶和華後悔的是，立了掃羅為以色列王。**

大衛受膏

十六章

耶和華訓諭撒母耳：**你悲悼掃羅，還要多久？可我已經擯棄他這個以色列王了。拿油盛滿你的羊角，**古人常用動物角製作容器，王上 1:39。**出發吧。我這就派你去找伯利恒的耶西，**yishay，家系可上溯猶大與塔瑪，創 38 章，得 4:17–22。**因我看中了他一個兒子可為君王。**²**怎麼個去法？撒母耳問，掃羅聽說，會把我殺了！**判斷國王已着手防範先知，欲保王位，15:28。**耶和華回答：你可手牽一頭小母牛，說：我是來祭耶和華的。**³**然後請耶西參加祭餐；怎麼做，我自會為你指示——我指誰，你就替我給誰施膏禮。**

⁴**撒母耳照耶和華說的辦了，去到伯利恒。鎮上長老顫抖着出迎，**都知道先知與國王不和，怕受牽連，得罪掃羅。**說：尊駕平安否，**問來意，委婉。**視者？**原文無此二字，從死海古卷補。⁵**答：平安！**問候語，雙關。**我是來祭耶和華的。各位可潔身，來同我一起用祭餐。他也請耶西父子守潔，另備了一席祭餐。**耶西家單獨安排。

⁶**待人到時，他一見艾利雅，**'eli'ab，"上帝乃父"，常名。耶西的長子。**心說：對了，耶和華跟前，是這受膏者了！**⁷**但耶和華對撒母耳說：別只注意他的容貌或身材高大，**一如掃羅。**他是我丟棄了的。**視者又看錯了，未吸取先前的教訓，10:23。**因為上帝的看法與人不同，**原文脫"上帝"，據七十士本補。**人看外表，耶和華看心。**或作：人用兩眼看，耶和華用心看。伯 10:4。⁸**耶西便喚吾父貴，**次子，7:1 注。**讓他走到撒母耳面前，可是後者說：這個也不是耶和華揀選的。**⁹**耶西叫辛瑪上前，**三子。**[撒母耳]道：這個也不是耶和華揀選的。**¹⁰**如此，耶西讓七個兒子在撒母耳面前走了一圈，撒母耳對耶西說：這幾個耶和華都沒揀選。**

¹¹**接着，撒母耳又問耶西：孩子全在這兒了？答：還有一個，么兒，在放羊呢。**近東傳統，牧者可象徵王權。**撒母耳便吩咐耶西：派人叫他來吧；他不來，我們沒法入席。**¹²**於是派人將他領了來。他[面頰]紅潤，**一筆劃出個少年，

歌 5:10。**一雙秀目，好英俊。耶和華道：起來，施膏禮吧，就是他了！** [13] **撒母耳拿起油角，在眾兄弟中間給他施了膏禮。** 並無外人在場，為安全計。**自那天起，耶和華的靈就攫住了大衛。** 行事受聖靈激勵，10:6 注。**而後，撒母耳起身回了拉瑪。**

上帝的惡靈

[14] **於是耶和華的靈離棄了掃羅，並有惡靈降自耶和華，** 惡一如善，造主為第一因，士 9:23，王上 22:21–23。惡靈，舊譯惡魔，誤。**令他恐懼。** 舊譯攪亂，弱。[15] **掃羅的廷臣進言：看樣子，是來自上帝的惡靈在驚擾您。** [16] **吾主可下旨，差御前僕人尋一個善彈三角琴的來。一俟上帝的惡靈降臨，有他的手彈琴，您就舒服了。** 古人相信，音樂可召喚或驅逐靈異。[17] **好，掃羅向廷臣道，找個彈得好的，帶來見寡人。** [18] **卻有一個僕人啟奏：在下見過伯利恒的耶西家一個兒子，善彈琴，且能打仗，是勇士；說話謹慎，** 讚其智慧、虔誠，箴 8:12。**人也俊朗，耶和華與他同在。** 似乎大衛業已名聲在外。

[19] **掃羅遂遣使去向耶西傳旨：把你放羊的兒子大衛送來。** 放羊的，有人稟告了此細節？一說為插注。[20] **耶西就備了毛驢，[馱上]麵餅、一皮囊酒並一隻小山羊，讓兒子大衛送去獻給掃羅。** [21] **就這樣，大衛來到，立於掃羅面前。** 喻侍者。**掃羅很喜歡他，** 掃羅，移自下節。**收他做了執矛隨從，** [22] **並派人報知耶西：讓大衛做御前侍衛吧，他在我眼裏贏得了恩惠。**

[23] **每當上帝的[惡]靈纏上掃羅，大衛便操起三角琴；他撫手一彈，掃羅就舒暢了，** rawah，寬暢、舒服。諧音（惡）靈，ruah。好過了。**而那惡靈就離去了。**

哥利亞

十七章

恰逢非利士興兵來犯，集結於猶大的枝城， sokoh，酒榨市往東，亞杜蘭西北，書 15:35。**在枝城與鑿堡間的達明崖紮營。** 居西。[2] **掃羅便召集以色列人，到橡**

樹谷安營，居東。橡樹谷，`emeq ha'elah，伯利恒以西，進入猶大山區的通道。**擺開陣勢，迎戰非利士人。**³如此，**非利士站在這山，以色列站在那山**，兩軍對峙。**中間橫亙一條谷地。**

⁴**從非利士陣裏走出一員力士**，直譯：（兩軍）之間的人。**名叫酒榨市的哥利亞**，golyath，非利士名。通說原始文本中力士無名，為銜接另一傳統而補名，撒下 21:19。**身高六肘一拃**。將近 3 米，巨人。死海古卷及七十士本：四肘一拃。約合 2.05 米，較近現實。⁵**他銅盔罩頭，鱗甲護胸，那銅胸甲重五千舍克**；約合公制 57 公斤。⁶**腿裹銅脛甲，肩挎銅彎刀**。kidon，或投槍，下文 51 節。⁷**一根長矛，矛杆像織布機大軸，鐵矛尖重六百舍克**。約合 6.8 公斤。**有一個持盾的走在頭裏**。隨從引路，凸顯力士之高大。

⁸**他站到以色列陣前，吼道：打個仗何必列陣？難道我不是非利士人，你們不是掃羅的奴才？你們挑一個人，讓他下來鬥我！**以單挑決鬥，代替兩軍對壘。⁹**若是他能打敗我，殺了我，我們就給你們為奴；但如果我得勝，殺了他，那你們就給我們為奴，服事我們！**子民沉默，不敢應戰。¹⁰**接着，那非利士人又喊：今天我羞辱了以色列全軍，派個人來吧，我們決一勝負！**¹¹**掃羅和全以色列聽了非利士人這一番話，都陷入了恐慌。**諷刺，掃羅雖比眾人高出一肩，10:23，也膽怯了。

¹²**大衛**，由此至 31 節，七十士本不載，傳統不同。參較 16:1 以下。**是猶大伯利恒一個以弗拉人的兒子。那人名叫耶西，有八個兒子；及至掃羅之日，他已上了年紀。**從古譯本。原文：眾人當中。¹³**耶西三個大兒子跟隨掃羅出征了，這三個從軍的兒子名為：長子艾利雅、次子吾父貴、三子辛瑪。**¹⁴**大衛是幼子。[自從]三個大的跟了掃羅**，此句似編者補注，調和兩個敘事傳統/片斷。¹⁵**大衛就時而從掃羅身邊回來伯利恒，給父親放羊。**

¹⁶**而一早一晚，那非利士人過來叫陣，已經四十天了。**

¹⁷**耶西吩咐兒子大衛：這筐烤麥和十個餅是給你哥哥的**，筐，乾量單位，約合公制 10–20 升，出 16:36，亞 5:6。**你速去營裏，交與哥哥。**¹⁸**還有這十塊乳餅，送他們的千夫長。**軍餉不足，給養來自搶掠或家屬輸送，軍官由此獲利。**看你哥哥平安與**

否，帶一樣他們的憑信回來。憑信，`arubbatham，此處指報平安的信或個人物品。¹⁹ 他們在橡樹谷，跟掃羅和以色列人一起打非利士人。

²⁰ 大衛起個大早，把羊群托人照看了，就帶上 [食物]出發，按耶西的指示。抵達營壘時，ma`gal，圈、車轍，轉指工事、營壘。無確解。正值軍隊出來擺陣，殺聲回蕩：²¹ 以色列和非利士又對陣了。²² 大衛將東西寄放在守輜重的兵手裏，就跑到陣上，向哥哥問安。²³ 正同他們説着話，看，那員力士，名為哥利亞的酒榨市非利士人，此短語補哥利亞之名，是插注。又從非利士陣裏上來，喊他那一番話。上文8–10節。大衛聽得真切。

²⁴ 以色列人一見那人，紛紛逃避，都嚇壞了。誇張，民間故事筆法。²⁵ 看到沒有，以色列人説，這人上來了，又來羞辱以色列！誰殺得了他，國王有厚賞，並許配公主，免他父親家在以色列的稅捐徭役！²⁶ 大衛便問身旁站着的人：丟開兄長去問別人；經書所載大衛的第一句話。殺掉這個非利士人，為以色列雪恥，該得什麼？這留包皮的非利士人是誰？見14:6注。竟敢羞辱永生上帝的大軍！²⁷ 眾人就把那些話又説一遍：殺他的人有賞，如此這般。

²⁸ 大哥艾利雅聽着他同那些人講話，艾利雅對大衛點燃了鼻息，見11:6注。説：你下來幹嗎？荒野上的那幾隻羊，你托給誰了？我還不曉得你傲氣，心裏頭什麼壞點子？瞧不起小弟，只道他有心計、會來事。似不知他已是耶和華的受膏者，16:13，片斷不同故。你是來看打仗的！²⁹ 我做了什麼，大衛頂他，連句話也不讓説了？³⁰ 就撇下他，拿同樣的問題去問別人，聽到賞賜，找不同的人確認兩遍，可見行事之縝密。他們的回覆跟先前的一樣。下接55節。

³¹ 有人聽見大衛所言，去報告了掃羅。[掃羅]便召他 [問話]。

³² 大衛啟稟掃羅：上接11節。人的心不可倒了，喻失掉勇氣，撒下17:10，詩27:14。人，七十士本：陛下。僕人願去跟這非利士人決一勝負！³³ 掃羅就提醒大衛：這個非利士人你對付不了，打不過的；你只是個少年，以為牧童只會彈琴唱歌，16:18。而他自小就習武打仗。

³⁴ 可是大衛回答掃羅：僕人常給父親放羊，遇到獅子老熊來羊群叼羊，³⁵ 我總是追上去打它，從它口裏奪羊。它如果撲我，我就抓住它的領毛，舊

譯鬍子，不妥。**揍死它！**[36]**獅子老熊，僕人都殺過，這留包皮的非利士人像哪個？他竟敢羞辱永生上帝的大軍！**國王被揭了短，尷尬不語。[37]**接着，大衛又説：是耶和華為我解脱獅子老熊的利爪，他必將我從這非利士人的掌下救出。**歸功上帝，給掃羅一個台階下。**於是掃羅向大衛道：去吧，願耶和華與你同在。**

[38]**掃羅還取自己的戰袍給大衛穿上，叫他頭戴銅盔，身着胸甲；**[39]**又摘下自己的劍佩在大衛的戰袍上。**從七十士本。原文：大衛又佩上（掃羅）的劍。**大衛試着走了幾步，但因為不習慣，就對掃羅説：穿了這個我沒法走了，不習慣。**畢竟是牧童。國王的行頭不配英雄的身材。**他們就幫大衛脱了。**從七十士本。原文：大衛就脱了它們。

[40]**於是，他手裏提一根棍子，**牧杖。**到溪谷撿了五顆光滑的卵石，放入口袋，**即牧人的背囊。**然後，手握投石索，**但巨人只看見大衛的牧杖，而不會注意他右手藏着投石索，士20:16。**向那非利士人走去。**

[41]**那非利士人也在逼近大衛，前頭走着給他持盾的人。**[42]**那非利士人把大衛打量一番，便十分鄙視：就這麼個[面頰]紅潤、清清秀秀的少年？**參16:12。[43]**那非利士人向大衛喝道：莫非我是條狗，你拿些根棍兒來趕我？**漫畫效果。**那非利士人就指着眾神詛咒大衛，**勇士決鬥，視同雙方的神的角力。[44]**那非利士人還奚落大衛：你過來，待我拿你的肉餵飛鳥野獸！**英雄鬥舌，亦是古代史詩的套路。[45]**大衛則回擊非利士人：你挎着劍、矛、彎刀來戰我，可我來取你，是奉萬軍耶和華、以色列戰陣的上帝之名，那被你羞辱的聖名！**[46]**今天，耶和華就要把你關進我的掌下，讓我殺了你，割你的首級；而我今日必拿你和非利士軍的屍骸餵飛鳥走獸，**原文無"你和"，從七十士本補。**以使天下盡知，以色列有上帝；**[47]**要這會眾都懂得，**會眾，復指以色列，與天下/萬民相對。**耶和華賜勝不靠刀槍——因為爭戰屬耶和華，**何1:7，詩20:7。**他必把你們交在我們手中。**

[48]**一俟那非利士人起身，向大衛走來，大衛就衝出戰陣，**衝出，古譯本：衝向。**迎着非利士人跑去。**巨人誤以為將短兵相接。[49]**同時大衛已探手由袋裏取出一顆卵石，套上環索，**突然站下，瞄準，而力士一時沒反應過來。**奮力一投，正中那非**

利士人的眉心：頭盔未遮擋處。那卵石打穿了他的前額，他臉朝下，倒在了塵埃 ── 50 就這樣，七十士本無此節，編者插注。大衛用投石索和卵石力克那非利士人，一舉擊殺，雖然大衛手裏並無刀劍 ── 51 大衛跑過去，站在非利士人身上，據此傳統，力士被卵石擊中後昏厥，未斃命。拿起他的刀，出鞘即取他的性命，砍下了他的頭顱。

那邊，非利士人見他們的勇士死了，就潰散了。52 以色列與猶大人立刻吶喊着追擊非利士人，從谷地追到埃克龍城門。谷地，七十士本：（直到）酒榨市。非利士橫屍遍野，由雙門一路至酒榨市和埃克龍。雙門，sha`arayim，位於橡樹谷北端，枝城西北，書 15:36。53 以色列子孫猛追非利士人回來，又洗劫了他們的營地。

54 大衛則取了那非利士人的首級，送到耶路撒冷；史誤：聖城是大衛受膏稱王后攻取的，撒下 5:6–9。他的武器卻收進了自己帳篷。校讀：耶和華的帳幕，21:10。他，指力士。

55 之前，上接 30 節。由此至 18:5，七十士本不載。掃羅見大衛出陣，迎戰那非利士人，就問吾父燈將軍：見 14:50 注。這少年是誰的兒子，吾父燈？參較 16:14–23，片斷不同。陛下的靈常在，起誓語，1:26 注。我不知道呢，吾父燈回答。56 國王道：查一下，這小夥兒是誰的兒子。

57 當大衛殺了那非利士人回來，吾父燈便領他去見掃羅，他手裏還提着那非利士人的首級。盡顯其英雄氣概。58 掃羅問他：孩子，你是誰的兒子？是您的僕人伯利恒人耶西的兒子，大衛回答。

十八章

待他向掃羅稟報結束，約納丹的靈已經繫上了大衛的靈，喻王子對大衛的摯愛、忠誠。舊譯不確：心與心深相契合。約納丹愛他如自己的靈。naphsho，猶言生命，暗示其命運的悲劇。2 掃羅當天就收了他，不讓他回父親的家。3 約納丹便同大衛訂約，呼天父見證，20:8、23。因為他愛[大衛]如自己的靈。刻意不寫大衛的心理和感情。⁴約納丹還脫下身上的大氅，給大衛披上，連同自己的戰袍、劍、弓與腰帶，一併相贈。提拔授職，暗示王子不惜讓位。⁵大衛出征，無論掃羅派下什麼任務，他都能完成。果然上帝與他同在，16:18, 17:37。掃羅遂命他領軍，眾將士乃至掃羅的廷臣，無不擁戴。

掃羅懼怕了

⁶於是凱旋，接回 17:54。當大衛誅殺了那非利士人歸來，婦女湧出以色列各城，搖着鈴鼓彈起三弦，shalishim，一作三角、埃及叉鈴。載歌載舞歡迎掃羅王。出 15:20，士 11:34 注。⁷歡聲鼎沸之際，這些婦女對起歌來：

掃羅殺了千千　從諸抄本及古譯本。原文：一千。

大衛呀，殺了萬萬！希伯來詩律，對句上聯鋪墊下聯。

⁸掃羅大為不悅，這詞兒他覺得糟透了，這詞兒，或作這事。說：大衛他們給了萬萬，而我卻僅得千千；他還缺什麼，除了王位？起了戒心，惡靈誘惑？⁹從那天起，掃羅就老覷着大衛。覷着，婉言猜忌。舊譯怒視，誤。

¹⁰次日，上接 16:23。此段打斷敘事，同 19:9–10。便有上帝的惡靈攫住掃羅，他在屋裏發了狂。如靈媒先知陷於迷狂，10:6, 10。當時大衛像平日一樣在彈琴，掃羅手裏卻操起一杆長矛，¹¹心說：看我將大衛釘在牆上！掃羅就把矛投了出去。兩次，大衛都躲開了。

¹²掃羅害怕起來，因為耶和華與大衛同在，而拋下了掃羅。¹³於是掃羅不要他伺候了，封他做千夫長，領軍征戰。希望他戰死。直譯：出入（城門）在他們前面。¹⁴然而大衛路路成功，舊譯不妥：作事無不精明。耶和華與他同在。時時蒙恩得佑助，猶如約瑟，創 39:2–3。¹⁵掃羅見他如此順遂，更懼怕他了。¹⁶但全以色列和猶大都愛大衛，因為出征他總是走在前頭。

駙馬

¹⁷**掃羅對大衛説：這是我的長女米拉；我願把她給你為妻，只要你做我的勇士，替耶和華好好打仗。**兌現允諾，17:25，但附加條件。**掃羅想的是：與其自己動手，不如借非利士人之手。**¹⁸**大衛回答掃羅：**恭敬口吻，按宮廷禮節。**在下是誰？在下的家族即父親一宗在以色列又算什麼？**家族，ḥayyi，校讀。原文：生命，ḥayyay。**在下怎配做駙馬？**直譯：王的女婿。下同。¹⁹**然而，到了掃羅之女米拉與大衛成婚之日，她卻嫁了舞旬人亞德列為妻。**國君悔約，或試圖以此平衡並操控宗派勢力。撒下 21:8。

²⁰**但掃羅女兒米佳愛上了大衛。**小公主出場，14:49，愛字當頭。但大衛愛米佳否，聖書不寫。**掃羅得知，覺得是好事。**正好利用。²¹**掃羅心想：那就把她給 [大衛]，給他設個圈套，借非利士人之手除掉他 —— 因而掃羅對大衛又説了一次：**bishtayim，以二。或有訛，無定解。此句是插注。**今天你可做我的女婿。**

²²**掃羅命僕人：你等私下給大衛透個風：看，君上很賞識你呢，廷臣也都喜歡你 —— 還不趕緊做駙馬去？**²³**掃羅的僕人把這話向大衛耳中説了，大衛道：你們以為做駙馬是件小事？我可是一文不名，卑賤之人哪。**説話滴水不漏。²⁴**掃羅的僕人便去稟報：如此這般，大衛説的。**²⁵**掃羅回答：告訴大衛這個：君上一樣聘禮也不要，只要一百個非利士人的包皮，**作殺敵的證據，14:6，17:26。**為國王向仇敵雪恨！**掃羅的如意算盤是，讓大衛栽在非利士人手裏。

²⁶**僕人把這話轉告了大衛，大衛覺得做駙馬也是好事。**將計就計，上文 20 節注。**期限未滿，**限期殺敵，如設賭局。²⁷**大衛就帶上人出發，去殺了一百個非利士人。**一百，從七十士本，撒下 3:14。原文：兩百。**大衛將其包皮帶回，在國王面前足數呈上，以做駙馬。掃羅遂把女兒米佳給了他為妻。**

²⁸**這下掃羅不得不承認，**直譯：見而認得。**耶和華的確與大衛同在，掃羅女兒米佳也愛他；**七十士本另讀：全以色列都愛他。²⁹**掃羅越發害怕大衛了。掃羅竟把大衛當了敵人，天天惱恨。**

³⁰非利士人的首領仍不停進犯；_{掃羅國力弱，政權亦不甚穩。}但每次來犯，掃羅的廷臣都不及大衛能打勝仗。結果他聲威大震。

約納丹勸諫

十九章

終於，掃羅對兒子約納丹和廷臣説，要除掉大衛。可是大衛深得掃羅之子約納丹的歡心，_{見18:1。}²約納丹就透了消息給大衛：我父親掃羅圖謀害你，明晨請多加小心，去隱秘處躲一躲。³我會陪同父親外出，到你所在的鄉間，然後我就向父親説起你；看情況如何，再通知你。

⁴於是，約納丹在父親掃羅面前稱讚大衛，_{趁父王不受惡靈驚擾、心情平和時進諫，16:14。}説：陛下不可因他的僕人大衛而觸罪，_{冤屈無辜（功臣），違犯聖法，出23:6–7。}因為他非但沒有開罪於您，還為您立了大功呢。⁵他一條命提在手裏，_{形容勇敢、奮不顧身，士12:3注。}殺了那非利士人，耶和華賜以色列全勝。您親眼看見，慶祝了的；為何還要觸罪，流無辜的血，無緣無故害大衛呢？
⁶掃羅聽了約納丹的勸諫，_{直譯：聲音。}掃羅發誓：一如耶和華永生，我不殺他。_{直譯：他決不會被處死，20:32。}

⁷約納丹便去叫大衛，約納丹把這種種都告訴了他，接着約納丹帶他去見掃羅。大衛就留在了御前，_{外患不止，和好有利大局，18:12–13。}像先前一樣。

米佳救夫

⁸[不久]兵燹又起，大衛出戰，迎擊非利士人；後者大敗，在他面前奔竄。⁹而後，_{聖史不避重複，18:10–11。}正當掃羅在屋裏坐着，[聽]大衛彈琴，手裏擺弄着他的矛，猝然就中了耶和華的惡靈：_{幾如染疾，並被剝奪了自由意志與道德判斷。}¹⁰掃羅就想使長矛將大衛釘在牆上。但[大衛]一閃身，掃羅把矛扎進了牆壁。大衛趕緊逃脱了。

當晚，一説此片斷接 18:27，大衛洞房之夜。斷句從七十士本。¹¹ 掃羅派人去守着大衛家，準備早晨殺他。等他出門後下手？詩 59:1。夫人米佳警告大衛，説：除非你今夜逃得性命，明天你必死無疑了！¹² 米佳將大衛從窗口縋下，似乎住所連着城牆，書 2:15。他便迅速離去，逃走了。始終不寫大衛説話，讓讀者揣摩他的心理和想法。

¹³ 米佳然後搬了一尊家神像，顯然建立君主制並無妨礙子民拜異神，8:8，士 17:5 注。放在床上，頭頂貼一縷山羊毛，看似頭髮。再蓋上衣袍。¹⁴ 待掃羅派人來捉拿大衛，[米佳] 説：他病啦！沒讓進屋，拖延時間。回放拉結偷家神像故事，創 31:19 以下。¹⁵ 掃羅遂遣使臣來查看大衛，並説：連人帶床給我抬來，我處死他！¹⁶ 使臣進屋看時，什麼？床上躺了個家神，頭頂一縷山羊毛！¹⁷ 掃羅傳米佳問話：為什麼這樣騙我，放走我的敵人，幫他脱身？米佳回答掃羅：但不解釋為何欺騙父王。他吼我：放我走，不然我宰了你！

拉瑪的茅廬

¹⁸ 大衛逃脱之後，就到拉瑪見撒母耳，或想請先知求神諭，16:13。把掃羅如何待自己的事都報告了；隨即跟撒母耳去茅廬居住。茅廬，nayoth，先知門派自建的住所或營地，王下 6:1 以下。解作地名亦通。¹⁹ 掃羅聞報：大衛在拉瑪的茅廬；²⁰ 掃羅便派人去捉拿大衛。可是，當那些人看到一群先知口出預言，那些人，從古譯本。原文單數：他。撒母耳站着，儼如宗師，直譯：立於 / 執掌其上。忽而掃羅的使臣就中了上帝的靈，他們也陷入了迷狂。參 10:10。²¹ 掃羅接報，另遣使臣，結果他們亦口出預言。掃羅再派出第三批使臣，同樣，他們着了迷狂。事不過三，民間故事風。

²² 於是他親臨拉瑪，來到西岾的一口大旱井，西岾，seku，七十士本：禿崗（禾場），shephi。問道：撒母耳和大衛在哪？答：哦，在拉瑪的茅廬呢。²³ 他便由那兒往拉瑪的茅廬趕。由，從七十士本。原文：往。走着走着，竟也中了上帝的靈，來到拉瑪的茅廬，仍預言不止。²⁴ 而且他還脱了衣袍，象徵王位不穩。

在撒母耳面前犯迷狂，此細節與 15:35 矛盾。一絲不掛栽倒［在地］，整整一天一夜。因此有了這句話：居然掃羅也掉進先知堆裏了。同 10:12。

約納丹救大衛

二十章

大衛逃離拉瑪的茅廬，過門，引出另一片斷：大衛仍在掃羅宮廷。便去約納丹面前論理：我做了什麼？有何咎責？在你父親面前觸了哪條罪，他竟要謀我的性命？怪對方未通風報信。²不，不，［約納丹］說，你決計不會死的！看，我父親無論做什麼，大事小事，沒有不告訴我的。為何這事父親要瞞着我呢？不會的！王子天真。³大衛就發誓，說：你父親很明白，我在你眼裏蒙恩，所以才決定：別讓約納丹知道此事，免得他傷心。但是，一如耶和華永生，你的靈常在，舊譯不通：敢在你面前起誓。參 1:26, 17:55。我跟喪命只差一步！回放躲掃羅的矛兩次，18:11, 19:10。⁴約納丹安撫大衛：不管你想要什麼，直譯：你的靈說什麼。我一定為你做到。

⁵大衛便對約納丹說：看，明天月朔，每月初一，有祭禮祭餐，民 28:11–15。我本該與君上同席進餐。但你得讓我去鄉間躲藏，至後天晚上。直譯：第三晚。⁶若你父親注意到我不在，你就說：大衛苦苦求我，准他趕回家鄉伯利恒了，因為他們家族要在那兒舉行年祭。⁷要是他說：好！你的僕人就平安了。要是他勃然大怒，你就曉得，他決意加害了。⁸請以仁愛待你的僕人，那是你讓僕人同你訂的耶和華的約呀。提醒誓約義務，18:3。但如果咎責在我，你殺我好了 —— 何必把我送去給你父親？激將法，知道王子極重友情。⁹不，約納丹回答，千萬別這麼想！要是我得知父親決意加害於你，我能不告訴你？¹⁰大衛卻問約納丹：打算兩人聯繫受阻。誰來告訴我呢，倘使你父親回你一句狠話？以下兩段打斷敘事，似後補的。

¹¹約納丹對大衛說：走，我們去鄉間吧。兩人便去到鄉間，¹²約納丹向大衛道：耶和華以色列的上帝在上，明天此時［或］後天，我就探父親的意

思；若是［回話］對大衛有利，我怎會不派人報與你耳中？¹³但如果父親想［加］害於你，願耶和華這樣待約納丹，並加倍［降罰］，見3:17, 14:44注。若我不肯報與你耳中，不肯放你，讓你平安離去。願耶和華與你同在，一如他曾與我父親同在！暗示願放棄繼位，接受大衛為王，18:12, 28。¹⁴但只要我還活着，但只要，校讀參七十士本。原文：而不。務以耶和華的仁愛待我；也說誓約。如果我死了，¹⁵也決不從我家剪斷你的仁愛，永不——哪怕耶和華已從大地剷除了大衛的每一個仇敵。

¹⁶如此，約納丹同大衛家訂了［約］：欲使大衛後裔（家）也受此仁愛之誓的約束。願耶和華向大衛的仇敵手中討［罪］。婉言違約者（仇敵）必受報應。仇敵，避諱直稱大衛，25:22注，雙關暗指掃羅。¹⁷又一次，約納丹以其摯愛要大衛起誓，承諾履約。要，七十士本：向。因為他愛［大衛如］愛自己的靈。大衛受約，但不言愛，18:1, 3。

¹⁸於是約納丹對他說：回答上文10節的問題。明天月朔，你座位空着，肯定會被人注意。¹⁹所以後天你得快快下去，快快，從欽定本。原文有訛：很。到你出事那天藏身的地方，出事，所指不明；一說指勸諫父王，19:1–7。躲在那石堆近旁。石堆，從七十士本。原文：石頭。²⁰我呢，我會朝那邊射三支箭，彷彿射靶，²¹然後派一個僮僕來尋箭。若是我喚僕人：看，箭在你身後呢，撿去！約暗號，傳遞消息。你即可出來——一如耶和華永生，保你平安無事。²²但如果我喚小夥兒：看，箭在你前頭呢！你就走吧，那是耶和華送你上路。婉言掃羅受惡靈支配。²³至於我同你說定的事，即誓約雙方的承諾。看，你我之間有耶和華見證，原文無"見證"，從七十士本補。永遠！

²⁴於是大衛在鄉間藏了。到了月朔，國王入席用餐。²⁵照例，國王坐靠牆的座位，約納丹站起，行禮或主持儀式？七十士本：坐在對面。吾父燈則坐在掃羅身旁。但大衛的座位空着。

²⁶那天掃羅沒說什麼，心想：他不巧，沾染不潔了？例如遺精，據聖法，洗濯後天黑始能潔淨，利15:16，申23:11。對，定是不潔。自問自答，本性流露。²⁷但第二天，月朔次日，大衛的座位還是空着。掃羅就問兒子約納丹：怎麼耶西的兒子昨天和今天都沒來用餐？口氣不甚愉快，10:11注。²⁸約納丹回稟掃羅：大衛

苦苦求我，准他回伯利恆。向上司請假。²⁹ 他説：但求恩准，因為鎮上要舉行族祭，家兄命我參加。若是我在你眼裏蒙恩，今次務請救急，讓我見族親一面！故此他未能赴陛下的宴席。

³⁰ 掃羅大發雷霆，指着約納丹説：好個蕩婦崽子！罵其不忠、背叛父王。蕩婦，直譯：邪曲反叛/犯規的女人。我不知道嗎，你護着耶西兒子——自取其辱呀，護着，boher，選擇、選邊。玷辱你母親的羞處！一語成讖，主子的後宮後來歸了僕從，撒下12：8。³¹ 只要耶西兒子活在世上一天，你和你的王位就不會安穩。清醒，攤牌。立刻派人，把他給我捉來；一個死亡之子，他是！猶言他死定了，兼指其危險可致命。³² 約納丹回父親掃羅道：為何要殺他？他做了什麼？³³ 但掃羅操起長矛就要刺他，怒極，彷彿受惡靈驅使而失去理智。操起，另讀：投出，18：11。約納丹於是明白了，父親已決意除掉大衛。³⁴ 約納丹憤然起身離席，月朔次日，他一口未吃——既為大衛憂心，也因挨了父親的詬罵。

³⁵ 次晨，約納丹依照同大衛的約定，帶上一個僮僕，去到鄉間。³⁶ 他對僮僕説：跑過去，把我放的箭撿來！待僕人跑出，他就朝前方射箭。³⁷ 僕人一到約納丹的箭落地處，約納丹就向僕人叫喊：箭不是在你前頭嗎？發暗號，上文22節。³⁸ 快點，約納丹喊那小夥兒，從死海古卷。原文：僮僕。趕快，別停步！約納丹的僮僕便拾起箭，拿來給主人。拿來給，從七十士本。原文：回來。³⁹ 那僮僕並不解其中的含義，只有約納丹和大衛知曉。

⁴⁰ 隨後，約納丹把武器交與僕人，道：拿着，帶回鎮子去。支走隨從。武器交出，象徵王子無戒心，王位將不保。⁴¹ 那僮僕剛走，大衛便從石堆旁站起，石堆，從七十士本。原文：南面。叩鼻於地，拜了三拜。接着他們就擁抱親吻，哭到了一處；而大衛哭得更久。從通行本，原文晦澀。

⁴² 約納丹對大衛説：去吧，願你平安。我們倆既已奉耶和華的名立了誓，願我之間，你我的子實之間，耶和華見證，到永遠！重申誓約，撒下9：1，21：7。

二十一章

他便起身去了；約納丹則回到鎮上。通行本此處分章，節數減一。

聖餅

²**大衛去到果村，**nob，戈崗以南，耶路撒冷北面一山村，賽10:32。**找祭司亞希米勒。**俄理曾孫，又名耶親，14:3, 22:9。**亞希米勒戰戰兢兢迎將出來，**吃驚，懷疑駙馬犯了事。**問大衛：怎麼您獨自一人，沒帶隨從？**³**大衛告訴祭司亞希米勒：君上交代的任務，且有囑咐：派你的任務，給你的諭旨，切勿外傳！故我和年輕人約好了，**從死海古卷。原文：通知了。年輕人，指隨從、部下。**在某地會合。**⁴**好了，你手邊有點什麼，五塊餅？**五，約數，猶言少量。**給我吧，什麼都行！**第一要務，解決吃的。⁵**祭司回答大衛：我手邊沒俗餅了，**俗人的食物，相對於專屬祭司的供品，利24:5–9，太12:3–4。**只有聖餅 —— 若是那些年輕人能守身，不碰女人。**祭司願意私下靈活處理。

⁶**大衛遂向祭司保證：當然，女人我們是必戒的，向來如此。**聖事/聖戰期間忌行房事，出19:15。**我只要出征，部下的器具皆須歸聖，**器具，kelim，婉言陽具，兼指衣服武器等隨身物品。**哪怕上路是為俗務；今次就更聖潔了，他們的器具。**⁷**祭司便將聖物給了他，因為那兒別無吃食，除了供餅，**即聖餅，出25:30。**即由耶和華面前撤下，被當天的熱餅替下的那些。**

⁸**那天，恰有一個掃羅的僕人在那兒，留在耶和華面前，**因還願或取潔而滯留聖所。**名叫紅嶺人督厄；**紅嶺是以色列的世敵，伏筆照應22:9以下。**掃羅的牧人，數他最有氣力。**

⁹**大衛接着又問亞希米勒：**第二，武裝起來。**此處你手邊有刀槍不？我沒來得及帶劍或別的兵器，因為君上之事緊急。**¹⁰**祭司道：哥利亞，您在橡樹谷殺掉的那個非利士人，他的劍在這兒，看，用方袍裹着，收在聖衣背面。**戰利品供奉上帝。**您要的話，就拿去，此間除了這個沒別的了。大衛說：獨一無二，給我吧！**下接22:6。

裝瘋

¹¹ **大衛起身**，獨立片斷，呼應 27 章。**那天從掃羅面前逃走，投奔了酒榨市的亞吉王。**冒險來到哥利亞的家鄉，非利士人中間。¹² **亞吉的廷臣議論紛紛：這不是大衛，那片地的王麼？** 美稱英雄，亞非不知誰是以色列王。**是他們跳着舞歌唱的那人！** 見 18:7。

掃羅殺了千千

大衛呀，殺了萬萬！ 從諸抄本及古譯本。原文：一萬。

¹³ **大衛把這些議論存在心裏，越想越害怕酒榨王亞吉。** 身份暴露了，須設法求生，詩 56:1。¹⁴ **便在眾人眼前裝瘋，在他們手裏賣傻，** 古人以為瘋癲亦神靈附體所致，招惹了有危險。**在城門上亂塗，** 古譯本另讀：亂敲。**鬍鬚掛着口水。**

¹⁵ **亞吉對廷臣說：你們看，明擺着一個瘋子，為何領來這兒？** ¹⁶ **莫非我還缺瘋子，你們送這傢伙來對我撒潑？這副樣子，能進我的宮室？** 遂下令驅逐，詩 34:1。

二十二章

於是大衛離開那裏，躲進了亞杜蘭山洞。 進入猶大荒野，書 15:35，詩 142:1。**他的哥哥們和父親全家聽說，就下來投他。** 受牽連，避官府迫害。² **[一時間] 困乏的、負債的、苦靈的，** mar-nephesh，苦命人、貧賤者，賽 38:15，伯 3:20, 7:11。**都聚攏到他身邊，推他做了首領：麾下有四百人左右。** 組成一支遊擊隊。

³ **大衛從那兒輾轉至摩押的瞭望台，** 約旦河東。大衛曾祖母路得是摩押人，得 1:4, 4:17。**求助於摩押王：請允許敝人父母追隨左右，直至我得知上帝將做何處置。** ⁴ **言畢，引雙親覲見摩押王；** 引，古譯本：留下。**大衛在險要的那段日子，** 險要，mezudah，要塞，或山崖岩穴等易守難攻處。一說指亞杜蘭山洞。**他們就住在宮中。** 直譯：他身邊。

⁵ 先知賈德卻警告大衛：與掃羅不同，大衛不時獲神諭的指引，撒下 24:11。不可留居險要；走吧，去猶大之地！大衛便去到鐮林。ya`ar ḥareth，希伯倫西北一林地。

果村祭司

⁶ 那邊，上接 21:10。掃羅聞報，發現了大衛及其隨從 —— 其時掃羅正坐在戈崗高處的那株紅柳下，長矛在手，透出一股殺氣。廷臣環伺 —— ⁷ 掃羅對侍立左右的廷臣說：聽着，本雅明子孫！心腹皆本支族的人。那耶西的兒子可會賜你們田畝、葡萄園，抑或封你們為千夫長、百夫長，一個不落？呼應 8:14。⁸ 所以你們就合謀害我？我兒子同耶西兒子訂約，居然沒人向我耳中透露！沒人替我操心，直譯：（心裏）病痛，摩 6:6。透露給我耳朵，當我兒子煽動我的僕人來伏擊我時，比如今日！

⁹ 卻有紅嶺人督厄，掃羅僕人的總管，參 21:8。啟奏：在下看見耶西兒子到果村，找亞希托之子亞希米勒。見 14:3。¹⁰ 後者幫他求問耶和華，前文無此細節，似紅嶺人陷害祭司。還送他食糧，那個非利士人哥利亞的劍，也給他了。¹¹ 國王遂派人傳祭司亞希托之子亞希米勒，並其父全家，即果村的眾祭司。

待他們一起來到國王面前，¹² 掃羅說：聽着，亞希托的兒子！蔑稱祭司，10:11 注。答：在，主公。¹³ 你們為何要合謀算計我，掃羅質問，你和耶西兒子？為什麼給他麵餅和劍，幫他求問上帝，助他起來與我為敵，從七十士本。原文：伏擊我。乃如今日？¹⁴ 亞希米勒回覆國王：陛下的臣僕當中，有誰及得上大衛忠誠？祭司平時遠在果村，不知掃羅猜忌之深。他是駙馬，又是衛隊長，或如欽定本：（凡事）聽命於你。在宮中極受敬重。¹⁵ 今天是我第一次幫他求問上帝麼？沒有的事！陛下可不能怪罪他的僕人，或我父親全家；僕人對於此事，大小不論，是毫不知情哪！¹⁶ 可是國王道：你死定了，亞希米勒，你跟你父親全家！聖者對俄理家的預言應驗，2:33。

¹⁷ 接着國王命左右的侍衛：上去，處死耶和華的祭司！他們跟大衛聯手，明知他逃跑卻不向我耳中透露。然而，國王的僕人無一敢下手，刺耶

和華的祭司。恐冒犯神明。[18] **國王便喚督厄：上去，你！把祭司宰光！紅嶺人督厄就上前，狂砍祭司；那一天，他一氣殺了八十五人，都是穿細麻聖衣的。**祭司裝束，2:18。七十士本：舉聖衣的，2:28注。[19] **而果村，那些祭司的家鄉，也沒躲過利刃；男女無論，小童乳兒，牛羊毛驢，都倒在了劍下。**幾如聖戰亞瑪力，15:3。

[20] **但亞希托之子亞希米勒有一個兒子逃脫了，名叫吾父存，**'ebyathar，俄理於是未絕子實。**他跑去投了大衛。**[21] **吾父存把掃羅[如何]屠戮耶和華的祭司，報告了大衛，**[22] **大衛對吾父存說：那天我知道紅嶺人督厄在那兒，而他肯定會稟報掃羅。**原本就認識紅嶺人，後悔沒有滅口？**都怪我啊，你父親全家的性命！**[23] **你就留在我這兒吧，別害怕。**從此大衛有了自己的祭司。**誰想謀你的命，就是謀我的命；跟我一起，保你安全。**

脫身崖

二十三章

[一日]大衛接報：非利士人正攻打基拉，猶大邊鎮，一說是獨立城邦，與非利士接壤，書15:44。**搶掠禾場。**[2] **大衛求問耶和華：**借助聖衣，祭司拈圖，下文6節。**進擊這些非利士人，可否？耶和華降言於大衛：去，擊敗非利士人，解救基拉！**[3] **可是大衛身邊的人都說：看，我們在猶大這兒尚且懼怕，**隊伍弱小，怕掃羅圍剿，22:2。**何況去基拉，跟非利士對陣！**[4] **於是大衛又向耶和華求問。耶和華回答：起來，下基拉去，我必把非利士人交在你手中。**[5] **大衛便進軍基拉，突襲非利士人，奪了他們的牲口：**妙計，襲擊敵人後方，以少勝多。**一場大勝仗，大衛救下了基拉居民。**

[6] **之前投奔大衛的亞希米勒之子吾父存，**校讀參七十士本。原文有訛：到基拉投奔大衛。但吾父存見大衛應在鐫林，22:5, 20。**他也手捧聖衣，下來了基拉。**

⁷那邊，掃羅聞報，大衛到了基拉。掃羅說：上帝把他賣到我手裏了；賣到，從七十士本。原文：當外人／擯棄。是的，他將自己關進了一座有門有閂的城！指望大衛上城牆死守，放棄遊擊。⁸掃羅召集全軍，準備下基拉，圍攻大衛及其部屬。⁹但大衛已得知掃羅想算計自己，吩咐祭司吾父存：取聖衣來。拈鬮。¹⁰隨即大衛祈問：耶和華啊以色列的上帝！僕人聽說，掃羅欲圖基拉，為了打我，要摧毀此城。原文此處重複 12a：基拉主人會不會將我關進他掌下？從死海古卷刪。¹¹掃羅會不會下來，如僕人所聞？耶和華啊以色列的上帝，求你諭示你的僕人！耶和華答：會的。¹²大衛又問：那基拉的主人會不會將我和我的人關進掃羅掌下呢？縝密，擔心當地人是否經得起國王的威脅利誘。耶和華答：會的。¹³大衛急率軍起身，約六百人，離開基拉，往可走處遊走。而掃羅獲悉大衛已從基拉脫身，就放棄了征伐。

¹⁴就這樣，大衛以荒野，以險處為家；在山地，在西弗荒野居住。希伯倫東南面，書 15:55。儘管掃羅天天尋他，下句聖名從死海古卷。原文：上帝。耶和華沒有把他交在［掃羅］手裏。下接 19 節。

¹⁵大衛在西弗荒野的林丘時，horesh，或作樹叢。大衛得知掃羅已經出來，要謀自己的命。¹⁶掃羅之子約納丹卻摸來林丘見大衛，在上帝內扶持他的手，喻鼓勵。舊譯不通：倚靠神得以堅固。¹⁷說：別害怕，我父親掃羅的手夠不着你。舊譯不確：必不加害於你。將來統治以色列的是你，而我，就做你的副手；為了愛，願捨棄王位。這其實我父親掃羅也明白。大衛仍舊不言，20:17 注。¹⁸兩人遂在耶和華面前訂約。之後，大衛仍留在林丘，約納丹回家去了。

¹⁹卻有幾個西弗人上到戈崗，求見掃羅，詩 54:1。說：大衛不就藏在我們那兒？在林丘的險要，荒原南邊那座黑山！hakilah，失考。荒原，yeshimon，帶定冠詞，不作專名。²⁰所以任隨大王的心意，何時下來；下來我們就把他關進大王掌下。²¹掃羅大喜：願你們蒙耶和華賜福，各位如此體恤君上。²²請回去進一步確定，極重視情報工作。查清楚他落腳的地方，［以及］誰在那兒見過他，

因我聽人説，不説是自己的看法，不欲示弱。他十分狡猾。²³還要細察他藏身的處所，全部確定後返來稟報。寡人同你們一起前往 —— 只要他還在境內，我必搜遍猶大各宗！²⁴於是他們起身，告辭掃羅，直譯：在掃羅前面。去了西弗。

大衛與隨從正在馬甕荒野，位於西弗之南。在荒原南邊的崗子上，²⁵掃羅率軍來搜剿了。大衛聞訊，即下到山崖，據守馬甕荒野。掃羅聽説，就追着大衛也進了馬甕荒野。²⁶掃羅趕到山的這一邊，大衛與隨從在山的那一邊。大衛急着想擺脱掃羅，而掃羅則分兵包抄，要將大衛和他的人一舉拿獲。²⁷不想有急報送至掃羅：速回，非利士人犯境！²⁸掃羅不得不收兵，放下大衛，因後方空虛，不敢戀戰。去迎擊非利士人。從此，那地方便喚作脱身崖。sela` hammahleqoth，或作隔斷崖。

二十四章

大衛從那兒上去，向東走，托庇於死海西岸的岩嶂和綠洲。到小羊泉的險處居住。

掃羅的袍裾

²掃羅趕走了非利士人回來，接報：大衛現在小羊泉荒野。³掃羅即從全以色列調集三千精兵，或即國王的常備軍，13:2；對敵形成五比一的優勢，23:13。往野山羊岩方向去搜剿大衛及其部屬。⁴來到路邊的羊圈前，牧人壘石為圈。那裏有一個山洞，掃羅便進去遮腳。婉言便溺，士3:24。

恰好大衛與隨從就坐在那山洞深處，⁵隨從敦促大衛：耶和華降言，所指的那天到了：看，我必把你的仇敵交在你手中；你看怎樣好，就怎樣處置他！此神諭前文未提，但隨從可能知道大衛已由撒母耳執禮受膏，16:13。大衛起身，悄悄過去，割下一片掃羅大氅的袍裾。呼應15:27–28。⁶然後大衛卻被心［鞭］打了，喻不安、後悔、自責。因為割了掃羅的袍裾。帝王之衣着可象徵其身體、權位，18:4。⁷他對部下説：耶和華不許我這麼待我的主公，耶和華的受膏者，我怎能下手？畢竟他是耶和華膏立的呀！因自己也是受膏者，須禁止臣下犯上。[8] **大衛用這番話攔住了部下，沒讓他們碰掃羅。**

俄而掃羅起身，離開山洞，上路去了。[9] **大衛跟着也起身走出山洞，追着掃羅喊：主公，陛下！掃羅回頭看時，大衛已經叩鼻於地，在拜他了。**冒險暴露自己，勸說國王，以求修復君臣關係。[10] **大衛向掃羅道：陛下為何聽信讒言，**委婉，歸責於廷臣，而非君主。**說大衛謀害陛下？**[11] **看，今天您親眼所見，山洞裏，耶和華如何把您交在我手中；儘管他們說殺掉，但是我憐恤您，**我，從古譯本。原文：它（我的眼睛），申7:16。**說：不，我不會對我主公下手，因他是耶和華膏立的。**[12] **父親哪，**提示翁婿親情。**請看，看我手上您大氅的袍裾。是的，我割了您大氅的袍裾，可我沒有殺您，看清楚了吧？我手上既無惡意，也無逆反，**有機會加害但不用，證明無辜。**又何曾觸罪於您？您卻處心積慮要取我的性命。**[13] **願您我之間，耶和華裁斷！願耶和華為我施報應，但我的手不會害您——**[14] **古人有諺：**從死海古卷。原文：如古諺云。**惡自惡人出。所以我的手絕不害您！**雙關暗示：不做惡者，亦不沾惡。此節似插注。[15] **以色列的王出征，要抓誰？您在追捕誰呢？追一條死狗，一隻跳蚤！**自貶為穢物，撒下9:8, 16:9，同時暗示掃羅不會看人，執迷不悟。[16] **願您我之間，耶和華審判！願他明察，替我伸冤，從您的掌下還我清白！**

[17] **當大衛把這一番話對掃羅講完，掃羅喃喃道：那是你的聲音麼，我兒大衛？**淚眼矇矓，受了感動；聯想以撒被雅各騙福，創27章。**說着，掃羅大哭起來，**[18] **邊哭邊告訴大衛：是你在理，我不對；**猶大還兒媳塔瑪清白語，創38:26。**明明是你報我以善，可我，竟回報以惡！**[19] **而你今天為我顯示的，恰是這樣一樁善舉：耶和華原已把我關進你的掌下，你卻沒有殺我。**[20] **對呀，有誰遇上了仇人，還送他平安上路的？**平安，同上文"善/善舉"。**願耶和華報答你的善德，今日你待我若此。**[21] **現在我終於明白了，你，終必為王，以色列的王權要由你的手立定。**想起先知預言，13:14；承認約納丹幼稚，不是大衛的對手，20:30–31。[22] **現在，你指耶和華向我發誓，**跟王子一樣，訴諸誓約，18:3, 20:16, 23:18。**我走後，一定不剪除我的子實，不從我父親家滅我的名。**

²³ 於是大衛向掃羅發了誓。之後，掃羅返家；大衛和他的人依舊，上了險處。

蠢伯和雅比嘉

二十五章

撒母耳辭世。編者注，照應 28:3 以下。**全以色列聚攏來舉哀，到他的家鄉拉瑪，為他送葬。**

而後大衛起身，下到馬甕荒野。馬甕，從七十士本。原文費解：巴蘭。

² **卻說馬甕有一人，產業在果園莊。**緊鄰馬甕，15:12 注。**這人是大戶，擁有綿羊三千，山羊一千；他到果園莊，便是剪羊毛。**³ **這人名叫蠢伯，**naḇal，愚昧、粗魯，轉指不敬、傲慢。**他妻子叫雅比嘉。**'aḇigayil，"我父歡樂"。**那女人聰明美貌，丈夫卻品行惡劣而且死硬，**愚頑狀，出 4:21。**是迦雷人。**kalibi，諧音狗族。書 14:13-14。

⁴ **大衛在荒野裏聽說，蠢伯剪羊毛了。**⁵ **大衛就派出十個隨從，大衛吩咐這些隨從：**重復指稱，以示鄭重。**你們上果園莊去，見到蠢伯，奉我的名向他問安，**⁶ **這麼說：祝您昌盛！**leḥay，為/祝（您）生命/生活（昌盛）。通行本另讀：對我兄弟（說）。無定解。**願您平安，闔府平安，凡屬於您的都平安！**⁷ **我聽說，這會兒人在給您剪羊毛。對了，府上牧人曾光顧敝處，我們沒難為他們；**難為，本義羞辱。**他們在果園莊的時候，也無任何遺失。**意謂受到大衛保護。⁸ **您可以問您的僕人，讓他們說說。所以就讓這幾個年輕人在您眼裏蒙恩吧，其拜訪恰逢節日。**古人剪羊毛如同豐收，是一年一度的節慶，可討賞，撒下 13:23。**還請隨手取一兩樣賞賜您的僕人，**口氣不小，索要夠十個僕人運送的禮物/保護費。**並您的兒子大衛！**表敬意，或因蠢伯是當地長老。

⁹ **於是大衛的隨從去向蠢伯說了這一番話，奉大衛的名，等待[答覆]。**
¹⁰ **豈料蠢伯對大衛的僕人不屑一顧：大衛是誰？耶西的兒子算啥？如今奴僕**

甩脱主子的，多了去了！譏諷大衛逃避君主。[11] 難道要我把我的麵餅和水，七十士本：酒。何2:7。並我給剪毛人宰好的肉，拿來給那些我不知道打哪來的人嗎？拒付保護費。[12] 大衛的隨從只好原路折返，把這些話彙報了。[13] 大衛命令部下：佩刀，每個人！果斷，早有準備。刷地，每個人都佩了刀；大衛也利劍在腰。約四百人跟大衛上去，留下兩百看守輜重。

　　[14] 有一個僕人來向蠢伯夫人雅比嘉報告：大衛從荒野派使者來問候我們主子，卻被他罵了一通。ya`at，尖叫、責罵；另作飛撲，無確解。[15] 其實那些人待我們挺好，從不難為我們。我們在野地裏同他們相處，也無任何遺失，[16] 就像有一面牆，晝夜保護我們；免遭偷盜或襲擊。那段日子，放羊全靠他們。[17] 現在請您拿個主意，怎麼辦。因為禍已經闖下了，我們主子跟全家的禍；可他是個百戾魔伢仔，熟語，形容脾氣暴躁，2:12。沒法勸哪！

　　[18] 雅比嘉趕緊拿上兩百個麵餅、兩皮囊酒、五隻宰好的羊、五斗烤麥、斗，se'ah，乾量單位，一斗約合公制15升，創18:6。一百串乾葡萄、兩百餅無花果乾，用幾匹驢馱了，[19] 吩咐僕人：出發，給我領路，我跟着你們。幹練，當家人氣派。但她沒有告訴丈夫蠢伯。

　　[20] 當她騎着驢，由山背面下來時，看，雅比嘉視角。大衛帶着人迎面走來，同她相遇了。[21] 大衛還在尋思：想報復，沒留意來者。我白費力氣，荒野裏護着這傢伙的財產，讓他毫髮無損；而他竟以怨報德！[22] 願上帝這樣待大衛，從七十士本。原文：大衛的仇敵。是避諱尊者詛咒自己。參14:44, 20:13。並加倍[降罰]，如果我讓一個屬於他的對牆撒尿的留待天明！對牆撒尿，俚語，指男人。

　　[23] 那雅比嘉一見大衛，立即跳下毛驢，叩鼻於地，拜倒在大衛面前，[24] 匍匐在他腳下，恭敬狀，欲化解危機。說：主子呀，咎責歸我一人！但請讓您的婢女向您耳中說話，您垂聽婢女一言。[25] 我主請莫把那人，那個百戾魔蠢伯，放在心上。他人如其名，一個蠢伯，確實蠢哪！暗示自己也不滿意丈夫。可是我，您的婢女，沒能見着我主派遣的年輕人。撇清責任。[26] 而現在，主子呀，一如耶和華永生，您的靈常在，是耶和華制止了您流人的血，說話委婉而機智，彷彿一場濫殺無辜業已避免，可以指聖名見證了。不欲您親手爭勝 —— 願您的仇

敵一如謀害我主的人，跟蠢伯一樣[下場]！27 這兒，這份祝福，berakah，美稱禮物，30:26，創 33:11，書 15:19。是您的使女呈獻我主的，務請賞賜追隨我主的年輕人。28 還請原諒婢女的任何忤逆，因為耶和華必使我主的家永固，王朝永續，如先知預言，2:35。既然我主打的是耶和華的仗，您一生與邪惡無涉。希望將來的王做道德楷模。29 若有人起來追捕您，謀您的命，暗指掃羅。我主的靈必收存於耶和華您的上帝的生命囊中；以牧人的背囊設喻，類比天父記載子民行事與獲救者名字的生命冊，出 32:32，賽 4:3，詩 69:28。而您那些仇敵的性命，就要套上投石環索，投將出去！巧妙恭維大衛，聯想其投石殺巨人之奇功，17:49。30 如此，耶和華既已為我主成就一切，照他應許您的福分，立您做了以色列的領袖，31 此事就不該讓您受累，令我主良心有愧；不該是無故流人的血，我主替自己爭勝。兼指拯救，婉言復仇。待耶和華恩待我主時，求您記得您的婢女。

32 大衛回雅比嘉道：讚美耶和華，以色列的上帝！今天是他派你來迎我的。33 也讚美你的明智，惺惺相惜，表好感。祝福你本人！你今天阻止了我流人的血，我沒有出手爭勝。贊同夫人所言，能不流血稱王，當然更好。34 因為，一如耶和華以色列的上帝永生，他不讓我傷害了你：若非你趕來迎我，天亮以前，我連一個對牆撒尿的也不會給蠢伯留下！不掩飾憤怒。35 然後大衛從她手上接過她的奉獻，說：回家吧，願你平安！看，我聽了你的勸告，抬起了你的臉。喻認可、眷顧、贊同，創 4:7 注。

36 雅比嘉回到蠢伯面前時，看，他正在家中設宴，一場君王般的盛宴。全然不知大禍將至，傳 7:2。蠢伯[吃得]心花怒放，酩酊大醉；她便事大事小都沒跟他講，直至天明。37 早晨，蠢伯酒醒以後，妻子才把發生的事說了。他的心就僵死在了內中，喻恐懼、癱瘓。一說是心臟病發作或中風。舊譯不確：魂不附體。人彷彿一塊石頭。受驚嚇而暈厥，垂危，呼應上文 29 節。38 捱了大約十天，耶和華一擊，非大衛"爭勝"或夫人"抬臉"所致。蠢伯死了。

³⁹大衛聞説蠢伯死了，道：讚美耶和華！是他替我伸冤，一洗蠢伯之恥，並防止了他的僕人陷於罪惡；間接承認是夫人的功勞，上文26節。那蠢伯的惡行，耶和華已扣還他頭頂！蠢伯罪責自負，受了報應，士9:57注。

接着，大衛派人去向雅比嘉提親，欲娶她為妻。⁴⁰大衛的僕人就到果園莊求見雅比嘉，説：奉大衛派遣，特來迎親，迎接夫人！⁴¹她馬上起身，似早有準備，很瞭解大衛。叩鼻於地，拜道：看，小婢甘為使女，給我主的僕人洗腳。謙辭，禮數一絲不苟。⁴²言畢，雅比嘉急急站起，騎上毛驢，帶了五個貼身丫鬟，隨同大衛的使者出發，做了他的夫人。

⁴³其時大衛已娶了帝植人雅美；與王后同名，14:50。帝植，一説在希伯倫西南，書15:56。兩人遂同為他的夫人。⁴⁴而掃羅卻把女兒米佳，即大衛的元配，嫁給了石堆人萊獅之子帕提兒。palti，"逃生者"，民13:9。以免大衛以駙馬的身份繼位，撒下3:13–16。

二 放掃羅

二十六章

卻有幾個西弗人到戈崗，求見掃羅，參觀23:19以下。説：大衛不就藏在黑山，荒原對面？²於是掃羅點起以色列三千精兵，見24:3注。下到西弗荒野，搜尋大衛。一到西弗荒野，³掃羅就上了面對荒原的黑山，在路邊紮營。

大衛留在荒野 [沒走]。得知掃羅來荒野搜捕自己，⁴大衛便派出探子，確定掃羅的動向。直譯：來到。對比23:22–23。⁵然後大衛起身，親自偵察。來到掃羅紮營處。大衛發現了掃羅及其將軍內爾之子吾父燈的睡處：顯然守備不嚴。掃羅睡在營壘裏，四面皆有軍隊護衛。

⁶大衛問赫提人亞希米勒和耶香之子、岳牙弟弟亞比沙，'abishay，"我祖耶西"。耶香，zeruyah，大衛的姐姐，代上2:16。説：誰跟我下營地，去找掃羅？亞比沙回答：我跟您下去！⁷大衛便帶着亞比沙連夜摸到軍中，看，掃羅在營壘裏酣睡，頭前地上插着他的矛，王權的象徵。四周睡着吾父燈與士兵。

⁸亞比沙敦促大衛：上帝今天把您的仇敵關進您掌下了；對照24:5。所以請讓我拿那杆矛將他釘在地上，只消一擊，不用兩下！掃羅曾兩次矛擊大衛，18:11, 19:10。⁹可是大衛回亞比沙道：不，不可毀他！王乃社稷所繫，故弒君曰毀。誰能伸手傷了耶和華的受膏者，還免罰呢？神明所立，報應在神，24:7，申32:35。¹⁰一如耶和華永生，人衛說，耶和華必有一擊：呼應25:38；外甥不語。或者他日子到頭而卒，或者在戰場上被擄去。見31:4。¹¹耶和華在上，我決計不敢對耶和華的受膏者下手。好了，命外甥。拿上他頭前的矛和水壺，象徵生命。我們走！

¹²大衛從掃羅頭前拿了矛和水壺，改變主意，怕亞比沙一介武夫動了殺心，撒下3:39。兩人就離去了。沒人看到或知道，也沒人醒來；都沉睡着，因為耶和華降下一片昏睡，裹住了他們。

¹³大衛隨即走到對面，遠遠在山頭立定。面對黑山上的營壘。隔着開闊的[谷]地，¹⁴大衛向敵軍和內爾之子吾父燈呼喊：吾父燈哪，你不回答嗎？吾父燈叫道：你是誰，敢吵擾君上？半夜喊叫，吵醒了國王。七十士本脫"君上"。¹⁵大衛就訓斥吾父燈：你是男子漢不是？以色列誰比得上你？怎麼沒守護好君上你的主公？有人來過啦，不說夜訪者就是自己。要毀你的主公君上——¹⁶這事你可沒做好！一如耶和華永生，一群死亡之子呀，你們！猶言該當死罪，20:31。連自己的主公，耶和華的受膏者，都守護不了。檢查一下，大王的矛哪去了？還有，他頭前的水壺呢？

¹⁷掃羅認出是大衛的聲音，忙說：那是你的話音麼，我兒大衛？同24:17。大衛回答：是我，主公，陛下！¹⁸接着又道：我主追剿他的僕人，到底為什麼？是我做了什麼，我手上有何罪惡？手裏正握着掃羅的矛。¹⁹我主可否聽僕人一句：若是耶和華誘使陛下害我，願他聞到祭品的[馨香]；獻祭，求上帝赦罪。但如果是人子挑撥，舊譯激發，誤。願他們在耶和華面前受詛咒！因為那等於今日將我流放，不許加入耶和華的產業，即逐出以色列會眾，出19:5，申7:6。要我：滾，服事異神去！流落異鄉，沾染不潔，中斷祭祀，詩137:4。²⁰啊，但願我的血不會灑在遠離耶和華聖容的土地！荒野多惡靈，故言，利16:10，賽13:21。是

呀，以色列的王出征，追一隻跳蚤，七十士本：取我的靈，24:15。像人進山捕獵山鶉！qore'，呼喚者，士15:19，暗指大衛，上文14節。

²¹ 掃羅歎道：我觸罪了！對比24:12。回來吧，我兒大衛；我再不會傷害你了，因為今天我的靈在你眼裏受了敬重。謝不殺之恩。可是我，昏愚啊，大錯特錯！²² 大衛回答：看，這是大王的矛！叫一個隨從過來拿吧。²³ 願耶和華回報每個人的義舉和忠誠——今天耶和華把您交在我手中，原文脫 "我" 字，從諸抄本補。但我不願對耶和華的受膏者下手。²⁴ 看，一如您的靈今天在我眼裏稱大，謹慎，一再表忠心，防君王反悔，16:18。願我的靈在耶和華眼裏也稱大，願他救我擺脫一切困境。

²⁵ 於是掃羅對大衛說：願你蒙福，我兒大衛！臨別祝福，參較24:20–22。你定將大有作為，事事成功。

大衛就上路去了，渡過危機，繼續流蕩。掃羅則返回家鄉。

大衛在非利士

二十七章

大衛心想：照此，我總有一天要毀在掃羅手裏。別無善策，躲去非利士之地吧；須掃羅絕了在以色列全境搜捕我的念想，我才能躲避他的毒手。² 於是大衛起身，率六百隨從，投奔了酒榨王瑪敖之子亞吉。第二次投敵，以圖保存實力，東山再起。參觀21:11–16。³ 歸順了亞吉，大衛與部屬便在酒榨市住下了，各帶家眷，包括大衛的兩位夫人，帝植人雅美和果園莊蠢伯的寡婦雅比嘉。寡婦，直譯：妻子。特意拈出聰明女子的前夫蠢伯，不給面子。⁴ 而掃羅聞報，大衛逃去了酒榨市，就停了搜尋。

⁵ [一日]大衛求亞吉說：若是我在您眼裏蒙恩，請賞我一處野地村鎮，允我定居。您何須僕人寄住王城，陪着您呢？提醒酋長，大衛部六百戰士加上家眷牲畜，留居都城，對主人亦是負擔。⁶ 當天，亞吉就把齊克拉賜了他——故而時至今

日，齊克拉仍屬猶大諸王。編者插注。齊克拉，地處非利士南疆，誓約井以北，書15:31。
[7] 大衛在非利士之野，總共待了一年零四個月。

[8] 其間大衛和他的人時而上去，搶掠基述人、基色人和亞瑪力人。泛指各遊牧部族。基色，一說是基述的異體或誤寫。這幾 [族] 歷來住在那一帶，歷來，七十士本部分抄本：從羔村，15:4。往書珥方向，直至埃及。[9] 大衛侵襲該地，男女皆不留活口；只管擄了牛羊駝驢和衣物，回來獻與亞吉。納貢。[10] 亞吉問：今天你們搶了 [誰] 呢？大衛就答，去了猶大的南地，或帝憐人的南地，帝憐，yerahme'el，通說在誓約井以南，後併入猶大。或基尼人的南地。謊稱進攻子民和猶大的盟友。[11] 但男女不論，大衛都不許活着帶回酒榨市。因為他想：免得他們亂講我們，說大衛幹了這個那個。怕洩露真相，包括大衛通過擄掠而不斷增長的實力。他留居非利士之野的那段日子，一直如此行事。[12] 所以亞吉很信任大衛，心說：他在自己族人以色列那裏已經臭不可聞，視為叛徒，或歸附敵族邪神的敗類。他只好永久做我的臣僕了。

二十八章

終於日子到來，非利士人興師，要討伐以色列。亞吉對大衛說：你應該知道，你和你的人得跟隨我出征。還是不放心大衛。[2] 好啊，大衛答應亞吉，您就會知道您的僕人能做什麼了。聽來像是效忠，實則模棱兩可。亞吉回大衛道：那好，我會封你為我的常任護衛！下接29:1。

多爾泉的女巫

[3] 撒母耳業已辭世：同25:1。全以色列舉哀，送他歸葬拉瑪，他的鎮子。而掃羅也已在國中禁了招鬼魂問亡靈之術。落實聖法，利19:31，申18:11。
[4] 恰逢非利士興兵進犯，紮營於書南，塔博山往南8公里處，扼帝植河谷的東口。掃羅調集全以色列，至吉波山安營。書南之南，隔谷地相望，士7:1。[5] 待望見非利士人的軍營，掃羅卻害怕了，心裏直哆嗦。[6] 祈問耶和華，耶和華不答理掃

羅，既不托夢、出圖，指祭司舉聖衣拈圖求神諭，2:28, 14:18。也不[派遣]先知。7掃羅無奈，吩咐僕人：給我找個招魂的女巫，我可去她那裏求問。對了，僕人回答，有個女巫，在多爾泉。`en dor，在書南東北，敵營後方，書17:11。

8於是掃羅易服扮裝，象徵脫下/讓出王位，19:24。帶了兩個隨從，連夜出發，去見那女人，說：請幫我問一個亡靈，替我招他起來，[名字]我告訴你。9女人回答：您明明知道掃羅做了什麼，國中已經鏟盡鬼魂亡靈，摩西之律，通鬼魂行巫術為死罪，利20:6, 27。怎麼還要設圈套，害我的命？怕官府釣魚執法。10掃羅便指耶和華向她發誓，諷刺：要憎厭"異族惡習"的上帝見證巫術。說：一如耶和華永生，為這事你絕不會受罰！11女人問：您要我招誰起來？答：給我招撒母耳。

12那女人一見到撒母耳，就發出一聲尖叫：希伯來傳統，巫者招魂，通常是聽亡靈低語，而非面對面與之交談，賽8:19, 29:4。啊，女人對掃羅說，您為何騙我？您是——掃羅！或因先知現形而推測，求問者當是君上。13國王道：莫怕！你看見什麼？女人回稟掃羅：我看見神靈從地下上來！神靈，'elohim，眾神、大神、轉指神一般的靈物或亡靈。14問：他什麼模樣？答：上來一位老人，身披無袖外袍。祭司服，2:19, 15:27。掃羅明白，是撒母耳了，忙叩鼻於地，朝他敬拜。女巫退下。

15撒母耳對掃羅說：亡靈直接向求問者發話，不用靈媒傳達。緣何攪擾，招我起來？一如在世時，面帶慍色。掃羅回答：我遭了大難；非利士人打來，上帝卻丟下我，不再答理我，既不借手先知也不托夢。只好呼喚您，求您指教了：我怎麼辦？16撒母耳道：為何問我？既然耶和華已把你丟下，與你為敵？七十士本：助你的鄰人。無定解。17耶和華對你實踐了他借手我預言的，你，從諸抄本。原文：他自己。耶和華已從你手中撕下了王位，賜予你的鄰人大衛。重申預言，15:28。18只因你，不聽耶和華的話，沒有對亞瑪力執行他點燃的盛怒。所以今天，耶和華才這樣待你。19而且，耶和華要把以色列跟你一起交在非利士人手裏。明天，你和你的兒子就要陪伴我了，喪命，下陰間，2:6。當以色列全軍被耶和華交到非利士人掌下！

²⁰猝然，掃羅直挺挺仆倒在地，他被撒母耳那一席話嚇懵了；不想亡靈竟宣佈了自己的死期。又因為一天一夜沒有進食，表虔敬或悔罪，14:24。內中脫了氣力。²¹那女人過來，女巫回到屋裏。見掃羅驚恐的神色，便對他說：看，小婢聽命，一條命攥在手裏，見19:5注。服從了您的旨意。直譯：您對我說的。²²現在，求您也垂聽小婢一言：讓我給您拿點麵餅來，吃了，您好有力氣趕路。²³他想拒絕，說：我不吃。但他的僕人同女人一起苦勸，yiphzeru，從諸抄本。原文：擊破，yiphrezu。他就聽了勸，從地上爬起來，坐到床上。²⁴那女人家裏養了一頭肥牛犢，她快快宰了，然後取麵粉揉麵，烤了無酵餅，²⁵端到掃羅和他的僕人面前。傾其所有，招待國王。他們吃了；當夜便起身走了。下接31:1。

大軍不要大衛

二十九章

非利士全軍集結於圍水，上接28:2。諸部北進，至雅空河集結，4:1注四。以色列則在帝植附近的泉邊安營。近吉波山，28:4。

²非利士諸酋長各率兵馬，或百或千，依次進發；大衛及其部屬殿後，作為酒榨王的衛隊。伴隨亞吉。³有非利士人的將領問：將領，sarey，舊譯不妥：首領。這些希伯來人怎麼回事？敵族穿着不同，走在自家隊伍裏，令軍官生疑。哦，是大衛呀，亞吉回答非利士人的將領，以色列王掃羅的臣下，他跟着我有些日子，有年頭了。意識到族人憎恨大衛，故意含糊其辭，不說僅一年零兩個月。自他歸順之日起，至今，沒發現他有何閃失。⁴可是非利士人的將領對他憤憤然了，他，指亞吉或大衛，皆通。非利士人的將領紛紛要求：叫這傢伙回去！回你賜他的封地！即齊克拉。不能讓他跟我們下戰場，只怕一打起來，他就反水！因已有先例，14:21。這傢伙拿什麼同他的主子和好？不就是[我們]這些人的人頭！暗指/婉言大衛殺百人繳包皮一事，18:27。⁵什麼大衛，不正是他們跳着舞歌唱的那個：

掃羅殺了千千

大衛呀，殺了萬萬！見18:7, 21:12注。

⁶亞吉無奈，將大衛召來，說：一如耶和華永生，學大衛發誓？按理應指非利
士人的神，如大穌，5:2。你為人正直，隨我出入軍中，也一直得我的嘉許。但讀
者知道，亞吉一直蒙在鼓裏，27:8–11。因為自你歸附之日起，至今，我沒發現你有
任何錯失。然而那些酋長看你不順眼。直譯：在酋長眼裏你不好。⁷所以你就回去
吧，平平安安，免得討非利士酋長們嫌惡。

⁸可是我做了什麼？大衛問亞吉，僕人自從在您面前效力迄今，有何
不是，乃至不容我去迎戰我主大王的敵人？我主，雙關暗指掃羅。⁹亞吉回答大
衛：我知道，你在我眼裏，完好一如上帝的使者。美稱其人品和能力，撒下 14:17,
20。但非利士人的將領說了：不能讓他跟我們上戰場。¹⁰所以你明早起來，
帶上你主公的僕人，你的隨從，以下至破折號，原文無，從七十士本及古拉丁本補。回
我賜你的封地去。那點壞話，你別往心裏去，或作：心裏莫存怨恨。有我欣賞你
就行了 —— 早點起來，天亮出發！

¹¹於是，大衛和他的人起個大早，清晨出發，南下。回了非利士之地。
非利士人則挺進至帝植。紮營於書南，28:4。

大衛的繳獲

三十章

第三天，大衛率部下回到齊克拉時，亞瑪力人剛侵襲了南地和齊克
拉。趁大衛出征，後方空虛之際。此故事與 15 章矛盾，亞瑪力未滅，仍是頑敵。他們洗劫了
齊克拉，又縱火焚燒，²擄獲了婦女及城內老幼。但沒有殺人，只是驅趕他
們上路。不以牙還牙同態報復，27:9。³及至大衛率部下趕到，看，鎮子燒毀了，
妻子兒女都擄去了。⁴大衛和麾下戰士嚎啕大哭，直哭得聲嘶力竭。⁵大衛的
兩位夫人，帝植人雅美和果園莊蠢伯的寡婦雅比嘉，參27:3注。也做了俘虜。

⁶大衛陷入了險境。舊譯焦急，誤。因為部下失了兒女，個個靈中悲苦，已經在説要拿石頭砸他了。類似摩西遇到的民怨和挑戰，出 17:4，民 14:10；但大敵當前，須防止嘩變。但大衛從耶和華他的上帝汲取力量；yithhazzeq，兼指勇氣。舊譯不通：心裏堅。⁷大衛吩咐祭司亞希米勒之子吾父存：給我取聖衣來。吾父存取了聖衣來給大衛，替他拈圖，23:9。⁸大衛便祈問耶和華：我該不該追擊這夥強盜？追得上嗎？答：連出二圖。追吧！你必能追上，救回該救的。

⁹於是大衛率麾下六百人出發，至貝索溪，南地北部主要的季節河，流向地中海。留下一部。看守輜重，下文 24 節。¹⁰然後大衛領四百人繼續追擊 —— 有兩百人因為困憊已極，不能涉貝索溪而留守。

¹¹野地裏他們發現一個埃及人，就把他帶到大衛面前。給他餅吃，讓他喝水，¹²又給他一餅無花果乾、兩串乾葡萄；他吃了，才有了生氣 —— 他已經三天三夜沒吃沒喝了。¹³大衛問他：你是誰的人，從哪兒來？答：我是埃及人的孩子，na`ar，兼指奴隸。給一個亞瑪力人為奴。主子抛棄我已有三天，因為我病倒了。¹⁴我們搶掠了克里特人的南地、克里特人，kerethi，一説是從克里特島輸入的雇傭兵，視為非利士人的一支，結 25:16，番 2:5。猶大的 [南地]、迦雷的南地，還放火燒了齊克拉。¹⁵大衛道：你能給我帶路，下去找那夥強盜麼？答：您指上帝發誓，不殺我，也不把我關進我主子掌下，我就帶您去找那夥強盜。

¹⁶於是帶路下去：果然，那些人散在各處，正大吃大喝，跳舞慶祝從非利士和猶大之地的擄獲之鉅。¹⁷而大衛這一場屠戮，由拂曉殺起，到次日傍晚；拂曉，或作黃昏。則殺戮持續了一天一夜。除了四百個騎駱駝的少年之外，沒有一個逃脫。¹⁸大衛救下了亞瑪力搶走的一切 —— 大衛的兩位夫人也得救了。¹⁹而且擄去的無一丟失，不論老幼、兒女抑或財物，全被大衛奪了回來。²⁰大衛還奪得大群牛羊；敵人的資產。眾人將牲口趕到前頭，校讀。原文：在牲口前面趕。喊道：這是大衛的繳獲！

²¹大衛回到留在貝索溪的人那裏 —— 那兩百人是因為困憊而無法追隨大衛的，這時都出來迎接大衛和他的戰士。大衛上前，向眾人問候。從諸抄本。

原文：率眾人向他們問候。²² **可是跟隨大衛的人裏面有些惡人或百戾魔，嚷嚷起來：既然他們沒跟我 [們]同去，就不該分得我們救回的財物；只有各人的妻子兒女除外，讓他們領走！²³ 然而大衛説：不要這樣，兄弟們！都是耶和華恩賜我們的，他守護着我們，還把來犯的強盜交在我們手裏。** 傳統教義，勝利歸功於救主，7:10, 17:37，申 33:29，書23:3。²⁴ **這事誰肯聽你們的呢 ? 不是嗎 ——**

那上戰場的分得多少
這守輜重的也得多少 ——

應當平分嘛！ 實行全民皆兵的分配原則，民 31:26 以下。²⁵ **從那天起，這一條就成了以色列的律例，至今猶然。**

²⁶ **返回齊克拉，大衛挑出一些繳獲的財物，分送對他友善的猶大長老，** 報答庇護之恩並拉攏地方勢力，為稱王做準備，撒下 2:4。**並説：送上這份薄禮，** 本義祝福，25:27 注。**得自耶和華的仇敵。²⁷ 受禮者分屬：伯圖爾、** 從七十士本，書 19:4。原文：伯特利。以下均在希伯倫以南。**南地的高莊、亞提爾，²⁸ 檜堡、西磨、俄希特摩，²⁹ 果園莊、** 從七十士本。原文：拉卡爾。**帝憐人諸城、基尼人諸城，** 見27:10 注。³⁰ **夷平城、煙井、** bor `ashan，或即煙屯，書 15:42。**豐邑、** `ether，校讀，書19:7。原文：亞塔，`atha<u>k</u>。³¹ **以及希伯倫 —— 都是大衛和他的人曾經遊走之地。** 呼應23:13。

掃羅之死

三十一章

而非利士已經在猛攻以色列了。 接回掃羅故事，28:25。代上 10:1–12 重複此章。**以色列戰士從非利士人面前潰逃，栽倒，被刺穿在吉波山上。² 非利士人追上了掃羅父子；非利士人擊殺了約納丹、吾父貴和瑪基書亞，掃羅的 [三個] 兒子。** 參 14:49 注。³ **掃羅周圍的戰鬥尤為激烈；** 從河谷退到山崖上，陷入包圍。**他被弓箭手射中，傷勢沉重。** 直譯：射手弓手找到了他，他被射手重創 /因射手而發抖。⁴ **掃羅**

對執矛的隨從説：拔劍吧，把我捅了！參較吾父王之死，士9:54。免得那些留包皮的過來捅我，凌辱我。可是執矛者不肯，他不敢。因君王乃耶和華膏立，身體不可侵犯，26:9。**掃羅於是拿起劍來，伏了上去。**自刎。聖書所載，僅有的幾例自殺之一，撒下17:23，王上16:18，加下14:41–42，太27:5。5**那執矛者見掃羅死了，便也伏上自己的劍，跟着赴死。**忠勇。

6**如此，掃羅和他三個兒子及執矛隨從死在了一處，一如他的戰士，**七十士本無此短語。代上10:6作：連同全家。**在同一天。**7**谷地那邊跟約旦河對岸的以色列人得知以色列軍潰敗，掃羅父子陣亡，就紛紛棄城逃命。非利士人入來，把那一片佔了。**

8**次日，非利士人來剝屍，發現掃羅和他三個兒子倒在吉波山上。**9**便斬下他的頭顱，**報功慶勝，17:54。**剝了他的盔甲兵器，**舊譯軍裝，誤。**派[人]走遍非利士之地，向他們的偶像和百姓報喜。**偶像，從七十士本，代上10:9。原文：偶像廟。派，解作送（盔甲首級）到，亦通。10**盔甲兵器則送至阿思塔廟擺放，**供奉女神，5:2, 21:10。**屍首就釘上了安寧崗的城牆。**辱屍示眾，恐嚇敵族。書17:11注。

11**基列山干城的居民也聽説了非利士人對掃羅犯下的暴行。**掃羅曾擊敗蛇王，解救干城，11:1–11。12**他們全體勇士出動，走了整整一夜，**干城在安寧崗東南20公里處，約旦河對岸。**到安寧崗從城牆上取下掃羅父子的屍體，帶回干城，**帶回，從七十士本。原文：回到。**就地火化。**或因屍體已經腐爛；火化非以色列習俗。13**之後，將骨骸入殮，葬在干城的紅柳樹下，**或是當地神龕的聖樹，呼應22:6。**並禁食了七日。**志哀，創50:10，尤16:24。

二零二零年七月初稿，二一年三月定稿

撒母耳記下

報信的少年

一章

卻説掃羅歿後，大衛痛擊亞瑪力歸來，大衛在齊克拉住了兩日。接回 _{撒上 30:31。}² 第三天，看，有人從掃羅大營跑來，衣袍撕了，滿頭塵土；_{報喪} _{者，撒上 4:12。}到大衛面前，伏地便拜。³ 大衛問他：你從哪兒來？答：我是從 以色列大營逃出來的。⁴ 大衛道：怎麼回事？快説！答：打敗了，軍隊逃散 了，好多人栽倒，死了！掃羅和他兒子約納丹也陣亡了。_{不稱君上，直呼其名。}

⁵ 大衛便問那報信少年：_{原來是隨軍的僕役，na`ar，不是戰士，撒上 30:13 注。}你怎 麼知道，掃羅和他兒子約納丹陣亡了？⁶ 報信少年回稟：我恰好上了吉波 山，一看，掃羅倚着他的長矛，_{受傷力竭狀。}那邊，戰車和騎兵正向他逼近！ ⁷ 他扭頭看見了我，就招呼我。我説：到！⁸ 他説：你是誰？我説：我是亞瑪 力人。⁹ 他就説：來，站我上面，國王支撐不住，已經倒地。幫我了斷！我暈得不 行了，_{直譯：暈眩/混亂/痙攣攫住了我。下句未完，無定解。}可我的靈還在裏頭⋯⋯¹⁰ 我 就站到他上面，幫他了斷了，_{暗諷：掃羅因不殺亞瑪力王而失了神的眷顧，撒上 15:26，} _{竟死在一亞瑪力僕人手裏。}因我知道他一倒下就活不成了。_{意謂舊君垂死，自己只是服} _{從他的命令。}所以才取下他頭上的王冠和臂上的鐲子，帶來這兒，獻給我主。 _{向新主子討賞。}

¹¹ 大衛一把抓住衣袍，將它撕了；部下亦然。¹² 眾人痛哭、禁食直至傍 晚，為掃羅和他兒子約納丹，為耶和華的軍隊，_{七十士本：猶大軍隊。}為以色列 家舉哀 —— 因為他們倒在了劍下。

¹³ 之後，大衛又問那報信少年：疑其戰場剝屍，撒了謊，留下是個禍害。**你到底是哪兒的？答：我是客籍亞瑪力人的兒子**。寄居以色列的外族。¹⁴ **大衛道：那你還敢下手，毀耶和華的受膏者？** 客籍也在聖法之下，承責一如子民，撒上 26:9。¹⁵ **大衛便叫一個隨從：過來，殺了他！[隨從]就把他砍死了。** ¹⁶ **大衛對他説：** 對死屍説。**血罪臨頭了，你！** 熟語。弑君者償還血債，親族不得報仇，利 20:9，書 2:19。**因你親口供認，説了：耶和華的受膏者是我殺的。**

輓歌

¹⁷ **大衛還吟了這首輓歌，悼念掃羅和他兒子約納丹 ——** ¹⁸ **並命猶大子孫學習弓 [箭]，** 總結吉波山之役失利的教訓，撒上 31:3。七十士本略 "弓" 字。此句是插注，書 10:13 注。**此事載《義士書》—— 如下：**

¹⁹ **你的榮光，以色列呀**

在你的高岡上

被刺穿 —— 是英雄 指掃羅父子。

怎會陣亡？

²⁰ **不，別讓酒榨市曉得** 大衛避難寄居處，撒上 27:11。彌 1:10。

莫去秤港的街上傳佈；

就怕非利士的女兒報喜

怕那留包皮的人的姑娘歡歌！ 慶祝將士凱旋，撒上 18:6–7。

²¹ **吉波的山崖啊，願你們雨露**

斷絕，再無豐饒的祭田！ 因受膏者被殺而受了詛咒，申 28:16。

因為英雄的盾丟在了那裏

遭了褻瀆。 被敵人繳獲，拿去供奉異神，撒上 31:10。

再不會膏油了，掃羅的盾　膏油，保護皮革，賽21:5，暗指膏禮。

22 浸漬了傷口的血，勇士的脂：形容戰鬥慘烈。斷句從聖城本。

約納丹的弓，從無退縮

掃羅的劍，空手不還。銘記其征伐之功，撒上14:14, 47。

23 掃羅和約納丹，多俊美！撒上9:2。

受人愛戴，生死永不分離。雖然父子時有矛盾，撒上20:30–34。

他們比鷹還要迅疾

勇猛勝似雄獅。

24 以色列的女兒呀，請為掃羅哀哭

是他讓你們穿朱紅，戴珠寶　另讀：着細麻。無定解。

衣裙綴滿黃金。富家女的打扮，耶4:30。

25 是英雄，怎會在戰鬥中

倒下？啊約納丹

在你的高岡上被刺穿！

26 我為你悲慟，我的兄弟約納丹

你是我何等的歡愉！na`amta，詞根同上文23節"俊美"。

你的愛於我，不啻奇跡

勝於女子的愛。始終不說自己對王子的感情，撒上18:3, 20:17注。

27 啊，英雄怎會陣亡

爭勝的兵器何在！以落入敵手的盾、弓和劍提喻其主人。

猶大家的王

二章

之後，大衛祈問耶和華：拈圖。我可否上去，進猶大的任何城鎮？決定離開非利士邊陲，北上謀取整個猶大，撒上 30:26 注。耶和華回答：可以。大衛接着問：上哪一座呢？答：希伯倫。原屬迦雷人，猶大的盟友，書 15:13、士 1:20。

²於是大衛上到那裏，偕同兩位夫人，帝植人雅美和果園莊蠢伯的寡婦雅比嘉；³部屬也跟大衛一起上去，各帶家眷，入居希伯倫的村鎮。⁴然後猶大人都來了，各宗的頭人長老。在那兒給大衛行了膏禮，第二次受膏，向全體族人宣示，撒上 16:13。立他為猶大家的王。

而後稟告大衛，掃羅是基列山干城人安葬的。撒上 31:11–13。⁵大衛即遣使，去向基列山干城的人宣佈：願你們蒙耶和華賜福！因你們對自己主公，對掃羅盡忠，hesed，仁愛、虔敬、忠誠。舊譯厚待，誤。讓他得了安葬。⁶現在，願耶和華待你們以慈愛與信實！而我也定將恩待你們，為你們的這一善行。示好，並勸其效忠自己。⁷現在，讓你們的手堅強，做勇力之子吧。雙關：拿出勇氣拋開"掃羅家"，歸順真正的勇者大衛。雖然掃羅你們的主公不在了，但我已由猶大家行了膏禮，立為他們的王。

⁸[此時]內爾之子吾父燈，掃羅的將軍，帶着掃羅兒子巴力男，'ish-ba`al，從七十士本，代上 8:33, 9:39。原文：恥男，'ish bosheth，避諱巴力（主）。下同。已退至雙營。避非利士人，東渡約旦，到雅博河北岸，創 32:3。⁹[吾父燈]立他為王，傀儡王，實權在將軍手裏。領有基列山、亞設人、校讀從亞蘭語譯本，士 1:32。原文：亞述人。帝植、以法蓮、本雅明，乃至全以色列。統合北方各支族，用了五年。¹⁰掃羅之子巴力男稱以色列王那年四十歲，在位兩年。但猶大家支持大衛。¹¹大衛在希伯倫統治猶大家的年數，補注，同 5:5。計七年零六個月。

戰岌崩

¹²**內爾之子吾父燈率掃羅之子巴力男的臣僕**，即軍隊。**由雙營出發，向岌崩而來。**聖城西北方向，書9:3注。¹³**大衛的臣僕則由耶香之子岳牙帶領。**岳牙，yo'ab，"耶和華為父"，大衛的外甥，撒上26:6。**兩軍在岌崩塘子遭遇，**耶41:12。**隔着塘子，各據一邊。**

¹⁴**吾父燈就朝着岳牙喊：讓年輕人出陣，我們之間比試比試！**wisahaqu，儀式性的決鬥。舊譯戲耍，誤。**岳牙應道：好！**¹⁵**於是出人，數點：本雅明代表掃羅之子巴力男，出十二人，大衛的臣僕也出十二人。**¹⁶**每個人揪住對手的頭，一劍扎進對手的腰，結果栽倒在了一處。**雙方皆無生者，不分勝負。**那地方遂稱插刃地，**插刃，zurim，火石、劍刃，書5:2–3。**在岌崩。**

¹⁷**那天，戰鬥十分激烈，**但規模不大，下文30–31節。**吾父燈和以色列人被大衛的臣僕擊敗。**¹⁸**耶香的三個兒子都上陣了：岳牙、亞比沙和阿薩葉。**'asa'el，"上帝製作"，常名。**那阿薩葉腿快，像一頭野地裏的羚羊。**¹⁹**阿薩葉便去追吾父燈，他左右不偏，緊咬着吾父燈。**²⁰**吾父燈回頭道：是你麼，阿薩葉？正是，他喊。**²¹**吾父燈説：你往左右偏一偏，抓一個年輕人，剝他的盔甲吧。可是阿薩葉不肯放過他。**小弟年少氣盛。²²**你別追我，吾父燈對阿薩葉又説一遍，別逼我把你打翻在地，叫我沒法抬臉見你哥哥岳牙！**婉言結血仇，3:27。²³**然而他拒絕停步。**直譯：偏轉。**吾父燈便使矛鐏對準他腹部一擊，他被長矛穿透，仆倒在那裏，當場斃命。**跑得太急，不及躲閃，中了"回馬槍"。**後面的人趕到阿薩葉倒斃處，都站住了。**

²⁴**但岳牙和亞比沙仍追着吾父燈不放。日落時分，來到岌崩荒野道上，湧溝東面的渠崗。**湧溝，giah，地名，得自岌崩塘子的引水溝渠？七十士本：谷地，gay。²⁵**本雅明子孫重新聚攏，在吾父燈身後一字站開，守在一座小山包上。**²⁶**吾父燈向岳牙叫道：刀劍豈能永遠吞吃？你不會不懂吧，結局多慘！要到幾時，你才命令軍隊停止追趕自己的兄弟？**²⁷**岳牙回答：一如上帝永生，上**

帝，古譯本：主/耶和華。**早說此話**，早說，校讀。原文：若非。**今天上午軍隊就停步不追自家兄弟了。**見潰散之敵眾攏列陣，佔據有利地形，遂同意言和。[28] **言畢，岳牙吹響號角，全軍站下，不再追擊以色列，停了戰事。**

[29] **吾父燈和他的人卻連夜進入河谷**，怕猶大軍偷襲。**渡過約旦河，然後穿越丘壑**，bithron，一作上午，或地名。僅此一用，無確解。**回到雙營。**[30] **而岳牙停止追擊吾父燈以後，清點了全軍。大衛的臣僕，阿薩葉之外，損失十九人。**[31] **但大衛的臣僕從本雅明擊斃吾父燈的人，有三百六十。**[32] **他們抬上阿薩葉**，由北向南，穿過本雅明支族領地返回猶大。**將他歸葬於伯利恒他父親的墓塋。而後岳牙和他的人走了一整夜，拂曉時抵達希伯倫。**

三 章

就這樣，掃羅家和大衛家之間爭戰不休。但大衛日漸強盛，而掃羅家卻衰落了。下接第6節。

大衛得子

[2] **大衛在希伯倫得子**，登基後廣納妃嬪。有：**長子安信**，'amnon，"忠信"，見13章。**帝植人雅美所生；**[3] **次子基父**，kil'ab，死海古卷及七十士本：daluyah；又名丹尼爾，代上3:1。通說早夭，故無事蹟。**果園莊蠢伯的寡婦雅比嘉所生；三子押沙龍**，'abshalom，"平安之父"。**基述王塔爾麥之女瑪迦之子；**基述，北方戈蘭高地一亞蘭部族，書12:5注。[4] **四子耶主**，'adoniyah，王上1章。**節姬之子；五子耶判**，shephatyah，常名。**雅比塔之子；**[5] **六子裕民**，yithre'am，如同二哥和五哥，聖書僅記其名。**大衛妻艾歌拉所生。以上皆大衛在希伯倫所得。**

吾父燈之死

[6] **而隨着掃羅家和大衛家之間爭戰迭起**，接回內戰敘事，上文1節。**吾父燈在掃羅家掌了大權。**

7 掃羅有一妃，名叫紅炭，rizpah，奇名，暗示其性格，21:8–11。是阿鷂的女兒。阿鷂，'ayyah，鷂隼之類。[巴力男]質問吾父燈：你怎麼睡了我父親的妃子？犯上，有覬覦王位之嫌，16:21–22，王上 2:13–25。8 吾父燈一聽巴力男這話，勃然大怒。我是猶大那邊的狗頭麼？猶大那邊，指大衛。狗吃屎，古人視為穢物，申 23:19，伯 30:1。他吼道，至今我還在效忠你父親掃羅的家，連同他的兄弟、他的朋友，族人和盟邦。沒讓你落入大衛手中；可你今天竟為這女人尋我的咎責！舊譯不妥：責備我。9 願耶和華這樣待吾父燈，並加倍[降罰]，咒誓語，撒上 3:17。如果我不把耶和華誓許大衛的給他做到：10 將王權從掃羅家拿走，而在以色列和猶大，從丹城到誓約井，借指整個福地，摩 8:14。立定大衛的寶座！

11 [巴力男]沒敢再吭聲，傀儡須仰仗將軍的護持。因為害怕吾父燈。

12 於是，吾父燈派使者給大衛帶口信，七十士本另讀：到希伯倫。說：這片地屬誰呢？暗示自己掌實權，請求談判。還說：同我訂約吧，看，我可出手相助，讓全以色列歸順陛下！13 好，[大衛]回答，寡人同你訂約。但你得滿足我一個條件，就是你來覲見時，須帶上掃羅女兒米佳；不然休想見我！奪回元配，可支持大衛對掃羅王位的繼承權，撒上 18:27。14 大衛隨即遣使，去向掃羅之子巴力男說：請歸還吾妻米佳，她是我用一百個非利士人的包皮聘定的。反言掃羅安排女兒二婚非法，撒上 25:44。15 巴力男就派人，實際是將軍的決定。從[她]丈夫即萊獅之子帕提兒那裏將她領來。16 她丈夫也一同上路，跟在她身後，邊走邊哭。真愛米佳，不似大衛。走到青春寨，baḥurim，耶京去耶利哥城中途。吾父燈對他說：滾回去吧！他才去了。

17 吾父燈遂找以色列眾長老商議，說：一直以來，你們就想要大衛為王。大衛曾因戰功而頗得民心，撒上 18:7, 16。18 現在，行動吧，因為耶和華就大衛有言：借手大衛我的僕人，我必從非利士人及一切仇敵的掌下，我，從諸抄本及古譯本。原文：他。拯救以色列我的子民！19 吾父燈還向本雅明的耳中遊說；說服族人。成了，吾父燈才到希伯倫向大衛稟報，經以色列和本雅明全家認可的事項。直譯：眼中為善的一切。

²⁰ 吾父燈來希伯倫見大衛，帶了二十人。正式的代表團。大衛設宴，招待吾父燈及其隨從。²¹ 宴畢，吾父燈對大衛說：請允許我起身出發。我會召全以色列來歸附我主，叫他們同陛下立約，俾君上統治一切，隨心所欲！大衛准奏。吾父燈便平安上路了。至此一切順利。

²² 恰逢大衛的臣僕跟岳牙出襲歸來，帶回許多掠獲。內戰尚未結束。但吾父燈已不在希伯倫大衛身邊，獲准平安離去了。²³ 岳牙率軍回來，便有人報告岳牙：內爾之子吾父燈見過君上了，剛獲准平安離去！三申平安，強調大衛無辜。²⁴ 岳牙急進去勸諫國王：陛下做了什麼呀？吾父燈來此覲見，您卻放了他，讓他走掉了 —— 怎麼回事？²⁵ 您知道內爾之子吾父燈呀！進讒；岳牙擔心，將軍歸附後會削弱甚而取代自己的權位。他來，是要誘騙您，打探您的出入，把您的一舉一動都探明。

²⁶ 岳牙從大衛面前出來，即派使者去追吾父燈，在掉頭井把他叫了回來；掉頭井，bor hassirah，希伯倫以北 4 公里處一旱井。而大衛並不知情。²⁷ 吾父燈一到希伯倫，岳牙就拉着他進了門洞，彷彿要跟他講私話。私，basheli，一作假裝。生僻詞，無定解。進到裏面，便給他腹部致命一擊，替弟弟阿薩葉報了血仇。刀捅同樣的部位，2:23。

²⁸ 大衛事後才聞報，他說：我和我的王國在耶和華面前，永遠清白！斷句從死海古卷。願內爾之子吾父燈的血，²⁹ 淌到岳牙頭上，歸於他父親全家！願岳牙家淋症與癩病不絕，癩病，舊譯不確：大麻風，利 13:2 注。男人搖紡錘，咒其失去勇力，幹婦人活計。倒劍下，麵餅荒沒完！—— ³⁰ 如此，編者插注。岳牙夥同弟弟亞比沙伏擊了吾父燈，伏擊，zaphnu，從死海古卷。原文：殺，hargu。因為他殺了他們的小弟阿薩葉，在岌崩之戰。

³¹ 接着，大衛命令岳牙並麾下全體戰士：撕破衣袍，圍上麻衣，即縗衣，創 37:34，賽 3:24 注。為吾父燈舉哀！出殯時，大衛王親自扶靈。直譯：跟着靈柩。³² 他們將吾父燈葬在希伯倫，國王在吾父燈墳前放聲大哭，眾人無不落淚。³³ 國王還作了這支哀歌，悼吾父燈：參較 1:17 以下。

難道吾父燈該死

如一個蠢伯，死掉？撒上 25:3 注一。

34 你的手不曾捆起

你的腳，不識鐵鐐；

可就像倒在了不義之子面前　不義之子，猶言罪犯，何 10:9。

你，一頭栽倒！歎英雄一世，卻遭了仇人暗算。

眾人［聽罷］為他哭得更厲害了。

35 完了，眾人都來勸大衛進食，趁天還亮着。然而大衛起誓說：願上帝這樣待我，並加倍［降罰］，如果我在日落前嘗了一口麵餅或任何東西！禁食志哀，撒上 31:13。36 眾人得知，個個心悅誠服；直譯如下句：眼裏都對。乃至國王無論做什麼，在百姓眼裏都是對的。終於達到了籠絡人心的目的。37 那天，百姓並全以色列都明白了，內爾之子吾父燈之死，與國王無關。

38 國王還向近臣表示：授意或並未阻止外傳，進一步撇清責任。莫非你們不知，今天以色列倒下了一位將軍和偉人？39 我雖是受膏的王，現時還弱；本義：軟。而耶香的兒子他們幾個，又太過兇狠。本義：硬。岳牙兄弟明白，舅舅此刻真正擔心的是外患。願耶和華照惡行報應惡人！表明國王不會處罰兇手，賽 3:11，詩 28:4。

巴力男的頭顱

四章

掃羅兒子聽説吾父燈死在了希伯倫，掃羅兒子，暗貶以色列王。他的手癱軟了，喻灰心、恐懼，賽 13:7，耶 6:24。全以色列一片驚惶。2 掃羅兒子有兩個派出去搶掠的隊長，舊譯軍長，誤。一名巴拿，一名雷卡，是井莊人石榴的兒子，石榴，rimmon，也是亞蘭雷神的別名，王下 5:18。本雅明子孫 —— 井莊也算是本雅明的一部。原是歸順以色列的迦南土著/岌崩人，書 9:17，18:25。3 井莊人曾避難至雙酒榨，gittayim，失考。一説是避掃羅的迫害，21:2。在那兒寄居至今。

⁴掃羅之子約納丹留下一個跛足兒子。插入此節，説明掃羅長孫殘疾，難以繼位。當年帝植傳來掃羅與約納丹的凶信，他才五歲。乳母抱起他逃命，慌亂之中，他摔瘸了腿 —— 大名巴力辯。merib ba`al，代上 8:34。原文避諱：恥嘴，mephibosheth，2:8注。

⁵那井莊人石榴的兒子出發了，巴拿和雷卡。恰於白天暑氣最盛，巴力男午睡之時，來到他的宮室。瞅準了時機。⁶看，那看門的女僕在揀麥子，似乎居處簡樸，並無衛兵。她打盹了，睡着了！雷卡跟兄弟巴拿躡手躡腳，此節從七十士本。原文有訛，傳統不同：她們進到房中 [假裝] 取麥子，照他腹部就是一擊；雷卡跟兄弟巴拿卻溜走了。⁷進到他的臥房。見他在榻上酣睡，就上前一擊，把他殺了。然後砍下頭顱，提着，原文此處重複"頭顱"，從七十士本略。取道河谷走了一夜，⁸將巴力男的頭顱送至希伯倫，面呈大衛王，道：請看，這是圖謀陛下性命的仇敵掃羅的兒子，巴力男的首級！請功，欲求賞賜。耶和華今日替我主大王，向掃羅並其子實報了仇。

⁹可是大衛回答井莊人石榴之子雷卡跟兄弟巴拿，説：一如耶和華永生，他將我的靈贖出一切禍難：¹⁰當初有人稟報，説掃羅死了，自以為報了喜訊，事見 1:1–16。但我拿下他就殺了；就在齊克拉，如此報償他的佳音！¹¹如今這兩個孽賊，潛入人家，殘殺一位安睡在床的義人 —— 寡人豈不更應該向你們手中追討血罪，表明立場，不容亂臣賊子；但稱以色列王為義人，而非耶和華的受膏者，1:14。從世上剪除你們？

¹²於是大衛命令左右處死二人。並將他們斫了手腳，懸在希伯倫池子近旁。毀屍示眾，是對大逆者和叛徒的刑罰，撒上 31:10。那顆巴力男的頭顱，便叫人送去，入葬吾父燈的墓地，也在希伯倫。

以色列的膏禮

五章

之後，以色列眾支族都來希伯倫見大衛，北方十支族遣使表效忠，準備立約。
同代上 11:1–3。說：看，我們原是您的骨肉。喻同胞，士9:2。² 從前，掃羅為我們
的王那時，也是您率領以色列出入；承認其征戰之功，3:17注。對您，耶和華曾
降言：你必牧養以色列我的子民，以色列的領袖非你莫屬。³ 於是，以色列
全體長老到希伯倫覲見國王。大衛王遂在希伯倫，在耶和華面前，與之立
約；他們給大衛行了膏禮，立他為以色列的王。大衛第三次受膏，子民南北聯合，
2:4。

⁴ 大衛是三十歲登基的，在位四十年。⁵ 他在希伯倫稱猶大王七年零六個
月，同 2:11。在耶路撒冷三十三年，為全以色列和猶大的王。

定都耶京

⁶ 而後，代上 11:4–9。國王發兵取耶路撒冷，進攻那片地的土著耶布斯人。
後者卻取笑大衛：這裏你別想進來，連瞎眼瘸腿的也能把你趕走！或如欽定
本：除非你能趕走瞎眼瘸腿的。無定解。意思是，大衛決計攻不進去。⁷ 然而大衛攻
克了錫安要塞，舊譯保障，誤。即大衛城。⁸ 那天，大衛下令：誰可打垮耶布斯
人，從水渠暗道上去？水渠，zinnor，似指耶京東牆外引泉水進城的溝渠。此句晦澀，無善
解。[宰了]那些"瘸腿瞎眼的"，讓大衛的靈解恨！另讀：那些恨大衛的。從此
有了那句成語：利21:18，太21:14。瘸腿瞎眼，不得上殿。

⁹ 大衛入居要塞之後，為之命名：大衛城。耶京地處南北支族領地間，原屬耶布
斯，居中而適於做聯合王國的首都。大衛又從堤壘往內，堤壘，millo'，土石填堆而成的崗
台、堤壩等，王上 9:15。在四周加築城牆。此詞移自下文 11 節。¹⁰ 大衛日益強大，耶
和華萬軍之上帝與他同在。

¹¹**乃有石城王希蘭**，前 969~935 在位。石城，腓尼基都市和商港。**遣使臣與大衛結交**，感謝大衛擊敗石城的世敵非利士人。**並進送雪松木，派木工石匠**，原文此處有"城牆"，衍文。**替大衛修築宮殿。**¹²**於是大衛確知**，暗示之前尚存疑慮。**耶和華已立定了他為以色列王，且為以色列子民的緣故，舉揚他的王權。**代上 14:1-7。

¹³**大衛遷出希伯倫以後，大衛在耶路撒冷又納妾娶妻，生兒育女。**代上 3:5-8。¹⁴**其生於耶路撒冷的諸子，名字如下：沙木耳、舒巴、納單、**nathan，（神的）"恩賜"，常名，亞 12:12。據路 3:31，耶穌的先祖。**所羅門、**shelomoh，詞根本義完好、平安。耶穌先祖，太 1:6。以上四子皆誓女所生，餘者聖書不言其母。¹⁵**葉夫哈爾、帝救、尼斐、雅菲、**¹⁶**帝聞、帝知、帝解。**

樹梢的腳步聲

¹⁷**非利士人聽說大衛受膏，稱以色列王**，不再稱臣納貢。代上 14:8-16。**非利士傾巢而出，上來搜尋大衛。**似乎敵人仍是出沒荒野的遊擊隊。**大衛聞報，忙下到要塞。**佈防大衛城。舊說指亞杜蘭險要，撒上 22:4，但下文描寫的戰鬥顯然在耶京附近。¹⁸**而非利士人已到，在巨人谷鋪開。**城外西南方向，連著啼子谷，書 15:8, 18:16。¹⁹**大衛向耶和華祈問：**拈圞，2:1。**可否進攻非利士人？你可會把他們交在我手裏？耶和華回答大衛：進攻！非利士人我一定交在你手裏。**

²⁰**於是大衛前進至巴力劈裂**，ba`al-perazim，原指迦南雷神／巴力／主，勝利者拿來致敬以色列的上帝。**從那裏大衛發起攻擊：是耶和華在我前面劈裂仇敵**，集中兵力攻其不備，打開一個缺口。**一如洪水裂[堤]，他說。那地方因此得名巴力劈裂。**²¹**而[敵人]丟棄在那兒的的偶像，成了大衛和戰士們的繳獲。**

²²**不久，非利士人再次來犯，在巨人谷鋪開。**²³**大衛祈問耶和華。答：不可硬拼**；直譯：上去。**要繞到他們背後，穿過那片流淚樹**，beka'im，乳香，或某種可提取香料的樹或灌木，詩 84:6。**偷襲他們。**²⁴**一俟你聽見流淚樹梢頭的腳步聲**，起風後，風聲可遮掩伏兵的響動。聯想晚風中造主的步履，創 3:8。**即果斷行動，因為那是**

耶和華走在了你的前頭，要打敗非利士大軍！²⁵ 於是大衛執行耶和華的命令，擊敗了非利士人，從戈丘一路殺到革城。即從耶京一帶反攻至非利士邊境。戈丘，七十士本：岌崩，代上 14:16。

約櫃之舞

六章

接着，接回約櫃故事，撒上 7:1。**大衛調集以色列全部精銳，三萬人。**合當年約櫃被非利士擄獲，以軍損失之數，撒上 4:10。² **大衛起身，率麾下進發，至猶大的巴力鎮，**又名林鎮，書 15:9，代上 13:6。從死海古卷。原文有訛：從猶大主人出發。**迎請上帝的約櫃，那名為"神獸護駕之萬軍耶和華"的約櫃。**撒上 4:4 注。

³ **他們把上帝的約櫃裝上一輛新車，**套上未經俗務或勞作的新牛，撒上 6:7。**離開了小丘上的吾父貴家。吾父貴的兒子烏扎和亞希約趕車，**亞希約，或作他兄弟。原文此處重複 3a：新（車）離……家。從死海古卷及七十士本刪。⁴ **護送上帝的約櫃。亞希約為約櫃開路，**⁵ **而大衛和以色列全家就在耶和華面前載歌載舞，全力投入，**從死海古卷及七十士本，代上 13:8。原文費解：用各種絲柏木（樂器）。**伴着七弦與十弦，手鼓叉鈴跟鐃鈸。**詩 150:3–5。

⁶ **走到納空禾場，**納空，nakon，"預備"。死海古卷另讀。代上 13:9，投槍，kidon。**因為[拉車的]牛失了前蹄，**新牛不會幹活。**烏扎忙伸手去扶住上帝的約櫃。**原文脫"手"字，從死海古卷及古譯本補。⁷ **然而耶和華對烏扎點燃了鼻息，上帝當場將他擊斃──因為伸手扶了一下約櫃，**從代上 13:10。原文此句僅一生僻詞，shal，無善解，似漏抄。**他竟死在了那裏，挨着上帝的約櫃。**約櫃至聖，不容觸摸或絲毫的違規／不敬，而不論觸犯者的動機、意圖，民 4:15, 20，撒上 6:19。⁸ **對於耶和華發怒劈裂烏扎，**祭司兒子死於雷擊，呼應巴力劈裂，5:20。**大衛忿忿不平；**舊譯：心裏愁煩，誤。**而那地方就喚作烏扎劈裂，**perez 'uzzah，紀念神跡，解釋成因。**至今仍是。**

⁹ **那一天，大衛懼怕耶和華了，**因禁忌的邊界不明。**說：耶和華的約櫃，怎樣才能到我這兒呢？**¹⁰ **因而大衛不願耶和華的約櫃挨着自己，遷大衛城；大**

衛將它轉送至酒榨市人氏紅嶺奴家裏。紅嶺奴，`obed-'edom，像是大衛投奔酒榨王，流亡時期收的外族僕從，撒上 27 章。[11] 於是耶和華的約櫃在酒榨人紅嶺奴家，存放了三個月，紅嶺奴及全家皆蒙耶和華賜福。

[12] 大衛王聞報，因着上帝的約櫃，耶和華賜福與紅嶺奴家及屬他的一切。代上 15:25 以下。大衛便去紅嶺奴家，把上帝的約櫃請了上來，大衛城一片歡慶：[13] 一俟那些抬耶和華約櫃的邁出六步，他就宰獻一頭牛和一隻肥羊。親自主祭。一頭 / 一隻，死海古卷：七頭 / 七隻，代上 15:26。[14] 隨後大衛在耶和華面前奮力旋舞，大衛繫一條細麻聖衣。祭司的裝束，圍在胯上，故抬腿容易暴露，撒上 2:18。[15] 就這樣，大衛率以色列全家，歡呼聲夾着羊角號音，將耶和華的約櫃請了上來。

[16] 耶和華的約櫃進大衛城的時候，掃羅女兒米佳正在窗口眺望；聽得人聲喧闐，走到窗前。看到大衛王在耶和華面前踢腿旋舞，想起當初打開另一扇窗，救下的那人，撒上 19:11。她心裏充滿了憎厭。舊譯輕視，誤。

[17] 眾人便將耶和華的約櫃抬進來，宕開一筆，講祭禮：聖書常用的敘事策略，士 11:1 注。代上 16:1–3。安放在 [聖] 處，大衛特意搭起的帳幕內。而後，大衛向耶和華獻全燔祭與平安祭。[18] 全燔祭平安祭禮成，大衛又奉萬軍耶和華的名，祝福子民；[19] 還給全體子民即以色列諸眾，男女無論，每人分一張麵餅、一份肉、'eshpar，一作海棗糕，經書僅此一用，無確解。一塊葡萄餅。完了，子民才各自回家。

[20] 大衛則返來祝福家人。掃羅女兒米佳迎出門去，向大衛道：多榮耀哇，今天以色列的王！諷刺：約櫃 / 以色列的榮耀回來了，撒上 4:22，國王卻當眾露體，了無尊榮。在他僕人的婢女眼前暴露了一天，像個下流無賴赤身露體！指其不像國君，且犯禁，屬死罪，出 20:26, 28:42–43。[21] 大衛回答米佳：我是在耶和華面前跳舞，是為那廢棄你父親和他全家，而選立我為以色列並耶和華子民的領袖的耶和華而跳！[22] 是呀，我自甘卑賤，比這還卑下，下流在了自己的眼裏！

自己，一抄本：他。七十士本：你。反言尊卑秩序其實是由君主決定並維護的。**但對於你責難的婢女，對於她們，**對於，或作在一起/中間。**我必享尊榮！**

²³**而米佳，掃羅的女兒，她至死仍無生育。**被丈夫（而非天父）冷落。

王朝永固

七章

卻說國王在宮中安頓之後，此章放緩敘事，略作停頓，鋪墊下文宮廷爭鬥。代上 17:1–15。**耶和華賜他四境平寧，仇敵不擾。²國王遂對先知納丹説：**大衛朝最重要的先知，家世聖史不載。**請看，我住雪松木的宮室，**即王宮石砌，壁板用昂貴的黎巴嫩雪松木，耶 22:14。**而上帝的約櫃卻停放在幔子中間！**幔子，提喻帳幕，6:17，詩 132:1–5。**³納丹回國王道：你心裏想什麼，就去做了吧，耶和華與你同在。**

⁴**然而當夜，有耶和華之言降於納丹，道：**

⁵**去，告訴我的僕人大衛，此乃耶和華所言：是你想建一座殿給我住麼？⁶但我向來不住什麼殿，從我引領以色列子孫出埃及至今，到哪兒都是一頂帳篷，一間會幕。**摩西受命所造，出 25:40。⁷**我在以色列子孫中間，無論去到何方，可曾問過一個在以色列持權杖，**即士師或部族首領，代上 17:6。**奉我敕令牧養以色列我的子民的人：為何不給我建雪松木的宮室？**若無神的啟示/特許，人不可擅築聖居，賽 66:1。

⁸**所以，你得這樣轉告我的僕人大衛，此乃萬軍耶和華之言：是我，將你從牧場，從羊群後面提起，做了以色列我的子民的領袖。**撒上 16:11 以下。⁹**無論你去何方，我都與你同在，從你面前剷除一切仇敵。我將使你威名大震，美名如世上最偉大的人。**應許拓疆。¹⁰**我要替以色列我的子民置一片地，以種植他們，**天父自比園丁，出 15:17，摩 9:15。**讓他們入居，免遭驚嚇，再也不用像從前那樣受不義之子欺凌，¹¹如我命士師掌以色列我的子民的那些日子。**從七十士本，指士師時期。原文單數。**是的，我必賜你平寧，仇敵不擾。**

此外，耶和華還有一諭示：耶和華要親自給你造一王朝。bayith，家、屋、殿、宮室，轉指王朝，上文 5—7 節。[12] 當你日子滿盈，長眠於列祖身畔，婉言辭世，創 47:30，申 31:16。我必擢拔你的子實，即你的腰胯所出繼位，腰胯所出，猶言親生兒子，創 15:4。並立定他的王權。[13] 將來為我的名建殿的，是他；指所羅門，王上 5:19。而我，必使他的王國之寶座永立。[14] 對他，我必為父；於我，他必為子。近東古俗，國君稱神的兒子，詩 2:7, 89:26—27。雖然，他若是犯了錯，我必拿人的杖或人子的鞭懲戒，比作嚴父管教不聽話的孩子，申 8:5，箴 3:12。[15] 但我的慈愛決不會收回，一如我收拾掃羅，從你面前收去對他的慈愛。hesed，此處特指信約之愛，或立約雙方的忠信義務，2:5 注。撒上 13:14, 15:28。[16] 而你的王朝與王權在我面前必永固，我，從部分抄本及七十士本。原文：你。[如]你的寶座永立。

[17] 納丹便將這番諭示，照此異象，舊譯默示，不妥。一字不漏轉告了大衛。

[18] 於是大衛王進去，在耶和華面前坐了，帳幕內，隔着幔子，面朝約櫃／上帝的腳凳。代上 17:16—27。道：

主耶和華啊，我是誰，我的家又算什麼，家，兼指後裔、王朝，撒上 18:18。竟蒙你引領至此？[19] 然而在你眼裏，這僅是小事一樁，主耶和華啊，故而你又應許了你的僕人家世久遠。願人可承此教導，torah，聖言既是應許，dabar，也是受教者須承受的規範。此句晦澀，無善解。我主耶和華！[20] 大衛還能對你說什麼呢？主耶和華啊，你的僕人你當然認識！[21] 合着你的應許，依你的心意，你成就這莊嚴偉業，無非是要你的僕人懂得：[22] 唯有你，主耶和華，至大，而無可比擬；除了你，別無他神，宣示信條，出 15:11，申 4:35, 32:39。一如我們親耳所聞。[23] 世上有誰，可有一族，及得上以色列你的子民？其有上帝前來救贖，認作子民，俾他揚名，即以大功可畏至極，原文另有：為你們。少數抄本：為他們。從死海古卷及七十士本略。在那從埃及贖出的子民前頭，驅除列族及其神祇 —— [24] 如此立定了你的子民，驅除，從七十士本，代上 17:21。原文：為你的土地。以色列永為子民而屬你；而你，耶和華，就做了他們的上帝。重申信約，申 29:12。

²⁵ 現在，耶和華上帝，願你應許你的僕人及家世的一切，得確立並實現，至永遠，如你所言！²⁶ 願你的名光大而永受禮讚：萬軍耶和華，上帝領有以色列！願你的僕人大衛家立定，永在你面前。原文無"永"字，從一抄本補。²⁷ 因為你，萬軍耶和華以色列的上帝，已向僕人的耳中啟示：借先知之口。我要給你建一王朝。所以你的僕人才鼓起勇氣，直譯：發現心。為你獻上今次的祈禱。²⁸ 是的，主耶和華啊，唯有你是上帝，你的諸言至真，因神性信實，耶10:10, 42:5。你應許了僕人這份美福！²⁹ 所以，願你樂意，祝福僕人的王朝，讓它永在你面前。因為你，我主耶和華，已承諾；願你的僕人的王朝蒙福於你賜福，至永遠。上文13節至此，共九個"永"字。

大衛拓疆

八章

這以後，代上 18:1–13。大衛擊敗並降伏了非利士；但未能納入版圖。由非利士人手中大衛奪得了那一肘嚼環。喻控制權；肘，'ammah，另作母城，或地名，無定解。

² 接着，擊敗摩押，東渡約旦，向庇護過父母的恩邦下手，撒上 22:3-4。拉繩量人；即令人仆倒在地，用兩根繩子量處死的，一根拉滿，量活命的。每破一城，居民均殺二留一，鎮壓反抗。摩押遂成了向大衛納貢的臣民。

³ 佐巴王寬君之子哈達澤東征，佐巴，在大馬士革以北，屬亞蘭諸部，撒上 14:47。哈達澤，hadad`ezer，"雷神佑助"。去大河修復他的記功碑時，喻征伐。記功碑，yado，手、力量，轉指石碑，18:18，撒上 15:12。大河，即幼發拉底河。大衛趁機出擊。北上，搗其後方。⁴ 大衛俘獲了他的騎兵一千七百，死海古卷及七十士本：兵車一千，騎兵七千。並步卒兩萬。拉兵車的馬大衛悉數割了蹄筋，僅留下夠一百輛兵車的。用來運輸輜重；大衛軍山地遊擊隊出身，視兵車為異族戰法，書 11:6。⁵ 大馬士革的亞蘭人前來增援佐巴王哈達澤，也被大衛擊敗，亞蘭人損失兩萬兩千。⁶ 大衛隨即在大馬士革的亞蘭駐軍，於是亞蘭也成了向大衛納貢的臣民。大衛無論出兵何

方，耶和華都賜他得勝。⁷大衛還繳獲了哈達澤隨從所持的金盾，shiltey，另作箭筒，耶 51:11，結 27:11。**帶回耶路撒冷。**展示戰利品，向至高者謝恩。⁸**從哈達澤的兩座城，貝塔和貝羅塔，大衛王奪取了大量的銅。**

　　⁹**哈馬王陀伊聽説，**哈馬，在佐巴北方，書 13:5。**大衛打敗了哈達澤的大軍，**¹⁰**陀伊便派兒子約蘭去向大衛王致敬，**約蘭，yoram，"耶和華舉揚"，又名/原名哈多蘭，代上 18:10。**祝賀他討伐哈達澤告捷；因哈達澤素來與陀伊為敵。[約蘭]捧上的各色金銀銅器，**¹¹**大衛王全部祝聖，歸了耶和華，一如他從征服了的列族奪來歸聖的金銀，**¹²**包括從紅嶺、**從諸抄本、七十士本及古敍利亞語譯本。原文：亞蘭。**摩押、亞捫子孫、非利士、亞瑪力，及從佐巴王寬君之子哈達澤那兒擄獲的金銀。**

　　¹³**大衛贏得了威名，當他從鹽谷擊敗紅嶺歸來，**同上注。鹽谷，鄰近死海，王下 14:7。**殺敵一萬八千。**參觀詩 60:1，代上 18:12。¹⁴**他在紅嶺駐軍，以駐軍控制整個紅嶺，使紅嶺臣服於大衛。大衛無論出兵何方，耶和華都賜他得勝。**

　　¹⁵**就這樣，**代上 18:14–17。**大衛為王，統治全以色列；大衛對所有子民皆秉公行義。**¹⁶**耶香之子岳牙統兵；亞希路之子耶審掌史籍；**mazkir，或作掌璽大臣，負責外交，賽 36:3。耶審，yehoshaphat，"耶和華審判"，常名。¹⁷**亞希托之子撒都、亞希米勒之子吾父存任祭司；**原文顛倒：吾父存之子亞希米勒。據 20:25，撒上 22:20 改正。**耶角力當書記；**耶角力，serayah，常名。一説是歸化的外族，故不言其父名。¹⁸**耶知之子耶建[領]克里特人和非利特人；**pelethi，通説是非利士人的一支。耶建，benayahu，統領大衛招募的外族衛隊，23:23。**大衛的幾個兒子亦做祭司。**顯然當時尚無祭司或神職限於利未人的規定。

約納丹的兒子

九章

　　大衛説：掃羅家還剩下什麼人沒有？通説此事發生在大衛屠殺掃羅兒孫之後，21:1–14。**為了約納丹，寡人要以仁愛待他。**公開履行與王子的誓約，撒上 20:15, 42。

² 掃羅家有個僕人，叫齊瓦；他被傳來見大衛。國王問他：你是齊瓦了？
答：僕人是。³ 國王道：掃羅家是否還剩下什麼人，寡人好以上帝的仁愛待
他？齊瓦稟告君上：還有約納丹的一子，兩腳跛了。殘疾無法作戰，故對大衛家威
脅不大：老僕很懂新主子的心思。⁴ 國王又問：他在哪裏？齊瓦回答君上：哦，他在
帝民之子瑪吉家，在無物城。加利利湖向南，約旦河東小城，摩6:13。⁵ 於是大衛王
派人去無物城，把他從帝民之子瑪吉家接了來。

　　⁶ 來到大衛面前，掃羅之孫、約納丹之子巴力辯倒頭便拜。巴力辯，見4:4
注二。簡潔：不說撐着拐棍或有人攙扶，只寫其言語卑下，仰人鼻息。大衛説：巴力辯！
答：僕人在此。⁷ 大衛道：別害怕。為了你父親約納丹，寡人豈能不以仁愛
待你？寡人欲將你祖父掃羅的田地全數歸還與你，田地，即掃羅家在戈崗的祖產。
以後，你就跟寡人同席用餐。示恩惠，留在身邊也容易監視。⁸ [巴力辯]拜道：僕人
算什麼東西，不過是一條死狗，參3:8注一。竟蒙陛下眷顧！

　　⁹ 國王又召掃羅的隨從齊瓦，隨從，na`ar，兼指僕人。説：凡屬掃羅的，他家
的一切，寡人都給了你主子的孫兒。¹⁰ 你同你的兒子和奴隸，就替他種地，
用收穫的食糧供你主子的家人。從七十士本。原文：孫兒。但巴力辯，你主子的
孫兒，要常跟寡人同席用餐。原來齊瓦有十五個兒子、二十個奴隸；¹¹ 齊瓦
答應國王：凡是我主君上吩咐僕人的，僕人一定照辦！

　　於是，巴力辯進餐與大衛同席，大衛，從七十士本。原文：我。不啻國王的一
個兒子。¹² 巴力辯有一小兒，名米加；而齊瓦全家皆服事巴力辯。¹³ 巴力辯住
在耶路撒冷，因他時常與國王同席進餐。只是他兩腳瘸了。暗示其地位不穩。

兩敗聯軍

十章

　　這以後，代上19:1–15。亞捫子孫的王去世，兒子慈王繼位。慈王，hanun，
"慈悲/恩惠"。² 大衛説：我要以仁愛待蛇王之子慈王，一如他父親待我以仁

愛。或因蛇王與掃羅為敵，撒上 11 章，曾庇護或援助過大衛。**大衛便遣使臣去慰問他，悼念他父親。**

大衛的使臣來到亞捫子孫國中，³ 亞捫子孫的公卿卻向主子慈王進言：**陛下以為大衛是因為尊敬先王，**直譯：您父親。**才派人來慰問嗎？其實大衛遣使臣來此，不就是想刺探大城，**指京城大都，12:26，申 3:11，書 13:25 注。**偵察好了，把她傾覆？**⁴ **慈王遂拿下大衛使臣，剃掉其一邊的鬍鬚，**近東傳統，鬍鬚是男子氣的象徵，賽 7:20。**又從臀部起割去半截官袍，**象徵閹割，賽 20:4。**然後驅逐了他們。**⁵ **大衛聞報，即派人去接，因為這些人受了極大的羞辱。國王指示：暫且留在耶利哥城，**從亞捫回來，西渡約旦河以後第一站。**等鬍子長了再回來。**

⁶ **亞捫子孫見惹怒了大衛，亞捫子孫忙派人到寬城和佐巴的亞蘭人那裏，**寬城，在丹城東北，士 18:28。**雇了兩萬步卒，又向馬加王借兵一千，**黑門山以南，亦屬亞蘭，書 12:5。**向福城酋長借一萬二千。**酋長，從聖城本。原文：人。福城，基列東北邊陲小鎮，士 11:3。⁷ **大衛聽說，派出岳牙及全軍勇士。**⁸ **亞捫子孫出城迎戰，在城門前列陣；而佐巴和寬城的亞蘭人及福城與馬加的兵，則分開佈署於野地。**側翼，攻後路。

⁹ **岳牙一看，這是前後夾擊的戰術，就集中以色列的精銳對陣亞蘭人，**或因聯軍／雇傭兵協調困難，或戰線長，易突破。¹⁰ **其餘交與弟弟亞比沙指揮，對陣亞捫子孫，**取守勢。¹¹ **說：若是我攻不破亞蘭人，你就來救援；如你頂不住亞捫子孫，我就援救你。**攻不破／頂不住，直譯：強過我／你。¹² **勇敢些，拿出勇氣！為了我們族人，為了我們上帝的城邑，**即河東被亞捫佔領的土地。**願耶和華成就他眼裏的好事！**

¹³ **岳牙率麾下戰士發起衝鋒，一場激戰，亞蘭在他面前潰散。**逃回北方。¹⁴ **那邊，亞捫子孫看到亞蘭人逃跑了，慌忙丟下亞比沙，逃進城裏。岳牙便停止進攻亞捫子孫，**因已達到了教訓即削弱敵國的目的。**掉頭回了耶路撒冷。**

¹⁵ **亞蘭人見打不贏以色列，**直譯：在以色列面前被打敗。代上 19:16–19。**就聯合起來。**¹⁶ **經哈達澤遣使，發動大河對岸的亞蘭人，**幼發拉底河以東諸部。**他們彙集**

到了黑欄，城名或地區名，一說在加利利湖東北。**由哈達澤的將軍舒拔統領。**[17]**大衛接報，調集了全以色列**，形勢嚴峻，須親征。**渡過約旦河，進至黑欄。亞蘭人擺開陣勢，迎擊大衛。但是一場激戰下來，**[18]**亞蘭在以色列面前潰散了。大衛擊毀了亞蘭人七百輛兵車**，rekeb，或作：駕兵車的。**殺了四萬騎兵**，七十士本：步卒，代上 19:18。**舒拔將軍也被砍倒，當場斃命。**[19]**眾藩王見哈達澤敗給了以色列，便向以色列求和，稱臣。**轉而效忠並服事新的霸主。**從此，亞蘭不敢援助亞捫子孫了。**

耶光妻

十一章

轉過年來，春分，開春，冬雨結束。**正值列王出征時節**，列王，從諸抄本，代上 20:1。原文：眾使者（出發）。**大衛派出岳牙及其麾下，並全以色列。他們劫掠了亞捫子孫，包圍了大都。但大衛坐於耶路撒冷。**坐，猶言留下，暗示國君生活奢靡。

[2]**一天，傍晚時分，大衛由榻上起身**，慵懶，已無當年的英雄氣。**走到王宮的平頂上面。他從屋頂望下去**，宮殿建在山頭，民居順坡而下。**見一個婦人在沐浴；那婦人非常漂亮。**[3]**大衛派人打探婦人是誰，回稟說：那是帝民的女兒誓女呀**，bath-sheba`，諧音七女，創 21:31 注。**赫提人耶光的妻。**耶光，'uriyah，希伯來名，或是歸化的外族勇士。[4]**大衛遂遣使者去接她。接來，便與她同床；**彷彿家常便飯，無須秘密行事。**而她剛出不潔。**依聖法，月事過後七日不潔，須沐浴取潔，利 15:19 以下。**而後，她就回家。**[5]**那婦人卻有了身孕，她差人帶話給大衛：我懷孕了。**

[6]**大衛於是傳令岳牙：**心生一計。**派赫提人耶光來見寡人。岳牙便派耶光去見大衛。**[7]**耶光到後，大衛就問岳牙可好，軍隊怎樣，戰事如何。**[8]**然後大衛關照耶光：你下去家中，洗洗腳吧。**雙關暗示性交；腳，婉稱陽具，出 4:25，賽 6:2, 7:20。**耶光才邁出王宮，跟着，就送來一份國王的晚餐。**催他回家與妻子團聚。[9]**耶光卻同他主公的衛士一起，**衛士，直譯：僕人。**睡在了宮門外面，沒有下去家中。**

¹⁰ 自有人向大衛報告：耶光沒有回家。大衛問耶光：你老遠的路回來，怎麼不下去家中呢？再次試探，或也懷疑勇士聽到了什麼。¹¹ 耶光回答大衛：約櫃同以色列和猶大住着棚子，我主子岳牙跟主公的將士在野外宿營，我豈能回家去吃喝，抱老婆睡覺？提醒君王，聖戰尚未結束，戰士須忌行房事，撒上 21:6。一如您的生命，您的靈常在，通常指上帝起誓，撒上 20:3, 25:26。直呼國王的生命/靈為證，似隱含了不滿，甚而控訴。這種事我不會做的！¹² 大衛對耶光說：仍不死心。今天你且留在這兒，明日寡人送你上路。耶光那天就留在了耶路撒冷。斷句從猶太社本。次日，¹³ 大衛召他來宮中宴飲，將他灌醉了。可是入夜，他出去，仍舊跟主公的衛士一起睡了，沒有下去家中。

¹⁴ 早晨，大衛給岳牙寫了一封信，交在耶光手裏。料定赫提人忠厚耿直，即使生疑也不會拆封。¹⁵ 信上寫道：哪裏戰鬥最為激烈，可把耶光派上；隨即你們後撤，讓他受攻、戰死。但岳牙明白，這麼做等於當眾背棄衝在前面的勇士，自己難逃咎責。¹⁶ 岳牙正圍困大城，他知道哪裏敵人強悍，就把耶光放在那裏。¹⁷ 城裏的人殺了出來，與岳牙鏖戰，將士即大衛的僕人倒下一片，看似將軍失算，實則有意為之，且不露馬腳。赫提人耶光也陣亡了。

¹⁸ 岳牙便派人去向大衛彙報戰事，¹⁹ 特意叮囑使者：待你把戰鬥經過稟報與君上，²⁰ 若是君上動怒，說：為何貼近了大城作戰？城垛後面會射箭，你們不懂？²¹ 巴力訟之子吾父王，是誰殺的？不就是一個婦人，從碉樓上拋下一扇磨石，碉樓，直譯：城牆/垛。將他砸死在了提貝？士 9:50–54。岳牙猜到了大衛的心病，事關"一個婦人"。你們怎麼還敢挨近城牆？你就說：陛下的僕人，赫提人耶光也陣亡了。

²² 於是使者出發。一到，即照岳牙吩咐的一五一十向大衛彙報。果然，大衛對岳牙動了怒：為何貼近了大城作戰，他問使者，不懂城垛後面會射箭？巴力訟之子吾父王，是誰殺的？不就是一個婦人，從碉樓上拋下一扇磨石，將他砸死在了提貝？你們怎麼還敢挨近城牆？此節"果然"以下，原文略，從七十士本補。²³ 使者回稟大衛：先是敵人佔了上風，衝到野外來同我們交手。但我們一個反擊，打回到城門口；使者聰明，先補充失利的"細節"，最後才說

出要點。²⁴不想弓箭手從城牆上射您的戰士，致使君上損失了僕人，陛下的僕人赫提人耶光也陣亡了。

²⁵**大衛對使者説**：終於放心，以為罪行被遮掩了。**如此你告訴岳牙，不要為這事太傷心**；直譯：惡入你眼。**刀劍吞吃，忽這忽那。**意謂打仗難免有犠牲，亦是為自己開脱。**還望傾力攻城，毀城為要 —— 讓他全力以赴！**

²⁶**耶光妻聽説丈夫耶光陣亡，就為她的郎君舉哀。**²⁷**喪期一滿**，一般是七日，創 50:10，撒上 31:13，德 22:12。**大衛便派人將她收來宮裏**；收，急不可耐狀。舊譯不妥：接。情勢與先前通姦不同，上文 4 節。**她就做了他的妻，給他誕下一子。但大衛幹的這事，在耶和華的眼裏為惡。**以道德評判收尾，引出先知與神的詛咒。

納丹的諷喻

十二章

於是耶和華遣納丹去見大衛；納丹，少數抄本：先知納丹。見 7:2 注。**一到那兒，[納丹]就説**：

兩個人同住一城，一富一窮。以諷喻教訓罪人。
²**那富人牛羊成群；**
³**那窮人卻一無所有**
除了一隻母羊羔，他買來
養在身邊，跟孩子們一起長大 ——
同吃一口食，同喝一隻杯
睡在懷裏宛如親閨女兒。吃喝睡，正是大衛要耶光做的，11:11。
⁴**[一天]有旅人來富人家投宿：**
他卻捨不得拿自家牛羊
招待來客，就偷了
那窮人的羊羔

用它招待了客人。

⁵大衛勃然大怒，竟有這種人！他對納丹說：一如耶和華永生，幹這事的該殺！直譯：死亡之子，撒上 20:31, 26:16。受膏者無意中判了自己死罪，11:27。⁶這麼幹，毫無憐憫之心，叫他賠還羊羔，賠四倍！按摩西之律，出 21:37，路 19:8。⁷納丹回答大衛：這種人就是你呀！此乃耶和華以色列的上帝之言：

是我替你膏油，立你為以色列王　撒上 16:13，撒下 2:4, 5:3。
我把你從掃羅掌下救出；
⁸還賜下你主人的後宮　直譯：家。主人，指掃羅。
將主人的嬪妃交在你懷裏　但此事並無具體記載，撒上 20:30。
連同以色列與猶大全家 ——
嫌少嗎？這樣那樣
我給你加上！
⁹為什麼，你蔑視耶和華的旨意　debar，兼指聖言聖法。
盡做他眼中的惡事？
你借刀害死赫提人耶光
霸佔了他的女人 ——
借亞捫子孫的刀殺夫。
¹⁰行，以後你自己家也躲不過刀劍！大衛有三子死於非命。
就因為你侮蔑了我
把赫提人耶光的妻霸佔。　違犯聖法，將受同態報復，出 21:23–25。

¹¹如此，耶和華有言：
看哪，我要你後宮也起災殃
嬪妃也交給旁人，讓你眼睜睜看着
光天化日下，那人睡你的女人！指押沙龍造反稱王，16:22。

¹²這事你暗地裏幹，我卻要做給
全以色列看，讓他們在日頭下看！

¹³大衛向納丹道：我對耶和華犯了罪了。納丹回答大衛：耶和華麼，他
已經放過你的罪，你死不了。因與上帝訂有永約，得享日子滿盈，7:12。¹⁴但這事大
大冒犯了耶和華，從死海古卷。原文反義避諱：耶和華的仇敵，撒上 25:22 注。所以 [耶光
妻]給你生的那孩兒必死。

¹⁵言畢，納丹回家去了。

耶和華打擊了耶光妻給大衛生的孩兒，稱誓女為耶光妻，強調大衛此兒是通姦
所生。他得了重病。¹⁶大衛懇求上帝救救小兒；救救，直譯：為了。同時大衛禁
食，七十士本另有：圍麻衣。進 [屋]過夜則躺在地上。如同守喪。¹⁷家中老臣站在
他身邊，想扶他起來，可是他拒絕了，也不肯同他們一起進餐。¹⁸第七天，
恰合喪期，11:27。孩兒死了。但大衛的臣僕不敢告訴他孩兒死了，大家尋思：
那孩兒在的時候，勸他，他都不聽；要是跟他說孩兒沒了，他可別傷着自
己！¹⁹大衛見臣僕低聲耳語，大衛意識到孩兒死了。孩兒沒了？大衛問臣
僕。沒了，他們回答。

²⁰大衛從地上爬起，沐浴抹油，換上衣袍，然後走進耶和華的居所叩
拜。居所，beth，指約櫃的帳幕，6:17。回到宮中，便要人擺上麵餅用餐。²¹臣僕不
解：陛下這是作何道理？孩兒在的時候禁食哀哭；孩兒沒了，卻起來用餐
了。²²[大衛]説：孩兒在時禁食哀哭，因為我想：誰知道呢，也許耶和華會
憐憫我，孩兒就活轉來了。²³可現在他死了，我何必再禁食呢？坦承實用主
義。難道我能拉他回來？將來只有我去他那裏，即下陰間，創37:35，撒上 2:6；當時
子民尚無亡靈復活的觀念，詩6:5，伯7:9。他不會來我這兒！難得一次表露內心。

²⁴大衛安慰了誓女，他的妻。不復稱耶光妻。受膏者以為聖怒平息了。他來到
她 [枕上]，與她同睡。她誕下一子，取名所羅門。祈平安，5:14注。孩子由母親起
名，是傳統讀法，上溯夏娃，創4:1, 25，漢娜，撒上 1:20。原文：（父親）給他取名。耶和華愛

這孩子，直譯：愛他。²⁵ 並借手先知納丹降旨，賜名耶和華所愛，yedidyah，暗示其福恩勝似大衛，dawid，人之"所愛"。一顯耶和華的恩寵。古譯本：指示。

攻克大都

²⁶ **那邊**，接回 11∶1。代上 20∶1b-3。**岳牙圍困亞捫子孫的大都**，城分上下，上城為一山堡，稱王城；下城守水源，名水城。**終於攻破了王城。**²⁷ **岳牙遣使報告大衛：臣攻打大都，已佔領水城。**²⁸ **現請陛下調集餘部，速來攻佔大城；以免被我拿下，這城改叫我的名字！**野心勃勃，自命征服者。

²⁹ **大衛當即召集各部**，警惕起來。**開到大都，將其攻克。**³⁰ **他摘下米爾公頭上的冠冕**；米爾公（亞捫大神），milkom，從七十士本，士 11∶24 注。原文：他們的王，malkam。**那冠重達一秤**，約合公制 34 公斤，出 25∶39。**純金，鑲一塊寶石。大衛將寶石戴在了自己頭上**，寶石，直譯：它。指金冠，亦通，只是太重。**大城則洗劫一空，**³¹ **居民驅趕到各處**，服苦役。**叫他們拉鋸、掄斧、鑿石、燒磚。**直譯：拿鋸子鐵鑿鐵斧（做工），還把他們送去磚窯。**如此處置了亞捫子孫所有的城鎮，大衛才率領大軍返回耶路撒冷。**

塔瑪

十三章

這以後，發生一事：大衛之子押沙龍有個美麗的妹妹，同母妹，3∶3。**叫塔瑪。**tamar，"海棗"，與猶大兒媳同名，創 38 章。**大衛的長子安信愛上了她。**² **安信癡迷於[異母]妹妹塔瑪，竟郁悒成疾了；因為她尚未出閣**，直譯：還是童女。**安信一籌莫展，覺得比奇跡還難。**因公主平時有人監護，無從下手。

³ **安信有一個親信**，rea`，朋友、鄰人，此處指陪伴王儲的親信。**名耶貴**，yonadab，"耶和華慷慨/尊貴"。**是大衛三哥辛瑪的兒子。**撒上 17∶13。**耶貴這人卻極有智謀：**hakam，舊譯狡猾，不妥。⁴ **王子呀**，他說，**為什麼，你一晨比一晨萎頓？一**

晨，猶言一天。**能告訴我麼？**安信歎道：**那個塔瑪，三弟押沙龍的妹子，我愛上她了！**⁵耶貴道：**睡床上去吧，像個生病的樣子！**假裝重病不起。**等你父親來探望時，就說：請讓塔瑪妹妹過來，給我弄點滋補的；請她在我眼前做吃的，讓我看着，她親手餵我。**

⁶**安信便躺倒了裝病。果然國王來探望了，安信即央求國王：請讓塔瑪妹妹過來，在我眼前做兩個心形的小餅，**lebiboth，詞根本義：心。某種糕點，無定解。暗示奪心或心的復蘇，歌 4:9。**我好從她手上得滋補。**⁷**大衛遂派人回宮請塔瑪，說：請到你大哥安信家，給他做點滋補的。**

⁸**塔瑪就來她大哥府宅，[見]安信躺着。她取出麵團，揉了起來，讓他看着，做好心餅，烤熟。**⁹**然後拿起鍋，一個個倒出，攔他面前；他卻推辭不吃。都給我出去！**引約瑟與眾兄弟相認語，創 45:1。**安信說。**待眾人退下，¹⁰**安信吩咐塔瑪：端來臥房吧，我好從你手上得滋補。塔瑪就端起她做的心餅，送進臥房，放在大哥安信[床前]。**¹¹**正要遞給他吃，他卻一把將她摟住，說：來，陪我睡覺，妹妹！**引女主人誘惑約瑟語，創 39:7, 12。¹²**她慌忙說：別，大哥，別欺負我！在以色列這事要不得啊，這樣做，可恥呀！**聯想利未人的妾的慘劇，士 19:23 注。¹³**我受辱了，能去哪兒？你呢，你在以色列就成了一個流氓惡棍！**且受害者的親屬有報仇義務，創 34:7，士 20:10。**幹嗎不去向君上說呢？他不會拒絕把我給你的。**近東古俗允許異母兄妹婚，創 20:12；但聖法禁止，利 18:9, 20:17。塔瑪想打消安信的惡念，尋機脫身。¹⁴**可是他不想聽她說的；他力氣大，他強暴了她，睡了她。**睡，用作及物動詞，指強姦。

¹⁵**完了，安信卻被一種極大的憎惡所攫住，竟對她充滿了憎恨，那恨遠勝於先前對她的愛。**典型的犯罪心理，意識到暴行後果，怪罪受害人。**起來，滾！安信對她吼叫。**¹⁶**不，不！**七十士本另讀：不，大哥。**她哀求道，你趕我走，比你對我做的另一件壞事還要壞呀！**從此被社會唾棄。聖法規定，強姦除了賠償，須娶受害人為妻，不得休棄（剝奪其名分與經濟地位），申 22:29。**可是他不想聽她的，**¹⁷**卻把貼身僕人喚來，說：請把這女人趕出去，扔門外，上閂！**——¹⁸**她那天穿一件色彩斑斕的長袍，**長及手腕和腳踝的外袍，綴以顏色，表示身份尊貴，創 37:3。**從前公主未**

出閣時，從前，校讀。原文：（此種）外袍。**都是這般裝束 —— 僕人便將她推了出去，在她身後把門閂了。**

[19] **塔瑪捧起灰土撒在頭上，撕破身上的彩袍，雙手抱頭**，志喪，絕望狀，1:2，耶2:37。雙手，從古譯本。原文單數。**走開去了。**

她一路哭喊着走來，[20] **她的親哥押沙龍問她：大哥安信把你怎麼了？**直譯：同你一起。婉言侮辱。**妹子呀，你暫且不要作聲，畢竟他是你大哥；這事你莫放在心上！**反言/承諾此仇必報。**然而塔瑪住在哥哥押沙龍家裏，卻憔悴了。**

[21] **大衛王也聽説了此事，他十分生氣。**以下至"寵愛"，原文無，從死海古卷及七十士本補。**但他無意懲罰兒子安信，因為 [安信]是頭生子，深得他寵愛。**養不教，父之過，王上1:6。[22] **而押沙龍對安信，則好話歹話一句不説**；喻關係破裂。**押沙龍恨透了安信，因為他強暴了塔瑪妹妹。**

[23] **兩年過去，到了押沙龍在以法蓮附近的巴力營剪羊毛的時節。**巴力營，ba`al hazor，伯特利東北一山村。**押沙龍邀請了眾王子，**[24] **押沙龍還去國王面前説：啟稟陛下，僕人準備慶祝剪羊毛，君上與群臣能否賞光？**料定父親不願興師動眾，親自赴宴，撒上25:8。[25] **國王回答押沙龍：不必了，我兒。大家都去，未免給你添麻煩了。**儘管他一再懇求，從死海古卷。原文：擊破，撒上28:23注。[國王]**仍未答應，只是祝福了他。**[26] **押沙龍便説：要不，就請大哥安信同我們一塊兒去吧。**繞彎至此，這一句才是關節：欲借父命調動王儲。**國王道：為何要他同去？**[27] **但禁不住押沙龍苦求，終於，他准許了安信和眾王子與他同行。**

押沙龍擺了一場君王般的盛宴；原文無此句，從七十士本補，撒上25:36。[28] **押沙龍命令隨從：給我盯緊了。待安信酒酣心熱，**心，提示塔瑪做的心形小餅，及沉默在她心底的哀痛。**一俟我説：幹掉安信！你們就殺了他。別怕，這命令難道不是我下的？放膽幹，做個勇士！**部下明白，除掉安信，主人即做了王子中的老大。[29] **押沙龍的隨從便對安信執行了押沙龍的命令。**比作依法宣判，處決罪犯。**眾王子驚起，跨上騾子，**王室騎騾，貴重故，18:9，王上1:33。**個個倉惶奔竄。**

³⁰他們還在路上，消息已經傳到大衛耳中：押沙龍把王子全砍了，無一倖免！³¹國王起身，撕破衰服，滾倒在地。志哀，1:11，賽37:1。侍臣也都撕了袍服。³²耶貴，大衛三哥辛瑪之子，卻進言道：我主慎察，不是那一眾年輕人王子都遇害了，其實只死了安信一人。此事押沙龍蓄意已久，從他妹妹塔瑪遭了強暴那日起，就決定了。而身為親信，耶貴竟未勸阻王儲赴宴。³³所以我主君上心裏切勿想像眾王子都遇害了；即排除押沙龍政變、屠戮王位競爭者的可能。不，只有安信一人死了，³⁴但押沙龍肯定逃走了。斷句從聖城本。

這時站崗的衛兵抬眼望去，啊，一大群人，從山坡後面那條路上奔來。校讀：從山坡那邊雙溝道上奔來。無確解。³⁵耶貴向國王道：看，王子們回來了，跟陛下的僕人說的，一點不差！³⁶話音未落，看，眾王子到了，揚起一片嚎啕；國王和群臣也都放聲大哭。

³⁷押沙龍逃走，投奔了基述王亞米忽之子塔爾麥。投靠外公和亞蘭部族，3:3注。而[大衛]就每日哀悼自己的兒子。長子安信。

響村的婦人

³⁸押沙龍投奔基述，在那裏逗留了三年。³⁹漸漸地，隨着國王對安信的死不再太難過，他對押沙龍的怒氣也消了。怒氣，ruaḥ，原文脫，從死海古卷及七十士本補。

十四章

耶香之子岳牙覺察到，國王心裏還想着押沙龍。²岳牙便派人去響村，teqoa`，耶京以南16公里處，先知阿摩司的家鄉，摩1:1。找來一個聰慧的婦人，交代她說：你扮一個居喪的，穿上喪服，別抹油，舉止要像個悼亡多日的女子。³然後去求見君上，向他說如此這般——岳牙把言語放進了她嘴裏。策略似納丹的諷喻，12:1以下。

⁴於是那響村婦人去到國王面前，去（面前），從諸抄本。原文：説。叩鼻於地，拜道：大王救人！喊冤告狀語，王下6:26。⁵國王問她：什麼事？

苦啊！她回答，在下是個寡婦，丈夫故世了。⁶小婢有兩個兒子。他倆在田間吵架，沒人勸阻，一個就傷了另一個，竟打死了。聯想該隱殺弟，創4:8。⁷誰想同宗的人都起來欺負小婢，説：交出謀殺兄弟的兇手；讓我們處死他，給遇害兄弟抵命，履行血親復仇義務，民35:19。便是承業的也得消滅！點出族人的真實意圖。這樣，連我僅剩的一星炭火，喻兒子及其繼承的父親名下的家產。他們也要澆熄，不給我丈夫在世上留名、留後。

⁸國王吩咐婦人：回家去吧，寡人會下令查辦的。⁹那響村婦人忙向國王保證：我主大王哪，願咎責歸我，歸我父親家！陛下與寶座無咎！因大衛説得含混，婦人怕他不願干預宗族糾紛而承責，故言。¹⁰國王道：誰敢威脅你，你把他拉來，他就再不會惹着你了。表態保護。¹¹她便説：只求陛下記得耶和華上帝，記得，婉言指聖名立誓。舊譯記念，誤。不許報血仇的肆意加害，毀了我兒！答：起誓。一如耶和華永生，你兒子一根頭髮也不會落地。熟語，撒上14:45，王上1:52。

¹²婦人話頭一轉：小婢可否為我主大王也進一言？答：説吧。¹³婦人道：陛下怎就出此下策，損害上帝子民呢？大王既已説了這話，指其誓言。倘使大王不把他放逐的人召回，豈不如負罪一般？委婉指出，按同一保護原則，應召回押沙龍。¹⁴我們都有一死，像潑在地上的水，收不回來。安信已死，亡靈不能復活，12:23注，詩88:10–12，伯14:10以下。但上帝並不會取[人的]性命，若是人設法讓一個從他面前放逐的結束流放。故君主寬赦，挽救活人，神沒有理由降罰。此句晦澀，無定解。¹⁵而今次我來拜見陛下，向我主提及此事，見國王不語，趕緊切換話題，講自己的案子，上文7節。是因為受了眾人恐嚇。小婢想：何不向大王申訴，興許大王會答應他使女的請求。¹⁶對，大王定會垂聽，從那個想一舉毀掉我和我兒、劫奪上帝產業的人的掌下，解救使女。¹⁷願我主大王一言，使人休憩！兼指兩案，自己和押沙龍。因小婢想，誠如上帝的使者，君主明斷善惡。美稱其智慧超群。19:28，撒上29:9。願耶和華上帝與陛下同在！

¹⁸ 國王這麼回覆婦人：寡人有一事問你，你不得隱瞞。婦人道：我主大王請講。¹⁹ 是岳牙的手牽着你，來說這個？國王問。村婦居然關注王子的命運，定有人背後指使。婦人答：陛下的靈常在，我主大王哪，無論向右往左，都不出君主所言！雙關：君主說中了；但王者一言，駟馬難追。是的，是陛下的僕人岳牙指使，這些話都是他放進小婢嘴裏的。包括被大衛識破，如何應對。²⁰ 陛下的僕人岳牙這麼做，是想挽回局面。直譯：掉轉這話／事的臉。解作借助諷喻／托人勸諫，亦通。但我主睿智，一如上帝的使者智慧，世上萬事他無所不知！

²¹ 國王遂對岳牙說：好吧，就這麼辦。去，把那個年輕人押沙龍接回來！語氣變得溫和。²² 岳牙忙叩額於地，俯伏敬拜，祝福國王。為之祈福。岳牙道：今天僕人知道了，他在我主君上的眼裏贏得了恩惠，敬語，撒上1:18, 20:3。因為陛下答應了僕人的請求。²³ 於是岳牙立即動身，到基述將押沙龍接回了耶路撒冷。²⁴ 但國王已有指示：讓他回自己家去，不必來見寡人。畢竟是殺愛子兼王儲的兇手，且有岳牙支持，羽翼漸豐，難以信任了。押沙龍便回了府邸，未獲國王接見。

剪髮

²⁵ 全以色列沒有一人，此段淵源不同，打斷敘事。如押沙龍那般俊美而受讚譽；出類拔萃，如同掃羅、大衛，撒上9:2, 16:12。由踵及頂，他了無瑕疵。²⁶ 每次剪髮——年底他必剪髮，因為積在頭上太重，須剪去——他都會稱一下頭髮：足有兩百舍克，約合公制2.3公斤。按王家秤石。即通用衡制。²⁷ 押沙龍育有三子一女，此說與18:18矛盾。女兒名塔瑪，取姑姑的名。是個美貌女子。

²⁸ 如此，押沙龍在耶路撒冷住了兩年，仍不獲國王接見。²⁹ 押沙龍遂派人去請岳牙，想托他[遊說]國王。可是[岳牙]不願來。不想介入王室糾葛，謹慎。復又派人去請，仍不願來。³⁰ 於是吩咐隨從：你們看，岳牙的田產挨着我的，種了大麥。去，放火把它燒了！行事粗暴，不顧後果，頗顯其性格。士15:4–5。押沙龍的隨從就點火燒那塊田。³¹ 岳牙驚起，到押沙龍府上質問：怎麼回

事，您的僕人放火燒我的田？³²押沙龍回答岳牙：看，我派人帶話，請你過來，是想托你去問問君上：我從基述返來做什麼？還不如待在那裏的好！現在，我要君上接見；若是咎責在我，氣話，反言替妹妹報仇無罪，不應受罰。他處死我好了！

³³岳牙無奈，去稟告了國王。不好發作，但已明白王子成不了大事。[大衛]便召押沙龍[進宮]。他一見到國王，就叩鼻於地，繼村婦、岳牙，第三叩。俯伏在國王面前。國王則親吻了押沙龍。表君臣和解，但不擁抱；父子關係冷淡。

偷心

十五章

這以後，押沙龍備了一乘車駕並駿馬，有五十人跑着替他開道。國王出行的儀仗，王上 1:5。²押沙龍常起個大早，立於城門前大路旁；凡有爭訟之人，來御前申冤的，押沙龍就叫住他，問：你，哪城的？答：僕人是以色列某支族的。北方人，非本地猶大居民，王子很注意利用南北矛盾，19:41 以下。³押沙龍便説：瞧，這案子你有理，該得直，可是君上沒派人來聽審。似乎大衛的官僚體制及司法頗受時人詬病。⁴押沙龍還説：要是國中立我做判官，司法一如徵兵抽税發勞役，也是君主的特權，撒上 8:11。無論誰來我面前爭訟或申冤，我必還他以公義！

⁵每逢人近前來叩拜，他總是張開雙手，抱住了親吻。禮節，對比 14:33，作秀打親民牌。⁶全以色列，凡來御前申冤的，押沙龍都這樣接待；終於，押沙龍偷了以色列人的心。偷心，喻欺騙，創 31:20, 26。

大衛出逃

⁷轉眼四年過去，四，從古譯本。原文：四十。押沙龍啟稟國王：請允許我去希伯倫一趟，大衛稱王處，舊都，2:1-4, 5:5。向耶和華還願。⁸當初僕人在亞蘭，逗留基述時，見 13:37。曾許下此願：若是耶和華領我返回耶路撒冷，我必

[到希伯倫]侍奉耶和華。婉言獻祭，贖流血之罪。9 國王道：去吧，願你平安。
beshalom，諧音押沙龍，"平安之父"，3:3注。他便起身，去了希伯倫。

10 押沙龍卻往以色列各支族派了密使，舊譯探子，不妥。說：一旦聽到羊角
號音，你們就喊：押沙龍為王，在希伯倫！11 耶路撒冷有兩百人隨同押沙龍
上路，但他們是應邀而來的無辜者，並不知情。被王子用來遮掩離京目的，麻痺大
衛。12 押沙龍還派人去請基洛人亞希多弗，'ahithophel，"蠢兄弟/親人"，一說是耶光
妻誓女的祖父，11:3, 23:34。大衛的謀士，從家鄉基洛來參與祭祀。基洛，在希伯倫北
面，書15:51。如此，叛亂之勢驟起，押沙龍的支持者大增。

13 便有報信的急稟大衛：以色列人的心轉向押沙龍了！遲到四年的消息。14
大衛只好對身邊留在耶路撒冷的臣僕說：起來，逃生要緊，不然我們躲不
過押沙龍了！南方希伯倫起事，北方眾支族回應，叛軍已成夾擊之勢。趕快上路，免得
他突然殺到，禍難臨頭，合城付之與利劍。15 國王的臣僕回答國王：我主君
上無論作何決定——看，僕人[承命]！表忠心、服從。16 於是國王出走，全家
徒步隨後；國王只留下十個妃嬪看守宮殿。倉皇出逃，卻還想着回來。

17 國王便出走了，眾人徒步隨後。走到[城郊]最後一間屋子，站住了；
回望耶京。18 臣僕從他身邊一一走過，包括全體克里特人和非利特人。外族衛
隊，8:18注。酒榨人的隊伍，即在酒榨市招募的那六百戰士，也來到國王面
前。19 國王問酒榨人伊泰：'ittay，諧音"跟隨我"。你，為何也跟着我們？回去
吧，跟[新]王去，畢竟你是流落他鄉的外邦人。20 你昨天才來，今日就拉上
你，一起流浪？寡人自己都是走到哪兒算哪兒呢。回去吧，帶上你的兄弟
們，願耶和華待你以慈愛與信實！原文脫"耶和華待/以"，從七十士本補，參2:6。21
伊泰回答國王：一如耶和華永生，我主君上常在，無論君主去到哪裏，僕
人是死是生，必在那裏！22 好，大衛命令伊泰，前進！酒榨人伊泰就率領部
屬，連同婦孺，即家眷。走了過去。

23 大地響起一片哭聲，當眾人列隊走過；當國王跨越黑溪，naḥal qidron，
流經城東山谷，水渾濁，故名，耶31:40。子民踏上了荒野之路。向東，準備東渡約旦。

²⁴撒都也來了，率同全體利未人抬着上帝的約櫃。他們放下上帝的約櫃，等吾父存上來，兩祭司一前一後，8:17。直至整個隊伍出了京城。²⁵國王卻對撒都説：你把上帝的約櫃送回城去。因約櫃隨軍，未必能保佑子民，已有先例，撒上4章。若是我在耶和華眼裏蒙恩，他自會引我回來，讓我禮瞻［約櫃］與聖居。²⁶但如果他説：我不喜歡你了！撤銷眷顧和拯救，民14:8，詩18:19。那我也認了：他看怎樣好，就怎樣處置我罷。認罪語，書9:25，士10:15。撒都不言，不解大衛的用意。²⁷國王還叮囑祭司撒都：看到了嗎？你安心回城吧，帶上你兒子雅怒和吾父存之子約納丹，雅怒，'ahima`az，與掃羅岳父同名，撒上14:50。你們的兩個兒子。²⁸看，我會在荒野渡口逗留，渡口，`abroth，傳統讀法：平原，`arboth。等你們給我傳遞消息。²⁹於是，撒都和吾父存將上帝的約櫃送回耶路撒冷，留下沒走。

³⁰大衛便上了橄欖坡，聖城東面的山坡。邊走邊哭，遮了頭，光着腳。觸罪遭災而哀慟狀，耶14:3–4，彌1:8。身邊的人也都遮了頭，哭上坡來。³¹而後大衛接報，從死海古卷及七十士本。原文：報告。亞希多弗也加入叛黨，跟了押沙龍。詩41:9。大衛説：祈禱。求求你，耶和華，變亞希多弗的謀略為蠢招！隱喻其名，上文12節注。

³²大衛來到山頂，拜祭上帝的地方，祭壇，暗示將獲神助。看，迎上來的竟是阿爾基人胡俠，屬本雅明支族，書16:2。袍子撕了，一頭塵土。同1:2。³³大衛道：你若跟着寡人，反倒成了包袱。或許胡俠也是宮廷謀士，17:5，雖然年邁體弱，卻可以打入敵營。³⁴不如折回城裏，去對押沙龍説：願為大王效力！在下原是您父親的僕人，現在自請服事陛下！這樣，你可為我挫敗亞希多弗的計謀。³⁵那兒協助你的，還有撒都與吾父存兩位祭司。命其合作收集情報。你在王宮聽到無論什麼消息，皆可告訴撒都與吾父存祭司。³⁶對了，他們兩個兒子也在那兒，是一起的，撒都之子雅怒和吾父存之子約納丹；借手他們，可把你們聽到的任何消息送出來給我。

³⁷於是胡俠，大衛的朋友，回到城裏，正當押沙龍進入耶路撒冷。

辱罵與福恩

十六章

大衛過了山頭，才走了小會兒，看，巴力辯的僕人齊瓦，見 9:1 以下。牽一對驢，迎面走來。那驢上了鞍韉，馱着兩百個餅、一百串乾葡萄、一百隻夏果並一皮囊酒。夏果，特指無花果或餅狀果乾，撒上 25:18，耶 40:10。

2 國王問齊瓦：你帶這些來幹什麼？齊瓦回答：驢是供王室騎的；麵餅和夏果，給年輕人吃；年輕人，指戰士、隨從，撒上 21:3 注。酒呢，讓荒野裏疲乏的人喝。3 國王又問：你主子的孫兒呢？指巴力辯，掃羅的跛足長孫，4:4。齊瓦回答國王：他呀，留在耶路撒冷了，因為他說：今天以色列家要把我祖父的王位歸還我了！像是誣告主人，覬覦其財產。4 國王便對齊瓦說：那好，凡屬巴力辯的，都歸你。待平叛勝利後，19:25–31。齊瓦道：在下叩拜我主君上，願常在陛下眼裏蒙恩！

5 大衛王走到青春寨時，下坡，往約旦河走，3:16 注。看，出來一個掃羅家的族人，名叫基拉之子石美。shim`i，詞根本義聽見。他罵罵咧咧走來，6 朝大衛王和臣僕扔石頭，隨從跟勇士們慌忙擋在大衛左右。7 只聽得石美這樣咒罵：滾出去，滾哪！你這負血債的，百戾魔的人！猶言兇徒、惡棍，撒上 2:12。8 掃羅家一筆筆血債，或指吾父燈、巴力男之死，3–4 章，或大衛屠殺掃羅子裔，21:1–14。耶和華全擲還你了，你這篡位的！表達北方十支族（以色列）的怨恨，20:1。耶和華已把王權交在你兒子押沙龍手裏，看哪，大禍臨頭了，你！因為你，欠人的血債！

9 耶香之子亞比沙對國王說：這條死狗，參 9:8。怎敢辱罵我主君上？讓我過去砍了他的腦袋！外甥兒狠，3:39。10 然而國王回答：這干你們何事，直譯：何事於我於你們。習語，19:23，士 11:12 注。耶香的兒子？隨他罵去！若是耶和華命他咒罵大衛，誰敢說：你這是做什麼？11 對亞比沙和群臣，大衛歎道：

唉！我的兒子，我腰胯所出，尚且謀我的性命，欺親兒子篡位，7:12。何況這個本雅明人呢？別管他，讓他罵去，就當他是奉耶和華旨意！[12] 或許耶和華會垂顧我的苦楚，從古譯本。原文：咎責。傳統讀法：眼睛。耶和華因我今日遭受的辱罵，願報我以福恩。

[13] 於是大衛一行繼續趕路，石美則在對面山腰上追着罵，居高臨下。邊罵邊朝他扔石頭、拋土塊。[14] 國王與跟隨他的軍民一直走到約旦河，原文脫"約旦河"，從七十士本補。才喘過氣來，但已經疲憊不堪了。

亞希多弗

[15] 這時，押沙龍率以色列軍民也進了耶路撒冷，亞希多弗隨侍在側。

[16] 阿爾基人胡俠，大衛的朋友，便來見押沙龍。吾王萬歲，胡俠向押沙龍高呼，吾王萬歲！刻意不呼新王的名字。[17] 押沙龍問胡俠：這就是你對朋友的忠誠麼？舊譯不確：恩待（朋友），2:5注。怎沒去追隨你的朋友？[18] 胡俠回答押沙龍：不，誰蒙耶和華揀選，並這子民或全體以色列人[支持]，我就跟誰，留在誰身邊。[19] 再說，除了他兒子，我還能服事誰呢？口才渾如辯士，參觀大衛的說法，15:34。在下既已侍奉了您的父親，理當給陛下為僕啊！

[20] 押沙龍然後問亞希多弗：你們出個主意，我們作何行動？問佔領京城後的各樣舉措。你們，經書簡筆暗示，胡俠獲留任。[21] 亞希多弗回答押沙龍：陛下可將父親留下看守宮殿的妃嬪收了，古俗，奪後宮，象徵王權歸屬。叫全以色列聞說陛下噁心了父親，和好已無可能，撒上 13:4。一切擁戴陛下的人，手就會更堅強。喻指勇氣、意志，2:7，士7:11。

[22] 於是在[王宮]平頂上面，亦即當年大衛偷窺誓女沐浴處，11:2。給押沙龍搭起一座帳篷，在全以色列眾目睽睽之下，押沙龍睡了父親的妃嬪。納丹的預言/詛咒成真，12:11–12。[23] 而當日亞希多弗無論出何計謀，儼如求問上帝得來的神諭；押沙龍一如大衛，對亞希多弗言聽計從。

十七章

亞希多弗還向押沙龍提出：讓我挑選一萬二千人，象徵以色列十二支族，士21:10。連夜出發，追擊大衛。²乘他困憊手癱之際，手癱，形容士氣低落，4:1。撲將上去，叫他驚慌失措，全軍潰逃；而我只擊殺為王的那個，³把百姓領回來歸陛下。速戰速決，避免長期對峙和民族分裂。總之，校讀。原文有訛或抄重：如回來全體。七十士本另讀：彷彿新娘回到丈夫身邊。陛下僅需謀取一人，全體子民即可享平安了。⁴押沙龍和以色列眾長老都覺得，此計可行。

⁵押沙龍說：把阿爾基人胡俠也請來，聽聽他有何建議。兼聽則明；但顯然新王對呼萬歲者頗有好感。⁶胡俠便來見押沙龍，押沙龍道：亞希多弗建言若此，該不該採納呢？不該的話，說你的[想法]！

⁷胡俠回稟押沙龍：這一次亞希多弗所獻之計，卻是不好。新王不語，似吃了一驚。⁸陛下明鑒，胡俠解釋說，您父親及隨從乃勇武之輩，如今靈中苦憤，喻悲哀、憤怒，士18:25注。就像野地裏失了幼崽的母熊。熟語，狂怒狀，何13:8，箴17:12。而您父親既是慣戰之人，決不會讓軍隊宿夜而無備。或作：不會跟軍隊同宿。⁹此刻，他肯定躲進某個坑裏或藏身別處了。倘若才開始就折損了人，傳開去，便是：押沙龍軍遭了重創。¹⁰哪怕是一個力士，長一顆獅子心，他也[嚇得]溶化了。喻沮喪、恐懼，書2:11注。因為全以色列都曉得您父親驍勇，跟隨他的個個是勇力之子。猶言勇士，士18:2。¹¹所以在下的對策，是先調集全以色列至麾下，從丹城到誓約井，如海沙無數；然後陛下親征，開戰！七十士本另讀：在他們中間。¹²而無論他流竄何處，都會被我們發現；彷彿露珠落地，我們輕輕降臨——他跟他的部下，一個不留！反對亞氏籠絡民心的政策，胡俠主張殺光，一勞永逸。¹³要是他退入一城，全以色列就拿上繩索，去到那城，將它捆翻了拋進溪谷，連一塊碎石也不給它剩下。屠城，夷平。

¹⁴押沙龍和以色列人都說：阿爾基人胡俠的計策，更比亞希多弗的好呢。不知是幫敵人爭取時間。原來耶和華已決意挫敗亞希多弗的妙計，回應大衛的祈禱，15:31。以便耶和華降禍於押沙龍。

¹⁵胡俠隨即告訴祭司撒都與吾父存：如此這般，亞希多弗向押沙龍和以色列眾長老獻計，但我另出一計，如此這般。¹⁶快，馬上帶信給大衛，按約定，15:28；生怕押沙龍變卦，發兵追擊。說：萬勿在荒野渡口宿夜，趕緊渡河，不然國王及全軍都要被吞掉。

¹⁷其時約納丹和雅怒已在漂工泉等候。耶京城外，東南方向，書15:7。因為不敢讓人看到他們進城，就用一個婢女出來傳遞消息，他們接着再傳與大衛王。¹⁸但有少年見着他們，報告了押沙龍。兩人迅速逃離，去到青春寨一戶人家，見16:5。見院子裏有一口旱井，便鑽了下去。¹⁹主婦拿一領葦席把井口覆蓋了，葦席，masak，特製的蓋子或覆蓋物。再撒上些碎麥粒，以免引起注意。²⁰押沙龍的僕人進來她家，問主婦：雅怒和約納丹在哪兒？主婦說：過去啦，到溪水那頭了。溪水，或作蓄水池。生僻詞，無定解。他們搜尋無果，就回了耶路撒冷。

²¹待他們走遠了，兩人才爬出旱井，跑去給大衛王報信：快起身，渡河！他們稟告大衛，亞希多弗獻計，要這樣害你們！²²大衛與跟隨他的軍民急起身，渡約旦河；及至黎明，一個不少，都過了河。

²³那邊，亞希多弗見自己的計謀不獲採納，算到大勢已去，而自己業已失寵，無力挽回。就備了毛驢，起身上路，往家鄉去了。回到故城，交代了家事，舊譯不確：留下遺言。他便懸樑自盡了。冷靜、周詳而果斷，盡顯其性格。自殺本身，希伯來傳統並無譴責，撒上31:4注三。他被安葬在父親的墓塋。

雙營

²⁴大衛抵達雙營的時候，雙營，河東堅城，巴力男稱王之地，2:8。押沙龍率領以色列大軍剛渡過約旦河。²⁵押沙龍命阿瑪薩代岳牙統軍。這阿瑪薩是名為以實瑪利人的葉特拉的兒子；葉特拉，yithra'，"豐饒"。以實瑪利，從七十士本，代上2:17。原文：以色列。葉特拉攀上了蛇君女兒雅比嘉，與蠢伯妻同名，撒上25:3。蛇君，

nahash，同下文"蛇王"，一說係誤抄。七十士本：耶西。攀，而非娶，貶損阿瑪薩的出身。**即岳牙母親耶香的妹妹**。代下2:16。²⁶**以色列同押沙龍在基列之地紮了營。**

²⁷**大衛一到雙營，便有蛇王之子肖比從亞捫子孫的大都，帝民之子瑪吉從無物城**，見9:4注。**基列人鐵翁從漂工鎮**，鐵翁，barzillay，參19:32以下。²⁸**送來床榻和盆碗炊具**，直譯：陶器。**小麥大麥、麵粉跟烤麥，芸豆小扁豆、**原文此處重複"烤麥"，從七十士本略。²⁹**蜜與羊乳牛酪**，羊乳，校讀，申32:14。原文：凝乳和羊。**獻給大衛，供眾人飲食。因為他們説：軍民跋涉荒野，一定饑渴疲憊了。**

橡樹的心窩

十八章

大衛點起麾下軍兵，為之任命了千夫長和百夫長。²**大衛將全軍分為三隊：**從七十士本，撒上11:11。原文：派出。**岳牙掌一隊，岳牙大弟、耶香之子亞比沙掌一隊，酒榨人伊泰掌一隊。然後國王向將士宣佈：寡人也要帶領你們，親自出戰！**³**眾人忙説：萬萬不可！如果我們潰逃，他們不會操心；**反言敵人會肆意追殺。**即使我們陣亡一半，他們也不會操心。可是陛下一個，抵我們萬人**。從二抄本及古譯本。原文費解：因為現在像我們一萬。**所以最好陛下留在城裏，做我們的後盾。**委婉勸説，因大衛是敵軍斬首行動的對象，如亞希多弗所言，17:2。⁴**國王道：好吧，寡人就依你們的。**

於是國王站在城門旁，[送]大軍或百或千，依次出發。撒上29:2。⁵**國王還諭示岳牙、亞比沙和伊泰：為了我，對那孩兒押沙龍[手]輕點！**le'aṭ，要求手下留情。**國王給三位將軍的這道關於押沙龍的命令，全軍都聽見了。**

⁶**就這樣，軍隊開進野地，迎擊以色列，戰鬥在以法蓮樹林展開。**地點失考；但基列山的林地有利於分兵，小部隊靈活作戰。⁷**那裏，以色列軍被大衛的僕人重創；那一天好一場屠殺，足有兩萬之多。**⁸**戰事並蔓延至全境，**雙營周邊地區。**那一天，樹林吞噬的人比刀劍吃掉的還多。**叛軍"以色列"不熟悉地形。

⁹押沙龍卻遇上了幾個大衛的僕人。押沙龍騎一匹騾子，那騾子拐到一株大橡樹繁茂的枝子底下，躲避追兵。他的頭［發］被橡樹鉤住，濃密的秀髮竟害了美王子，14:26。身子一下懸在了天地之間，懸在，從死海古卷及古譯本。原文：交給。胯下的騾子卻跑走了。¹⁰有人看到了，來報告岳牙：剛才看見，押沙龍懸在橡樹上！¹¹什麼，你看見了！岳牙對報信的說，幹嗎不把他砍了，讓地接着？不掩飾對押沙龍的敵意，14:30–33。那樣的話，我還得賞你十塊銀子並一根腰帶呢。¹²但那人回答岳牙：哪怕我掌中有沉甸甸的一千塊銀子，我也不敢對王子下手啊。因為我們親耳聽到，君上給您、亞比沙和伊泰的命令：為了我，從二抄本及古譯本。原文：誰／任何人。看顧着點那孩兒押沙龍。¹³不然，就算我能騙取他的性命，騙取，婉言殺死，暗示欺君。或如傳統讀法：我以自己的靈撒謊／騙過自己（的靈）。無定解。什麼事也瞞不過君上哪，而您就會站開去。不指望將軍保護犯罪的部下。舊譯不妥：與我為敵。¹⁴岳牙道：我沒功夫陪你嘮叨！說着，走到大橡樹下。取三根棍子在手，棍子，shebatim，象徵全軍三隊？七十士本：投槍／飛鏢／箭。對準押沙龍的心口投去——他吊在橡樹的心窩裏，喻枝葉茂密處。還活着——¹⁵十個隨從，岳牙的執矛者，圍攏來，把押沙龍戳落，殺了。

¹⁶之後，岳牙吹響羊角號，軍隊便放開以色列，不再追擊：岳牙饒了殘敵。饒，hasak，解作收（兵），亦通。¹⁷他們抬起押沙龍，將他扔在樹林深處一個大坑裏，呼應17:9。然後在他的殘軀上堆起高高一堆亂石。書 7:26, 8:29, 10:27。以色列全逃散了，各奔各的帳篷。撒上4:10。

¹⁸押沙龍生前，曾給自己奪來一根石柱，立在君王谷。耶京附近，創14:17。因為他說：我沒兒子，參14:27，記載不同。一說三子皆早夭，故言。來讓我的名傳後。他便替石柱起了自己的名字，做一記功碑，8:3注。至今，人還管那石柱叫押沙龍之碑。

國王蒙了臉

¹⁹撒都之子雅怒說：請讓我跑去給君上報喜訊，耶和華還他公道，扭斷了仇敵的手！直譯：脫他的仇敵之手。²⁰但是岳牙回答：今天你就別做報喜訊的

了，改天再報；今天報不得，因為君上死了兒子。深知大衛對押沙龍的矛盾感情，提醒年輕人。²¹ 岳牙命一個古實人：埃塞俄比亞黑奴或雇傭兵。去，把你看到的報告國王！那古實人拜過岳牙就跑去了。²² 撒都之子雅怒不肯罷休，向岳牙道：無論如何，請讓我追古實人去！可是孩子，愛稱。岳牙說，你追什麼？你這喜訊又沒有 [酬勞]。通常報喜可期待賞賜，4:10。²³[答]：無論如何，讓我追去！於是他說：追吧。雅怒就順着河谷的路跑去，河谷，kikkal，圈，平壩，特指約旦河谷，創 13:10。把古實人拋在了身後。

²⁴ 大衛正坐於城、郭二門之間。城門與郭門間的空地。哨兵爬上門樓，從城垛抬眼望去，啊，一個人，獨自跑來！²⁵ 哨兵喊着稟告國王。國王道：只有一人？他唇上是喜訊了。因敗軍往往是逃回一堆。那人漸漸近了，²⁶ 但哨兵又望見一人跑來；哨兵便向門衛呼喊：看哪，又一個，獨自跑來！國王道：這個也是報喜訊的。²⁷ 哨兵說：看出來了，跑在前頭的那個，像撒都之子雅怒的跑法！國王道：他是好人，有及時報信之功，17:17 以下。是來報喜訊的。三說喜訊，透露出心裏緊張。

²⁸ 雅怒是喊着來到國王面前的：平安！shalom，問候語，諧音押沙龍，15:9 注。他叩鼻於地，向國王敬拜：讚美耶和華您的上帝！那些揚手反叛我主君上的人，被他按倒了！直譯：關進（掌下）。²⁹ 我兒押沙龍，他可平安？國王問。雅怒回答：僕人受陛下的僕人岳牙派遣時，校讀。原文：派國王僕人岳牙與您的僕人。無確解。見眾人騷動，但不知何故。不敢實說，記得岳牙的告誡。³⁰ 國王道：你下去吧，站那兒。他便退下，立於一旁。

³¹ 接着，看，古實人到了：喜訊哪，我主大王！古實人報告，耶和華今天還陛下公道，扭斷了所有叛賊的手！借用雅怒語，上文 19 節。³² 我兒押沙龍，他可平安？國王問古實人。古實人回答：願我主大王的仇敵，所有起來謀害陛下的，同那孩兒一個樣！十分委婉得當。

十九章

國王顫抖着，他走上門樓，痛哭起來，邊哭邊説：邊哭，從七十士本。原文：邊走。啊，我兒押沙龍！我兒，我兒押沙龍！寧願死的是我，替下你！相比從前悼掃羅父子與吾父燈的哀歌，1:17–27, 3:33–34，大衛的詩才不見了，只剩下幾聲絕望的呼喚。押沙龍哪，我兒，我兒！通行本此處分章，節數減一。

² 消息傳到岳牙那兒：君上哭了，在哀悼押沙龍。³ 於是當天，勝利竟成了全軍志哀，因為戰士們那天聽説，國王因喪子而悲慟。⁴ 幾乎是偷偷摸摸地，隊伍那天回到城裏，像一群打了敗仗的逃兵，無地自容。羞愧、困惑，但不責怪岳牙違命殺王子，18:5。⁵ 而國王蒙着臉，哀痛狀，15:30。為王的還在嚎啕：啊，我兒押沙龍！押沙龍哪，我兒，我兒！連呼八聲 "我兒"。

⁶ 岳牙便進宮，勸諫國王：陛下今天掃了全體僕人的顏面 —— 今天，他們剛救了您的命、您兒女的命、您妻妾的命！⁷ 因為陛下把愛給了恨他的，把恨給了愛他的；從而顛倒了君臣關係的義務準則，動搖了王權的民意基礎。因為今天陛下明確表示，將士們於他不算什麼 —— 是的，今天我算弄明白了，在您眼裏，即使我們今天都死光了，只要押沙龍活着就行！yashar，直、對、可行。舊譯喜悦，誤。⁸ 好了，起來，出去，對臣僕的心説話吧。促請大衛公開表態，安撫軍心，避免子民再一次分裂。創 50:21 注。您若是不出去，我指耶和華發誓，今夜沒有一人會跟隨陛下。是實話也是威脅：國王將失去軍隊及族人的擁戴。這禍患，可是陛下從小至今未曾遭受的大禍！

⁹ 於是國王起身，至城門口坐下。準備接見凱旋的將士。同時通告全軍：君上已在城門就座。戰士們遂回到國王面前。呼應上文 3–4 節。

渡河

以色列逃回各自的帳篷以後，接回 18:17。¹⁰ 以色列眾支族議論紛紛，好些人説：國王呀，他救過我們，從仇敵之手，從非利士人掌下，將我們解脱。如今他因為押沙龍而流落他鄉了；¹¹ 但押沙龍，我們自己膏立的那個，承認篡位者失敗，膏禮無效，無資格稱耶和華的受膏者，下文22節。**已經戰死。那你們現在磨蹭什麼呢，**直譯：為何沉默。**還不迎回君上？**

　　12 **全以色列的這番議論，傳到了國王 [耳中]。**原文此處重複：到他的居處。從古譯本刪。此句前移，以順文意。**大衛王遂傳諭祭司撒都與吾父存：問一問猶大眾長老：為什麼，你們要做最後一個迎君上回宮的？** 13 **明明是我的兄弟，我的骨肉，**同一支族，相對其餘雅各子孫，5:1。**緣何要等到最後，才迎回國王？** 14 **至於阿瑪薩，**叛軍統帥，大衛的外甥，17:25。**告訴他：你不也是我的骨肉？願上帝這樣待我，並加倍 [降罰]，如果你當不上寡人的將軍，常任並替下岳牙！**一箭雙鵰，促叛黨歸順，族人團結，同時解除桀驁不馴的岳牙的兵權。15 **如此，他挽回了猶大人的心，**他，指大衛或阿瑪薩，皆通。**他們眾人一意，遣使來請國王回駕，率同全體臣僕。**

　　16 **於是，國王啟程，回到約旦河。猶大則到石圈迎候君上，**掃羅加冕處，鄰近渡口，撒上 11:15。**為國王渡河護駕。** 17 **青春寨的本雅明人基拉之子石美，也急忙下來，跟猶大人一起迎接大衛王；** 18 **他還從本雅明帶了一千人來。**希望將功贖罪，16:5–13。**而齊瓦，掃羅家的僕人，就領着他的十五個兒子和二十個奴隸，趕到約旦河畔，國王面前。**料想主人巴力辯也會出來迎接，16:1–4。 19 **一俟渡船停靠渡口，他們便侍候王室渡河，竭力取悅 [大衛]。**

　　國王正待渡河，基拉之子石美拜倒在他腳下， 20 **向國王說：願我主不追究咎責，不記僕人在君主出離耶路撒冷那天所犯的大錯！求陛下莫放在心上！**求寬赦，13:20。 21 **真的，僕人知罪了，所以今天才來此，約瑟全家的第一個，**押沙龍稱王，石美所屬本雅明一部支持叛黨，故可歸於約瑟/北方支族。**恭迎我主大王！**

　　22 **耶香之子亞比沙進言：難道石美不該為此受死？**為此，解作修飾"進言"，亦通。**他咒罵耶和華的受膏者！** 23 **然而大衛回答：這干你們何事，耶香的兒子？**哥哥岳牙並未表態，但大衛仍把他算上了，3:39，16:10。**你們今天竟跟我作對！**satan，敵手、對頭，後世作專名：撒旦，民 22:22 注。**今日有誰，在以色列該死？難道我不曉得，寡人今天乃是以色列的王？**內戰結束，亟需民族和解，撒上 11:13。 24 **接着，國王對石美說：[寡人]免你一死！國王還向他起了誓。**參王上 2:8 以下。

²⁵掃羅之孫巴力辯，也下來迎候國王。自國王出走那天起，到平安歸來之日，他就沒有濯腳修鬚、濯，直譯：做。一說指剪腳指甲，申 21:12。換洗衣服了。志哀，表示忠於流亡朝廷。²⁶他是 [從]耶路撒冷來迎接國王的 —— 國王問他：為何你不跟寡人一起撤離，巴力辯？²⁷答：我主君上哪，家僕騙了我！僕人吩咐他備驢，好讓我騎了去追隨陛下，因為僕人是瘸腿。²⁸他卻向我主詆毀君上的僕人！辯白，揭露齊瓦丟下並構陷主人，16:3。但我主宛如上帝的使者：同 14:17, 20。如何處置，任隨君上。²⁹本來，我父親全家在君主面前，只是死罪之人。謙辭，但無意中勾起了大衛的心病：怕人說他斬除掃羅子裔，9:1, 16:8注。然而僕人蒙陛下抬舉，同席進餐；見9:10–13。我還有什麼理由，向君上喊冤呢？

³⁰國王道：打斷巴力辯。何必再提這事？寡人已經決定：你和齊瓦平分那片田地。不願繼續調查，因被戳着了痛處，9:7, 16:4。³¹巴力辯回答國王：我主君上既已平安回朝，讓他全部拿去也行！不能論理，第一要務是讓主子放心。

³²基列人鐵翁從漂工鎮下來，陪同國王抵約旦河，石圈對面的河東渡口。準備在岸畔送別。或作：送他過河。³³鐵翁年事已高，八十歲了。國王留居雙營時，吃用皆是他供給，見17:27–29。因他是大戶，頗富。

³⁴一塊兒渡河吧，國王對鐵翁説，到了耶路撒冷，您在寡人身邊何愁吃用！³⁵可是鐵翁回答國王：在下還可殘存幾年，跟大王上耶路撒冷？³⁶我今歲已虛度八十，能辨善惡麼？借喻智慧，創2:9，賽7:15。飲食美味，僕人嘗得出麼？伶人歌女的樂音，仍舊聽得清麼？緣何僕人要一再拖累君主？³⁷僕人勉強陪同陛下來渡約旦，怎當得起君上如此厚報？³⁸還望恩准僕人回去，終老故鄉，與父母的墓塋為伴。看，這是陛下的僕人金罕，kimham，鐵翁的兒子，王上 2:7。他可跟我主過去；如何待他，任隨君上。直譯：待他以您眼中的好。³⁹國王道：那就讓金罕跟寡人過去。如何待他，只看您的意思；同前注。想要什麼，寡人一定替您辦到。

⁴⁰於是眾人都渡過約旦河去，國王也渡了河 —— 國王 [先]親吻了鐵翁，同他祝福道別；欽定本解作過河後道別，稍牽強。他便回家去了。

⁴¹ 隨即國王朝石圈進發，金罕同行。為國王護駕的，是全體猶大子民，並以色列的一半子民。一半，誇張修辭，實指一部分。

⁴² 忽然，那些以色列人來到國王面前，一起向國王請求：為何陛下任由我們的兄弟猶大人偷了去，聯想押沙龍偷心，15:6。讓他們護送君上及王室渡河，連同大衛的一眾隨從？⁴³ 猶大人群起反駁以色列人：因為君上是我的親族哇，直譯：和我更近。我，單數指代支族。下同。這有什麼可嫉恨的？我們到底吃了國王的什麼？抑或得了他的任何賞賜？⁴⁴ 以色列人就回嘴，說猶大人：國王裏面有我的十份，yadoth，手，轉指份額，創 43:34。舊譯情分，誤。子民十二支族，十居北方，稱以色列。甚而大衛之中，你也不如我。意謂若非以色列擁立，大衛只是猶大一家的王，2:4, 5:3。七十士本：我才是長子，你不是。你憑什麼鄙視我呢？而首先提出迎回君上的，不正是我麼？舊譯不通：不先與我們商量。

可是猶大人的言語，比以色列人說的還要激烈。老王不語，南北益發對立。

誓巴造反

二十章

那裏恰好有一個百戾魔的人，舊譯匪徒，不妥，16:7 注。那裏，指石圈。叫誓巴，sheba`，"發誓"，常名。是本雅明人幼駝的兒子。掃羅的族人。他吹響了羊角號，高呼：

大衛之中沒我們的一份
我們的產業，不在耶西兒子！後成為分離主義口號，王上 12:16。
各回各的帳篷吧，以色列！

² 結果以色列人都離開大衛，去跟了幼駝之子誓巴。但人數不多，如下文所述。但猶大人緊緊護着他們的王，從約旦河到耶路撒冷。穿越本雅明支族領地。

³ 終於，大衛回到了耶路撒冷。一進宮，國王便將留下守殿的那十個妃嬪，送去了冷宮；因被兒子當眾睡過，15:16, 16:22。保其吃用，但不復御幸。她們被禁在深宮，至去世之日，餘生如守寡。呼應6:23。

⁴ 國王諭示阿瑪薩：新任命的將軍，替下岳牙，19:14。給我召集猶大人，三日為限，你站來這裏。站，猶言稟報。⁵ 阿瑪薩就去召集猶大，但他誤了給他定的期限。⁶ 大衛遂命令亞比沙：幼駝之子誓巴現在對我們的危害，勝似押沙龍了。擔心南北分裂。你，帶領你主子的僕人，立即追剿，趁造反者尚未站穩腳跟。別讓他給自己找了堅城，躲過我們的眼睛。躲過，另讀遮蔽。

⁷ 於是岳牙的人隨他出征，岳牙的人，提示軍隊仍忠於舊帥。他，指岳牙亦通；七十士本插注：亞比沙。連同克里特人和非利特人，及全體勇士，出耶路撒冷，進剿幼駝之子誓巴。⁸ 他們到達发崩的大石頭旁時，參2:13。阿瑪薩過來迎接。[那天]岳牙身穿戰袍，繫了腰帶，腰間插一把帶鞘的劍。通常佩於大腿左側，便於右手抽劍。岳牙此劍不長，故意平插在腰帶裏。他一前傾，劍就滑了出來。劍，陰性名詞，直譯：她。⁹ 岳牙向阿瑪薩道：你好嗎，直譯：平安。兄弟？說着，岳牙就右手抓住阿瑪薩的鬍子，同他親吻。¹⁰ 阿瑪薩沒防備那把劍，但岳牙已經握在手裏，左手使劍，如左撇子艾胡，士3:21。照他腹部狠狠一擊，將他腸子潑了一地：故伎重演，3:27。無須補刀，他就死了。

岳牙與弟弟亞比沙繼續追剿幼駝之子誓巴，岳牙名字在前，提示驍將重掌兵權。¹¹ 留一個岳牙的隨從，守着屍體呼喊：擁護岳牙的，屬於大衛的，跟岳牙走！強調刺殺不是兵變，是鋤奸（叛軍統帥）。¹² 大路中央，血泊裏臥着阿瑪薩。那人見士兵都停了腳步，吃驚、議論，避開屍體和血污。就把阿瑪薩拖下大路，丟在田裏，扔了件袍子在他身上，省得人看見了站下。¹³ 大路上搬走了[屍體]，眾人便趕去跟了岳牙，追擊幼駝之子誓巴。

¹⁴[誓巴]走遍了以色列各支族，尋求支持。直至瑪迦屋甸子。'abel beth ma`akah，丹城西面，近以色列的北界。幼駝一族也動員起來，幼駝一族，bikrim，校讀。原文有訛：berim。一起跟着他[頑抗]。兵力不足，一退再退，最後困於堅城。¹⁵ 但岳牙

的大軍已經趕到，將瑪迦屋甸子團團圍起：這邊堆起斜坡攻城，壓上外郭，壓，直譯：站。古人圍攻要塞的戰術，賽37:33，耶6:6。那邊則挖毀牆基，令其塌陷。

¹⁶ 忽有一個聰慧的婦人，聯想響村婦人，14:2。在城頭大喊：聽呀，聽呀，請告訴岳牙：近前來，這兒，我有話對你講！語氣像女先知或聖者，代表居民與入侵者談判。¹⁷ 他便上前，那婦人問：你是岳牙？答：正是。請聽小婢一言，她說。我聽着呢，他答。¹⁸[婦人]道：

有句古諺，人常說：
要問就上甸子去求問 —— 意謂當地求神諭的傳統甚古。
那樣才可了結。解決糾紛，定奪人事。
¹⁹我把和平忠信[帶給]以色列 —— 忠信，舊譯忠厚，誤。
一座以色列的母親城，你想弄死？母親城，直譯：城與母親。
為什麼，這耶和華的產業
你也要吞吃？和平之城/母親譴責兄弟相殘、殺伐無度。

²⁰ 不，不，岳牙回答，我絕無吞吃、毀滅的意思，²¹ 完全不是這麼回事！但有一個以法蓮山地人，叫幼駝之子誓巴，強調叛亂分子非本地人，丹支族無庇護義務。他揚手造君上，造大衛的反！只消把他一人交出，我就撤離這城。好，婦人答應岳牙，他的首級這就從城牆上拋給你！顯然誓巴一夥未獲甸子居民的同情和支持。說完，那婦人便去用她的智慧說服百姓。²² 眾人砍下幼駝之子誓巴的頭顱，拋給岳牙。後者果然吹號撤兵，照應本章開頭的造反號音。圍城的人回了自家帳篷；岳牙則返歸耶路撒冷，向國王覆命。不回家而進宮，請大衛恢復他的職銜。

²³ 於是，參8:16–18。岳牙統帥（以色列）全軍；耶知之子耶建領克里特人和非利特人；²⁴ 阿朵蘭管勞役；阿朵蘭，'adoram，"我主升揚"。亞希路之子耶

審掌史籍；²⁵ 席亞當書記；席亞，又名耶角力，8:17。**撒都和吾父存任祭司**。²⁶ **此外，亞珥人伊拉做了大衛的祭司**。取代幾個王子，任王室祭司？8:18。

附錄：掃羅的兒孫

二十一章

　　大衛年間，以下四章思想風格與前文不同，文本淵源各異，如補綴的附錄，共六則。**鬧過一次饑荒，達三年之久。大衛求見耶和華**，祈求神諭，比作覲見君王。**耶和華降言：事關掃羅及血債之家，因為他濫殺夋崩人**。天災起於人禍，但此事聖書不載。

　　² **於是，國王把夋崩人召來詢問 —— 夋崩人不屬以色列子孫，而是亞摩利人的遺民**；以色列子孫曾向他們立誓，允其歸附，並提供保護，書9:15。**但掃羅出於對以色列子孫與猶大的狂熱**，為剪除異教，申7:16, 20:16-18。**只想殺光他們**。
³ **所以大衛對夋崩人說：寡人能為你們做什麼？要怎樣贖罪，你們才會祝福耶和華的產業？** 災荒視為以色列遭了詛咒，須詛咒者祝福，方可抵消，士17:2。⁴ **夋崩人回答：我們跟掃羅或他家之間，無關金銀，我們在以色列也沒人要處死**。血債血償，非針對子民。**[大衛]道：說吧，要什麼，寡人替你們做主！** 直譯：做到。⁵ **他們便向國王提出：那個屠戮我們，千方百計摧殘，叫我們在以色列全境無處立足的人 ——** ⁶ **他的兒孫，交給我們七個！** 七，聖數，音同誓約，創21:31。**我們要在耶和華面前，將他們釘上木樁**，hoqa`anum，一種儀式化的宰獻，或陳屍示眾，民25:4，撒上31:10。無定解。**在曾蒙耶和華揀選的掃羅的戈崗！** 七十士本：夋崩。但選擇掃羅家鄉，恰是清償血債換祝福的對等條件。揀選，引先知語，撒上10:24。**好，國王道，我交給你們**。

　　⁷ **不過，國王赦免了巴力辯，掃羅之子約納丹的兒子，因他們之間，大衛同掃羅之子約納丹之間，立有耶和華的誓約**。此節似編者補注，撒上20:14-15, 42。⁸ **國王取了阿鷁之女紅炭給掃羅生的兩個兒子**，參3:7。**阿爾摩尼和巴力辯**，與約納丹之子同名，4:4注。**以及掃羅之女米拉給舞甸人鐵漢之子亞德列生的五個兒子**，米拉，從二抄本及古譯本，撒上18:19。原文：米佳。⁹ **將他們交在夋崩人手**

裏。後者就在山上，把人釘在了耶和華面前：設祭壇，奉聖名宰獻。**七個人倒在一處，受難於收割季的頭裏**，公曆四、五月間。**開始割大麥那天**。此事發生在傳召齊瓦之前，9:1–5。

10 **阿鷂之女紅炭拿來麻衣，在磐石上給自己支起 [一面棚子]**；舉喪並遮陽。**從收割季開始，直到天雨澆淋屍體**，直譯：他們。雨，指十月秋雨，預示饑饉即將結束。**她白天不讓飛鳥落足，夜晚驅趕野獸。** 11 **而大衛也聞說了掃羅妃子阿鷂之女紅炭的行事。**但並未干預；見到秋雨，得知天怒平息，才准許收屍。12 **大衛去到基列山干城，向主人索取掃羅與兒子約納丹的骨骸——那是他們從安寧崗的廣場偷回來的；**廣場，七十士本：城牆上，撒上 31:10–13。**那天，非利士在吉波山擊敗掃羅之後，非利士人將屍首懸在了那兒——** 13 **他拿到掃羅與兒子約納丹的骨骸，便着人收斂木椿上的屍骸，** 14 **跟掃羅與兒子約納丹的骸骨一起，送歸本雅明之地的肋村，**書18:28。**入葬 [掃羅]父親基士的墓塋。**

當國王的意旨全部照辦了，強調天父認可大衛的祛災/求雨方式。**之後，上帝才垂聽了福地的祈禱。**以色列重獲眷顧，同 24:25。

四巨人

15 **而後，**此片斷按敘事順序，可置於 5:17–25 之後。**非利士又進攻以色列。大衛率僕人下去，迎戰非利士人。然而大衛漸露疲態，** 16 **有個諾布之子以希比，**校讀從聖城本。原文有訛，歧解紛紜。**便揚言要宰了大衛。他是巨人的後裔，**巨人，haraphah，舊譯偉人，誤，申 2:11。**使一杆銅矛，[矛尖]重三百舍克，還佩一把嶄新的 [劍]。**像哥利亞的裝備，撒上 17:6–7。17 **幸而耶香之子亞比沙上前救援，**替下國王，但破壞了英雄對決的規則。**擊殺了那非利士人。這下大衛的人慌了，向他發誓說：陛下可別再同我們一起出戰了，萬萬不能熄了以色列的燈哪！**喻大衛王朝，王上 11:36，王下 8:19。

¹⁸ **這以後，與非利士的戰事在果布再次爆發。** 果布，gob，失考。諸抄本：果村。另作革城，代上 20:4。**此戰胡沙人西貝凱斬了薩夫，** saph，"門檻"。**他也是一個巨人後裔。**

¹⁹ **之後，非利士又打到果村。** nob，從諸抄本，撒上 21:2。原文重複：果布。**但伯利恒人亞珥之子帝仁殺了酒榨人哥利亞，** 帝仁，'elhanan。亞珥，從代上 20:5。原文抄重：亞珥織布工。**那人一根長矛，矛杆像織布機大軸。** 通說此段為大衛投石殺力士故事的原型。撒上 17:7。

²⁰ **之後，戰事又蔓延至酒榨市。那裏有一人，身材碩大，** middah，從代上 20:6。原文：好勇鬥狠，madon。**手生六指，腳長六趾，總共二十四根指頭，活脫一個巨人後裔。** ²¹ **他來叫罵以色列，** 用辱罵敵人的方式挑戰，書 11:20。**卻被大衛三哥辛瑪的兒子約納丹砍倒。** 參 13:3。

²² **以上四人皆酒榨市巨人的子裔，栽倒在了大衛及其僕人掌下。**

大衛的凱歌

二十二章

此乃大衛蒙耶和華拯救，脫眾仇敵及掃羅毒手之日，敬獻耶和華之歌， 此詩淵源甚古，另一版本略異，見詩 18 章。² **如下：**

耶和華啊，我的峭崖我的要塞 宛如戰士謳歌戰神，出 15:3。
我的拯救在 ³ 我的上帝。
我倚靠他，我的磐石 喻庇佑，申 32:4 注。
我的盾牌我的救恩之犄角 象徵大力，申 33:17，撒上 2:1–2。
我的高高城堡與庇護——
是你賜我戰勝強暴，我的勝利之主！ 或救主。詩 18 無此句。

⁴ **耶和華，當受頌揚！** 或如七十士本：我以讚歌呼求耶和華。

我一呼求

就擺脫仇敵而得救。

⁵死亡的驚濤包圍了我　驚濤，象徵毀滅，伯22:11。

百戾魔的惡浪要吞了我；百戾魔，借喻死亡，申13:14注。

⁶陰府的囚索套中了我

奪命的網羅在等我 ──　此闋寫沉淪，屬修辭程式。

⁷危急中我向耶和華祈求

向我的上帝呼救；

果然，他在寶殿聽見了我哀鳴　寶殿，此處指天庭。

我的禱告[上達]他耳中。禱告，直譯：求救聲。

⁸立刻大地震顫，天基搖搖　天，二抄本：山，詩18:7。

只因他怒火迸發！以下借雷神形象寫上帝降世之恐怖，出19:16–19。

⁹他鼻孔噴煙，口吐烈焰

四下紅炭燃燒。此句一說是插注。

¹⁰他按下諸天，親自降臨　古人想像大神臨世，垂天穹而觸地。

腳底烏雲滾滾。

¹¹他騎一匹昂首展翼的神獸　寶座/御輦的侍衛，撒上4:4注。

乘大風的翅膀疾飛；wayeda'，詩18:10。原文：顯現，wayera'。

¹²忽又隱身於一片昏黑

掛起沉沉雨雲的帳幕；

¹³接着他面前白光灼灼

[冰雹與]紅炭齊落！參觀詩18:12。

¹⁴耶和華從雲霄扔下雷霆

至高者聲聲霹靂；

¹⁵一支支銀箭，驅散［仇敵］

一道道閃電，他們潰敗 ——

¹⁶啊耶和華！

你一句呵斥，微微鼻息

大海便藏不住溝槽　深淵的底部，伯38:16。

世界袒露了根基。　支撐陸地的地柱，詩24:2注。

¹⁷他從高處給我援手

把我從洪濤裏拉起　洪濤，源於近東神話，象徵對抗造主的惡勢力。

¹⁸自頑敵叢中救出 ——

那些人恨我，遠比我力大。

¹⁹當我遭災之日，他們乘機進攻

但是耶和華做了我的後盾：

²⁰他引我去到一寬廣之地；merhab，意謂獲得自由，出3:8。

他救了我

是因為他喜歡我。　反言敵人為上帝所憎惡，詩5:4–5。

²¹耶和華嘉許我的正義　此闋陳說獲救理由，表以色列的理想君主。

以我雙手潔淨而垂恩賞賜 ——

²²因為我謹守了耶和華之道

從無犯惡、背離上帝；

²³因為他的敕令常在我眼前

他的法例我絕不丟棄。

²⁴做完人，我與他同在　從二抄本，詩18:23。原文：我為/向他。

嚴律己，我戒避惡行。　完人，tamim，自比挪亞與上帝同行，創6:9。

²⁵所以耶和華嘉獎我的正義

他看得清楚，我［雙手］潔淨！

26 **仁慈的人，你報以仁愛**　敬而信謂仁，詩4:3。

清白的，你還他清白　人，從諸抄本，詩18:25。原文：勇士。

27 **純潔的，你認他純潔**　舊譯清潔，誤。

但狡詐的，你偏要他中計！　直譯：你扭曲自己，喻用計、設圈套。

28 **卑微的子民，你一定拯救**　撒上2:8。

傲慢的眉眼，你卻要鄙夷。　詩18:27。原文：你眼睛對傲慢的降下。

29 **耶和華啊，你是我的明燈**

我的上帝為我放逐黑暗；　我的上帝，從一抄本。原文：耶和華。

30 **跟着你，我衝鋒陷陣**　gedud，軍隊。猶太社本：垣壁，gader。

上帝佑助，我能跳越城牆！

31 **這上帝，他大道完美**　舊譯完全，不妥，詩19:7。

耶和華的允諾至純　zeruphah，熔煉，轉指純潔，詩12:6。

惟有他

能給倚靠他的人為盾。　同箋30:5。

32 **啊，耶和華之外，誰可稱神？**

除開我們上帝，誰是磐石？

33 **是上帝，將勇力賜作我的腰帶**　從死海古卷，詩18:32。

讓我走上了正途；　原文：我強大的堡壘。

34 **還使我雙腳敏捷如鹿**　我，傳統讀法。原文：他。

穩穩立於險峰；

35 **還教我的手戰鬥**

張臂能開銅弓。

36 **是呀，你給了我救恩之盾**　呼應上闋末句。

你的援助令我壯大　援助，從死海古卷。原文：應允。

37 **讓我闊步，拓展疆土**　直譯：展我（腳）下。發揮上文20節。

再不會腳腕發抖。

³⁸ 於是我追擊敵人剿滅窮寇

不剪除乾淨，決不收兵；

³⁹ 直打得他們爬不起來　打，從死海古卷。原文：消滅。

栽倒在我腳下。

⁴⁰ 啊，你為我束上了戰鬥的勇力　合上文32–34節為一生動意象。

叫叛賊跪地，俯首就擒；叛賊，qamay，起來（反叛）我的。

⁴¹ 仇敵見我，轉身逃竄　意譯參古敘利亞語譯本。直譯：給我頸背。

那些恨我的，我一一滅除。

⁴² 他們哀號，卻無人救助；哀號，詩18:41。原文：張望。

也呼求耶和華——但他不回答：對比義人祈禱，上文4, 7節。

⁴³ 任我把他們搗成塵土　死海古卷：路塵。

像街上的泥濘，隨我踐踏！

⁴⁴ 你替我消弭了民憂　直譯：救我出民紛。指平息以色列的內亂。

保我做列國之元首

將素不相識的一族給我為奴。誇張修辭，喻藩屬眾多，詩2:8。

⁴⁵ 聽，番邦之子聞風而降

紛紛歸順；⁴⁶ 異族之民　同上句"番邦之子"。

灰心喪氣，戰戰兢兢　yahregu，校讀。原文：繫上，yahgeru。

交出了關防！misgeroth，本義關閉，轉指邊防要塞。

⁴⁷ 永生耶和華！讚美呀我的磐石！

願拯救我的上帝獨受尊崇　拯救，從諸抄本。原文：救恩磐石。

⁴⁸ 那為我申冤的上帝——是他

令萬民向我臣服

⁴⁹ 讓我衝破仇敵的圍堵：直譯：帶我出眾敵。

啊，你使我高蹈叛賊之上

將我從暴君手裏解放！ 暴君，或作（複數）暴民。

[50] 因此，我要在萬國頌揚你，耶和華

歌詠你的聖名：

[51] 勝利之塔，他恩賜他的王 塔，傳統讀法。原文：使大（勝）。

把慈愛施與他膏立的王 見2:4, 5:3，撒上16:13。

施與大衛及[大衛]子裔——

慈愛永世不移。 照應開頭，為大衛王朝立百勝救恩之約，詩89:3–4。

最後的話

二十三章

以下是大衛最後的話： 此詩頗具古風，但內容不似臨終囑託，王上2:1–9。

耶西之子大衛的預言 ne'um，宣示、神諭、諾言，民24:3注。

是受舉揚的人預言； 受，死海古卷：上帝。

是雅各的上帝之受膏者

吟唱的以色列讚歌： zemiroth，一作大力者，無定解，出15:2。

[2] 耶和華的靈藉我降言 自比先知聆受聖言，賽59:21，耶1:9。

我舌尖有他的諭旨；

[3] 雅各的上帝說了，對我 雅各，從古譯本。原文：以色列。

以色列的磐石有言：

那統治人[以]公義

以對上帝的敬畏掌權的 讚理想化的君主/受膏者，詩72:1–7。

[4] 宛若黎明時分，一輪朝日 象徵國王，古代近東文學常見。

托起晴空，雨後的大地

草葉晶瑩！

⁵上帝同在，我的家豈非如此？校讀：屹立。家，指大衛王朝。

只因他給我立了永約　見7:11-16，詩89:3-4, 28-29。

一切安頓而得守持；

我每一次勝利，全部的渴望

豈非他催生的果實？

⁶而百戾魔就像荊棘　詛咒內外敵人。

要通通挖去，因為沒法

捧在手裏：⁷人只能拿鐵鍬　barzel，鐵器，包括農具、刀劍。

或矛杆去弄它，就地　直譯：坐/居處。一說係誤抄。

一把火燒掉。熟語，賽10:17，詩118:12。

勇士錄

⁸大衛的勇士，接回四巨人片斷，21:22。名錄如下：參較代上11:11-47。哈克莫人巴力男，校讀從七十士本，與掃羅之子同名，2:8注。原文有訛：居於塔克莫尼居處。三傑之首；三，從古譯本。原文：三十。那揮舞長矛一次殺了八百人的，揮舞長矛，從二抄本，代上11:11。原文似人名，無解。就是他。

⁹其次，雅河人多多之子帝助，'el`azar，艾利阿澤，常名。雅河人，校讀，代上11:12。原文：雅河之子。也屬三傑。曾緊隨大衛，叫罵非利士人；見21:21注。後者便朝那兒集結，發起攻擊。以色列人退卻了，直譯：上去。即往山上退。¹⁰他卻巋然不動。他砍倒大片非利士人，直至手臂麻木，而手指仍緊握刀柄。那一天耶和華賜下大勝，戰士們回到他身後時，只趕上了剝[屍]。打掃戰場，撒上31:8。

¹¹ 之後，是山間人阿蓋之子沙瑪。山間人，harari，地名或家族名？失考。非利士人集結到腮骨莊，另讀：集中兵力。士15:9。那裏有一塊田，種滿了小扁豆。細節，看似不經意，應是聽眾熟知的故事。當軍隊從非利士人面前潰逃時，¹² 他卻立於田中央，獨自抵擋並殺退了非利士人 —— 耶和華又賜下大勝。三傑完，以下表三十頭領。

¹³ 收割時節，一支非利士軍進入巨人谷紮營。參5:18。三十頭領中的三位下來，三位，傳統讀法。原文：三十。到亞杜蘭山洞見大衛。撒上22:1。¹⁴ 當時大衛蟄居要塞，而非利士人已在伯利恆駐防。¹⁵ 大衛忽而很想念地說：想起淪陷了的家鄉。伯利恆城門旁那口井的水，要是能喝上一口就好了！¹⁶ 那三勇士便去闖非利士人的營地，硬是打了伯利恆的井水，從城門口帶回，向大衛呈上。他卻不肯喝，將水澆奠在了耶和華面前，做一酹祭，表彰英雄。¹⁷ 說：耶和華在上，這事做不得呀！我豈能 [喝] 搏命人的血？血載生命，歸天父，創9:4，代上11:19。故而他沒有肯喝。三勇士的壯舉如上。

¹⁸ 耶香之子、岳牙大弟亞比沙，是三十勇士之首；三十，從二抄本及古敘利亞語譯本。原文：三。那揮舞長矛殺了三百人的，就是他，美名不輸三傑。¹⁹ 三十勇士中他最為尊貴，身為國王的外甥。三十，見前注。所以做了他們的將軍，但 [功勳] 尚不及三傑。

²⁰ 耶知之子耶建，見8:18, 20:23。來自帝聚，猶大南部邊城，書15:21。也是屢建奇功的力士。從二抄本。原文/傳統讀法：活人/力士之子。那砍倒摩押人阿列的兩個 [兒子]，阿列，'ari'el，祭壇頂，又名神山，賽29:1，結43:15，此處作人名。又在大雪天跳進旱井打死一頭獅子的，就是他。²¹ 此外，他還擊斃了一個面目 [猙獰] 的埃及人。面目，欽定本意譯：英俊。另讀：身材碩大，代上11:23。那埃及人手持長矛，可他提一根棍子就下去應戰；他從埃及人手裏奪過長矛，就用那矛把對手殺了。對手，直譯：他。²² 耶知之子耶建的事蹟若此，與三大英雄齊名。²³ 三十勇士中他極受敬重，但 [功勳] 尚不及三傑。大衛派他執掌衛隊。深得君主信任。

²⁴ 三十勇士，包括：岳牙小弟阿薩葉 ——　　見2:18–23。

伯利恒的多多之子帝仁；與另一驍將亞珥之子同名，21:19。

25 顫莊人沙瑪；名同三傑之一，上文11節。

顫莊人艾利加；顫莊，<u>harod</u>，一說在耶京東南。

26 脱身屋人海力茲；脱身屋，在猶大南部，紅嶺邊境，書15:27。

響村人伊曲之子伊拉；

27 牙娜城的吾父助；'abi`ezer，屬本雅明支族，書21:18。

胡沙人西貝凱；從七十士本，21:18。原文：米布奈。

28 雅河人黑山；<u>zalmon</u>，從山得名，士9:48。

水滴鎮的馬哈萊；水滴鎮，netophah，位於伯利恒東南，耶40:8。

29 水滴鎮巴拿之子肥將；<u>heleb</u>，諸抄本：<u>heled</u>，代上11:30。

黎拜之子伊泰，來自本雅明子孫的戈崗；

30 比拉松人耶建；屬以法蓮支族，士12:13。

震山溪人希代；震山，ga`ash，近約書亞歸葬處，書24:30。

31 河谷屋的亞比阿崩；河谷屋，耶利哥城東南，書15:61。

青春寨的阿孜瑪威；

32 狐穴人帝藏；'elyahba'，屬丹支族，書19:42。

金左人亞睡；校讀，代上11:34。原文有訛：亞睡的兒子們。

約納丹，33 山間人沙瑪之子；原文無"之子"，從七十士本補。

山間人沙拉爾之子亞希安；

34 瑪迦屋阿哈斯拜之子帝解；'eliphelet，常名。參20:14。

基洛人亞希多弗之子帝民；'eli`am，或即誓女之父，11:3, 15:12。

35 果園莊的海茲洛；屬猶大支族，撒上15:12注。

伏擊村人帕雷；書15:52。

36 納單之子易甲，來自佐巴；雇傭兵，或皈依的外族，8:3。

迦得人巴尼；

37 亞捫人澤勒；

井莊人響鼻，耶香之子岳牙的執矛隨從；

³⁸**亞提爾人伊拉**；書15:48。響鼻，na<u>h</u>ray，似綽號。

亞提爾人瘌痢頭；gare<u>b</u>，也是綽號。

³⁹**赫提人耶光——**

總計三十七人。三十勇十加三傑、岳牙三兄弟及耶知之子耶建。

普查人口與瘟疫

二十四章

又一次，上接21:1-14。**耶和華鼻息點燃，對準了以色列；**作者不提降罰的原因，後人歸之於撒旦搗亂，代上21:1。**他誘使大衛生事，**誘使，yaseth，舊譯激動，誤，撒上26:19。**説：去，清點以色列和猶大人口。**以便抽税、徵兵、發徭役。²**國王即諭示岳牙同麾下諸將：**從七十士本。原文單數。**務請巡查以色列各支族，從丹城到誓約井，統計人口，俾寡人知悉子民之數。**³**岳牙卻提醒國王：**摩西傳統，生死名冊屬於上帝，出32:32。**願耶和華您的上帝增添子民，百倍不止，而我主君上親眼得見！**一説因在冊男丁須交半塊銀子"贖命金"，出30:12，岳牙怕收不全，冒犯至尊而罹罪。**可是主公為何對這事有意？**

⁴**然而君令非岳牙與諸將可違；**直譯：強於岳牙與諸將。即大衛沒被説動。**岳牙同諸將遂拜辭國王，統計了以色列的人口。**

⁵**他們東渡約旦河，從檜堡跟河谷中的城開始，**從七十士本。原文：在河谷中，城南/右手的檜堡安營。**[經]迦得抵達雅則。**書13:25。⁶**然後北上基列山及赫提人之地，直至加蒂斯。**赫提人舊都，大馬士革向北，在臣服大衛的亞蘭諸部之北界。從七十士本。原文有訛。**折回丹城，自丹城轉西頓；**西至地中海之濱，書19:28。自丹城，校讀。原文有訛。⁷**再到石城要塞，**見5:11注。**並希未人和迦南人各城，**由北向南。**結束於猶大南地，至誓約井為止。**⁸**如此，遍查全國，經過九個月零二十天，**人的妊娠期。**才返回耶路撒冷。**

⁹**岳牙將查得的人口之數呈報國王：以色列有八十萬揮刀的戰士，**男丁數，誇張，士20:2。**猶大則有五十萬人。**分開統計，王族可豁免徵税。參較代上21:5-6。

¹⁰之後，大衛卻被心 [鞭]打了：撒上 24:6 注。怎麼就數點了子民！意識到
觸怒了天父，代上 21:7 以下。大衛向耶和華說：這事我犯了大罪。求求你，耶和
華，勾銷僕人的咎責，因我實在是愚蠢之極！諷刺，真不知是救主安排。¹¹清晨，
大衛起來，耶和華之言已降於先知賈德，大衛的視者，撒上 22:5。道：¹²去，
告訴大衛 —— 此乃耶和華所言：我舉三 [災]與你，你從中挑一樣領受！¹³賈
德便來見大衛，問他：你願意全國陷於三年饑荒呢，三年，從七十士本，21:1。
原文：七年。還是三個月逃避敵軍追剿，如避押沙龍的叛軍，15:14 以下。抑或三天瘟
疫，肆虐福地？好了，請想清楚，要我如何回稟遣我來的那一位。¹⁴大衛對
賈德說：太難了，我！不過與其落在人的手裏，天災也會傾覆王朝，一如人禍。不
如落入耶和華掌中 —— 畢竟他憐憫廣大。難題讓上帝決斷。

¹⁵於是，七十士本另讀：大衛選了瘟疫。正值割麥時節。耶和華對以色列擲下瘟
疫，由早晨延續至預定的鐘點；晚飯時分？當天或次日。預定，意謂禍福皆宏圖規劃，
賽 46:10。子民死了七萬，從丹城到誓約井。¹⁶然而，當天使把手揮向耶路撒
冷，揮手，婉言揮劍，代上 21:16。要摧毀她時，耶和華後悔降災了，出於仁愛而主動
減刑，提前止禍，撒上 15:11。對那摧殘子民的天使說：夠了！好收手了！而耶和
華的使者剛到耶布斯人阿拉烏納的禾場。阿拉烏納，聖城原住民，書 15:63，一說是部
落酋長的頭銜（帶定冠詞），而非人名。¹⁷而大衛見天使在撲滅子民，忙向耶和華呼
籲：是我觸的罪，我作的孽，死海古卷此處另有 "牧人"，指國王。這些羊兒，喻百
姓。他們幹了什麼？讓你的手衝我來呀，衝我父親家來！

¹⁸那天賈德又來見大衛，說：你上去，到耶布斯人阿拉烏納的禾場，
阿拉烏納，傳統讀法。原文：阿拉尼亞。給耶和華立一座祭壇。¹⁹大衛便照賈德說的
上去，遵從耶和華的旨意。²⁰阿拉烏納在打麥子，原文無此句，從死海古卷及代上
21:20 補。抬眼望去，國王和臣僕正向他走來！阿拉烏納急上前叩鼻於地，拜
見國王：²¹僕人何幸，阿拉烏納說，蒙我主大王駕臨！直譯：為何駕臨。大衛
道：找你，是要買這禾場，為耶和華修建祭壇，替子民平息瘟疫。²²阿拉
烏納回覆大衛：我主大王看着好的，儘管拿去獻祭。請看，這牛可做全燔
祭，那脫粒橇跟牛的軛具，就當柴火。²³所有這些，大王哪，校讀：僕人。無確

解。**阿拉烏納獻與陛下！**慷慨捐獻，以便立刻舉祭消災；只是不說禾場。**說着，阿拉烏納又祝國王：願耶和華您的上帝悅納！**

²⁴**不，國王告訴阿拉烏納，價錢寡人是一定要付的；白給的全燔祭，可不能獻與耶和華我的上帝。於是大衛用五十塊銀子買下了那方禾場，連同牛。**五十塊/舍克，約合公制 570 克。代上 21:25 作：六百舍克金子。²⁵**大衛就地為耶和華築起一座祭壇，獻上全燔祭和平安祭。**此禾場祭壇，即後來所羅門建聖殿處（摩利亞山），代上 22:1，代下 3:1。**終於，耶和華垂聽了福地的祈禱，**同 21:14。**從以色列收走了瘟疫。**

二零二零年九月初稿，二一年三月定稿

列王紀上

掃羅登基

一章

　　大衛王上了年紀，老了；此章及下章接撒下 9–20 章，結束大衛故事。雖然蓋了幾床被子，仍不覺暖和。² 臣僕進言：叫人給我主君上尋一個年輕姑娘來，伺候陛下，做貼身陪護；sokeneth，舊譯奉養，誤。讓她睡在陛下懷裏，暖一暖主公！聯想納丹諷喻裏的羊羔，12:4。³ 於是在以色列全境尋美貌的少女，找着一個書南姑娘雅比莎，書南，在加利利湖西南，屬以薩迦支族，書 19:18。送到國王身邊。⁴ 那少女出奇的美麗，她做了服事國王的貼身陪護，但國王未同她相認。婉言同床。

　　⁵ 節姬的兒子耶主按捺不住了，直譯：舉起自己。喻野心。舊譯不通：自尊。耶主是大衛的四子，撒下 3:4。說：我要當王了！他備了車駕和騎手，兼指馬匹。有五十人跑着替他開道。學三哥押沙龍的樣，撒下 15:1。⁶ 而父親對他，向無一句重話，`azabo，使痛、訓斥。七十士本另讀：管教，`azaro。從不說：你這是幹什麼？寵愛有加。他生於押沙龍之後，相貌也十分英俊。撒下 14:25。⁷ 他就同耶香之子岳牙與祭司吾父存商議，依靠定都耶京前的老臣，撒上 22:20。兩人皆支持耶主。⁸ 但祭司撒都、吾父存的競爭對手。耶知之子耶建、衛隊長。先知納丹，為所羅門賜名者，撒下 12:25。以及石美、雷依跟大衛的勇士們，雷依，七十士本：和他（石美）的夥伴，撒下 19:17–18。沒有附和耶主。少壯派／耶京集團擁護所羅門。

　　⁹ 耶主於是在漂工泉旁邊的長蟲石宰獻牛羊肥畜，長蟲石，'eben hazzoheleth，暗示耶主受惑而墮落，創 3:13。漂工泉在城外，東南山谷內，撒下 17:17。邀請了眾兄弟王子，並廷臣當中所有的猶大人；希伯倫時期追隨大衛的族人，撒下 2:1–4。¹⁰ 但先知納丹、耶建與勇士們，軍隊的骨幹。一如他弟弟所羅門，他沒有邀請。

¹¹納丹急稟報所羅門的母親誓女：撒下 5:14, 11:3。聽說沒有，節姬的兒子耶主稱王了，而我們主公大衛一無所知！不僅無力與姬妾"相認"，上文 4 節，認知能力也衰退了。¹²來，我給你出個主意，若是你想保命，保你兒子所羅門的命！¹³快，去見大衛王，這麼說：不是嗎，我主君上曾向小婢立下誓言：你兒子所羅門要繼位為王，將來讓他坐我的寶座。此誓前文不載，故亦有可能是先知賺老王的妙計。怎麼就耶主稱王了呢？¹⁴隨後，趁你還在那兒與陛下說話，我就進來，證實你所說的。

¹⁵誓女忙進到國王的內室——國王衰老多了，書南女雅比莎在旁服事。原文此處重複"國王"，從古譯本略。¹⁶誓女便跪下，叩見國王。國王道：什麼事？有氣無力，態度冷淡。¹⁷主公哪，她說，您曾指耶和華您的上帝向小婢立誓，補一細節提醒君主：聖名見證，不可翻悔。說：你兒子所羅門要繼位為王，將來讓他坐我的寶座。¹⁸可如今，竟是耶主稱王，而您，從諸抄本及古譯本。原文重複：如今。我主君上一無所知！¹⁹他宰獻了牛羊肥犢，一大堆呢，渲染祭典之鋪張。還邀請了眾王子，並吾父存祭司和岳牙將軍；而所羅門您的僕人，強調自己兒子忠誠、順服。他卻沒邀請。²⁰可是您，我主君上哪，全以色列的眼睛都望着您，在等您宣告，誰可繼位，坐我主公的寶座。此時王位的長子繼承權和繼位順序尚未確立。²¹不然，我主君上與列祖同眠之後，婉言去世，創 47:30，申 31:16。我和我兒所羅門就獲罪了！

²²她與國王正說着，先知納丹來了——²³自有人報知國王：先知納丹到！誓女退下。他一到國王面前，即叩鼻於地，敬拜國王。²⁴我主君上哪，納丹說，是你的諭旨麼：要耶主繼位為王，讓他坐我的寶座？²⁵因為他今天下去宰獻了大堆牛羊肥犢，邀請了眾王子、將領和吾父存祭司。將領（複數），七十士本：岳牙將軍。那些人就在他的面前，一邊吃喝一邊喊：耶主王，萬歲！添油加醋，刺激大衛。²⁶而我，你的僕人，一如祭司撒都、耶知之子耶建及掃羅你的僕人，他卻沒邀請。²⁷莫非這是我主君上的決定，不叫你的僕人知道，僕人，原文複數，傳統讀法單數。誰可繼位，坐我主公的寶座？

²⁸ 於是大衛王道：給我召誓女。精神一振，態度變了。她便入來謁見國王，立於國王面前。²⁹ 國王就起誓，道：一如耶和華永生，他將我的靈贖出一切禍難；起誓語，撒下 4:9。³⁰ 既然我向你發了誓，指耶和華以色列的上帝說過：不論當年有無誓言，大衛信了二人的說法。要你兒子所羅門繼位為王，讓他接替我，加此三字，表示主動禪位：非如此不能挫敗政變，扶持所羅門。坐我的寶座 —— 今天，我就把這事做了！³¹ 誓女立即叩鼻於地，敬拜國王，說：我主大衛王萬歲，萬萬歲！直譯：永生。

³² 大衛王接着下令：完全清醒了，佈置反擊。傳召祭司撒都、先知納丹、耶知之子耶建。三人一到國王面前，³³ 國王就命他們：帶上你們主公的僕人，指耶建統領的外族衛隊，撒下 8:18。扶我兒所羅門騎上寡人的那匹牝騾，向百姓宣示，新王繼位。護送他下基雄泉。gihon，"湧流"，在耶京東牆外，距離較漂工泉近。³⁴ 到了那兒，即由祭司撒都和先知納丹給他行膏禮，立為以色列的王；再吹響羊角號，高呼：所羅門王萬歲！³⁵ 禮成，就送他上來；省卻祭典，搶在耶主回城之前。讓他入內，坐上寶座，接替寡人為王：吾意已決，他做以色列與猶大的領袖！³⁶ 耶知之子耶建回答國王：力士領命，輔佐新王。阿門！願耶和華我主君上的上帝照准！³⁷ 一如耶和華與我主公同在，願他也與所羅門同在，並以其寶座為大，勝似我主大衛王的寶座！提喻王權、國土。

³⁸ 於是，祭司撒都、先知納丹、耶知之子耶建率克里特人和非利特人下去，扶所羅門騎上大衛王的牝騾，護送至基雄泉。³⁹ 祭司撒都從會幕取了油角來，油角，即盛聖油的羊角，撒上 16:1。會幕，是存放約櫃的帳幕，撒下 6:17。給所羅門行了膏禮。之後吹響羊角號，眾人高呼：所羅門王萬歲！⁴⁰ 禮成，眾人又一起送他上來，原文此處重複"眾人"，從七十士本略。簫聲喧闐，盡情歡歌，大地為之震裂。誇張修辭。

⁴¹ 那邊，耶主同客人剛用完祭餐，都聽見了[喧聲]。岳牙一聽到羊角號音，將軍熟悉而警惕的角聲。便問：城裏怎麼在喧嚷？⁴² 正說着，看，祭司吾父存的兒子約納丹來了。耶主忙道：進來！你是個賢人，'ish ḥayil，能幹、勇敢，

德才兼備者，箴 12:4。舊譯忠義，不確。**定有好消息！**語無倫次，心慌了，撒下 18:27。⁴³ **啊不，**'abal，舊譯誠然，誤。**約納丹報告耶主，我們主公大衛王立了所羅門為王！**⁴⁴ **君上派了祭司撒都、先知納丹、耶知之子耶建，率克里特人和非利特人護送，扶他騎上國王的牝騾。**⁴⁵ **到基雄泉，祭司撒都和先知納丹給他行了立王的膏禮。然後歡呼着，從那裏上來，轟動了全城；**民心所向。**那喧聲你們也聽到了。**⁴⁶ **而且，所羅門現已登上了王座。**⁴⁷ **而且滿朝臣僕都來祝賀我們主公大衛王，**滿朝，直譯：國王的。**說：願您的上帝賜所羅門美名，堪比陛下的名，並以其寶座為大，勝似陛下的寶座！國王就伏在床上答禮。**⁴⁸ **而且國王還這麼謝恩：讚美耶和華，以色列的上帝！拜他恩賜，容我今日目睹，我的一個子實坐上我的寶座！**我的一個子實，從七十士本。原文：他。

⁴⁹ **話音未落，耶主的客人已經嚇得紛紛起身，四散而去。**⁵⁰ **耶主怕所羅門 [問罪]，馬上跑去抱住了祭壇的牸角。**若非預謀殺人，可逃入聖所求庇護，仇家不得傷害，2:28，出 21:13。⁵¹ **所羅門聞報：耶主 [因為] 懼怕所羅門王，看，他抓住祭壇牸角不放，說：叫所羅門王先對我起誓，**先，kayyom，二抄本：今天，hayyom。**決不刀斬他的僕人！**⁵² **所羅門答：倘使他肯做一個賢者，**暗示墮落者終不如報信的約納丹，上文 42 節。**他一根頭髮也不會落地；**熟語，撒上 14:45，撒下 14:11。**反之，如有犯惡，他必死。**

⁵³ **所羅門王遂派人去祭壇，喚他下來；他一來，就跪倒在所羅門王腳下。所羅門道：你回家去吧。**

大衛的遺囑

二章

大衛辭世的日子近了，他囑咐兒子所羅門，說：

² **我要去走世人的路了。**婉言辭世，書 23:14 注。**你要勇敢，做大丈夫。**參觀約書亞接班，領受的神諭，書 1:6–9。³ **要遵奉耶和華你的上帝的諭旨，走他的道，守他的法令、誡命、律例和誓約，如摩西的教導所載；**教導，torah，即聖法。**以使

你事事成功，無論去向何方，申 29:8。⁴俾耶和華實踐他對我的諾言：若你的子孫謹守正道，以全心全靈秉持忠信，舊譯不通：誠誠實實，書 2:14，士 9:15。而走在我面前，你就決不會從以色列的寶座上絕了後人。以上二節通說是後補的，撒下 7:11–16。

⁵另外，耶香之子岳牙對我做的事，你是知道的；他如何對待以色列的兩位將軍，內爾之子吾父燈和葉特爾之子阿瑪薩——殺了他們！撒下 3:27，20:10。但真正的傷心事反而不提：愛子押沙龍之死，撒下 18:9 以下。太平之時灑爭戰的血，他胯上的腰帶跟腳上的鞋染了爭戰的血！他，七十士本：我。意謂這兩椿謀殺依連帶責任，讓大衛家負了血債。⁶所以你要善用智慧，莫讓他白頭平安下陰間。此時岳牙已在大衛麾下四十餘年。

⁷至於基列人鐵翁的子孫，金罕及後裔，撒下 19:32 以下。則應以仁愛待之，讓他們跟你同席用餐。履行承諾，報答恩人。因為當初我逃避你三哥押沙龍時，他們照樣殷勤迎駕。

⁸注意，你身邊還有一個青春寨的本雅明人，基拉之子石美。我去雙營那天，他對我喊着毒咒；血債之咒，撒下 16:5–14。後來卻下到約旦河迎接我，獲我指耶和華向他起誓，說決不會刀斬了他。撒下 19:19–24。⁹然而你不必免他的罪；你，從通行本。原文：現在。你是聰明人，知道該怎樣處置，使計，找理由合法報仇。叫他白頭流血，下陰間！

¹⁰而後，大衛便與列祖同眠了，葬於大衛城。耶京舊城／要塞，撒下 5:9。¹¹大衛統治以色列，在位凡四十年：經書常數，古人計為一代；約前 1010~970 年。在希伯倫稱王七年，在耶路撒冷三十三年。

耶主之死

¹²如此，所羅門坐上了父親大衛的寶座，王權愈加穩固。

¹³節姬的兒子耶主卻來見所羅門的母親誓女。你是來道平安的？她問。精明，探問意圖。答：平安。太后不答。¹⁴繼而又說：能跟您說句話麼？你講，她

回答。¹⁵ 您知道的，他說，這王位本該歸我的，主張長子繼承。全以色列都指望着我稱王；指望着我，直譯：置臉於我。豈料王位轉歸了弟弟——當然，歸他是耶和華所定。承認現實。但在太后聽來，像是否認傳位所羅門是父王旨意。¹⁶ 現在我只有一事相求，請您不要回絕。直譯：轉開我的臉，詩 132:10。下同。請講，她說。¹⁷ 於是 [耶主] 道：求您了，跟所羅門即君上說說——他不會拒絕您的——把書南女雅比莎給我為妻。或許以為書南女未曾圓房，不算父王的姬妾？¹⁸ 好，誓女回答，我替你向君上說去。不動聲色。

¹⁹ 誓女便來見所羅門王，說耶主的請求。國王忙起身迎接，拜見母親；拜見，七十士本：親吻。然後才坐回寶座，命人為母后擺好座椅，讓她坐於右手。宮廷禮儀，鄭重其事。²⁰ 她啟齒道：我有一件小事相求，請陛下不要回絕。母親請說，國王回答，我怎會拒絕您呢？²¹ [誓女] 道：請把書南女雅比莎給你哥哥耶主為妻。²² 為什麼，所羅門王反問母親，您替耶主索求書南女雅比莎呢？幫他求王位得了！君王故世或廢黜，娶其妃嬪，象徵王權轉移，撒下 3:7, 16:21–22。是呀，他是我的兄長，而且祭司吾父存和耶香之子岳牙都向着他呢！從古譯本。原文：為他，為祭司……為岳牙。

²³ 隨即，所羅門王指耶和華發誓：願上帝這樣待我，並加倍 [降罰]，如果耶主講了這話還不喪命！太后不語，沒有為請託 "小事" 者求情。²⁴ 一如耶和華永生，是他讓我立定，坐上父親大衛的寶座，並給我建了王室，bayith，兼指家室、王朝，撒下 7:11–16。如他所應許——今天，必處死耶主！太后默許。²⁵ 所羅門王遂派耶知之子耶建下手，把他殺了。

²⁶ 對於祭司吾父存，國王亦有諭旨：回牙娜城你的田莊去吧。牙娜城，在聖城東北 5 公里處，耶 1:1。你雖是死罪之人，撒下 19:29。但寡人今天不處死你，因你在我父親大衛面前抬過主耶和華的約櫃，也曾同我父親一起經受百般困苦。不殺老祭司，以孤立岳牙。²⁷ 所羅門罷免了吾父存的耶和華祭司之職——從而應驗了耶和華在示路對俄理家的預言。撒上 2:30–36。

²⁸ 消息傳到岳牙 [耳中]，岳牙就逃去耶和華的會幕，抱住了祭壇的犄角：學耶主的樣，1:50；大勢已去，老將軍無力對抗。因為岳牙轉投了耶主，雖然上次他未投靠押沙龍。²⁹ 所羅門王接報：岳牙逃進了耶和華的會幕，[身子] 貼着祭壇呢。所羅門命人帶話與岳牙：你逃去祭壇幹什麼？岳牙答：我害怕陛下，所以往耶和華這兒躲。原文無此二句問答，據七十士本補。所羅門便傳令耶知之子耶建：去，殺了他。執行父王遺囑，上文6節。³⁰ 耶建就去到耶和華的會幕，喊他：國王有旨，你出來！力士不想血濺祭壇。回答卻是：不，我寧肯死在這裏！耶建把話帶給國王：岳牙說了，如此這般。³¹ 那就照他說的辦，國王下令，把他殺了，埋掉！即以岳牙“公然行兇，毒計殺人”，不受聖所庇護為由，出21:14。從我身上，從我父親家，抹去岳牙潑灑的無辜的血！³² 那血債，耶和華必擲還他的頭頂，因為他刺殺了兩個比他正直高尚的人，背着我父親大衛，拔劍殺了內爾之子吾父燈，以色列的將軍，及葉特爾之子阿瑪薩，猶大的將軍。葉特爾，又名葉特拉，撒下17:25。³³ 願他們的血淌上岳牙的頭，他子實的頭，至永遠！詛咒以祛禍，宣佈血仇與大衛家無關。願大衛及子實，他的王朝與寶座，永享平安，蒙恩於耶和華！

³⁴ 於是耶知之子耶建上去，將他刺死了。他被葬在了荒野，他的家園。不允歸葬故鄉伯利恒，而“放逐”於荒野，暗示其殘忍不羈的性格。³⁵ 國王命耶知之子耶建繼任，統領軍隊；接替吾父存，國王則立了祭司撒都。

³⁶ 而後，國王派人把石美召來，亦是執行父王遺囑。道：你可在耶路撒冷蓋房居住，不得出城，無論去哪裏。³⁷ 一旦出城，越過黑溪，不得回老家青春寨，撒下15:23注。記住，你當天必死，血罪臨頭！³⁸ 石美回覆國王：善哉此言，我主大王的諭旨，僕人照辦就是。明白國王防着自己。石美遂在耶路撒冷住了蠻長一段日子。

³⁹ 過了三年，石美的兩個奴隸逃亡，跑去了酒榨王瑪迦之子亞吉那裏。瑪迦，又名瑪敖，撒上27:2。有人告訴石美：你的奴隸在酒榨市呢。⁴⁰ 石美忙起身，備好毛驢，往酒榨市去見亞吉，尋他的奴隸。往西走，黑溪的相反方向。此時

非利士城邦與以色列已恢復和平。**石美從酒榨市把奴隸帶回來時**，近東古俗，部落不得匿藏他人的逃亡奴隸。石美或以為國王淡忘了禁令，或尋回自家奴隸屬於合理的豁免。⁴¹ **所羅門也已接報：石美離開耶路撒冷，去了酒榨市一趟。**

⁴² **國王即傳召石美，問他：難道寡人沒有讓你指耶和華起誓**，但上文36–38節未提發誓。**沒有警告過你：一旦出城，無論去哪裏，記住，你當天必死麼？你怎麼回我的？善哉此言，我聽見了！**shama`ti，雙關諧音石美，shim`i，撒下16:5注。國王添此細節，指其明知故犯。⁴³ **為什麼，你不守對耶和華的誓言，不遵從我給你的命令？**石美語塞。⁴⁴ **國王遂向石美宣佈：其實你心裏很清楚，你對我父親大衛犯下了何等惡行**；道出定死罪的緣由：辱罵國君。**而那邪惡，耶和華必擲還你的頭頂。**⁴⁵ **唯願所羅門王蒙福，願大衛的寶座永固**，舊譯不通：堅定。**在耶和華面前！**祈福以辟邪。

⁴⁶ **言畢，國王下令，耶知之子耶建便出去**，行刑。**將[石美]刺死了。**

如此，王國在所羅門手裏，終於穩固了。呼應上文12節。

所羅門的夢

三章

¹ **所羅門與埃及王法老聯姻。**也是流行的政治智慧，雖然不符摩西的教導，申7:3，17:16。**他娶了法老女兒，接來大衛城**，法老，或指埃及21王朝的末代君主Psusennes II，參7:8，9:16，24。**直至他的宮闕同耶和華的殿完工，耶路撒冷四圍的城牆建成。**

² **只是子民仍在丘壇獻祭，當時耶和華立名的居所尚未修建。**與大衛故事不同，撒上9:12，此書作者/編者循《申命記》摩西傳統，強調聖殿統一祭祀。³ **而所羅門雖然愛着耶和華**，別號耶和華所愛，撒下12:25。**照父親大衛的規矩行事，卻也在丘壇獻祭焚香。**

⁴ **[一日]國王到岌崩獻祭，因那裏的丘壇最大**；大過耶京的祭壇。**所羅門獻的一千全燔祭，便是用那座祭壇——**⁵ **來到岌崩，入夜，耶和華托夢顯現於所羅門。**不經先知，直接降言，創20:3，28:12，31:11，24。**祈求吧，上帝說，要我賜你**

什麼？[6] 所羅門回答：你以大仁愛待我父親大衛你的僕人，只因他走在你面前，於忠信與公義之中，一顆正直在心與你同在。為了他，據此大仁愛，你恩賜他一個兒子坐他的寶座，一如今日。[7] 耶和華啊我的上帝，是你，使你的僕人繼父親大衛為王；可我只是個小孩兒，謙稱，就治國理政的經驗而言。[帶兵]進出，我不會呀。缺乏軍事歷練，書 14:11。[8] 但你的僕人既已加入你揀選的子民，婉言為王。那極眾的一族，無從計量，不可勝數，[9] 那就請恩賜僕人一顆心懂得，如何領導你的子民，領導，lishpot，兼指審判、統治，士 3:10。舊譯判斷，誤。並識辨善惡；否則你的子民榮耀若此，榮耀，指承天父應許，將來人口眾多、國力強大。誰能領導？

[10] 所羅門這樣祈求，卻是我主眼裏的成善之言。意謂祈禱蒙上帝悅納。改稱我主，拉近讀者距離。下同。[11] 既然你祈求這個，上帝說，而不求長生，不求富貴，不求仇敵性命——既然你只求明辨以識得公平，mishpat，尤指司法，詞根同前文"領導"，撒上 8:11 注。[12] 那好，我就遂你所願：看，我賜你一顆心，智慧而明辨，前人無可比，後人無法超。[13] 甚而你沒有索求的富貴榮華，我也一併賜予你，一生 [享受]，列王之中無一可比；誇張修辭，以色列是近東小國，論財富距周邊大國甚遠。[14] 還要賜你延壽，若是你走我的道，守我的法令誡命，一如你父親大衛所行。申 5:33。

[15] 所羅門就醒了，原來是一場夢！他便返回耶路撒冷，立於我主的約櫃前，獻上全燔祭與平安祭，並宴請了全體臣僕。感恩並分享祭餐。

兩個妓女

[16] 之後，有兩個妓女求見國王，站到他面前。近東傳統，首領/君王常親自司法，主持公道，撒下 15:4。[17] 我主在上，一個女人說，我跟這女人同住一屋；我生孩子時，她也在屋裏。[18] 產後第三天，這女人也生了一個。我們一塊兒 [生活]，屋裏沒外人，除了我們兩個同屋。因而此案無旁人作證。[19] 然後這女人的兒子夜裏死了，被她壓着了。過失，或不會照料。[20] 可是她半夜爬起來，趁小婢熟

睡，從我身邊偷了我的兒子，_{偷，直譯：拿，下文24節。}抱在自己懷裏，卻把她那個死了的兒子擱在我懷裏。²¹我清早起來給孩兒餵奶，_{清早，同下句"天亮"，}_{一說屬誤抄。}啊，死了？待到天亮，仔細看時，啊不，這不是我生的孩子！

²²那另一個女人卻說：不對！活着的是我兒子，你的死了！這個便反駁：不對！你的才死了，活着的是我兒子！如此，她們在國王面前爭執不休。

²³國王道：這個說，這活着的是我兒子，你的死了！那個說，不對！你的才死了，活着的是我兒子！_{重複對話，民間故事風格。}²⁴給我拿劍來，國王吩咐。便有一把劍送至御前。²⁵國王道：把那活孩兒劈成兩半，一半給這個，一半給那個！

²⁶那活孩兒的母親急了，_{母親，直譯：女人。}為了兒子她已經五內如焚：求求我主，她向國王喊叫，這活孩兒，給她好了，千萬別傷害他呀！那一個卻說：劈就劈，他不歸我，也不歸你！_{假母親暴露。此"二母爭兒"母題亦見於佛經}_{《賢愚經》，參元雜劇《灰闌記》。}²⁷於是國王宣判，道：活孩兒給她，不得傷害；這一個是他母親。

²⁸全以色列都聽說了國王明斷此案，對國王敬畏有加。因為人看清楚了，他內中有上帝的智慧，_{或神一般的智慧，}以佈施公平。

大臣與郡守

四章

所羅門王做了全以色列的王，²其大臣如下：_{內閣班子。}

祭司，撒都之子耶助；_{`azaryahu，常名。父傳子。}

³書記，席夏之子秋帝與耶親；_{席夏，又名席亞，撒下20:25。}

掌璽大臣，亞希路之子耶審；_{大衛舊臣，撒下8:16, 20:24。}

⁴耶知之子耶建，統兵——_{接替岳牙，2:35。}

（[之前]祭司是撒都和吾父存） 編者插注。

⁵ 納丹之子耶助，長郡守；督察各地捐稅，下文 7 節。

納丹之子扎布，祭司兼國王之友；親信任王室祭司，撒下 20:26。

⁶ 亞希沙爾，任家宰；掌宮中事務。

耶僕之子阿朵蘭，管勞役。大衛舊臣，撒下 20:24。

⁷ 所羅門在全以色列設了十二郡守，nizzabim，捐稅行政區的首長。負責供養國王及王室，每人每年供養一個月。⁸ 名單如下：

戶珥之子，一說因經書所據檔案文獻損壞，部分郡守脫（句首）本名，僅剩父名。駐以法蓮山區。⁹ 釘鎬之子，釘鎬，deqer，綽號？駐馬卡茲、狐穴、太陽廟和恩屋橡。'elon beth ḥanan，一說即橡村，書 19:43；四城屬丹支族。¹⁰ 仁愛之子，駐窗鎮，'arubboth，在瑪納西地界。負責枝城和希弗全境。¹¹ 吾父貴之子：整個多爾崗子；果園山以南海濱，書 11:2。其妻為所羅門女兒塔法。¹² 亞希路之子巴納：塔納城和麥吉度，至民起鎮對面，民起，yoqme`am，瑪納西北部小鎮。並帝植下面整個安寧崗，書 17:11 注。自安寧崗到察爾鄆附近的舞甸。東抵約旦河。此節原文順序出錯，從傳統本注調整。¹³ 戈貝爾之子，駐基列山的高莊，約旦河東，屬迦得支族，申 4:43，書 20:8。負責瑪納西之子亞珥在基列山的營寨；並擁有巴珊的阿爾哥郡，六十座高牆銅門的大城。申 3:4–5, 14。¹⁴ 易都之子雅貴，'aḥinadab，"我兄弟/親族尊貴"。駐雙營。

¹⁵ 雅怒，一說即給大衛報信的撒都之子，撒下 15:27, 18:19。駐拿弗他利；他也娶了所羅門一個女兒芭色瑪為妻。¹⁶ 胡俠之子巴納，老臣之子，撒下 15:32 以下。駐亞設與女主城。be`aloth，七十士本另讀：關隘，ma`aloth。¹⁷ 帕魯亞之子耶審，駐以薩迦。

¹⁸ 艾拉之子石美，或即擁護所羅門的勇士石美，1:8。駐本雅明。¹⁹ 烏利之子戈貝爾，geber，"男子/戰士"。駐基列之地，迦得與呂便支族領地。昔日亞摩利王西宏和巴珊王斡格的疆域。

此外，又單立一郡，地在 ²⁰ 猶大。本支族豁免捐稅，撒下 24:9 注。下接 5:7。

於是以色列人口大增，如海沙之鉅；上帝實踐對聖祖的諾言，創22:17。有吃有喝，人人歡樂。傳3:12–13。忘了先知的警告，撒上8:11以下。

五章

而列國從大河[到]非利士之地，幼發拉底河到地中海之濱。通行本四章繼續，節數加20。至埃及邊界，均在所羅門治下。終其一生，所羅門享四方進貢與臣服。

² 所羅門每天所需食品：細麵三十桶，kor，乾量或液量單位，一桶約合公制230升。粗麵六十桶；³ 肥牛十頭，草場牛二十頭，羊一百隻，外加鹿、羚羊、麅子和肥鵝。barburim，或泛指禽類。⁴ 他的統治囊括了大河以西，直譯：大河對岸。波斯時期對亞蘭/敘利亞的稱呼。此節當屬補注。自提津至加沙，提津，tiphsah，幼發拉底河西岸重鎮與渡口，在大河東拐處，彌西堡以南110公里，耶46:2。因大河以西諸王皆已歸順，而四境平安。⁵ 所羅門生前，猶大和以色列俱得寧居，從丹城到誓約井，人人在自家的葡萄藤與無花果樹下。形容太平盛世，彌4:4，迦3:10。⁶ 所羅門擁有四萬馬廄，四萬，校讀：四千，代上9:25。配其戰車，並騎兵一萬二千。

⁷ 而那些郡守，接回4:19。便每人按月供養所羅門王，連同所羅門王宴席的賓客僕役，直譯：所有走近宴席的。令其無所短缺。⁸ 並且按各人的份額，將飼養戰馬力畜的大麥草料，力畜，rekesh，或快馬。送到指定地點。

所羅門的智慧

⁹ 上帝賜了所羅門絕大的智慧與悟性，tebunah，智慧賦予人的品質，或人習得智慧的能力，箴2:2, 3:13。舊譯聰明，誤。一顆心如海灘的黃沙廣袤。心，主思想感情與意志，古人視為生命之官，3:12。¹⁰ 所羅門的智慧，超過了所有東方子孫的智慧，兩河流域文明昌盛，占星術發達。並埃及的一切智慧。¹¹ 他比任何人都聰慧，勝於族人艾丹，及舞者的兒子希曼、舞者，mahol，或是綽號，指其職業。卡爾科和達爾達，四人皆著名智者兼樂官或歌手，詩88, 89題記，代上2:6, 6:18, 25:5。美名遠播四鄰列族。

¹²他作有三千箴言，歌千零五首。七十士本：五千首。¹³他能論説草木，從黎巴嫩的雪松到牆頭搖曳的牛膝草，亦能講解飛禽走獸爬蟲和游魚。後世所羅門通鳥語獸言的傳説，由此而起。¹⁴人們從各國前來聆聽所羅門的智慧，世上眾王聞説了他的智慧，都[仰慕]不已。校讀參傳統本注：都送來禮物。

聖殿：準備動工

¹⁵卻有石城王希蘭，通行本五章開始，節數減14。獲悉所羅門受膏，繼父為王，便遣使臣來朝。因希蘭同大衛一向交好，撒下 5:11。¹⁶所羅門即回覆希蘭，回信，派人送去。道：¹⁷您瞭解我父親大衛；他沒能建一座殿，為耶和華他的上帝立名，是因為周邊戰事不斷，直至耶和華讓他腳踏[仇敵]。喻戰勝、征服。¹⁸但如今耶和華我的上帝賜我周遭安泰，既無敵手，亦無災禍。¹⁹遂決意建殿，為耶和華我的上帝立名，照耶和華給我父親大衛的諭旨：撒下 7:12–13。你兒子我必賜他繼位，坐你的寶座；將來為我的名建殿的，是他！²⁰故此，請下令從黎巴嫩替我採伐雪松，我的僕人會協助您的僕人。僕人的工價隨您定，屆時奉上。如您所知，西頓人之長於伐木，西頓人，泛指腓尼基人（石城王的子民），書13:6。敝國無人能及。

²¹希蘭聽罷所羅門的信，直譯：所言。大喜，説：讚美耶和華，今日！多神崇拜，不排斥以色列的上帝。他賜了大衛一個聰慧的兒子，腓尼基人也聽説了以色列新王的智慧。統治這強大之民！²²希蘭修書致所羅門：頃接來信，所需雪松木與絲柏木，皆可滿足。²³我的僕人會把木材自黎巴嫩運下海濱，紮成筏子，浮海送至您見示的任何地點。抵港拆筏，俾貴方驗收。貴國只須遂我的心願，精明，不提本國民夫的工錢，但要價更高。供養敝家即可。

²⁴就這樣，希蘭運來雪松木與絲柏木，如所羅門所願。²⁵所羅門則報之以兩萬桶小麥，並兩萬桶新榨的橄欖油，兩萬，從七十士本，代下2:9。原文：二十。供希蘭王室食用。年年如此，所羅門供給希蘭。顯然石城王十分滿意。

²⁶而耶和華也兑現承諾，降賜智慧於所羅門。政治智慧。友情拉近了希蘭與所羅門，兩人訂了盟約。

²⁷接着，所羅門王在全以色列開徵勞役，徵調民夫三萬；²⁸輪班派往黎巴嫩，每月一萬：一個月在黎巴嫩，兩個月在家。勞役由阿朵蘭管轄。參4:6。²⁹所羅門另用七萬扛夫，遣八萬人進山採石，³⁰外加所羅門的郡守跟三千三百督工，參4:7。驅使百姓幹活。

³¹國王一聲令下，巨大的石方，精選的石料便開採了鑿就，精選，兼指昂貴。做聖殿的基石。³²加工則交與所羅門的工匠、希蘭的工匠同舸山人。書13:5注。如此，雙方通力合作。他們備好了建殿的木材和石料。

聖殿落成

六章

以色列子孫出埃及之後四百八十年，約前965年。480 = 40 x 12，象徵完滿。所羅門為以色列王四年，輝月，ziw，借自腓尼基曆，公曆四五月間。即二月，耶和華聖殿開工建造。²所羅門王為耶和華建的殿，長六十肘，寬二十[肘]，高三十肘。七十士本：二十五肘。³殿有前廳，'ulam，參觀結40:48以下。闊二十肘，與殿的正面同寬，深十肘，接大殿。⁴大殿開窗，安了框檻。⁵沿殿牆，蓋有側樓，yazia`，傳統讀法，結41:5–6。原文：床榻，yaẓua`。亦即圍繞前殿與內殿，靠牆的分層肋房。⁶肋房底層寬五肘，中層寬六肘，三層寬七肘；因為殿的外[牆]四周有坎，牆體下寬上窄，結41:7。無需[樑木]插入殿牆。

⁷這殿的建造，插入此節，表工匠及國王之虔敬。只用在採石場鑿好的方石；據祭壇律，祭壇石不可沾釺鑿，出20:25，申27:5–6。故而一座殿建成，竟不聞錘斧或任何鐵器的響聲。

⁸肋房底層的門，底層，從七十士本及亞蘭語譯本。原文：中層。在殿的右側；南面。有旋梯可上中層，再由中層登三層。⁹殿起，完成石建築部分。即鋪設殿

頂，大樑椽子均用雪松木。此句無確解。¹⁰ 側樓依主殿而建，[每層]高五肘，以雪松木梁與殿[牆]相接。

¹¹ 其時，插入此段，重申信約，2:4, 5:19。有耶和華之言降於所羅門，道：¹² 這殿你既已在建，若是你遵循我的法令，服從我的律例，按我的一切誡命行事，有你，我必實踐對你父親大衛的諾言；¹³ 必入居以色列子孫，以耶京聖殿為居所，受供奉。決不離棄以色列我的子民。

¹⁴ 如此，所羅門將聖殿建起。繼續描述其結構與裝飾。¹⁵ 殿內，用雪松壁板覆蓋四壁，自大殿地面到屋頂的房梁，從七十士本。原文：牆。下同。全鋪。大殿的地板，則以絲柏木鋪就。¹⁶ 殿的盡頭，量二十肘，也用雪松壁板覆蓋，自地面到房梁：此處建為內殿，debir，參出 26:33，結 41:3。即至聖所。¹⁷ 前殿，即大殿，hekal，聖所主體，置供桌等禮器，結 41:1。長四十肘。¹⁸ 殿內雪松 [壁板]都雕了藥西瓜和初放的花兒；藥西瓜，又名藥葫蘆，citrullus colocynthis，藤本有毒味苦，可殺蟲、治胃病、做瀉藥，王下 4:39。四面全是雪松，不見一塊石頭。¹⁹ 而內殿即殿的深處，預備安放耶和華的約櫃。²⁰ 內殿長二十肘，寬二十肘，高二十肘，地面比前殿高出十肘。庫金貼面。庫金，府庫所藏純金。又用雪松木制一祭壇，即香壇，出 30:1。制，校讀。原文：包/貼。另有：殿內所羅門貼了庫金，掛上金鏈。似抄重。²¹ 置於內殿前，黃金包敷。²² 至此，整座殿都貼了金，一如內殿祭壇，金光燦燦，全殿美輪美奐。tom，完美、盡善。

²³ 繼而，為內殿請兩匹昂首展翼的神獸，撒上 4:4 注。野橄欖木製作，高十肘。巨大，不是約櫃施恩座兩端的小神獸，出 25:18。²⁴ 神獸一翼長五肘，另一翼也是五肘；這一匹翼尖至翼尖十肘，²⁵ 那一匹也是十肘：二神獸一樣的尺寸和形狀，²⁶ 身高十肘，兩匹相同。不言身長。

²⁷ 這一雙神獸放進內殿，翅膀展開便觸及了兩壁，即二神獸各有一翼觸壁；兩者的另一翼則伸至殿中央，翅對翅相接。立姿，面朝大殿，代下 3:13。²⁸ 神獸也包了金。²⁹ 內殿和外殿四壁，外殿，即大殿。皆雕有神獸圖案，及椰棗與初放的花兒。結 41:17–18。³⁰ 地板全部鋪金，內殿外殿一色。

³¹內殿入口，則用野橄欖木做兩扇門，壁柱和門框為五邊形。直譯：五分之一。分五節？無善解。**³²兩扇野橄欖木門也雕有神獸圖案，及椰棗與初放的花兒；後者貼金，而神獸、椰棗鑲金。**

³³同樣，大殿入口的門柱也是野橄欖木製作，四邊形。分四節？無善解。**³⁴兩扇絲柏木門，這扇有兩頁可以折疊，那扇的兩頁亦可折疊；**門可全開或僅開一半，結41:24。**³⁵也雕了神獸、椰棗與初放的花兒，鑲金，刻圖勻稱。**

³⁶然後造內庭[的牆]，三層鑿好的石塊，層，或作道，無定解。**加一層雪松板材。**

³⁷第四年，輝月，耶和華聖殿奠基。上文1節。**³⁸十一年，獲月，**bul，借自腓尼基曆，公曆十至十一月間。**即八月，聖殿落成，各部分均按計劃完工：工期七年。**聖數。

王宮

七章

至於王宮，位於聖殿南側。**所羅門營造了十三年，**幾乎兩倍於聖殿的工期，因建築群較大。**整座宮闕才告建成。**

²他先造黎巴嫩林宮，用於接見使臣，有衛兵駐守，10:17。**長一百肘，寬五十肘，高三十肘，有四行雪松木柱子，**故謂林宮。四，七十士本：三。**柱頂托着雪松木橫樑。³天花板亦是雪松木，鋪四十五根椽子，十五根一排，由柱子撐起。**此節建築術語晦澀，無善解。**⁴窗框亦作三排，窗對窗，分三層。**為採光計。**⁵門道門柱一律方框，**參6:33。**彼此相對，共三層。**

⁶接着造圓柱門廳，林宮的門廳？**長五十肘，寬三十肘；前有柱廊，門口搭一架頂棚。**`ab，一作飛檐，無確解，結41:25。

⁷還造一寶座大廳，舊譯不通：廊。**供斷案之用，即審判廳；自地板到房樑，**從古敘利亞語譯本。原文重複：地板。**均雪松木覆蓋。**壁板裝飾。

⁸ 他自己的寢宮，在大廳後方另一庭院，構造與之相同。構造，ma`aseh，舊譯工作，誤。為所羅門迎娶的法老女兒，也照此廳建有一宮。王后待遇，3:1。

⁹ 所需石料，全部精選了按尺寸鑿好，前後鋸平，從基石到牆壓頂，本義：掌，轉指（建築術語）壓頂。外邊直至大庭。宮室北面的聖殿外庭，代下4:9。¹⁰ 地基，是清一色的精選石料，十肘與八肘的一方方巨石。¹¹ 之上，地面建築。也是按尺寸鑿好的精選石料，配雪松木。¹² 大庭周遭，圍三層鑿好的石塊，加一層雪松板材，同6:36。一如耶和華聖殿的內庭及殿廊。

銅柱與銅海

¹³ 所羅門王還將席蘭從石城接了來。席蘭，hiram，與石城王同名。¹⁴ 他是拿弗他利支族一個寡婦的兒子，注明其以色列血統。父親是銅匠，石城人氏。他全身充滿了智慧與悟性，一如所羅門蒙恩，5:9。精通一切銅工。聯想替摩西造會幕的巧匠帝庇蔭，出31:3-4, 35:31。來到所羅門王這兒，便一樣樣替他打造。

¹⁵ 首先鑄兩根銅柱。一柱高十八肘，圍十二肘；另一柱相同。直譯：一根繩十二肘圍第二柱，耶52:21。¹⁶ 然後造兩隻銅鑄的柱頭，給柱子安上；柱頭一隻高五肘，另一隻也高五肘。¹⁷ 再製兩張花網並花彩鏈子，裝飾柱頭，兩隻柱頭各飾一網。從七十士本。原文：七（網）。下節錯亂，校讀參傳統本注。¹⁸ 網子四周，又做兩列石榴覆蓋柱頭，兩隻一樣。¹⁹ 門廳的圓柱柱頭，則是百合花造型，[高]四肘。²⁰ 這一雙柱子頂起柱頭，腹部圍上花網，柱頭球形，似鼓起肚皮，下文41節。此句晦澀，無定解。各綴兩百個石榴，成列，環繞柱頭。

²¹ 他將雙柱挨着聖殿大門立起；立於右手的柱子取名"他必堅立"，yakin，祈上帝護佑王朝。立於左手的柱子取名"偉力在他"：bo`az，讚救主與君王同在，詩21:1, 13。亦是大衛曾祖父的名字，得2:1。²² 柱頂作百合花造型。如此，雙柱完工。

²³ 接着，鑄造[銅]海，大銅盆，注水供祭司洗濯手足，出30:18-21。美稱為海，暗示建聖殿與創世/深淵起陸地的對應。圓形，徑十肘，高五肘，圍三十肘。²⁴ 邊緣下

方，有藥西瓜環繞，見6:18注。每肘十隻，把海圍起；這些藥西瓜分為兩列，一體澆鑄。²⁵[銅海]由十二頭銅牛馱起：三頭朝北，三頭面海，向西。三頭向南，三頭迎旭日；朝東。牛尾朝內，那海便坐在它們背上。²⁶[銅海]厚一掌，邊緣像杯，造型如百合花，可貯水兩千罐。bath，液量單位，一罐約合公制23升。

²⁷然後，造十個銅盆座，每座長四肘，寬四肘，高三肘。²⁸盆座的造法是：[基座四面]有鑲板，置框中；shelabim，本義連接，無確解。²⁹框起的鑲板上[雕]獅、牛和昂首展翼的神獸，框架亦然；而獅、牛的上下皆[刻有]花環垂飾。morad，或錘成？無定解。³⁰每座四個銅輪，帶銅軸；四條腿通肩，腿裝輪子，上端凸起似肩。托住盆底。這[銅]肩鑄就，亦各有花環。³¹座頂開口，深一肘，圓形，做工[一如]基座，古敘利亞語譯本脫此短語。[徑]一肘半；口上也雕了圖案。

框架為長方形，而非圓形。³²那四個輪子便安在框下，輪軸連着基座，輪高一肘半。便於移動。³³輪盤的造法如兵車輪子，軸、輞、輻、轂，俱是銅鑄。³⁴每座四角四肩，肩下接輪腿。座肩一體。³⁵座頂裝一托圈，高半肘；上攔銅盆。座頂另有數隻把手，跟框架一體。³⁶把手表面一如座框，也雕了神獸、獅子和椰棗，四圍空處則飾以花環。³⁷如此，造了十個盆座，鑄法、尺寸和式樣完全相同。

³⁸再造十隻銅盆，每盆可貯水四十罐，容量為銅海的1/50。每隻放上盆座[高]四肘，共十座。³⁹盆座的擺列，聖殿右肩五座，左肩五座；肩，猶言手。銅海則置於聖的右肩，東南方向。

⁴⁰而後，席蘭製作了[盛油灰的]盤、從諸抄本及古譯本。原文：盆。屬祭壇銅器，出27:3。鏟、碗。

就這樣，耶和華聖殿竣工，聯想造主創世，創2:2。席蘭完成了所羅門王交與的任務。計有：

⁴¹銅柱兩根；球形柱頭兩個，並覆蓋球形柱頭的網子兩張；⁴²石榴四百個，點綴花網，每網兩列石榴，圍繞球形柱頭；圍繞，同上節"覆蓋"。

⁴³銅盆座十個，連同座上盆子十隻；

44 銅海一尊，並海下銅牛十二頭；

45 銅盤、鏟、碗。

所有這些，傳統讀法。原文有訛。席蘭為所羅門王造的耶和華聖殿的禮器，皆用精銅，錚亮。46 國王 [命他] 在約旦河谷，在棚村與察爾鄶之間，士7:22, 8:5 注。打了黏土模子鑄造。47 這些禮器所羅門卻並不過秤，因為太多了；銅的用量遂無從核查。

48 耶和華殿上的各樣禮器，所羅門也一一製備：金壇和陳設供餅的金桌；出 25:23–24。金壇，即香壇，6:20–21。49 燈台，五架右手，五架左手，庫金 [錘就]，置於內殿之前；出 25:31 以下。連同金花、燈盞與燭剪；50 火盆、碗碟、盛油灰的盤、鏟，皆庫金 [打造]；以及內殿即至聖所的門樞，並大殿門樞，亦精金製作。

51 就這樣，所羅門王的耶和華聖殿全工告竣。所羅門將父親大衛祝聖了的金銀寶器運來，當年的戰利品，撒下 8:11–12。存進了耶和華聖殿的庫房。

迎約櫃

八章

於是，所羅門召集以色列眾長老，各支族的頭領及以色列子孫的族長，至耶路撒冷所羅門王面前，七十士本脫 "各支族" 至 "面前"，或是插注。以請耶和華的約櫃從大衛城即錫安上來。大衛城/要塞是老城，在聖殿南邊，撒下 5:7。

2 以色列人全體遂於流月，'ethanim，借自腓尼基曆，公曆九十月間。即七月的節期，指住棚節，教曆七月十五開始，出 23:16 注。集合在所羅門王身邊。3 一俟以色列眾長老到齊，祭司便抬起約櫃，4 請耶和華的約櫃上來；會幕及內中所有聖器，會幕，見 1:39 注。則由祭司領着利未人搬運。5 同時，所羅門王率全以色列會眾，原文此處重複：聚集在他身邊，同他一起。從七十士本刪。在約櫃前面宰獻牛羊，數目之鉅，無從計量。

⁶祭司們將耶和華的約櫃請至內殿，即至聖所，神獸翼下的停放處；參6:23 以下。⁷讓神獸展翅於約櫃之上，恰好遮住約櫃及抬它的杠子：那一雙神獸。⁸那副杠子頗長，出 25:13。杠頭自內殿前的聖所可見 —— 但外面是看不到的 —— 至今仍在那兒。打消讀者或進不了聖所的民眾的疑慮。⁹約櫃裏除了兩塊石版，刻着十誡的約版，出 40:20，申 10:2, 5。並無別物；那是以色列子孫出埃及後，耶和華與之立[約]，在何烈山由摩西請入的。

¹⁰正當祭司們走出聖所，忽而祥雲充盈耶和華的殿，祥雲，神的親臨，呈現為極強的榮耀，出 13:21, 24:16, 40:34。¹¹乃至祭司因那祥雲而無法站立而執禮：耶和華的殿為耶和華的榮耀所充盈。¹²所羅門趕緊祈告：此詩七十士本歸於古歌集《義士書》，書 10:13。

耶和華嘗言，以烏雲為帳幕。借自迦南雷神形象，詩 18:11, 97:2。
¹³可我為你建了一座崇仰之殿　崇仰，zebul，兼指地勢崇高。
此處是你的聖居 —— 永遠！詩 132:13–14。

¹⁴言畢，國王轉過臉來，立於聖殿和百姓之間。為以色列會眾全體祝福，[讓]以色列會眾站在一起，¹⁵他說：
讚美耶和華，以色列的上帝！他親口應許我父親大衛的，藉先知納丹，撒下 7:4 以下。他已親手實現了，一如所言：¹⁶自引領以色列我的子民出埃及之日，我不曾在以色列各支族遴選一城，建殿立名，反言耶京聖殿乃唯一聖所，3:2注。但我揀選了大衛統治以色列我的子民。

¹⁷我父親大衛曾有心建殿，為耶和華以色列的上帝立名，¹⁸然而耶和華曉諭大衛我父親：你有心為我的名建殿，這番心意固然很好；¹⁹建殿卻不由你，而要歸你兒子，你的腰胯所出 —— 將來為我的名建殿的，是他！撒下 7:12–13。

²⁰耶和華實踐了他的諾言，讓我繼父親大衛之位，坐上以色列的寶座，一如耶和華允諾。強調王位神授，不僅是父王指定，1:30 以下。而我就建起這殿，為

耶和華以色列的上帝立名，²¹ 並給約櫃預備了處所，存耶和華的約；合法承接大能者的榮耀，享永約之保佑。那是他領我們先祖走出埃及時，同他們訂的。

²² 接着，所羅門站到耶和華的祭壇前，當着全以色列會眾的面，舉掌向天，祈禱狀。²³ 道：耶和華啊以色列的上帝，天上地下，沒有神可與你比肩！貶異教神，但不否定其存在，出 15:11。參申 4:35, 39。你守約而恩待你的僕人，只要他們一心走在你面前。猶言侍奉、立信。²⁴ 而你已履行對僕人大衛我父親的諾言；一如你親口應許，今天你親手實現！²⁵ 現在，耶和華啊以色列的上帝，求你繼續履行對僕人大衛我父親的允諾，因你說過：只要你的子孫守持正道，走在我面前，如你在我面前，你就決不會被剪除了後人，從我面前失去以色列的寶座。祈王朝永固，2:45，撒下 7:16。²⁶ 所以求求你，以色列的上帝，讓你的諾言成真吧，你答應了僕人大衛我父親的！

²⁷ 但是，上帝真能入住塵世麼？虔誠設問：建殿立名、彰顯榮耀，不等於神在塵世。看哪，重霄之上，諸天之天尚且容不下你，何況我建的這一座殿？²⁸ 啊耶和華我的上帝，求你眷顧僕人的祈求，垂聽僕人今日在你面前發出的哀鳴和禱告！視聖殿為人世距天父最近之處，申 4:7。²⁹ 願你的眼睛晝夜關注這殿，即你說的：我的名永駐之地。申 12:5。願你垂聽你的僕人向這裏獻上祝禱——³⁰ 當你垂聽僕人同以色列子民向這裏發出的哀鳴，願你，自天上的聖居俯聽，自，從古敘利亞語譯本，代下 6:21。原文：向。聽了即寬恕！引出以下警告與七願。

³¹ 若有人因觸罪於鄰人而受了咒誓，控訴方因證據不足，可要求神判，出 22:7–10，民 5:19–28，士 17:1–3。令其來這殿的祭壇前發誓：³² 願你自諸天垂聽，替你的僕人主持公道：舊譯判斷，誤。定惡人的罪，將惡行擲還他頭頂，熟語，形容報應，2:32, 44。而判義人得直，還他以公義。

³³ 當以色列你的子民因觸罪於你而被仇敵擊敗，外族入侵，申 28:25。若他們回頭找你，重新認你的名，來這殿向你祈求：不提獻祭。³⁴ 願你自諸天垂聽，寬恕以色列子民的罪愆，領他們返回你應許其祖宗的家園。寫子民入囚，此片斷年代較晚。

35 當蒼天因他們觸罪於你而緊閉，而斷了雨露，旱災，申 11:17, 28:24。若他們向這裏祈禱，重新認你的名，且因你的懲戒而悔罪：懲戒，從七十士本。原文：回答。36 願你自諸天垂聽，寬恕你的僕人以色列子民的罪愆，教他們走那應走的善道 —— 願你降雨 [滋潤] 你賜子民為業的福地。

37 當福地陷於饑饉，或遭逢瘟疫、枯萎、霉病或蝗蟲蠐螬；申 28:21–22, 38, 42, 32:24。或敵軍犯境圍攻城門；提喻城鎮、家園。或任何災殃惡疾 —— 38 不論如何祈求，個人還是以色列你的子民全體，只要人從心底認識了傷痛，兼指災殃，源自神意，賽 53:3。舊譯不通：自覺有罪。向這殿舉起他的雙掌：禱告。39 願你自諸天你的聖居垂聽而寬恕，並照人的路向施報應，路向，猶言行事，及其體現的信仰，耶 6:27, 16:17。因你認得他的內心 —— 是呀，唯有你認得每一個人子的心！撒上 16:7。40 如此，人必終生敬畏你，守信約。在你恩賜我們祖宗的家園。

41 至於外邦人，想像萬族歸依，賽 2:2–5，耶 16:19。那不屬以色列子民，卻為了你的名而來自遙遠國度的 —— 42 是的，他們也會聞說你的偉名，你的大力之手與伸展的臂 —— 若是他來這殿祈禱，亞 8:20–22。來，或作：來向。則外族不必到聖殿。43 願你自諸天你的聖居垂聽，滿足那外邦人請求的一切，包括通婚，加入子民；異神不再是威脅，申 7:3–4。以使大地萬民認你的名而敬畏你，一如以色列你的子民；以使他們曉得，我建的這殿，人呼喚的是你的聖名！賽45:6。

44 當你的子民出戰迎敵，不論奉你派遣走哪一條路，若他們向耶和華祈禱，面朝你揀選的這城，面朝，derek，道路、朝向。面朝聖城祈禱，是後世逐漸形成的規矩，詩 5:7, 28:2，但 6:11，俾 3:11。並我為你的名建的這殿：45 願你自諸天垂聽他們的祈求，替他們主持公道。

46 但如果他們觸罪於你，因為沒有不觸罪的人，人無完人，箴 20:9，傳 7:20。而你怒氣迸發，將他們交在仇敵腳下，直譯：面前。任憑擄掠者擄去敵國，不論遠近；似子民入囚後的境遇及反思，上文 34 節注。47 若是他們在入囚之地回過心來，喻改過自新，申 30:1–2。在擄掠者的國中悔改，向你哀求：我們 [知] 罪了，士 19:21。是我們造的孽，作的惡！48 若是他們在擄掠他們的敵國，以全心全靈回頭找你，向你祈禱，面朝你恩賜他們祖宗的福地，並你揀選的這城，我為你的名建的這殿：此段為一長句，表哀婉。[49]願你自諸天你的聖居垂聽他們的祈求，替他們主持公道，[50]寬恕觸罪於你的子民，赦免他們對你犯下的纍纍忤逆，賜他們喚起擄掠者的憐憫，求得征服者開恩，如波斯居魯士大帝釋囚，賽41:2, 45:13。而獲垂憐——[51]畢竟，他們是你的子民，你的產業，是你從埃及那口熔鐵爐裏領出來的！熔鐵爐，喻奴役，申4:20, 9:26。

[52]願你睜眼關注僕人的哀求，接回上文30節。以色列你的子民的哀求，並一一垂聽，不論何時他們把你呼喚。或作：他們求你的一切。[53]因為將他們從大地萬民劃出為業的，是你，申7:6。我主耶和華，正如你領我們先祖出埃及時，借手摩西你的僕人所宣佈。

[54]所羅門向耶和華獻上祝禱，這一番哀求完畢，便從他舉掌向天、屈膝跪拜的耶和華的祭壇前站起，[55]立定，高聲祝福以色列會眾全體，再次祝福子民，上文14節。說：

[56]讚美耶和華！是他賜以色列子民得了休憩，喻保佑，賽11:10，耶45:3。他借手摩西他的僕人所應許的福祉，無一落空。[57]願耶和華我們上帝與我們同在，一如與我們祖宗同在；不棄也不離我們。履行信約義務，申31:6，約1:5。[58]願他扭轉我們的心，[引]我們走他的道，守他頒與我們祖宗的誡命、法令和律例。[59]願我這禱詞，我在耶和華面前的懇求，無分晝夜，伴隨耶和華我們上帝，婉言蒙悅納。俾他替僕人主持公道，為以色列他的子民申冤，日日不輟；[60]以使大地萬民承認，除了他，耶和華，別無上帝。意謂異教神無能、虛妄，上文23節注。[61]願你們的心完全歸於耶和華我們上帝，遵行他的法令，謹守他的誡命，一如今日。

[62]於是，國王同全以色列一起，在耶和華面前宰獻了犧牲。再次獻祭，上文5節。[63]所羅門獻與耶和華的平安祭，共宰牛兩萬兩千頭，羊十二萬隻。誇張，極言典禮之盛大。如此，國王率以色列子孫為耶和華的殿行了奉獻禮。[64]當天，國王還祝聖了耶和華殿前，內庭中央，在那裏獻上全燔祭、素祭和平

安祭的脂肪。因為耶和華面前的銅壇太小，此祭壇置於聖殿門前，出 27:1–2，王下 16:14。放不下全燔祭、素祭和平安祭的脂肪。

⁶⁵那一次，所羅門同全以色列一起歡慶，從哈馬隘口到埃及河，從北到南，整個福地，民 13:21, 34:5，書 13:5, 15:4。舉行盛大集會，在耶和華我們上帝面前守節七日。原文另有：又七日 [共] 十四日。似插注，代下 7:9。從七十士本刪。⁶⁶第八天，遣散了百姓；他們祝福了國王，歡歡喜喜，返回帳篷，喻家鄉，撒上 4:10。為耶和華賜大衛他的僕人並以色列他的子民的一切福祉，而幸福在心。

第二次神現

九章

所羅門完成了耶和華的殿和王宮，及所羅門出於喜好而興建的一切以後，喜好，婉言享樂，生活奢靡。舊譯不確：願意。²耶和華第二次向所羅門顯現，宛如之前在岌崩顯現。托夢，3:5–15。³耶和華道：

你在我面前發出的祈求，我都聽到了。舊譯應允，不妥。你建的這殿我也已祝聖，立名其中至永遠；日日年年，我的眼我的心要把它牽掛。⁴至於你，若是你走在我面前，像你父親大衛那樣，不言其罪愆與性格弱點，而僅指建國護教之功。純正在心而秉直，詩 33:4, 78:72。行事皆按我的旨意，謹守我的法令律例，⁵我必使你的王位永立以色列，一如我應許你父親大衛：參 8:25。你決不會被剪除了後人，失去以色列的寶座。

⁶但如果你們，或你們子孫，竟敢背棄我，不守我頒與你們的誡命法令，反而去服事異神，朝它們叩拜，點題，申 28:15。⁷則我必將以色列從我賜予他們的家園剷除；甚而我祝聖立名的這殿，我也要轉過臉去，逐出：比作休妻。另讀如古譯本：扔棄，代下 7:20。任以色列被萬民譏嘲、辱罵。熟語，申 28:37，耶 29:18。⁸而這殿將成為廢墟，從古敘利亞語譯本及古拉丁本。原文：(曾經) 崇高。路人 [見了] 無不驚歎而噓它，表厭惡、恥笑，耶 18:16, 19:8。說：為什麼，耶和華這樣處置這國、這殿？⁹人會回答：申 29:23–25。因為他們離棄了耶和華他們上

帝，那領他們先祖出埃及的，卻抓住異神叩拜、服事；抓住，諷其"淫祀"混亂，對比聖殿之聖潔。舊譯親近，誤。**結果耶和華就向他們降了這場災禍。**

黃金與勞役

[10] **所羅門這兩組建築，耶和華的殿與王宮，費時二十年才落成。**參6:38–7:1，耗費鉅大。[11] **其間石城王希蘭遂了所羅門的心願，給他運來雪松木、絲柏木和黃金。**前文未提聖殿和宮廷所需黃金的來歷，農產品似不足以支付，5:24–25。**所羅門王便把加利利之地二十座城，贈了希蘭。**福地流失。

[12] **可是希蘭從石城到所羅門贈他的城鎮一看，覺得不對，**[13]**說：吾兄贈我的，都是些什麼城哪？**不滿意所羅門的"饋贈"，嫌加利利山區不夠富庶。**因而至今，那裏仍叫作喀布爾之地。**意為無用之地，書19:27注。[14]**而希蘭給 [所羅門]王送去的黃金，達一百二十秤。**約合公制4噸，撒下12:30注。

[15] **以下記錄所羅門王徵發的勞役，為建耶和華的殿、王宮、堤壘和耶路撒冷的城牆，**擴展大衛修築的城防工事，撒下5:9注。**以及夏城、麥吉度、**鞏固北方，書11:1, 12:21。**革城——**[16]**埃及王法老曾上來奪了革城，**插注，交代背景，書10:33。**放火焚燒，屠戮城裏的迦南居民；而後給女兒即所羅門妻作嫁妝，**參3:1。[17]**所羅門遂重建了革城——下洞莊、**[18]**女主城、**建設中部，書16:3, 19:44。**境內荒野上的椰棗營，**tamar，南地邊塞，結47:18。傳統讀法及諸抄本：tadmor，則遠在敘利亞，代下8:4。[19]**連同所羅門所有的倉城，屯戰車與騎兵的城邑，**以色列學會並裝備了迦南人的兵車，5:6，撒下8:4注。**並所羅門出於喜好而在耶路撒冷、黎巴嫩和治下各地營建的一切。**[20]**而國中殘留的不屬以色列子孫的亞摩利人、赫提人、比利齊人、希未人跟耶布斯人，**國中，移自下句。[21]**亦即以色列子孫未能禁絕的 [異族]，**申7:2, 20:16。**所羅門將其後裔都徵作了苦役，至今仍是。**此說後起，與早先的記載矛盾，5:27, 11:28。[22]**至於以色列子孫，所羅門無一強迫為奴，概因他們是戰士，**摩西傳統，男子年滿二十皆戰士，民1:3。**是他的臣僕、將軍、馭手和車騎的指揮官。**

²³ 所羅門的督工官，計有五百五十，負責管做工的人。

²⁴ 堤壘，是法老女兒從大衛城搬進給她蓋的宮室以後，參觀代下 8:11。才重築的。

²⁵ 每年三次，逾越、收割、住棚三節，出 23:14–17。所羅門在為耶和華立的祭壇上獻全燔祭和平安祭，香煙裊裊，在耶和華面前：如此使聖殿完備。全其功效。

²⁶ 所羅門王還在紅嶺的蘆海之濱，希臘名紅海。橡林近旁的勇士港，`ezyon-geber，位於阿喀巴灣北端，民 33:35。建有一支船隊。²⁷ 這船隊有希蘭派的僕人，善航海的水手；腓尼基人貢獻專長，拓展貿易。他們帶上所羅門的僕人，²⁸ 去到俄斐，阿拉伯半島西南，著名的黃金寶石香料產地，創 10:29，賽 13:12，詩 45:9。收得黃金四百二十秤，照應上文 11 節。給所羅門王運了回來。

示巴女王

十章

示巴女王聞說所羅門的美譽（歸於耶和華的名），代下 9:1 脫左七字；兼指國王建殿立名，智慧得自神賜。示巴，通說在阿拉伯半島西南，瀕紅海，創 10:7, 25:3，賽 60:6，詩 72:10。就拿難題來考他。女王極富且聰慧。² 她帶着大隊扈從，來到耶路撒冷，一匹匹駱駝滿載香料、黃金和寶石。參 9:28 注。一俟晤面，便把心裏念着的向所羅門合盤端出。³ 不想所羅門應答如流，她那些問題，直譯：言。竟無一個是難得倒國王而答不上的。難倒，直譯：藏起、使看不見。⁴ 當下示巴女王見識了所羅門智慧之淹博，並他建的宮殿，⁵ 宴席上的珍肴、群臣的坐姿，或座次。侍者的立儀、服飾與司酒，以及他在耶和華的殿上獻的全燔祭 —— 她的靈把持不住了。驚愕、欽羨、嘆服狀。或作：喘不過氣（靈）來。

⁶ 她對國王說：吾國流傳的關於您的功業和智慧的種種，是真的吶！⁷ 要不是來了，親眼看到，我怎會信那些事兒？debarim，兼指言、問、功業。不，他們告訴我的，尚不及一半；論智慧跟富貴，您遠超傳聞！舊譯不通：聽見的風聲。⁸ 福哉，您的后妃！從七十士本及古敘利亞語譯本。原文：人。福哉，那時常在您

面前侍立，聆聽您的智慧的臣僕！⁹ 讚美耶和華您的上帝！他歡愉在您，賜您登上以色列的寶座；是耶和華出於對以色列的永愛，立您為王，要您秉公行義！從而惠及百姓。

¹⁰ 於是她向國王贈禮：一百二十秤黃金、等同石城王的援助，9:14。大批香料和寶石——此後，香料入貢，再無示巴女王饋贈所羅門王之闊綽。¹¹ 另外，希蘭的船隊去俄斐運黃金，也載了許多紫檀木和寶石回來。¹² 用紫檀木，'almugim，原產印度與東亞，故而珍稀。無確解，代下 2:8。國王為耶和華的殿和王宮修了欄杆，mis'ad，支撐、柱欄之類。無定解，代下 9:11。又給樂工製作琴瑟——此種紫檀木後來就停了入貢，至今難得一見。¹³ 而所羅門王則回贈示巴女王：除了一份合君主氣度的厚禮，氣度，直譯：手。凡她喜歡、想要的，所羅門均一併相送。

禮畢，她率扈從啟程，回國去了。

所羅門的財富

¹⁴ 所羅門每年收取的黃金，重達六百六十六秤，公制 22 噸半不止，誇張。¹⁵ 商人小販、阿拉伯諸酋長跟國中郡守 [所進獻] 的不計在內。阿拉伯，從古譯本，代下 9:14。原文：雜民，結 25:24。¹⁶ 所羅門王打了兩百面錘金長盾，每面用金六百 [舍克]；約合公制 6.8 公斤。¹⁷ 並三百面圓盾，也是錘金，每面用金三斤。maneh，一斤合公制 571 克，結 45:12 注。另讀三百（舍克），代下 9:16。這些被國王存於黎巴嫩林宮。做裝飾，豪華之極。¹⁸ 國王還造了一架巨大的象牙寶座，純金包敷。¹⁹ 寶座設六階，椅背圓頭，座位兩邊有扶手，扶手旁立一雙獅子；²⁰ 六層台階的兩側，另立十二頭獅子。共十四頭，聖數，6:38。如此精工製作，列國絕無僅有。

²¹ 所羅門王的飲具也是全金。黎巴嫩林宮的器皿，清一色庫金，見 6:20 注。無一銀製——銀子在所羅門年間，算不上什麼。²² 因為國王有一支拓西船隊，拓西，西班牙東南或薩丁島商港，賽 2:16，詩 48:7；此處或指船的式樣。同希蘭的船

一起航海。那拓西船隊三年往返一次，載回金銀象牙和猿猴孔雀。tukkiyyim，另作狒狒，無定解。

23 論財富和智慧，所羅門王大於世上萬王。小國盛世的理想化記述，3:13注。24 全世界都求着覲見所羅門，以聆聽上帝植於他心地的智慧。25 來者個個獻上貢品，有金銀器皿，也有衣袍軍械、香料和騾馬，年年如此。

26 所羅門還擴充了戰車與騎兵。他擁有戰車一千四百輛，騎兵一萬二千；參5:6, 9:19。駐紮在各屯車城，駐紮，從古譯本，代下9:25。原文：帶領。拱衛國王與耶路撒冷。直譯：與國王同在耶路撒冷。27 而國王在耶路撒冷，銀子如石頭之多，雪松如平原的埃及榕之眾。28 所羅門的馬匹得自木茲里、muzri，校讀，在敘利亞北部。原文：埃及，mizrayim。但埃及非良馬產地。下同，申17:16。庫威，qoweh，小亞細亞南岸，希臘名基利迦，徒21:39。是奉敕商家按定價從庫威買來的。29 從木茲里輸入一輛戰車，耗費六百塊銀子，一匹馬一百五十。而同樣，向赫提與亞蘭諸王的輸出，所羅門精明，設法賺取敘利亞的大宗軍貿。也是經他們之手。

後宮

十一章

所羅門王除了法老女兒，還愛上許多外邦女子；其時與外族通婚尚未禁止；罪在奢侈，申17:17。她們來自摩押、亞捫、紅嶺、西頓、赫提等等，2 耶和華對以色列子孫警告過的外族：你們不可去他們中間，他們也不可來你們中間；禁通婚，引後世規定，出34:16，申7:3–4。不然他們會把你們的心扭了，喻誘惑、誤導。不然，從七十士本。原文：一定。朝向他們的神。

然而所羅門迷戀她們。3 他有七百名公主為妃，外加三百嬪妾；這些妃嬪扭了他的心。此短語重複，七十士本脫。4 所羅門晚年，心被妃嬪扭了，朝向異神；允許外族妃嬪自由崇拜，立神龕。他的心不似父親大衛的心，不全屬耶和華他的上帝了。上行下效，宗教寬容蔚然成風。5 就這樣，所羅門追起了西頓人的女神阿思塔、亞捫人的穢物米爾公。士2:13, 11:24注。

⁶所羅門幹了耶和華眼裏的惡事，不像父親大衛對耶和華順服。⁷尤其是，所羅門在耶路撒冷對面山上，對面，即東面/正面。給摩押的穢物凱魔和亞捫子孫的穢物恥王，穢物，貶稱異教偶像。利18:21，民21:29。築了丘壇。⁸他的外邦妃嬪，凡燒香祭神的，他都給築。

⁹耶和華發怒了。因為所羅門扭了心，背離了耶和華以色列的上帝——那兩次向他顯現，托夢，3:5, 9:2。¹⁰專就此事降旨，禁迫異神的[上帝]。他沒有守耶和華的誡命，¹¹故而耶和華對所羅門說：既然你一意孤行，不守我的約，並我頒與你的法令，我只能撕下你的王國，撕下，回放掃羅失王位的預言，撒上15:28, 28:17。舊譯奪回，誤。給一個你的臣僕。¹²不過為了你父親大衛，在你有生之年我不做此事，禍福皆可因人事而變更、收起或推延。但要從你兒子手裏撕開！¹³只是，這王國我不會全部撕掉，全能者亦受制於永約，撒下7:16, 23:5。仍會留一支族給你兒子，或因此時西緬支族已融入猶大，合稱一支。為了大衛我的僕人，為我揀選的耶路撒冷。

敵手

¹⁴於是耶和華給所羅門興起一個敵手，satan，"撒旦"，聯想擋道、降災的天庭使者，民22:22，伯1:6。紅嶺人哈大，是紅嶺王的子實。¹⁵當年大衛進剿紅嶺，撒下8:13–14。岳牙將軍上去掩埋陣亡者時，曾大肆屠殺紅嶺男子——¹⁶岳牙和全以色列在那兒駐了六個月，直至紅嶺剪滅了男人。包括男童，猶如聖戰，民31:17。¹⁷但哈大同幾個紅嶺人，他父親的臣僕，逃去了埃及。當時哈大還是個小孩。¹⁸他們從米甸出發，向西。來到巴蘭，找了些巴蘭人帶上，就下埃及投奔法老。埃及王賜下房屋俸食，還給了他一片地。收留紅嶺王子，伺機鉗制大衛。

¹⁹後來哈大深得寵幸，法老把貴妃塔普尼思的妹子嫁了他為妻。塔普尼思，埃及王后或貴妃的頭銜。²⁰塔普尼思的妹子給他生了一子，竊兒，genubath，諧音偷竊，genebah。由塔普尼思在法老宮中給他斷奶；意謂接到王宮撫養。故七十士本：把

他養大。**所以竊兒是跟法老的兒子們一起在宮中 [長大的]。²¹ 當哈大在埃及聽說，大衛已與列祖同眠，岳牙將軍也亡故了，哈大便向法老提出：陛下讓我走吧，回故國去。**謀求復國，需埃及支持。**²² 法老問他：你在這裏缺什麼，急着要回國？**明知故問。**一樣不缺，他答，只求陛下放行！**

²³ **上帝還興起一個他的敵手，帝知之子列公。**rezon，諧音王公，razon，箴 14:28。**他逃離了主子佐巴王哈達澤，**失寵或密謀篡位失敗？撒下 8:3 注。**²⁴ 在大衛的屠殺之後，**以色列擊敗佐巴王的亞蘭聯軍，撒下 10:15 以下。**招聚起一支隊伍，當了頭領。遂直取大馬士革，入城盤踞，在大馬士革稱王了。**亞蘭人不再臣服，撒下 8:6。**²⁵ 所羅門生前，他始終是以色列的敵手，危害不亞於哈大；**至此，福地南北皆生邊患。不亞於，校讀。原文有訛。**他憎惡以色列，自命亞蘭王。**二抄本及七十士本：米甸王。

增民

²⁶ **聶拔之子增民，**yarob`am，最危險的敵手出場。**原是所羅門的臣子，卻也向國王揚起了手。**喻大膽、反叛，出 14:8，民 15:30。**他是以法蓮人，來自察爾達，其母名澤露婭，**zeru`ah，諧音黃蜂，zir`ah。**是個寡婦。²⁷ 他揚手反國王，原委如下：**

正值所羅門重築堤壘，給父親大衛的城合上缺口。補修一段城牆，9:15。**²⁸ 增民這人頗有才幹；所羅門見他年輕，做事勤快，**舊譯不確：殷勤。**便命他統管約瑟家的勞役。**

²⁹ **一天，增民走出耶路撒冷，在道上遇見示路的先知耶親。**'ahiyah，與宮廷書記同名，4:3。**後者披一件新方袍，田間僅有他們二人。**密謀。**³⁰ 耶親把身上的新方袍一扯，撕成十二條，³¹ 向增民道：你拿十條去，**動作諷喻，演示神的啟示，賽 20:2，耶 13:7。**如是，耶和華以色列的上帝有言：看，我要撕了所羅門手裏的王國，分你十個支族！**說出喻底；以法蓮為北方十支族之首。**³² 給他只留一個支族，為了我的僕人大衛，為耶路撒冷 —— 以色列支族中我揀選的是這城。³³ 因為他拋棄我，去拜西頓人的女神阿思塔、摩押戰神凱魔和亞捫子孫的大**

神米爾公；他不走我的正道，他，從古譯本。原文複數。不行我眼中的義事，照我的法令律例：不像他父親大衛！34 不過，我無意從他手上奪走整個王國，卻要他做首領而終其一生，稱君王為首領，允臣子割裂福地。為了大衛我揀選的僕人：[大衛]守我的誡命法令。35 但那王國，我必從他兒子手裏奪來給你，亦即那十個支族。36 他兒子我只給一個支族，讓大衛我的僕人留一盞燈，象徵王朝，而永約未墜，撒下 21：17。日日在我面前，在耶路撒冷，我親選的立名之城。37 而你，待我收取，分裂成功後。即可盡你的靈中所願統治，做以色列的王。38 若是你聽從我的一切指示，走我的正道，行我眼中的義事，守我的法令誡命，像大衛我的僕人那樣：則我必與你同在，給你建一堅固的家，承認北國的合法性，撒上 2：35 注。一如為大衛建的那個。我必將以色列賜你，39 必使大衛子實為此受磨難，據團體責任，子民因國王觸罪而負咎。但不會太久長。

40 於是所羅門就要除掉增民。陰謀敗露，略細節。但增民起身逃去了埃及，投奔埃及王西夏克；第 22 王朝首任法老，前 945~925 在位。參 14：25。他留在埃及，直至所羅門逝世。

41 所羅門其餘的事蹟，其所作所為並其智慧，不都載於《所羅門實錄》？逸書，通說 3–11 章取材於此。42 所羅門在耶路撒冷為王，統治全以色列，凡四十年。象徵平寧，士 3：11，5：31；前 970~931 在位。43 而後所羅門與列祖同眠，葬於父親大衛的城。其子寬民繼位為王。見 14：21 注。

石肩暴動

十二章

寬民去到石肩，約書亞同子民立約處，象徵團結，書 24 章。[要]全以色列來石肩擁他為王。聖城登基尚不足以服眾。2 其時聶拔之子增民在埃及避難——增民因為躲所羅門王，住在埃及——他也聽說了。此節有冗文，七十士本脫，或是補注，代下 10：2。3 所以派人去請，增民就趕了回來，領着以色列會眾全體，代表北方十支族。向寬民提出：4 您父親給我們套了苦軛；苦，直譯：使（我們的軛）硬。您要是能減輕您父親壓在我們身上的苦役與重軛，我們就服事您！要求新王減免勞役，重訂憲章。⁵答：你們暫且回去，三天後再來見寡人。子民退下。

⁶寬民王便同眾長老，即父親所羅門的舊臣商議，舊臣，直譯：（所羅門）生前已侍立其面前。說：諸卿的意見，如何回覆這些人？⁷群臣回答：陛下若是今天給這些人為僕，服務他們，好言好語答應他們，他們必日日年年做陛下的僕人。提醒積怨已深，須讓一步換得效忠與安定。⁸可是他拋開眾長老給的建議，反而去問幾個跟他一塊兒長大又侍立左右的年輕人，寵用內臣。⁹說：你們的意見，寡人怎麼回這些人？寡人，直譯：我們。君主自謂，朕，創1:26, 26:10注。他們向我提出：請減輕您父親壓在我們身上的軛。¹⁰那幾個跟他一塊兒長大的年輕人回答：什麼您父親壓的重軛，您得替我們減輕！這種人，陛下可這麼回他們：我一根小指頭比我父親的腰還粗！小指頭，暗喻陽具。¹¹我父親給你們套了重軛，如今我給你們的要更重；我父親拿皮鞭抽你們，但我抽你們，拿的是"蠍子"！帶鐵刺的鞭子或同類刑具。

¹²第三天，增民和子民又來見寬民，遵國王諭示：過三天再來見寡人。¹³國王冷冷地回覆子民，冷冷，同上文4節"苦/硬"。拋開眾長老給的建議，¹⁴而取了年輕人的意見，說：我父親給你們套了重軛，我給你們的要更重；我父親拿皮鞭抽你們，但我抽你們，拿的是"蠍子"！

¹⁵如此，國王沒依從子民。這一變局，卻是耶和華的意思：新王不智，歸因於神意。他要實踐承諾，即耶和華借手示路的耶親，給聶拔之子增民的預言。見11:29以下。¹⁶而全以色列見國王不肯依從，子民就回絕國王，說：引誓巴的反詩，撒下20:1。

大衛之中可有我們的一份？

　　沒有，那產業不在耶西兒子！指耶京的王僅代表一家。

回你的帳篷吧，以色列！

　　而今看好你自己家，大衛！

於是以色列回了帳篷。北方支族分離。[17] 但住在猶大各城的以色列子孫，仍屬寬民統治。[18] 寬民王卻派了阿朵蘭去管勞役，結果被全以色列扔石頭砸死。繼續徵夫，引發大規模暴動，4:6, 5:28。寬民王慌忙爬上兵車，逃回了耶路撒冷。[19] 就這樣，以色列反出了大衛家，反出，舊譯背叛，不妥。至今猶然。

[20] 而全以色列聽説增民返歸，便派人請他來會眾面前，立為全以色列的王。前931~910在位，國號以色列。之後，追隨大衛家的，僅有猶大支族了。國名猶大。

[21] 寬民回到耶路撒冷，即召集猶大全家和本雅明支族，本雅明南部屬猶大。十八萬精兵，欲討伐以色列家，還王權於所羅門之子寬民。[22] 然而，上帝降言於上帝之人耶聞，shema`yah，常名。上帝之人，美稱先知、聖者，撒上2:27。道：[23] 告訴猶大王所羅門之子寬民，並猶大全家、本雅明及其餘子民，[24] 此乃耶和華之言：不可上去討伐自家兄弟，以色列子孫。散了，回家去吧，這事原是我的意思。兩支族進山區攻打十支族，勝算不大。眾人聽是耶和華降言，就回去了，循耶和華之言。新王只好順從民意。

金牛犢

[25] 增民則在以法蓮山區加固了石肩，以其為居所。據點。然後由此東進，渡約旦河。重建了上帝照面。penu'el，雅博河上小鎮，被基甸摧毀，士8:17。

[26] 增民心想：現在這個樣子，王國遲早還是大衛家的。[27] 這些人若是老上耶路撒冷，去耶和華的殿獻祭，人心就難免會向着他們主子猶大王寬民——就會把我殺了，重歸猶大王寬民！[28] 國王籌謀已定，造了兩頭金牛犢，企圖以此取代耶京聖殿的約櫃和施恩座，做耶和華的腳凳；非另立偶像拜異神。對子民説：子民，從七十士本。原文：他們。你們上耶路撒冷上夠了吧；以色列呀，這就是領你出埃及的神！同出32:4。[29] 一頭他供在伯特利，去聖城中途，近南國。一頭置於丹城。在新國的北端，士1:22, 18:29。[30] 罪孽由此而起，因為子民就 [伯特利一頭]，丹城又一頭，各拜各的了。作者站在耶京祭司的立場，反對多地祭祀的傳統，視

之為以色列亡國的禍根。³¹ 他還造了一所高丘神殿，七十士本及通行本作複數，13:32。從不屬利未子孫的俗眾選造祭司。或因利未祭司不肯合作。

³² 同時，增民將八月十五造為節日，一如猶大的節期，即住棚節，原本在七月，8:2，利 23:34，增民改到八月。也設祭壇。造畢，他在伯特利向自己造的牛犢奉獻犧牲，並為自己造的高丘，貶稱北國聖所，摩 7:13。在伯特利立了祭司。
³³ 八月十五日，在他獨家發明的那個月，發明，諷其蔑視聖法。獨家，傳統讀法：私心。他上了伯特利新造的祭壇。

就這樣，他給以色列子孫造出一個節日，自 "造金牛犢" 至此一連九 "造"，`asah，極言其妄為，褻瀆神聖。又親自登壇，焚香獻祭。

上帝之人

十三章

可是看哪，正當增民立於祭壇，準備獻香之際，忽有一上帝之人奉耶和華之言，從猶大來到伯特利，² 以耶和華之言對祭壇大喊：祭壇哪，祭壇！直呼死物，聖者不屑於勸誡新王。此乃耶和華所言：看，大衛家必生一子，名約西亞，yo'shiyyahu，"耶和華支持"，猶大王，前 640~609 在位。他要在你上面屠宰高丘祭司，那些在此焚香的，且要在你上面燒人的骨頭！污損祭壇和聖所，以絕人修復的念頭，王下 23:15–16。此預言顯屬後人附會。³ 當日，他還舉一徵兆，見證聖言。說：此即耶和華降言之徵兆：看，這祭壇就要崩裂而壇灰撒落。

⁴ 國王聽得上帝之人譴責伯特利的祭壇，增民便從祭壇上抬手下令：抓住他！但那只手剛朝人抬起，就枯槁了，亞 11:17。不能掣回。⁵ 而祭壇就轟然崩裂，壇灰撒落——正是上帝之人奉耶和華之言所舉出的徵兆。⁶ 國王急呼上帝之人：求求你，向耶和華你的上帝求情，替我祈禱，七十士本脫此短語。讓我的手復元。上帝之人便向耶和華求情，國王的手就完好如初了。⁷ 國王遂邀請上帝之人：跟寡人回宮，吃點東西，寡人賞你一樣禮物。欲拉攏施法者。
⁸ 可是上帝之人回國王道：哪怕分我王宮的一半，民 22:18。我也不會跟你去

的；此地我不用餐，不飲水，視同偶像之家，飲食不潔。⁹ 實因已受命於耶和華之言：麵餅勿食，水勿飲，切勿原路返回。象徵信仰不可妥協。¹⁰ 語畢，他由另一條路去了，沒走他來伯特利的那一條。

¹¹ 有個老先知，住在伯特利。那天兒子回來講，伯特利有上帝之人，如何行事又如何教訓國王，一五一十，他們告訴父親。¹² 父親問：他哪條路走的？兒子便指了那猶大來的上帝之人所走的路。指，從古譯本。原文：見過。¹³ 給我備驢，[父親]吩咐。兒子備了驢，讓他騎了。¹⁴ 他就去追那上帝之人，發現他坐在一株橡樹下，暗示神明在場，書24:26注。便問：你是從猶大來的那位上帝之人？答：正是。¹⁵[老者]道：請來舍下用餐吧。¹⁶ 恕我不能跟您回去，他說，原文此處重複：或跟您入內。從二抄本刪。此地我不用餐，不飲水，原文抄重：跟您。從古譯本刪。¹⁷ 因已領受了耶和華之言：那裏麵餅勿吃，水勿飲，切勿原路折回。¹⁸ 我也是先知，[老者]勸他，跟你一樣的。有天使奉耶和華之言關照我：你可帶他回家用餐飲水。然而那是謊言。或是想驗證猶大聖者的資質，或阻止其預言應驗，保衛家鄉聖所。¹⁹[上帝之人]卻跟他回去，在他家吃了麵餅，喝了水。

²⁰ 席間，忽有耶和華之言降於那帶人回家的先知，²¹ 後者便向那猶大來的上帝之人宣告：角色翻轉，聖者成了天譴對象。此乃耶和華所言：你違抗耶和華的旨意，不守耶和華你的上帝頒下的誡命，²² 居然回到這裏，你的飲食禁地，直譯：他對你說勿食麵餅勿飲水之地。又吃麵餅又喝水：為此，你的屍身不得歸葬祖墳！

²³ 用完餐，那帶人回家的先知給他備了驢，校讀。原文有訛：給（那人即）他帶回的先知備了驢。²⁴ 他就離去了。得了一匹驢。不料途中遇上一頭獅子，竟被咬死了；屍骸橫臥道上，毛驢站在一邊，獅子也在死屍旁守着。²⁵ 恰有路人經過，見道上屍骸橫陳，一頭獅子守着死屍。他們來到老先知居住的鎮子，這事便傳開了。

²⁶ 那叫人半路折回的先知聽了，暗示禍難起於老者。歎道：是那個上帝之人哪，他違抗耶和華的旨意！撇清責任。所以耶和華把他交給獅子咬死，應了耶

和華對他的預言。²⁷遂吩咐兒子：給我備驢。他們就備好，²⁸讓他上路。找見了那道上橫臥的屍骸時，毛驢和獅子仍在死屍旁站着；獅子未吃屍體，也沒撕咬毛驢。等候先知收屍，一同見證神跡。²⁹先知便抱起上帝之人的遺體，放上驢背，馱回鎮子，從七十士本。原文：來到老先知的鎮子。然後給他舉哀，入殮。³⁰他把遺體安葬在自己的墓裏：哀哉，我的兄弟！眾人一起痛哭。³¹禮成，又特意叮囑兒子：我死後，把我葬在這上帝之人入葬的墓裏，讓我的骸骨伴他的骸骨。從而躲過了三個世紀後約西亞王的掘墳燒骨，王下 23:17–18。³²因為他奉耶和華之言，對伯特利祭壇和撒瑪利亞各城一切高丘神殿所呼喊的，撒瑪利亞，日後北國定都於此，16:24，提喻以色列。必字字應驗。

³³然而事後，增民並未惡途知返；上帝之人的警誡未起作用。相反，他繼續從俗眾選造高丘祭司 —— 人只要願意，即可手舉犧牲歸聖，直譯：滿他的手。形容獻祭、祭司受職，出 28:41，結 43:26 注。當高丘祭司。³⁴就這樣，增民家墮入了罪孽，終致毀亡，自絕於世。此故事成文或編定於北國覆滅之後，12:30 注。

兒子病了

十四章

那天，增民的兒子耶父病了。與撒母耳之子同名，撒上 8:2 注。²增民對妻子說：起來，請裝扮一下，別讓人認出你是增民妻子。以免先知看人說話。去示路，先知耶親那兒；我做這子民的王，就是他的預言。見 11:29 以下。³提上十塊餅和糕點並一罐蜜去見他，古俗，求問神諭須送禮，撒上 9:7。他會告訴你孩兒將如何。

⁴增民妻照辦了；她起身直奔示路，來到耶親屋前。那耶親卻因為年邁眼濁，已經看不清了。對比以撒盲眼受騙，祝福雅各的故事，創 27 章。⁵然而耶和華諭示耶親：看，增民妻正趕來求你預言，因為她兒子病了。你可如此這般答覆她。而她來時，會扮作別個婦人。

⁶所以，耶親聽得她的腳步聲來到門口，便說：請進，增民夫人，你怎就扮了別人？我正要奉命給你報凶信呢！⁷去，告訴增民，此乃耶和華以色列的上帝所言：子民中我擢拔了你，立為以色列我的子民的領袖；參11:34注。⁸我從大衛家撕下這王國給你，而你卻不像我的僕人大衛守我的誡命，一心順從，只行我眼中的義事；責其辜負神的期望，11:38。⁹相反，你作惡更甚於前人，複數，聯想子民背主的歷史。逕自造起了異神，鑄偶像惹我發怒，將我丟在身後：定背信之罪，結23:35。¹⁰既然如此，我必降禍於增民家，凡屬增民又對牆撒尿的，聖言不避俚語，指男性，撒上25:22。一律從以色列剪除，奴隸自由人不論；直譯：帶鎖鏈的和自由的。即所有人，習語，申32:36。我必燒毀增民的家，一如人把糞塊燒盡。牧民用牛糞做燃料。¹¹那屬增民的，死在城裏要餵狗，死在野地則給飛鳥啄食：暴屍毀屍，古人視為極大的詛咒與侮辱，耶15:3, 14:6。因為，耶和華已降言！

¹²你起來，回宮去吧。待你的腳踏進[都]城時，孩子就沒命了。¹³而全以色列要給他志哀，舉行葬禮；屬增民的，能有墓葬的僅他一個。實因增民家唯有他，在耶和華以色列的上帝面前，還找得出一點善事。但夭折也暗示他受了牽連，不得善終。¹⁴耶和華要為自己另立一王，掌以色列，而那王必剪滅增民全家——就在今日，何不此時！意謂災禍在即，無確解。一說是補注。

¹⁵耶和華還要痛擊以色列，使之搖擺如水中蘆葦；喻政局動盪、脆弱。要將以色列從祖先受賜的福地拔除，再簸揚到大河之外，流亡到幼發拉底河以東，即亞述。只因他們製作木柱女神，'asherim，迦南海神，巴力之母兼配偶。此處指刻着她形象的神柱。舊譯木偶，誤，士6:26。招惹耶和華動怒！¹⁶而增民既已犯下大罪，使以色列墮於罪愆，以色列就必遭捨棄。

¹⁷增民妻起身，去了。走到樂都，北國第一個都城，16:24，書12:24。踏進宮門，孩兒剛咽氣。沒能看到母親。¹⁸於是舉行葬禮，全以色列志哀，一如耶和華借手他的僕人先知耶親所言。

¹⁹增民其餘的事蹟，幾番爭戰，統治若何，聖史省略，不甚關注的部分。皆載於《以色列諸王實錄》。逸書。²⁰增民為王凡二十二年，而後與列祖同眠。不說葬於何處。其子拿答繼位為王。見15:25以下。

猶大王寬民

²¹ 猶大，則是所羅門之子寬民為王。rehab`am，前931~913在位。寬民四十一歲登基，在耶路撒冷，即耶和華從以色列各支族遴選的立名之城，為王一十七年。其母名南媽，na`amah，"可愛"，創4:22注。是亞捫人。

²² 猶大卻幹了耶和華眼裏的惡事，犯下的罪愆招惹天怒，以此解釋南國的困境和衰落。勝似他們祖先。²³ 他們一座座高岡、一樹樹綠蔭建丘壇，修廟碑，mazzeboth，圓頂如男根，象徵大神巴力，出34:13，申7:5, 12:3。立神柱；²⁴ 甚而在國中蓄養廟妓。qadesh，歸聖者，特指侍奉迦南生育女神的祭司，貶稱廟妓，申23:18–19。舊譯孌童，誤。耶和華替以色列子孫驅除的那些外族，其穢行他們無不效法。

²⁵ 於是，寬民王五年，前926年。埃及王西夏克上犯耶路撒冷，據埃及銘文，西夏克入侵迦南，未攻耶京，11:40注。下文"洗劫"或指勒索贖金。²⁶ 洗劫了耶和華的殿和王宮；寶物悉數掠走，包括所羅門製作的金盾，一面不留。見10:16–17。²⁷ 寬民王只得造銅盾替代，國庫空空，大傷元氣。交守王宮大門的侍衛長保管。²⁸ 每逢國王進耶和華的殿，侍衛就拿上它們，擺儀仗。之後又送回侍衛室。

²⁹ 寬民其餘的事蹟，其所作所為，不都載於《猶大諸王實錄》？逸書。³⁰ 寬民與增民之間，爭戰不斷。兄弟鬩牆，南北對峙。³¹ 而後寬民與列祖同眠，葬於大衛城。原文此處另有：與列祖同（葬）。其母名南媽，是亞捫人。似抄重，從古譯本刪，代下12:16。其子耶父繼位為王。與增民夭折的王子同名，上文1節。

猶大王耶父

十五章

聶拔之子增民王十八年，耶父登基統治猶大，² 在耶路撒冷為王三年。前913~911在位。其母名瑪迦，是押沙龍的女兒。大衛的孫女，代下11:20。³ 之前他父親造的孽，他沒有不學的；他的心不全屬耶和華他的上帝，不似他曾祖大衛的心。繼續所羅門晚年的宗教寬容政策，11:4。⁴然而為了大衛，耶和華他的上帝仍給他在耶路撒冷留了一盞燈，見11:36注。立他兒子繼位，維護耶路撒冷。⁵只因大衛行的是耶和華眼中的義事，終其一生，從無違背他的誡命——除了赫提人耶光一事。美化大衛，撒下11章。

⁶而寬民與增民之間的戰火，也延燒至[耶父]年間。七十士本脫此節，一說係抄重14:30。⁷耶父其餘的事蹟，其所作所為，包括耶父與增民的爭戰，不都載於《猶大諸王實錄》？⁸而後耶父與列祖同眠，葬於大衛城。其子亞薩繼位為王。

猶大王亞薩

⁹以色列王增民二十年，亞薩登基統治猶大，¹⁰在耶路撒冷為王凡四十一年。前911~870在位。其[祖]母名瑪迦，是押沙龍的女兒。¹¹亞薩行了耶和華眼中的義事，一如他高祖大衛。¹²他在國中消滅了廟妓，見14:24注。又將祖輩供的穢木統統清除；穢木，gillulim，貶稱異教神像，結6:5注。¹³甚而廢了[祖]母瑪迦的太后之位，亞薩幼年即位，或曾依賴太后攝政。因為她給神母雕木柱豎猙獰。miphlezeth，令人顫慄、面目猙獰的（偶像）。神母，'asherah，即木柱女神，迦南神界的"太后"，14:15注三。而亞薩砍倒了她的猙獰，扔在黑溪燒了。¹⁴只是丘壇未曾絕跡，祭祀未統一。但亞薩一生，他的心完全歸了耶和華。表彰其忠誠，8:61。¹⁵他還把父親祝聖了的金銀寶器，加上自己的聖物，都搬進了耶和華的殿。參7:51。

¹⁶亞薩與以色列王巴沙之間，爭戰不斷。巴沙，見下文33節。¹⁷以色列王巴沙進犯猶大，加固了拉瑪，伯特利向南，聖城以北8公里處，屬本雅明，書18:25，賽10:29。不許猶大王亞薩的人出入。解作不許人跟猶大王/耶京往來，亦通。¹⁸亞薩只好拿出耶和華的殿和王宮府庫裏剩下的金銀，交與使臣；亞薩王派他們去大馬士革，見亞蘭王赫雄之孫、塔夫利蒙之子雷神子，ben-hadad，亞蘭王的尊號，20:1，耶49:27。説：¹⁹訂約吧，您我之間，[就像]我父親同您父親之間！結盟外

族打內戰，此策略後來屢遭先知譴責。**茲送上金銀為禮**，shohad，兼指賄賂、契約對價。**只求您取消同以色列王巴沙訂的盟約，令他從這裏撤兵！**20 **雷神子應允了亞薩王，派麾下將軍襲取以色列諸城，包括依雍、丹城、瑪迦屋甸子、** 三地均在以色列北疆，撒下 20:14。**琴湖西岸**，琴湖，即加利利湖，書11:2。**連同拿弗他利全境。**

21 **巴沙聞報，急停建拉瑪的工事，退回樂都**。退回，從古譯本。原文：住在。22 **於是亞薩王詔令全猶大，無一豁免**，就男丁而言。**將巴沙修築拉瑪的石頭木材運走，供亞薩王加固本雅明的戈丘和瞭望台**。拱衛耶京北線。

23 **亞薩其餘的事蹟，其武功與作為，並所建堅城**，七十士本脫此五字。**不都載於《猶大諸王實錄》？但晚年，他患有足疾**。影響視事及信念，故記一筆，代下 16:12。24 **而後亞薩與列祖同眠，葬於大衛城**，從七十士本。原文：他高祖大衛的城。**列祖身畔。其子耶審繼位為王**。詳見22章。

以色列王拿答

25 **增民之子拿答登基稱以色列王**，拿答，nadab，"尊貴"，與亞倫長子同名，出 6:23，利10:1。**在猶大王亞薩二年。他統治以色列兩年**，前910~909 在位。26 **專幹耶和華眼裏的惡事，走父親的罪途，墮以色列於罪孽。**27 **以薩迦家的耶親之子巴沙遂結黨謀反**，yiqshor，本義捆綁，轉指糾集、合謀。舊譯不確：背叛。**巴沙在非利士人的岌丘殺了拿答；當時他和全以色列正圍攻岌丘**。gibbethon，地處非利士五城北界，屬丹支族，書19:44。

28 **如此，猶大王亞薩三年，巴沙刺君篡位。**29 **他甫一登基，就屠戮增民全家，凡屬增民的，一口不留**，口，直譯：氣息，書10:40, 11:11。**滿門斬盡**，婦女不殺，因對王位不是威脅，14:10。**應了耶和華借手他的僕人示路的耶親所傳之預言：**先知跟篡位者父親碰巧同名。30 **只怨增民犯下的罪愆，致使以色列墮於罪孽，徹底激怒了耶和華以色列的上帝。**

31 **拿答其餘的事蹟，其所作所為，不都載於《以色列諸王實錄》？——**32 **而亞薩與以色列王巴沙之間，爭戰不斷**。插注，抄自上文16節。

以色列王巴沙

³³ 猶大王亞薩三年，耶親之子巴沙登基，在樂都統治全以色列，凡二十四年。前909~886在位，王祚不薄。³⁴ 他盡幹耶和華眼裏的惡事，走增民的罪途，宗教政策不變。乃至以色列墮於罪孽。

十六章

於是，耶和華降言於哈納尼之子耶胡，yehu', "耶和華是他"，常名。譴責巴沙：參11:7–11。² 明明是我從泥塵裏擢拔了你，立為以色列我的子民的領袖，你卻走增民的路，墮以色列子民於罪愆——罪行纍纍惹我動怒！³ 看，我要除滅巴沙及其家族，要你家跟聶拔之子增民家一樣下場。轉第二人稱，表憤恨。⁴ 那屬巴沙的，死在城裏要餵狗，死在野地則給飛鳥啄食。同14:11。

⁵ 巴沙其餘的事蹟，其作為與武功，戰猶大，抗亞蘭，15:16以下。不都載於《以色列諸王實錄》？⁶ 而後巴沙與列祖同眠，得善終。葬於樂都。其子橡君繼位為王。

⁷ 但借手先知哈納尼之子耶胡，耶和華降言譴責巴沙及其家族，[不單是]因為他在耶和華眼裏作惡多端，滿手劣跡，招惹聖怒，一如增民之家；也因為，他毀了那家。就屠殺者的動機和手段定罪，雖然結果是應驗神諭，15:28–30。

以色列王橡君

⁸ 猶大王亞薩二十六年，巴沙之子橡君登基，橡君，'elah，"橡樹"，常名。在樂都統治以色列，僅兩年。前886~885在位。⁹ 他的臣子，統領一半戰車的辛黎，zimri，詞根同"岩羊"。結黨謀反。[一日]他在樂都，在家宰阿爾扎家喝得爛醉，暗示國王昏庸，生活糜爛，賽5:11。¹⁰ 辛黎入來將他刺殺，奪了王位；時在猶大王亞薩二十七年。

¹¹ 甫一登基，坐上寶座，他就屠戮巴沙全家，凡對牆撒尿的，見14:10注。一個不留，血親連同友朋。超過巴沙的屠殺範圍，15:29。血親，即負有報仇義務的族人。¹² 就這樣，辛黎滅了巴沙全家，應了耶和華借手先知耶胡所傳對巴沙的預言：上文1–4節。¹³ 只怨巴沙和兒子橡君犯下大罪，墮以色列於罪愆，拿噓氣之屬激怒了耶和華以色列的上帝。噓氣之屬，hablehem，極言偶像之虛妄無益，耶2:5, 8:19, 10:8。

¹⁴ 橡君其餘的事蹟，其所作所為，不都載於《以色列諸王實錄》？

以色列王辛黎

¹⁵ 猶大王亞薩二十七年，前885年。辛黎在樂都稱王，僅七日。其時軍隊在非利士人的岌丘剛紮了營。欲收復失地，15:27。¹⁶ 消息傳到軍營，說辛黎謀反，業已弒君；當天，全以色列就在大營擁立昂力將軍為以色列王。昂力，`omri，"敬拜者"？¹⁷ 昂力隨即從岌丘撤兵，率全以色列圍攻樂都。¹⁸ 辛黎見城已失守，兵力不足，未及備戰，抑或有內應？便退入王宮的闕樓，點燃了王宮，蹈火而死：¹⁹ 只怨他犯下大罪，幹了耶和華眼裏的惡事，篡位滅族，合法性雖可借重耶胡的預言，畢竟太過血腥。走增民的罪途，陷以色列於罪孽而不拔。

²⁰ 辛黎其餘的事蹟，其結黨謀反，不都載於《以色列諸王實錄》？

²¹ 然而以色列軍民就分了兩派：軍民，`am，提喻國家，書6:5, 7:3注。一半追隨基納之子草頭，tibni，諧音草秸，暗示其出身卑微或命運不濟。擁他為王；一半支持昂力。²² 但支持昂力的軍隊勝了基納之子草頭的追隨者；草頭死後，昂力稱王。

以色列王昂力

²³ 猶大王亞薩三十一年，經四年內戰，擊敗草頭。昂力登基，統治以色列凡十二年，前885~874在位。其中在樂都為王六年。²⁴ 之後，出兩秤銀子，向撒瑪買下撒瑪利亞山，撒瑪，shemer，土著酋長或部落名。他在山上建起了[新都]；城名即取自山的原主撒瑪的名字，叫撒瑪利亞。shomron，自此定為國都。

²⁵昂力所做耶和華眼裏的惡事，邪惡遠超前人。反言其安邦拓疆之功，獲鄰國與對手（摩押、亞述等）承認，非前朝可比。²⁶他凡事皆走聶拔之子增民的罪途，墮以色列於罪孽，拿嘘氣之屬激怒耶和華以色列的上帝。同上文13節注。

²⁷昂力其餘的事蹟，其勇武之功，以聖史觀之，亦屬嘘氣。不都載於《以色列諸王實錄》？²⁸而後昂力與列祖同眠，葬於撒瑪利亞。其子牙哈繼位為王。

以色列王牙哈

²⁹昂力之子牙哈登基稱以色列王，牙哈，'ah'ab，"（天）父之親族"。在猶大王亞薩三十八年。此年份牴牾上文23節，學界歧見紛紜，無定論。昂力之子牙哈在撒瑪利亞統治以色列，凡二十二年。前874~853在位。³⁰昂力之子牙哈所做耶和華眼裏的惡事，樣樣遠超前人。³¹他陷在聶拔之子增民的罪裏，還不當回事，竟娶了西頓王巴力佑的女兒夷色貝為妻，夷色貝，原名"尊者（巴力）何在/是誰"，傳統本變換元音讀作"無糞"，'izebel。也去服事、叩拜巴力！'eth-habba`al，諧音岳父名巴力佑，'ethba`al。³²他在撒瑪利亞建巴力廟，給巴力設了祭壇，³³[一旁]牙哈還豎一根神柱。政治聯姻，同腓尼基城邦結盟，推動了宗教多元，14:15, 15:13注。若論激怒耶和華以色列的上帝，之前以色列王的倒行逆施，無一趕得上牙哈。

³⁴也正是[牙哈]年間，有伯特利人希爾重建耶利哥。希爾，hi'el，"神永生"。顯然不知或不信祖宗的咒誓，書6:26。但奠基要去了他的頭生子阿臂，'abiram，"我父升揚"。安城門又取了幼子瑟高，segub；接連死掉二子，一說是獻作奠基禮的犧牲或人祭，利18:21。恰如耶和華借手奴恩之子約書亞所傳之預言。

以利亞

十七章

以利亞，'eliyyahu，"耶和華吾神"。提西貝人，失考；一說小村在約旦河東，支流雅博河以北。世居基列山。他對牙哈說：一如耶和華以色列的上帝永生，我侍立於他面前：喻聆受啟示。**除非我啟唇祈求，這幾年斷無雨露！** 指大旱為天譴，因拜偶像而起。

2 **便有耶和華之言諭示：** 3 **離開這兒，向東走，** 逃離都城，避國王迫害。**到約旦河前頭的割溪躲一躲。** 割溪，kerith，通說在先知老家。前頭，即東邊。4 **那小溪可供你解渴，我已命烏鴉往那兒給你送食。** 民間故事風。5 **他即按耶和華指示的，到約旦河前頭的割溪住下。** 6 **果然有烏鴉一早一晚銜了麵餅和肉來，** 七十士本：早晨銜來麵餅，傍晚送肉。**他渴了就喝溪[水]。**

熔爐港

7 **可是不久，因為遍地無雨，小溪乾涸了。** 8 **又有耶和華之言降諭：** 9 **你起來，去屬西頓的熔爐港待着。** 熔爐港，zarphath，腓尼基港城，今黎巴嫩南部，俄20。**看，我已命那兒一個寡婦供養你。** 命，猶言安排。10 **他便起身前往熔爐港。走到城門口，看，那兒有個寡婦在拾柴；就喚她，說：可否拿罐兒盛點水來讓我喝？** 11 **她正要去取水，** 善良，聯想利百加出城，老僕討水喝，創24:14以下。**[以利亞]又叫住她：可否順手再拿小塊餅來？** 鋪敘對話，營造懸念，也是民間故事套路。12 **一如耶和華你的上帝永生，她答，** 以客人的神明起誓。**我哪有糕餅！罌子裏只有一把麵，油壺還剩一點油。你看，我拾了這兩根柴，就回去給自己和兒子做點吃的；吃了，等死！** 一貧如洗，絕望。13 **但是以利亞說：別怕。去吧，就依你說的。只是先給我烤個小圓餅，拿過來，然後給你自己和兒子也烤上。** 故意顛倒順序，不按常理。14 **如是，耶和華以色列的上帝有言：**

罌子裏的麵不會吃完

油壺也不會見底： 點明是奇跡，而自己通神靈。

直至耶和華降[恩]之日

雨滴，落上大地。 原來腓尼基也鬧了旱災。

¹⁵她便照以利亞説的去做了。她和他，傳統讀法。原文：他和她。與她一家，七十士本：與她孩子。吃了許多日子，¹⁶那罎子裏的麵仍未吃完，那油壺也沒見底，一如耶和華借手以利亞所言。

¹⁷後來，那婦人即女主人的兒子病了；病勢很重，未幾，人就沒了呼吸。死了或休克狀。¹⁸她對以利亞説：你幹嗎跟我過不去，直譯：何事於我於你。士11:12注。上帝之人？你跑來我［家］，是惦記我的咎責，索我兒子的命哪！好心接待以色列先知，反被他的神"惦記"，暴露了隱秘的或無意中的過犯而遭罪罰。¹⁹把孩兒給我，他回答；一邊接過她懷裏的孩子，抱到樓上自己房間，放在床上，²⁰一邊向耶和華呼求：耶和華啊我的上帝！連這寡婦，我寄居在她家，你也會加害，取她兒子的命麼？訴諸大愛與慈恩，雖然寡婦是外邦人，不屬子民，賽63:7。²¹然後就伏在孩兒身上，一連三次，招靈儀式，而非人工呼吸，王下4:33–36，徒20:10。又呼求耶和華，説：耶和華啊我的上帝！讓這孩兒的靈回來他身上吧！靈，nephesh，兼指呼吸、生氣。

²²話音未落，耶和華應允了以利亞，祈禱奏效。那孩兒的靈就回到了身上，他就活了。救活，死而復生，來11:35。²³以利亞將孩兒抱起，送下樓來，進屋交與他母親：看，以利亞説，你兒子活了！²⁴婦人向以利亞道：現在我知道你是上帝之人了，你口中的耶和華之言，真確呀。認其法術和奇能，多神崇拜，非皈依上帝。

果園山鬥法

十八章

光陰荏苒，第三年，旱災三年，17:1。忽有耶和華之言降於以利亞，道：去，讓牙哈見你，我要賜雨與大地了。²以利亞便動身去見牙哈。

正值撒瑪利亞饑荒嚴峻，撒城提喻北國及周邊地區，17:14。³牙哈召家宰耶僕［商議］——那耶僕卻十分敬畏耶和華；耶僕，`obadyahu，常名，暗示其無法效忠國王。⁴之前夷色貝剪滅耶和華的先知，宗教衝突背後或有西頓的勢力，16:31。耶僕曾收留了一百先知，結門派的靈媒術士、預言者，撒上 10:5–6。每五十人分藏一個山洞，並供給飲食 —— 5 牙哈對耶僕說：走，查一遍國中各處泉水溪谷，親力親為，似乎不信任地方官員。或許還能找出些草來養活騾馬，不然只好宰牲口了。6 於是他們分頭巡查全國，牙哈自己走一路，耶僕獨自走另一路。

7 耶僕走到半路，看，迎面而來的可是以利亞？他認出來了，忙俯身道：是您嗎，我主以利亞？尊稱，知其負有聖者的使命，非尋常靈媒。8 答：正是。去，告訴你的主公，以利亞在此。9 [耶僕] 慌了：我觸了什麼罪，您竟要將僕人交在牙哈手裏，要處死我？10 一如耶和華您的上帝永生，沒有一族一國，我主公沒派人去尋過您；倘使答覆 "不在這兒"，他就要那國那族起誓，說沒找到您。牙哈強勢，善外交。11 而現在您居然說：去，告訴你的主公，以利亞在此！12 可我一走，耶和華的靈即會把您提起，不知去了哪兒。先知出沒無常，似有聖靈驅動，結 3:12, 8:3, 11:1；可 1:12。待我去稟告牙哈，他找不到您，就把我殺了。而您的僕人從小就敬畏耶和華呀！13 我主沒聽人講過，夷色貝屠戮耶和華的先知那會兒，我做了什麼？我藏匿了一百耶和華的先知，五十人一個山洞，並供給飲食！表功，因焦急害怕而喋喋不休。14 而現在您居然說：去，告訴你的主公，以利亞在此。他不把我殺了才怪！

15 但以利亞還是那句話：一如萬軍之耶和華永生，我侍立於他面前：今天，我必讓他見我！立誓執行聖言，上文 1 節。

16 耶僕只好去找牙哈，向他稟告。牙哈便來會以利亞。17 牙哈一見到以利亞，牙哈就罵開了：是你呀，禍害以色列的！企圖把災荒歸罪於先知。18 不是我禍害以色列，他回答，是你，你父親家！你們拋開耶和華的誡命，去跟了眾巴力。士 2:11 注。19 這樣吧，派人召集全以色列，叫上吃夷色貝宴席的那四百五十個巴力先知（並那四百個神母先知），參 15:13。都到果園山會我！臨地中海，今海法近旁。

20 牙哈即傳令以色列子孫全體，召集眾先知，一同上了果園山。同意鬥法決勝。21 以利亞走到子民中間，喊道：還要多久，你們蹦躂兩根枝子？se`ipim，或作裂縫、分歧。成語，猶言腳踏兩隻船。若耶和華是上帝，就跟定他；若巴力是，那就追他！子民一言不發。希望比試，憑神跡二選一。²² 以利亞便向子民提出：耶和華只剩我一個先知了，結門派的職業先知不算。巴力的先知卻有四百五十。神母先知未上山。²³ 給我們牽兩頭小公牛來，讓他們挑一頭，剖開切碎，放柴堆上，但不點火。我呢，就預備另一頭，也攔上柴堆，不點火。²⁴ 然後你們喚你們的神的名字，我呼耶和華的聖名。那降天火回應的神，便是真神！或上帝，帶定冠詞。勝負見真偽，冀求以色列放棄宗教寬容。子民異口同聲：好！

²⁵ 以利亞遂叫巴力的先知：挑一頭小公牛吧，你們人多，先來。讓先，自信。然後喚你們的神的名字，但不要點火。²⁶ 他們便拿下牽來的小公牛；預備停當，就喚巴力的名字，從早晨到中午不住地喊：巴力呀，應允我們吧！可是未獲一聲回應；他們又圍着築好的祭壇蹦跳。跳神儀式，呼應上文 21 節"蹦踵"。²⁷ 及至中午，以利亞嘲諷道：喊哪，高聲點！人家是神嘛，他在聊天還是方便去了？sig lo，退下，婉言解手。無定解。聊天，另作沉思。出門了？或許睡着了，等着叫醒他呢！²⁸ 那些人就拼命呼喊，按他們的規矩，拿刀和矛割破皮肉，弄得渾身流血。一說此為迦南大神的復活祭，申 14:1 注。²⁹ 中午過了，他們仍發着迷狂，靈媒先知作法，撒上 10:10–12。直至獻晚祭時分；依然，沒有聲音，沒有回應，沒有垂顧。

³⁰ 於是，以利亞向全體子民道：你們都過來。眾人湧到他身邊，他便動手修復那坍塌了的耶和華祭壇：象徵恢復子民的一神信仰。³¹ 以利亞取來十二塊石頭，按雅各子孫的支族之數——當年耶和華降言"你名字要叫以色列"，創 32:29。便是對雅各說的——³² 用這些石頭，奉耶和華的名，築起一座祭壇。圍繞祭壇挖一條溝，約兩斗穀種的地幅。兩斗，指播種或收成，利 27:16。一斗，se'ah，乾量單位，約合公制 7.3 升。³³ 隨即堆木柴，剖牛，切碎，放上柴堆，³⁴ 說：盛四桶水來，山泉未枯。潑在全燔祭和木柴上。七十士本插一句：他們照辦了。接着又說：再來。他們就再潑一次。又說：來三次。他們就潑了三次。共計十二桶水，讓柴跟祭品祭壇濕透，以凸顯天火之神跡。³⁵ 水從祭壇四面淌下，直至溝裏灌滿了水。

³⁶正是獻晚祭時分，先知以利亞上前，_{到祭壇前。}道：耶和華啊，亞伯拉罕、以撒和以色列的上帝，求你今天叫人曉得，_{人，指王后的巴力先知和外族。}以色列唯有你是上帝，而我是你的僕人，做這些事均是承你的諭旨。³⁷求你應允我，耶和華，應允我！以使這子民明白，唯有你，耶和華，是上帝；_{且不容不忠，出20:5。}那回轉了他們的心的，_{回轉，兼指背離、回歸正道。}是你！

³⁸突然落下一團耶和華的火，吞了全燔祭、木柴連同石土，_{一說左四字為插注。}連溝裏的水也舔乾了。_{擬人修辭。利9:24，士6:21。}³⁹子民見了，一齊俯伏在地，說：耶和華，他是上帝！耶和華，就是上帝！_{承認真神，上文24節。}⁴⁰以利亞一聲令下：抓巴力的先知，一個也不許逃脫！_{趁着群情激動，迅速宣判、正法。}眾人便扭住他們。以利亞將他們押下，推到基順河邊，_{果園山東側。}一舉斬盡。

⁴¹完了，以利亞對牙哈道：上去吃喝吧，_{回駐蹕營地，結束祈雨祭的禁食。}有響動了，大雨！⁴²待牙哈回去吃喝了，以利亞卻登上果園山頂，跪倒在地，把臉放在膝間。_{默禱或休息。}⁴³然後命僕人：你上去，向大海眺望。他就上去眺望。什麼也沒有哇，他說。[以利亞]卻要他回去了七次。⁴⁴第七次，[僕人]報告：有了！一小朵雲，巴掌大，從海上升起來了！[以利亞]道：快去報知牙哈，套車下山，免得受雨阻了。⁴⁵片刻，天空沒入烏雲，暗了下來，狂風夾着暴雨驟至。牙哈登車，往帝植趕。_{沿河谷往東南走，回行宮，4:12, 21:1，撒上29:1。}⁴⁶但耶和華的手托住了以利亞，_{手，喻大能。}他束緊腰，撩起袍子。跑在牙哈前頭，一路奔到帝植。

寂靜之聲

十九章

牙哈把以利亞的行事，如何刀斬眾先知，一五一十都告訴了夷色貝。²夷色貝就派使臣找到以利亞，_{王后果斷。}說：明日此時，我若是不取你的命抵那些人的一條命，願諸神發威，重重罰我！_{起誓語。原文無"我"，從諸抄本補，20:10。}

3[以利亞]怕了，從諸抄本及古譯本。原文：他一看。**急起身逃命**。沒想到耶和華降神跡、顯大能，王后並不買帳。**至猶大的誓約井**，又名七羊井，在猶大南部，入南地往埃及途中，創21:14, 31。**將僕人留下**，4**獨自進了荒野。走了一天，來到一棵杜松下，坐倒了求死**，回放夏甲母子故事，創21章。**說：耶和華啊，我受夠了！這條命你拿去吧，我就是不如祖宗！**表達不滿，婉言/反言救主未能守信施救，拿4:3。5**他躺在那杜松下，昏昏欲睡。忽有一個天使拍了他一下，說：起來，吃吧。**6**他一看，啊，頭旁一塊紅炭烤熟的圓餅，還有一壺水！**聯想以色列出埃及，荒野裏天降嗎哪，子民採集了磨粉做餅，民11:8。**吃完，他依舊躺下。**7**但耶和華的使者又來拍他，說：起來，吃吧，路還遠着呢。**8**他就起來吃了；靠那飲食之力，**天使曾多次送食，支持先知。**他走了四十晝夜**，象徵歷程之艱難而神聖，如摩西登山領受聖法，出24:18。**抵達何烈山即上帝之山**。天父向摩西顯現處，在西奈荒野，出3:1, 19:3, 24:15以下。9**在那兒他找了個山洞，入內過夜。**

忽地，耶和華之言降臨，問他：
你在這兒做什麼，以利亞？明知故問，考查上帝之人。
10**答：為了耶和華萬軍之上帝**
我不容不忠！qanno' qinne'thi，聖者必具的品德，出20:5，民25:11。
只因以色列子孫背棄你的約
拆毀你的祭壇
舉劍殺了你的先知。
只剩我一個不計那一百個門派先知，18:22。
他們還在搜尋，要我的命！

11**你出來，[那聲音]道，站山上來**
到耶和華面前來！學習老祖宗摩西。
聽哪，是耶和華走過——
狂風大作山崩石裂，就在耶和華面前——

耶和華

卻不在風裏。

風歇，地震——

耶和華

也不在地震。

¹²震完，大火——

耶和華

也不在火中。

火去，微微有寂靜之聲 ——　　聖言由霹靂化作呢喃，伯4:16。

¹³以利亞一聽，忙取大袍蒙了臉　　以免見聖容而喪命，出33:20。

出來立於洞口。啊，一個聲音問他：重複前闋。

你在這兒做什麼，以利亞？先知驚魂未定，彷彿自問自答。

¹⁴答：為了耶和華萬軍之上帝

我不容不忠！

只因以色列子孫背棄你的約

拆毀你的祭壇

舉劍殺了你的先知。

只剩我一個

他們還在搜尋，要我的命！

¹⁵去吧，耶和華道，你原路走荒野回大馬士革。亞蘭都城，11:24, 15:18。到了那兒，就替神視膏油，神視，ḥaza'el，僭主，事見王下 8:7–15。稱亞蘭王；¹⁶然後膏寧西之子耶胡，稱以色列王；王下 9:1–13。並膏舞甸人夏判之子以利沙，'elisha`，"上帝拯救"。立為先知，讓他接替你。做接班人，完成上帝交代以利亞的這兩椿使命，為篡位者膏首。¹⁷將來，那躲過神視之劍的，必為耶胡所殺；那躲過耶胡之劍的，必為以利沙所殺。¹⁸而我 [給自己]在以色列僅留七千，聖數，象徵

"殘存者/餘數"完滿，士 5:13，賽 1:9，羅 11:4。**全是雙膝不曾向巴力彎曲，嘴唇也未
與他親吻的。**

以利沙蒙召

**¹⁹於是他立即上路，來找夏判之子以利沙。後者正在犁田，十二對牛在
前頭 [拉犁]，**暗喻子民十二支族。**他自己趕着第十二對**。牛不少，家道殷實。**以利亞
走來，將自己的大袍披在了他身上。**象徵收徒，指定繼承人，王下 2:13。**²⁰他馬上拋
下牛，去追以利亞：請允許我同父母吻別，再來跟您，他說。[以利亞]答：
去吧，儘管回去，我幫你做過什麼？**意謂尊重弟子意願，不會阻攔。參較耶穌收徒，
路 9:61–62。**²¹他便轉身回去，牽出一對牛宰了，用牛的犁具煮肉，讓眾人分
吃。**同父母和族人告別，農夫變了先知。**吃完起身，追上以利亞，做了他的侍從。**

雷神子入侵

二十章

正值亞蘭王雷神子糾集大軍，此為雷神子二世，其父與猶大王亞薩結盟，15:18–
20。**率三十二藩王並戰馬兵車，**組成亞蘭聯軍。**上來圍攻撒瑪利亞。²他遣使臣
入城見以色列王牙哈，³說：此乃雷神子所言：你的金銀要歸寡人，你的漂
亮后妃和兒女也歸寡人！**校讀：歸你。七十士本略"漂亮"。**⁴以色列王回答：**或因大
片國土淪喪，軍民無力再戰。**就按您說的，我主大王，我跟我的一切都是您的。**

**⁵不想使臣又回來了，說：此乃雷神子所言：寡人既已下旨，命進獻金
銀及后妃兒女，⁶明日此時，即派僕人來搜檢宮殿並大臣府宅，**勒索加碼，貪婪
而不智。**凡他們看中的都要入手，**他們，從古譯本。原文：你。**拿走！**

⁷以色列王急召國中眾長老商議：趁機動員、團結眾支族抗敵。**各位看清楚
了，這人是何等的險惡！他派了人來，索要我的后妃兒女和金銀，我沒有
拒絕。**屈辱之極。**⁸眾長老跟子民就嚷嚷一片：不要理他，不要同意！**群情激

憤。⁹於是，他這樣答覆雷神子的使臣：請回稟我主大王：您先前索要的，僕人皆可滿足，但此事恕難從命。使臣回去稟告了。

¹⁰雷神子便遣使威脅：願諸神發威，重重罰我，見19:2注。若是撒瑪利亞的塵土夠我麾下士兵每人抓上一把！誇張，形容撒城廢墟和己方兵力。¹¹但以色列王回答：告訴他，披甲就吹，不如摘盔時看。成語，意為沒交戰焉知勝者。¹²信使到時，[雷神子]正在涼棚下同藩王們飲酒。涼棚，猶太社本作地名：棚村，7:46。他立即命臣僕：準備！他們便準備攻城。

¹³這時，忽有一個先知來見以色列王牙哈，說：此乃耶和華之言：看到嗎，這一大片芸芸之眾？我今天就把它交在你手裏，讓你懂得，我乃耶和華。盼牙哈回歸正道，清除異教。¹⁴誰可借重？牙哈問。答：此乃耶和華所言：各省督的衛隊。省督，地方長官，類似郡守，4:7。問：誰先開戰？舊譯率領，誤。答：你。主動出擊，攻其不備。¹⁵[牙哈]便數點省督衛隊，計兩百三十二人；然後數點全軍，退守都城的殘部，19:18。得以色列子孫七千。

¹⁶他們中午出擊時，雷神子還在涼棚下跟聯軍三十二藩王宴飲，喝醉了。暗示其驕橫輕敵。¹⁷衝在頭裏的是省督衛隊。雷神子派出的[探子]報告：撒瑪利亞有人出城！¹⁸他卻說：要是來求和，就活捉他們；要是來交戰，也捉活的。

¹⁹然而對方已經衝到城外，省督衛隊及緊隨其後的軍兵，²⁰個個爭先殺敵。亞蘭潰退了，被打了個措手不及。以色列窮追猛打；亞蘭王雷神子慌忙上馬，跟着騎兵逃生。諷刺，本該衝擊敵陣的騎兵反而率先逃逸。²¹以色列王則親自出戰，俘獲了大批戰馬兵車，俘獲，從七十士本。原文：擊殺/毀。亞蘭慘敗。

²²那先知卻又來見以色列王，說：預言，非傳達神諭。請發奮圖強，看清楚該做什麼。因為轉過年來，冬雨結束，開春，撒下11:1。亞蘭王必再次犯境。

²³而亞蘭王的臣僕也在進言：他們的神是些山神，以為以色列人受地域神保佑。因此勝了我們。如果在平地跟他們交戰，我們一定能贏。發揮車騎優勢。²⁴陛下可這麼辦：撤了眾藩王的職，換上都將。統一指揮，加強協調。²⁵然後召募

一支新軍，比照損失了的那一支，車騎也如數補足。如此在平地跟他們交
戰，我們就贏定了。他聽從建議，一一辦了。

²⁶ 轉過年來，雷神子點起亞蘭軍，上至圍堡，'apheq，通說在加利利湖以東。
再攻以色列。²⁷ 以色列子孫點兵儲糧已畢，前出迎敵，當面紮了營：以色列
子孫彷彿兩小群山羊，兵力小，但集中。而亞蘭人則遍地都是。²⁸ 那上帝之人又
來向以色列王傳達：此番說的是神諭。此乃耶和華所言：既然亞蘭說耶和華是
個山神，而非谷地之神，那我就把這一大片芸芸之眾交在你手裏，讓你們
懂得，你們，七十士本：你。我乃耶和華！²⁹ 雙方紮營對峙了七日。待敵軍鬆懈。第
七天，戰鬥爆發；一天之內，以色列子孫擊殺了亞蘭步卒十萬。誇張，民間故
事風，強調以弱勝強。³⁰ 餘部逃回圍堡；剛進城，城牆塌了，加一神跡，歸功於上帝，
書6:20。壓上了那兩萬七千殘餘。

雷神子也逃了回來，躲進城堡深處的密室。直譯：室中室。舊譯不通：嚴密的
屋子。³¹ 臣僕勸諫道：對了，聽說以色列家的王都是仁慈之王。仁慈，ḥesed，
借外族之口，讚耶和華的受膏者，出 34:7，撒下 7:15 注。請允許我們腰束麻衣、頭綁繩
索，志哀、請罪、被俘狀。去到以色列王面前；或許他就饒了您的性命。³² 議
畢，便拿麻衣圍了腰，繩索綁了頭，來見以色列王，說：陛下的僕人雷神
子乞饒命。答：他還活着，寡人那個兄弟？稱兄弟，暗示允許乞降，不殺。³³ 那些
人見是吉兆，聽話音、觀顏色，如同占卜。趕緊接過話頭，說：是呀，雷神子忝為
陛下兄弟。答：去，把他領來。雷神子便出來拜見，[牙哈]卻請他登車。待
若兄弟。亞蘭諸部是北方強鄰，殺王結仇，不如締約獲取實利。³⁴[雷神子]忙說：家父奪自
陛下父親的城鎮，在下必全部奉還。並且陛下可在大馬士革設立街市，享有
商貿特權。一如家父在撒瑪利亞所設。[牙哈道]：那我就照此約定，放你走。
於是賜其訂約，釋放了他。

³⁵ 卻說有一個先知門派的弟子，直譯：兒子。指門派成員、門徒。奉耶和華之
言請求同門：打我吧。但那人拒絕打他。不信無故打人會是神的意思。³⁶ 豈料他竟
說：耶和華的話音你敢不聽？那好，你離開這兒，會有獅子撲你！直譯：打

你。果然，他一離開就碰上一頭獅子，被咬死了。參13:20–25。³⁷這人接着另找一人，俗人，非同門兄弟。説：請打我。那人動手，打傷了他。

³⁸這先知即拿頭巾包了眼睛，頭巾，'apher，生僻詞，無確解。化裝了，去路旁站着等候國王。³⁹俟國王經過，便向國王呼喊：僕人出來，仗打到一半，忽有戰士押着一個人過來，説：看好這人！要他看守俘虜。丟了要你抵命，不然就賠一秤銀子！暗示俘虜的身份尊貴，撒下12:30注。⁴⁰可是僕人顧了這兒顧不上那兒，他，就不見了！以色列王便訓斥他：還能怎樣，案子你自己判了！⁴¹那蒙眼人卻一把扯脱了頭巾，以色列王這才認出他來：是個結門派的先知。之前見過，或露出了門派標記，如刺花或剃髮，王下2:23。⁴²[先知]道：此乃耶和華之言：既然你放走了我手裏的禁絕之人，指亞蘭王。但神諭未提禁絕或聖戰，上文28節。我手，從二抄本。原文：手。你須替他抵命，你的子民抵他的子民。

⁴³以色列王起駕還宮，悶悶不樂，回到撒瑪利亞。

納伯的葡萄園

二十一章

之後，便發生了這事：帝植人納伯有一座葡萄園（在帝植），挨着撒瑪利亞王牙哈的行宮。見18:45注。²牙哈對納伯提出：你的葡萄園緊挨着宮殿，能否讓與寡人，做個菜園？似乎想解決駐蹕的實際困難。寡人可以給你換一座更好的葡萄園，或者如果你覺得好，作價付銀子也行。不欲使園主吃虧。³可是納伯謝絕了牙哈：耶和華在上，自家祖業怎能出讓？按摩西之律，祖業不得轉讓，民36:7。

⁴牙哈回宮，悶悶不樂，同20:43。因為帝植人納伯回他的那一句話：祖業絕不出讓。他躺在榻上，轉過臉去，不肯用餐。像個任性少年。⁵王后夷色貝過來，問他：陛下為何意氣消沉，飯也不吃？⁶答：我同帝植人納伯商量，説：你的葡萄園能否作價讓與寡人，或者如果你喜歡，寡人可以給你換一座葡萄園。可是他説：我的葡萄園絕不出讓！改了納伯原話，不提祖業與聖法義

務。⁷王后夷色貝道：語氣一變。你現在還做着以色列王不是？做/王，舊譯治理，誤。起來，吃飯，開心點！我給你弄到手就是了，那帝植人納伯的葡萄園！

⁸她便以牙哈的名義寫信，鈐上御璽，王后慣常做主。着信使送交與納伯同住一城的長老和顯貴。⁹信中寫道：務請宣佈禁食，祛災儀式，召集聖會，士 20:26，珥 1:14, 2:15。讓納伯坐於眾人之首。¹⁰再找兩個白戾魔伢仔坐在他對面，作證告他，定死罪須至少有兩名證人，民 35:30，申 17:6。百戾魔，喻惡棍，撒上 2:12，撒下 16:7。説：你褻瀆上帝，詛咒國王！褻瀆/詛咒，原文反義避諱：讚美，伯 1:5, 11。古人以為災病因褻瀆或冒犯神明而起。然後將他拖出去，扔石頭砸死。

¹¹接到夷色貝的指示，奉為聖旨。那城的人，即與他同住一城的長老和顯貴，就照信中所寫的辦了。¹²他們宣佈禁食，讓納伯坐於眾人之首。¹³找來兩個百戾魔伢仔，坐在對面；那百戾魔之人當眾作證，控告納伯，説：納伯褻瀆上帝，詛咒國王！眾人便將他拖到城外，扔石頭砸死了。¹⁴事畢，派人稟告夷色貝：納伯已處石刑，死了。

¹⁵夷色貝一聽納伯已處石刑，死了，夷色貝即吩咐牙哈：起來，佔帝植人納伯的葡萄園去，他拒絕作價讓與你的那座。納伯不在了，他死了！死刑犯產業充公。但王后故意不講構陷細節，知道國王不會問。¹⁶牙哈一聽納伯死了，果然不問。牙哈就起身下去，把帝植人納伯的葡萄園霸佔了。

¹⁷卻有耶和華之言降於提西貝人以利亞，接回 19:21。道：¹⁸起來，下去會那個撒瑪利亞的以色列王牙哈。看，他在納伯的葡萄園，他去霸佔來的那座。¹⁹你告訴他：參較納丹與大衛故事，撒下 12 章。此乃耶和華之言：你殺了人，還要霸佔？你告訴他，此乃耶和華所言：狗在哪兒舔納伯的血，暴屍野地，王下 9:25–26。那兒將來狗也舔你的血！同態報復，償還血債，22:38。

²⁰牙哈對以利亞説：你又找來了，我的仇敵！答：是呀，我找着你了。因為你把自己賣了，專幹耶和華眼裏的惡事，比作賣身給罪為奴，申 28:68。²¹看，我這就降禍於你：我要把你滅盡，或燒盡。凡屬牙哈又對牆撒尿的，一律從以色列剪除，奴隸自由人不論。同 14:10。²²我待你家，要像處置聶拔之

子增民一家，像耶親之子巴沙一家，只因你惹我發怒，墮以色列於罪愆。²³ 對夷色貝，也有耶和華之言：野狗要吞吃夷色貝，就在帝植田間。heleq，從 諸抄本及古譯本，王下9:10。原文：外郭，hel。²⁴那屬牙哈的，同14:11, 16:4。死在城裏要 餵狗，死在野地則給飛鳥啄食 ——

²⁵ 確實絕無僅有：此段為編者補注，否定下段牙哈的悔罪。像牙哈那樣把自己賣 了，專幹耶和華眼裏的惡事，受王后夷色貝的慫恿。舊譯不通：聳動。²⁶他穢行 噁心，追隨朽木，拜異教神，14:24, 15:12。學那些亞摩利人的行徑，雖然耶和華 替以色列子孫驅除了他們！

²⁷ 牙哈聽了這番訓言，即撕破王袍，麻衣貼肉，開始禁食；他睡覺不脫 麻衣，走路放輕腳步。認罪懺悔狀，20:31。²⁸於是，耶和華復又降言於提西貝人 以利亞：²⁹牙哈在我面前謙卑的樣子，你看到沒有？既然他對我謙卑了，我 就不在他生前降禍；謙卑可減免罪責，推遲懲罰，但牙哈不承永約，撒下12:13-14。但是 到他兒子的日子，我必降禍於他家。王下10章。

撒謊的靈

二十二章

如此過了三年，亞蘭和以色列之間無戰事。²第三年，猶大王耶審來訪 以色列王。略牙哈名；一說故事原型是講他兒子耶占，"嫁接"到父親身上。³以色列王向 群臣道：你等知道麼，基列山的高莊原屬我們？河東要衝，4:13注。只是我們一 直緘默，猶言忍耐、不發聲或採取行動。沒有從亞蘭王手裏奪回。圍堡條約雷神子二世 的承諾未全部落實，20:34。⁴他詢問耶審：同我一起去攻打基列山的高莊，可否？ 耶審回答以色列王：確認互助義務。兩國和親，耶審之子耶揚娶牙哈之女為妻，王下8:18 注。你怎樣我也怎樣，我的子民就是你的子民，我的馬就是你的馬。熟語，王 下3:7。

⁵但耶審提醒以色列王：務請先求得耶和華之言。求神論，20:13-14。⁶以色 列王遂召集先知，約四百人，問他們：寡人是去攻打基列山的高莊呢，還

是別動？儘管上，他們回答，我主必把 [它] 交在陛下手裏！7 然而耶審説：
這兒沒有別的耶和華先知可求問麼？ 不放心，知道北國宮廷先知龐雜，且受異教影
響。8 還有一人，以色列王告訴耶審，可托他求問耶和華；但我厭恨他，因
為他給我預言從無吉語，只有凶信—— 尹拉之子米迦亞。 mikayehu， "誰能比耶
和華"，常名，彌迦的變體。耶審道：別這麼説話呀，君王！婉責其吉語取人，不敬聖
言。9 以色列王便叫一個宦官，説：快，召尹拉之子米迦亞！

10 於是，以色列王和猶大王耶審各登寶座，身着衰服，坐於撒瑪利亞城
門口的禾場。 如設擂台，讓百姓觀看先知決鬥。眾先知在他們面前發起迷狂，宛若
果園山的靈媒先知，18:29。11 迦南納之子耶義給自己做了一對鐵犄角， 象徵勇力，申
33:17。耶義，zidqiyyah，宮廷先知的代表或掌門人。説：如此，耶和華有言：你要這樣
子頂翻亞蘭，滅掉他們！ 演示角牴的動作而諷喻，11:31 注。12 跟着，那群先知一齊
預言：上基列山高莊去取勝，耶和華必把 [它] 交在陛下手裏！

13 那個去召米迦亞的使者便對他説： 兩人已到禾場。看，眾先知異口同
聲，都在為國王説吉語；願你説的跟他們一樣，也是吉語。14 一如耶和華永
生，米迦亞回答，耶和華傳我什麼，我説什麼。 先知並無選擇神諭，或決定傳佈與
否的自由，民 22:38。15 來到國王面前，國王問他：米迦亞，我們是去攻打基列
山的高莊呢，還是別動？答：上去取勝好了，耶和華必把 [它] 交在陛下手
裏！摹仿對手，取笑猶大王。16 國王道：寡人得叫你發誓多少次，你才會奉耶和
華的名對寡人實話實説呢？17 於是 [米迦亞] 説：

我看見以色列在山上四散
彷彿羊群沒了牧人。 常喻國君。民 27:17，鴻 3:18。
耶和華説：這些人失了主子 'adonim，複數表尊大。
那就各自回家，平安！

18 以色列王對耶審説：我不是告訴過你嗎，他給我預言從無吉語，只
有凶信？ 猶大王不語。19 [米迦亞] 又道：所以聽好了，耶和華之言：我看見耶

和華高踞寶座之上，諸天萬軍侍立左右。天庭景象，賽6:1，伯1:6。²⁰ 耶和華道：誰可誘使牙哈上去，倒在基列山的高莊？一時間議論紛紛，直譯：這說這樣，那說那樣。形容眾天使困惑，不解天父用意。²¹ 直至一靈出列，靈，ruah，即預言之靈，民11:17，撒上10:6, 10。站到耶和華面前，說：我去誘他。怎麼誘法？耶和華問。²² 答：我會去到他的眾先知口中，做一個撒謊的靈。解釋上帝之人為何會預言出錯，成了"假先知"。[耶和華]諭示：行，你誘騙必成。去吧，就這麼辦！異象完。²³ 看，方才耶和華已將撒謊的靈放入你這一群先知的口中；耶和華指着你，道了災禍！

²⁴ 迦南納之子耶義就過來扇米迦亞耳光，太26:67。說：耶和華的靈走哪邊離開我，對你說話了？自信有聖靈附體。²⁵ 你會曉得的，米迦亞反駁，在你鑽密室藏身的那一天。預言其難逃禍亂。²⁶ 以色列王下令：拿下米迦亞，交與邑宰阿蒙和王子耶男，常名，士6:11，王下11:2。²⁷ 說：國王有旨，把這廝下獄，讓他挨些饑渴，吃夠苦頭，直譯：吃艱苦餅和艱苦水，賽30:20。等寡人平安歸來。²⁸ 可是米迦亞說：要是你真能平安回來，耶和華就沒用我傳諭！原文另引彌1:2補注：又說：萬民哪你們聽着。從七十士本刪。

牙哈之死

²⁹ 於是，以色列王同猶大王耶審上到基列山的高莊。³⁰ 以色列王對耶審說：我得易裝上陣，我，從古譯本。原文不通：你。但你還是穿你的王袍。以色列王便易了裝，出戰。³¹ 之前，亞蘭王命令麾下三十二個兵車隊長：三十二個，同藩王數，20:1, 16；一說四字是插注，代下18:30。[接敵]勿戀戰，大小不論，只打以色列王。瓦解敵軍的有效戰術。³² 故而兵車隊長望見耶審，都說：那個定是以色列王了！遂一擁而上，向他殺來。耶審大喊，³³ 那些兵車隊長發現他不是以色列王，因他是南方/耶京口音。就掉頭走了。

³⁴ 卻有人開弓一箭，碰巧射中以色列王胸甲腰下的接縫。國王沒有被認出，卻中了流矢；暗示此乃神意。他急令馭手：回韁！直譯：掣回你（拉韁）的手。脫離混

戰，我受傷了！[35] 但那天戰鬥非常激烈，退卻即全軍崩潰，只能死拚。**國王被撑着站在車上，面朝亞蘭**；傳奇英雄的形象，鼓舞士氣。**撑到黃昏，他死了**，失血而死。傷口淌下的血染紅了車腹。

[36] **日落時分**，終於擊退了亞蘭軍。**營中傳出一聲嘶吼：各自回城，各自返鄉吧**！[37] **國王死了**！神諭應驗，上文 17 節。斷句從七十士本。

他們撤回撒瑪利亞，在撒瑪利亞安葬了國王。[38] **那輛戰車，便拉到撒瑪利亞塘子沖洗 —— 於是野狗舔了他的血**，照應以利亞的預言，雖然地點細節不合，21:19。**妓女 [在那裏] 沐浴**，取塘水洗澡，強調不潔。**恰如耶和華之言所示。**

[39] **牙哈其餘的事蹟，其所作所為，所建象牙宮並各處城邑**，現代考古亦證實，牙哈朝興修水利，多築堅城，國力甚強。**不都載於《以色列諸王實錄》**？[40] **牙哈與列祖同眠之後，其子耶占繼位為王。**見下文 52 節注。

猶大王耶審

[41] **亞薩之子耶審登基統治猶大**，耶審，yehoshaphat，常名，前 870~848 在位。**在以色列王牙哈四年。**[42] **耶審三十五歲即位，在耶路撒冷為王凡二十五年。其母名阿舍**，`azubah，"捨棄"。**是史爾希的女兒。**[43] **他走了父親亞薩的路，從無偏離，只行耶和華眼中的義事。**[44] **唯有丘壇未能鏟盡，子民仍舊上高丘燒香獻祭。**延續父親的政策，尊重民俗，15:14。[45] **但耶審同以色列王和解了。**結束內戰，14:30，15:16。

[46] **耶審其餘的事蹟，其勇武之功，如何爭戰，不都載於《猶大諸王實錄》**？[47] **國中殘留的廟妓，父親亞薩生前漏網的**，參 15:12。**他也清除了。**

[48] **當時紅嶺無王，歸總督統轄。**因紅嶺臣服於猶大，耶審控制了通向紅海的勇士港，9:26。[49] **耶審建了一支拓西船隊**，建，傳統讀法。原文：十。**欲去俄斐運黃金**；參 9:28，10:22。**然而未及遠航，船隊在勇士港遭了損壞。**[50] **牙哈之子耶占遂向耶審建議：讓我的僕人同你的僕人一起乘船前往。**或因北國擁有腓尼基水手，善航海。**但耶審沒有同意。**不願意他國介入黃金香料等貿易。[51] **後來耶審與列祖同眠，**

葬於大衛城，校讀參 15:24。原文重複：祖宗大衛的城。**列祖身畔。其子耶揚繼位為王。** 耶揚，yehoram，"耶和華升揚"，王下 8:16。

以色列王耶占

[52] **猶大王耶審十七年，牙哈之子耶占在撒瑪利亞登基**，耶占，'aḥazyahu，"耶和華佔有"，前 853~852 在位。**稱以色列王。他統治以色列兩年**，[53] **專幹耶和華眼裏的惡事，走他父母跟矗拔之子增民的罪途，墮以色列於罪孽**。[54] **他服事、叩拜巴力，惹耶和華以色列的上帝動怒，行事一如其父。** 未完，接王下 1:1。

二零二零年十二月初稿，二一年四月定稿。

列王紀下

蠅巴力

一章

牙哈歿後，接王上 22:54。摩押就反叛了以色列。参 3:4 以下。

² 耶占在撒瑪利亞，從樓上的窗櫺間跌下，受了傷。遂派出使臣，說：去，求問蠅巴力，ba`al zebub，作者貶損迦南大神，諧音巴力王：ba`al zebul，太 10:25。埃克龍的神，埃克龍，非利士北界邊城，書 13:3。寡人這傷病還會好嗎？³ 然而，耶和華的使者對提西貝人以利亞說：起來，你去截住撒瑪利亞王的使臣，告訴他們：譴責耶占，稱其為一城之王。莫非以色列沒有上帝，你們得去求問蠅巴力，埃克龍的神？或許也祈告上帝，但宗教融合的習俗，是廣求諸神，擇優禮拜。⁴ 所以，此乃耶和華之言：你上了床就別想下來；你呀，死定了！

以利亞便去了。

⁵ 使臣回來，[國王]問他們：怎麼就回來了？⁶ 答：來了一人叫住我們，說：回去，告訴那派遣你們的王，此乃耶和華之言：此句提前，語氣較天使嚴峻。莫非以色列沒有上帝，你得派人去求問蠅巴力，埃克龍的神？所以，你上了床就別想下來；你呀，死定了！⁷ 那個叫住你們說了這番話的，[國王]問，他什麼模樣？mishpat，兼指規矩、舉止，17:26。⁸ 答：是個粗毛主子，粗毛，指駝毛織的粗陋外袍，2:8，王上 19:13, 19，亞 13:4。胯上繫一根皮腰布。福音書裏施洗約翰的樣板，可 1:6，太 3:4。[國王]道：又是以利亞，那個提西貝人！

⁹ 於是，他派一個五十夫長帶五十人，前去找 [以利亞]。一如其父，想抓捕先知。看，他在山頭上坐着呢，便喊他：上帝之人哪，國王有旨，你下來！¹⁰ 以利亞回答五十夫長：我若是上帝之人，願天火落下，吞了你和你

這五十！驟然，諸天擲下一團火，吞了他和他的五十。回放果園山鬥法，王上 18:38。

¹¹[國王]又派一個五十夫長帶五十人，上來喊他：上來，從七十士本。原文：回答。上帝之人哪，國王有旨，趕快下來！¹²以利亞回答：我若是上帝之人，願天火落下，吞了你和你這五十！驟然，諸天擲下一團上帝的火，喻霹靂，伯1:16。吞了他和他的五十。

¹³第三次，[國王]派出五十夫長帶五十人。民間故事套路，事不過三。這第三個五十夫長上來，見到前兩撥人的焦屍。到以利亞跟前跪下，哀求道：上帝之人哪，但願我的命，您這五十個僕人的命，在您眼中還值點什麼！¹⁴看，天火落下，吞了前頭那兩個五十夫長和他們的人；直譯：他們（各自）的五十。現在願我這一條命，在您眼中值得垂憐！¹⁵耶和華的使者對以利亞說：原來天使一直護着先知。你可跟他下去，不用怕。[以利亞]便起身，跟他下去；來到國王面前，¹⁶昂然道：此乃耶和華之言：只因你派了使臣去求問蠅巴力，埃克龍的神——莫非以色列沒有上帝？去求他的神諭！他，若指上帝則可省略：沒有上帝可求神諭？所以，你上了床就別想下來；你呀，死定了！

¹⁷他就死了，一如以利亞所傳耶和華之預言。因為他沒有兒子，便由弟弟耶揚繼位為王，原文無"弟弟"，從古譯本補。時在猶大王耶審之子耶揚二年。南北二王同名；此年表與3:1矛盾。¹⁸耶占其餘的事蹟，不都載於《以色列諸王實錄》？

火馬車

二章

耶和華要起旋風接以利亞升天之際，正是以利亞偕以利沙離開石圈之時。此石圈通說在伯特利北邊，非約旦河畔的那一個，書4:19。²以利亞對以利沙說：請留在這兒，耶和華只是派我去伯特利。不確定徒弟是否有資格前往。但以利沙回答：一如耶和華永生，您的靈常在，起誓語，撒上1:26, 20:3, 25:26。我決不離開您！他們便下到伯特利。³伯特利的一眾先知弟子出來迎接，問以利沙：你可知道，今天耶和華要將你的主人從你頭頂上接走？顯然門派先知聽到了小道消息。我知道，他説，你們別作聲。勿外傳。

4 俄而，以利亞又道：以利沙，請留在這兒，耶和華只是派我去耶利哥。但他回答：一如耶和華永生，您的靈常在，我決不離開您！他們便來到耶利哥。往東，約旦河方向。5 耶利哥的一眾先知弟子迎上前來，問以利沙：你可知道，今天耶和華要將你的主人從你頭頂上接走？我知道，他説，你們別作聲。

6 然而，以利亞又道：第三次，故事情節來到拐點，1:13注。請留在這兒，耶和華只是派我去約旦河。但他回答：一如耶和華永生，你的靈常在，我決不離開您！二人便一起上路。7 有五十個先知弟子也跟去了；當二人走到約旦河畔停下，他們就遠遠站着。做了目擊證人。8 以利亞握住自己的大袍，見1:8注。卷起，擊打河水。河水即左右分開，讓二人走乾地穿越。重演摩西分蘆海的神跡，出14:16, 21–22。

9 到達對岸，以利亞問以利沙：説吧，趁我還沒有被接去，我能為你做什麼？但願，以利沙請求，我能繼受雙份您的靈。如長子繼承雙份產業，申21:17。雙份，即總數的三分之二，亞13:8。10 答：你求了一件難事；因那靈的真正主人是天父，而非先知。不過，若你可以看見我被接去，你就能如願；看不見，則不能。11 他們正走着談着，突然，一輛火焰戰車，火馬牽引，將兩人分開；以利亞便乘着旋風，或風暴，暗示上帝親臨，結1:4，亞9:14，伯38:1。升天而去！聖經中未死即升天而永生之第二人，創5:24。12 以利沙看見，大喊起來：父親呀，我的父親！老師如父。以色列的戰車，連同駿馬！兼指騎手。直到望不見了，他才攥緊了衣衫，撕作兩片。象徵脱下舊人，繼承先知衣缽。13 然後撿起以利亞脱了拋下的大袍，回到約旦河畔，站着。

14 拿着以利亞脱下的那件大袍，他猛擊河水：學老師的樣，求神跡。耶和華何在，以利亞的上帝？他喊。那河水被他一擊，就左右分開，讓以利沙穿越。15 對岸，耶利哥的先知弟子也望見了，都説：以利亞的靈降在以利沙身上了！經神跡驗證，認可其繼承人身份。降/身上，舊譯感動，誤。遂上前迎接，伏地叩拜，¹⁶向他説：看，這兒有您的五十個僕人，都是壯漢，請讓他們去尋找您的主人。沒準耶和華的靈將他提去，靈，ruah，本義風，創 1:2。丟在了哪座山上或哪條谷裏？門派先知未見火馬車接以利亞升天，以為他只是御風騰挪，王上 18:12。不，別派人，他回答。¹⁷然而他們一再堅持，他不好意思了，説：派吧。他們便派出五十人，尋了三天，一無所獲。後世遂有以利亞不死，將再臨福地宣告救贖的預言，瑪 3:23–24。¹⁸回來見他 —— 其時他還在耶利哥 ——[以利沙]説：我不是早告訴你們了，別去？

兩頭母熊

¹⁹那城的人對以利沙説：求新先知施神跡。這城原是最宜居的，我主也看見了；可是水質一壞，土地就不育了。歉收，乃至影響了人畜懷胎生子。舊譯不通：土產不熟而落。²⁰給我拿一隻新碗來，他説，裏面擱點鹽。古人用於防腐、求潔、祭禮、締約等，出 30:35，利 2:13，民 18:19，結 16:4。眾人忙給他取來。²¹他便出去，走到水源，把鹽倒在水裏，道：此乃耶和華之言：這水我治好了，再不會帶來死亡和不育了。²²果然，水就好了，比作病體復元。至今仍是，一如以利沙所言。

²³他從那裏上至伯特利；向西。正走着上坡路，城裏出來一群小童，一個勁地訕笑他：上去，禿子！上呀禿子！一幅以利沙的肖像。²⁴他扭過頭來瞪着他們，奉耶和華的名詛咒了他們。聖書不隱惡：治水先知給伯特利/上帝之家帶來的竟是屠戮兒童。立刻，林子裏躥出兩頭母熊，撕了其中四十二個孩子。

²⁵從那裏，他去到果園山，朝北。然後折回撒瑪利亞。

以色列王耶揚

三章

猶大王耶審十八年，牙哈之子耶揚在撒瑪利亞登基，耶揚，yehoram，前852~841 在位。統治以色列，稱王十二年。另説僅八年，參 1:17。²他也幹耶和華眼裏的惡事，但跟父母有別，因他移除了父親築的巴力廟碑。王上 14:23 注。³只是對以色列墮於其中的聶拔之子增民的罪孽，如另立聖所，造壇設祭，王上 12:25 以下。他一直戀戀不捨，未能擺脫。

伐摩押

⁴ **摩押王梅沙是牧主出身**，noqed，特指培育種羊者，摩 1:1。梅沙，mesha`，"解救"。**素以十萬隻羊羔並十萬頭公綿羊的毛**，誇張，渲染其藩屬地位。**向以色列王進貢。⁵ 但牙哈歿後，摩押王便反叛了以色列王。**

⁶ **耶揚王即日邁出撒瑪利亞，數點全以色列**。傳令各支族出兵。⁷ **同時，致信猶大王耶審**，一說耶審為補注；此戰發生在其子耶揚繼位後，但猶大王耶揚名聲不佳，8:16 以下。**說：摩押王對我造反，同我一起去討伐摩押，可否？[猶大王]回答：當然！你怎樣我也怎樣，我的子民就是你的子民，我的馬就是你的馬**。同王上 22:4。⁸ **還問：走哪條路上去？答：取道紅嶺荒野**。不走較近的耶利哥城北路。

⁹ **於是，以色列王聯合猶大王、紅嶺王出兵**，其時紅嶺為猶大藩屬，王上 22:48。**[往南]繞行**。繞過死海。**走了七日，大營和隨軍的牲畜都沒水喝了。¹⁰ 糟了，以色列王說，耶和華召來我們三個王，是要交在摩押手裏！** 洩氣了，反襯猶大王虔敬。¹¹ **耶審就問：這兒沒有耶和華的先知麼，可托他求問耶和華？** 王上 22:7–8。**以色列王的一個臣僕進言：夏判之子以利沙在這兒，他給以利亞端過水**。直譯：往手上倒水。喻服事主人/追隨老師，王上 19:21。¹² **耶審道：那他有耶和華之言了。以色列王便同耶審和紅嶺王一起下去見他。**

¹³ **不想以利沙對以色列王說：你找我幹什麼？** 直譯：何事於我於你。習語，士 11:12，撒下 16:10，王上 17:18。**去找你父母的那幫先知呀**。指牙哈與夷色貝依賴的宮廷先知。**別這樣，以色列王回答，是耶和華召來我們三個王，要交在摩押手裏呀**。故只能求助於上帝之人。¹⁴ **以利沙道：一如萬軍之耶和華永生，我侍立於他面前**，學老師說話，王上 17:1，18:15。**若非礙於猶大王耶審的情面，我決不會看你一眼！¹⁵ 現在，給我找個彈琴的來吧**。如同靈媒，藉音樂進入迷狂狀態而預言，撒上 10:5–6。**當樂師彈琴時，耶和華的手就按了他[的頭頂]**，喻聖靈附體。¹⁶ **他脫口**

而出：此乃耶和華之言：這條山谷多掘些溝。準備蓄水。[17] 如是耶和華有言：你們不會見風，也不會見雨，那山谷卻要漲滿清水，讓你們暢飲，大軍連同牲畜。大軍，校讀從傳統本注。原文：牲口。[18] 耶和華眼中，此是小事一樁；他還要把摩押交在你們手裏，[19] 讓你們攻破一切堅城美邑，七十士本無"美邑"，一說為誤抄。砍倒所有的佳樹，破摩西之律，毀果樹，申20:19。堵上每一孔泉眼，變每一塊良田為亂石坡。

[20] 果然，早晨獻素祭時分，民28:3–8。看，一股水自紅嶺方向漫漫而來，遍地注滿了清流！

[21] 摩押聞報諸王來犯，凡能佩刀的都動員了，到邊境據守。[22] 黎明，摩押人起來，太陽剛照亮水面，遠遠望去，那水一片血紅。一說即谷地砂岩在晨光裏的色澤。[23] 這是血呀，他們叫道，定是那 [三個] 王打起來了，彼此殘殺。走，摩押人，擄一把去！居然不派人偵察，亦是神意安排。[24] 豈料進到以色列的營地，以色列起身一個反撲，摩押頓時潰敗。遂乘勝追擊，攻入摩押；意譯參傳統讀法。原文有訛，無善解。[25] 城鎮悉數摧毀，良田被扔進去的石頭填滿，泉眼一一堵上，佳樹棵棵砍倒。只剩下陶片牆的石 [牆]，陶片牆，qir hareseth，又名陶牆，摩押都城，賽16:7，耶48:31, 36。被團團圍起，還頂着飛石不破。飛石，指環索投石。

[26] 摩押王見戰況對己不利，便點起七百刀手，身邊最後的精銳。企圖從紅嶺王那裏突圍，敵軍相對弱的一翼。校讀：突圍去亞蘭王那裏。未成。[27] 無奈，他把立為王儲的頭生子推上城牆，獻作了全燔祭。人祭，祈戰神凱魔佑助，士11:24，王上11:7, 33。一時間天怒驟臨，閃電打雷視為戰神發怒？摩押士氣一振。以色列大驚，忘了以利沙的預言。慌忙撤軍，退回了本國。

寡婦的油瓶

四章

有個婦人，先知弟子的妻，來哀求以利沙。地位及責任似門派頭領，跟以利亞不同。您的僕人我丈夫死了，她說，您知道您的僕人一向敬畏耶和華。可是債主來了，要拉走我兩個孩兒給他為奴。即以奴隸的身價折抵債務，出 22:2，賽 50:1，太 18:25。²以利沙問：我能為你做什麼？告訴我，家裏還有什麼？答：小婢家裏除了一瓶油，一無所有了。³[以利沙]道：你出門向四鄰借些瓶罐，要空的，別少借。⁴回家關上門，你和兒子一起把油倒進瓶罐裏，滿了就放在一邊。

⁵她便告辭，去了。略借瓶罐，凸顯敘事要點。[到家]關上門，兒子就給她遞 [瓶罐]，她倒油。⁶直至瓶罐都滿了，她還要兒子：遞呀，下一瓶。沒有了，[兒子]回答。那油就停了。神跡結束，參王上 17:7 以下。⁷她便返來告訴上帝之人。去吧，他說，把油賣了還債。餘下的供你和孩子生活。

書南婦人

⁸一天，以利沙路過書南。加利利湖西南，帝植北邊，王上 1:3。當地有一大戶人家的主婦，曾挽留他用餐；故而他每次路過，都會上她家用餐。⁹後來她對丈夫說：我看出來了，那個老路過這兒的，是位聖者，qadosh，美稱祭司、先知、獻身者、忠信者，利 21:8，賽 4:3。上帝之人！¹⁰不妨給他在房頂上搭一間小屋，舊譯錯亂：在牆上蓋/小樓。裏面放一張床，配上桌椅和燈。這樣他一到我們家，即可上去休息。

¹¹這天，他又來了，上房頂小屋躺下。¹²隨即吩咐僕人葛哈齊：叫那書南婦人。不稱女主人或她的名字，如待下人。僕人便喚她上來，站着。¹³以利沙道：不請坐，也不屑於同她對話。請告訴她：勞你操心了，如此照顧我們。能為你做什麼嗎？要不幫你在國王或者將軍面前說句話？口吻頗似宮廷先知。可我在族人中間住着呢，她回答。自信而自尊：有親友關愛與互助，無須求君主施恩。¹⁴那還能為她做什麼呢？[以利沙]問。女主人已下樓。葛哈齊答：噢，她沒有兒子，丈夫也老了。一如聖祖夫人，創 18:12；而上帝之人竟從未留意。¹⁵[以利沙]道：叫她回來。喚了來，她卻站在了門口。恭敬。¹⁶[以利沙]說：時間已定，生命有期，你必抱上一個兒子。創 18:10。別，她忙說，別騙小婢呀，我主啊上帝之人！

¹⁷那婦人居然懷孕了；蒙天父眷顧而結胎，不說與丈夫相認，創21:1–2。時間已定，生命有期，她誕下一子，誠如以利沙所言。

¹⁸孩兒漸漸長大。一日，他到收割的人中間來找父親，¹⁹忽而向父親喊痛：啊我的頭，我的頭！參王上17:17–24。父親急命僕人送他回母親處。²⁰抱到家裏，他偎在母親膝上，捱至中午，死了。²¹她立即上樓，將孩兒放在上帝之人的床上，關了門，就來地頭，²²呼喊丈夫：請給我派個僕人並一匹母驢，我趕去見了上帝之人就回來！相信先知的法力而不報喪，保密。²³幹嗎今天去找他，既非月朔，也不是安息日？他問。民俗，獻祭日訪聖者，供養或求教。她只回了一聲：平安。告別語。²⁴母驢備好，她就要僕人趕驢：僕人跟着跑，用鞭子或刺棍趕驢。快走，沒我的話，路上別停！²⁵說着，便向果園山進發，往西走。來找上帝之人。

上帝之人遠遠望見了她，對僕人葛哈齊説：看，這不是那個書南婦人！²⁶你馬上跑去迎接，向她問安：你好嗎？丈夫好嗎？小孩可好？她應了一聲平安，²⁷就上了山。情況緊急，免禮。來到上帝之人跟前，一把抱住他的腳。葛哈齊過來，想把她推開，上帝之人道：由她去，她靈中有苦楚，耶和華卻瞞着我，未曾諭示。反言以利沙麻木，不關心旁人疾苦。²⁸而她已經在説：我何曾向我主求過兒子？是哀求也是控訴。我說了別誆我，不是嗎？

²⁹[以利沙]吩咐葛哈齊：束緊腰，手持我的杖，快去。遇見人，莫請安，人若問安，你也不要回答。以免耽擱；近東古俗，問候應熱烈而周到，路10:4。去把我的杖伸到那孩子臉上。以為可摹仿摩西，運手杖施法，出4:17。³⁰然而孩子的母親説：一如耶和華永生，您的靈常在，我決不離開您！同以利沙對老師表白語，2:2, 4；不信僕人使手杖可代替先知。他便起來，跟在了她身後。關係反轉，傲先知跟隨書南女和毛驢。

³¹葛哈齊比他們先到。他把那根杖伸到了孩子臉上，卻並無聲音或任何反應。法術失敗。趕緊回來報告：孩兒沒醒過來！³²以利沙趕到她家，看，自己床上躺着死了的孩子。³³便進去，關上門，屋裏只有他們兩個。他先向耶和華祈禱，³⁴然後上床，伏在孩兒身上，嘴對嘴，眼對眼，掌對掌。招靈儀

式，王上 17:21。這麼貼着他的身子，孩兒的皮肉變暖了。³⁵他就下來，在屋裏來回走了一遍，復又上床，趴在孩兒身上。忽地，那孩子打了七個噴嚏，生命之氣回到了鼻孔裏，創 2:7，賽 2:22。睜開了眼睛！³⁶他便喚葛哈齊：叫那書南婦人。僕人一喊，她就上來了。[以利沙]道：抱你的兒子吧！³⁷她進屋即跪倒在他腳下，叩頭於地；禮畢，不亢不卑。才抱起兒子，出去了。

藥葫蘆

³⁸以利沙返回石圈時，呼應 2:1。當地正鬧饑荒。眾先知弟子來他面前坐着，招聚門徒，祈禱或舉行祛災儀式？作者故意省略細節。他吩咐僕人：把大鍋擱火上，給先知弟子煮菜羹。

³⁹有個弟子去地裏摘野菜。看到一株野藤子，便摘了滿滿一兜藥葫蘆回來，藥葫蘆，paqqu`oth，又名藥西瓜，味苦有毒，王上 6:18 注。切碎了放進鍋裏熬羹。沒人認得[那是什麼]。⁴⁰煮好舀出，給眾人吃；但他們嘗了那羹，一個個喊苦：這羹要吃死人哪，直譯：鍋裏有死。上帝之人！就無人敢吃了。⁴¹[以利沙]道：取麵粉來！他把麵粉撒在鍋裏，自行法術，無須禱告上帝。説：舀給大家吃吧！鍋裏的毒竟消失了。

大麥餅

⁴²有人從三區巴力來，ba`al shalishah，一說在石肩西南，以法蓮山區小村，撒上 9:4。帶了初熟大麥做的二十張餅，並新麥穗，放背囊裏送與上帝之人。背囊，ziqqalon，僅此一用，無定解。另說（據烏迦利特語同源詞）指某種穀物。給大家吃吧，[以利沙]說。⁴³侍者犯難了：這點東西，一百個人面前怎麼擺？不夠門下弟子分食。答：給大家吃就是了，如此耶和華有言：吃了，必有剩餘。這次獲神論背書。⁴⁴於是擺上[大麥餅]；眾人吃了，果然還有剩餘，參觀耶穌分餅的故事，太 14:13–21, 15:32–38。一如耶和華所言。

奈曼將軍

五章

奈曼，na`aman，"可愛"。是亞蘭王的將軍。他在主公面前極受尊重與恩寵，因為耶和華曾藉着他賜亞蘭得勝。一神論的普世主義解說，儘管亞蘭人不可能持此觀點。這人雖是勇士，卻染了癩病。某類皮膚病或不潔症狀，利13:2，撒上3:29注。 2 亞蘭人常越境劫掠；一次，從以色列擄來一個小姑娘，給奈曼妻做了丫鬟。直譯：在奈曼妻面前。 3 她對主母說：要是主子在撒瑪利亞那位先知面前就好了，他能治癩病。婢女關心主人，暗示將軍夫婦仁慈。 4 [奈曼]遂啟稟君上：如此這般，是那個以色列婢女說的。 5 亞蘭王道：你去好了，也許看作外交施壓的手段？寡人這就修書致以色列王。即耶揚，3:1。

他便上路了，手下攜銀子十秤、黃金六千[舍克]並彩衣十套。約合公制銀340公斤，金68公斤。 6 他向以色列王呈上書信，信中說：茲遣寡人之臣子奈曼，持此信訪汝，望治癒其癩病為要。口吻似諭示藩屬。 7 信一念完，以色列王就撕破袞服，志哀，撒下13:31；以為亞蘭王想找藉口入侵，不知是婢女推薦了先知。叫道：寡人是上帝，掌死生麼？申32:39，撒上2:6。這位居然送個人來，叫我治他的癩病！你們聽聽，看出來了？他這是找碴尋釁哪！

8 上帝之人以利沙聽說以色列王撕了袞服，派人帶話給國王：何必撕王袍呢？請他來見我吧，讓他曉得，以色列有先知的！

9 於是奈曼率車馬來到以利沙家，立於門外。表恭敬。 10 以利沙差一使者出來說：故意簡慢待客。去，下約旦河洗浴七次，你的皮肉即可復元而潔淨。 11 奈曼生氣了，走開去說：罷了！還以為他會出來，站那兒呼喚他的上帝耶和華的名，然後對患處搖他的手，祛除這癩病呢。 12 論河水，大馬士革的亞巴納河、帕爾帕河，分別流經都城北南，滋潤綠洲。亞巴納，傳統讀法：亞瑪納，歌4:8。不比以色列的隨便哪條都好？我不會去那兒洗浴、潔淨？他怒氣衝衝，扭頭就走。 13 可是他的僕人上前進言：父親呀！愛稱主子。倘使先知派給您一件大事，您不也肯去做？何況他只是叫你洗浴、潔淨呢？僕人相信婢女之言，猜到"水療"實為神跡，無關水質。¹⁴ 他便下到約旦河裏，照上帝之人所言，浸沒七次。果然，皮肉就復元了，潔淨如小童的皮肉。路4:27。

¹⁵ 完了，他率全體隨員原路回去，站到上帝之人面前，說：現在我曉得了，天下別無上帝，或作大神，則有否定異教神的意思。除了以色列！所以務請收下您僕人的一點薄禮。本義祝福，書15:19，撒上25:27, 30:26。¹⁶ 但[以利沙]回答：一如耶和華永生，我侍立於他面前，這我不能收。對比職業先知，撒上9:6–8。[奈曼]一再請他收下，他仍不願意。¹⁷ 奈曼只好說：實在不行，則請允許僕人運走一對騾子能馱的土，以為拜以色列的上帝，築祭壇須用撒瑪利亞的土。因為僕人再也不給神明獻全燔祭或犧牲了，除了耶和華。¹⁸ 但有一事，願耶和華寬恕您的僕人：當我主公上石榴神廟拜祭時，石榴神，rimmon，亞蘭雷神的別名/貶稱，撒下4:2，亞12:11 注。他要靠着我的手臂；這樣我扶着他，原文下句抄重，從部分抄本及七十士本刪其一。也得在石榴神廟叩拜——願耶和華寬恕您的僕人，僅此一事！¹⁹ 答：去吧，願你平安。允許皈依者保留某些異教儀式的"空殼"。

[奈曼]告辭後走出一程，²⁰ 葛哈齊，即上帝之人以利沙的僕人心想：我主子白白放過了這個亞蘭人奈曼，雙手捧來了，他也不收！一如耶和華永生，待我追上去，向他要點東西。諷刺，貪財作惡卻呼聖名起誓，破十誡之三，出20:7。²¹ 葛哈齊便去追趕奈曼。奈曼見他跑來，忙跳下馬車迎候，說：一切平安？²² 平安，他說，主子派我傳個口信：撒謊，跟將軍的婢女和僕人恰成對比。方才來了兩個以法蓮山地的先知弟子，可否賜他們一秤銀子、兩套彩衣？²³ 好啊，奈曼回答，拿兩秤去吧。慷慨。他一邊敦請，一邊將兩秤銀子紮在兩隻皮口袋裏，同兩套彩衣一道交給兩個僕人；讓他們拿着，走在前頭。²⁴ 來到山堡，ha`ophel，凸起、山包，特指建在山頭的城堡，賽32:14，彌4:8。[葛哈齊]就從他們手上接過，存入家中。然後打發二人回去，²⁵ 自己則進去服事主子。

以利沙問他：去哪了，葛哈齊？答：僕人哪也沒去呀。²⁶[以利沙]道：某人停下車來迎你那會兒，難道我的心沒有同去？猶言別想瞞過上帝之人。好時機呀，收了銀子又收彩衣，[值]多少橄欖樹、葡萄園、牛羊奴婢！²⁷ 但奈曼

的癩病也要一併染上，你和你的子實，至永遠！超過聖怒罰四代的界限，出 20:5,
34:7。

他從[主子]面前退下，癩瘡業已[白]如雪花。出 4:6，民 12:10。

斧頭

六章

眾先知弟子請示以利沙：看，我們在您面前的住處太窄小了。或指門派
的石圈住房，4:38。面前，猶言領導下。² 可否讓我們去約旦河，在那裏每人出一根
櫟木，另建居所？答：去吧。³ 有人又說：最好您與僕人們同去。副手建議？
以其權威有序分配資源，及時解決糾紛。行，我去，他答應了。⁴ 遂一起出發。

來到約旦河畔，就開始伐木。⁵ 其中一人正斫着櫟木，斧頭掉進了水
裏。斧頭，直譯：鐵（頭）。哎呀，我主，他大叫起來，是借來的呀！弟子窮苦人
居多，買不起斧子，4:1, 38。⁶ 掉哪兒了？上帝之人問。那人指給他看。他便砍下
一根枝子，扔到那裏，斧頭竟浮出了[水面]。⁷ 自己撈去，他說。那人就伸
手將它撈了上來。

亞蘭軍失明

⁸ 亞蘭王入侵以色列時，曾與臣子謀劃，說：汝等可到某地埋伏。校讀
從傳統本注。原文：我要到某地安營。無確解。⁹ 然而上帝之人派人報知以色列王：當
心，莫走此地，亞蘭已在那裏設伏。同上注。¹⁰ 以色列王遂派出[探子]去上帝
之人所說的地方，不止一次，直譯：一兩次。因其預警而避開了險境。

¹¹ 亞蘭王為此心中煩亂，他召集群臣，忿忿道：不告訴寡人嗎，我們當
中誰在幫以色列王？懷疑出了內奸。¹² 沒有啊，我主大王，一臣僕回答。是以
利沙，那個以色列先知；便是陛下在寢宮說的話，他也能透給以色列王。
¹³[國王]道：去，找找他在哪裏，寡人好派人去捉拿。消息報來：他在督

山。撒城以北18公里處，交通要衝，創37:17。[14]遂派出車騎精兵，連夜進發，包圍了那城。

[15]清晨，上帝之人的侍者起來，到外頭一看，啊，戰馬兵車，敵軍把城圍了！糟了，主子，僕人喊道，這可如何是好？[16]答：別害怕，我們這邊比他們那邊多得多。[17]耶和華啊，以利沙隨即祈禱，請開開他的眼，讓他看見！賜其異象之啟示。耶和華便開了僕人的眼，看哪，漫山是火焰升騰的戰馬兵車，天軍嚴陣以待，2:11，詩68:17。將以利沙團團圍起。

[18]待[敵軍]下來拿他，以利沙又向耶和華禱告：求求你，降失明打擊這外族！即短期致盲。以利沙話音未落，那些人就兩眼一黑，看不見了。直譯：遭了失明打擊，創19:11。[19]不是這條道，以利沙告訴他們，也不是這城。跟我來，我帶你們去見你們要找的那人。但他把眾人領去了撒瑪利亞。

[20]進入撒瑪利亞，被以軍包圍、繳械。以利沙說：耶和華啊，請開開他們的眼，讓他們看見！耶和華便開了他們的眼，看哪，怎麼是在撒瑪利亞城裏？[21]而以色列王見此，即詢問以利沙：統統殺掉嗎，父親？尊稱聖者，5:13。[22]不，別殺，他說。弓劍俘來的，豈可一殺了之？並非聖戰，仁者不殺降俘，王上20:31。給他們擺上麵餅和水，吃完，讓他們回家見自己主子。[23][國王]卻預備了一席盛宴，超出先知指示優待俘虜，有謝恩之意。等那些人吃飽喝足了，才打發他們回去主子那裏。亞蘭人越境劫掠以色列的事，就停息了。呼應5:2。以下插入一獨立片斷。

撒城大饑饉

[24]這以後，亞蘭王雷神子點起全軍，或指雷神子三世，13:3。上來圍困撒瑪利亞。[25]接着，困厄之中，大饑饉攫住了撒瑪利亞，直至一個驢頭賣八十舍克銀子，昂貴。四分之一升"鴿糞"值五舍克銀子。鴿糞，俚稱角豆莢。升，qab，斗的1/6，約合公制1.2升。

[26]一次，以色列王登上城牆，一婦人向他呼喊：救命哪，我主大王！[27]別喊了，他回答，叫耶和華救你！寡人拿什麼救你？拿禾場？拿酒榨？這兩

樣在城外，被敵軍控制。²⁸但國王還是問她：究竟怎麼回事？答：這個女人，她對我說：把你兒子交出來，我們今天吃，明天吃我的兒子。饑民的慘狀，如摩西預言，申 28:53–57。²⁹我們就煮了我兒子，吃了。第二天，我對她說：把你兒子交出來，給我們吃。可她把兒子藏起來了！³⁰國王聽罷那婦人說的，便撕破了王袍；而他走在城牆上面，百姓可見袍子裏面他貼肉穿着麻衣。王上 20:31, 21:27。³¹願上帝這樣待我，並加倍 [降罰]，他說，如果夏判之子以利沙今天還留着他的腦袋！或因先知主戰，而怪他法術/預言失靈，誤導君王。³²言畢，即從身邊派出一人。斷句從傳統本注。

以利沙卻在家中坐着，眾長老坐於一旁。先知已回到撒城/山堡，5:3, 24；眾長老代表各支族。使者未到，使者，婉言刺客。他已關照了眾長老：你們看好，這兇手之子派人取我的首級來了。注意，那使者一到，就把門關上，用門頂住他。直至國王/兇手之子到來，使者退下。哦，那不是他主子的腳步聲麼，在他身後？³³正說着，看，國王駕到，國王，校讀參 7:2。原文：使者。[口裏]仍在叨嘮：明明這災難來自耶和華，我還能指望耶和華什麼？

七章

以利沙道：聽哪，耶和華有言 —— 此乃耶和華之言：明日此時，在撒瑪利亞城門口，一斗細麵只值一舍克 [銀子]，斗，約合公制 7.3 升，王上 18:32。一舍克買兩斗大麥。便宜。²那攙扶國王的侍衛官卻呵斥上帝之人：哼，就算耶和華在天上開閘，穹隆上控制雨雪冰雹的閘口，創 7:11。諷刺先知幻想天降餅雨，出 16:4。也不會有這種事！答：好，你會親眼看到，但一口也吃不上。婉言斃命。

³城門口恰有四人，是染了癩病的，因患惡疾，不潔而不得在城內居住，利 13:46。他們彼此說：幹嗎坐這兒等死呢？⁴若說進城吧，城裏饑成這樣，我們必死無疑；留這兒呢，一樣沒命。來，乾脆投亞蘭大營去。投降乞活，已經不指望上帝垂憐、干預，6:33。若是他們讓活命，我們就活命；要殺的話，也不過一死。

⁵於是他們傍晚起身，往亞蘭大營走；天色漸黑。摸到亞蘭人的營地邊上，怎麼，空無一人？⁶原來，主使亞蘭大營裏突然喧聲大作，[彷彿]車馬奔馳、大軍殺來，上帝降異象卻敵，6:17。眾人一個喊一個：不好，以色列王雇了赫提人的王跟埃及王，來打我們了！對亞蘭形成南北夾擊。⁷夜幕降臨，他們拔腳就跑，拋下帳篷和驢馬，只顧逃命——營盤裏一樣沒動。⁸這幾個癩病漢走到營地邊上，鑽進一座帳篷，就吃喝起來。然後翻搜金銀衣物，拿出去掩藏。回來，又掀開另一座帳篷搜掠，拿出去掩藏。

⁹末了，他們彼此説：這事做得不對呀。才想起城裏的同胞。今天是報喜訊的日子，可我們一聲不吭！拖到天亮，還不拿我們問罪？知情不報之罪。走，咱們給王宮報信去。¹⁰他們便回到門樓底下，朝衛兵喊：我們剛去了亞蘭大營，人影人聲全沒了，只有驢馬還拴在那兒，帳篷裏一樣沒動！四人想藉此進城，但衛兵沒開門。¹¹衛兵卻自己喊着，把消息傳進了王宮。

¹²半夜國王起來，對臣僕説：心有餘悸，往壞處設想，5:7。寡人告訴你們吧，亞蘭人搞的什麼名堂。他們知道我們在鬧饑饉，就撤出營盤，在野地埋伏，盤算着：一俟他們從城裏出來，即可活捉他們，輕取那城！¹³一臣子進言：城裏剩下的馬，牲口斷了飼料，只能宰食，王上 18:5。可使人取五匹——反正它們就像以色列百姓，原文此短語抄重，從諸抄本及古譯本刪其一。五匹，解作虛指幾匹，亦通。留在這兒也是一死，不如派出去看看。¹⁴於是取來兩輛兵車的馭馬，或作：兵車（及）馬。但套上車跑不快，不利偵察。國王命其追蹤亞蘭軍，説：快去探察。¹⁵他們一路追至約旦河，看，沿途到處是驚惶失措的亞蘭人丟棄的衣袍裝備。探子遂回去稟告了國王。

¹⁶於是百姓出城，搶掠了亞蘭大營：一斗細麵只值一舍克[銀子]，一舍克買兩斗大麥，一如耶和華所言。¹⁷之前，國王指派攙扶自己的那個侍衛官負責把守城門。可是他在門洞裏被百姓踩倒了——應了國王下來時，上帝之人對他的預言：死於非命。也是給信仰不堅的以色列王一個教訓，上文 1–2 節。¹⁸因為，上帝之人對國王説了：明日此時，在撒瑪利亞城門口，兩斗大麥只值一舍克[銀子]，一舍克買一斗細麵。顛倒原話順序：複述如副歌，稍加變奏。¹⁹那侍

衛官卻呵斥上帝之人：哼，就算耶和華在天上開閘，也不會有這種事！而回答正是：好，你會親眼看到，但一口也吃不上。²⁰ 果不其然，他在門洞裏被百姓踩倒了——死於非命。

書南婦人喊冤

八章

以利沙曾告訴那個兒子被自己救活的婦人，參 4:8–37，但此片斷不提書南。說：你起來，帶上家人，去他鄉寄居，因為耶和華已召遣饑荒，要肆虐國中整整七年。創 41:30, 54。² 那婦人趕緊遵上帝之人的指示，帶上家人，向北走。動身去到非利士之地，寄居了七年。³ 七年結束，婦人從非利士之地返來，就去向國王喊冤，告御狀。要求收回房產田地。避災在外，家產被鄰居或外來戶佔了。

⁴ 恰好國王在同葛哈齊談話，對上帝之人的僕人說：據此葛某未染癩病，或已治癒了，5:27。請為寡人講述以利沙的一切偉績。十分客氣；似乎此時先知業已過世，故召其僕人問話。⁵ 正給國王講到 [以利沙]如何使人起死回生，看，那個兒子被救活的婦人，為她的房產田地，來向國王喊冤了。暗示此乃神意，葛某當場做了證人。葛哈齊道：我主大王，這個婦人，以利沙救活的那孩子就是她的。⁶ 國王便詢問那婦人，她一一答了。國王於是委派一個宦官處理，並諭示：凡屬她的一切，連同田畝的出產，自她離開家園迄今，一總歸還她為要。

神視篡位

⁷ 以利沙抵達大馬士革時，亞蘭王雷神子病了，雷神子二世，王上 20:1。有人稟報：那個上帝之人到這兒了。⁸ 國王即命神視：hazah'el，"大神看見"，當是內庭心腹或近臣。你拿上禮物，去拜見上帝之人，託他求問耶和華，多神崇拜，認可以色列視者的法力。看寡人這病能好否？

⁹神視遂牽出四十頭駱駝，滿載大馬士革上好的禮品，前去拜訪，立於 [以利沙] 面前，説：您的兒子亞蘭王雷神子派在下來問：恭敬，聖者如父，6:21。我這病還能好否？¹⁰以利沙回答：去，告訴他：一定會好的，他，傳統讀法。原文：不（會好）。雖然耶和華讓我看到的是，雙關暗示事關神視，而非君主之疾。他必死。¹¹言畢，他表情凝固了，面如死灰，wayyishom，從二抄本及通行本。原文：放置，wayyasem。[神視] 大驚。忽而上帝之人又哭了。¹²我主為何哭呢？神視問。答：因為得知了將來你帶給以色列子孫的禍難：堅城一座座焚毀，青年倒在刀下，嬰兒摔碎，孕婦剖開。參15:16，何14:1，摩1:13。¹³神視忙説：可是僕人算什麼東西？一條狗而已，自貶，掩飾内心的驚覺、衝動和盤算，撒上24:15，撒下9:8。做得出這等大事？以利沙道：耶和華讓我看了，你要做亞蘭的王。點題，王上19:15。

¹⁴他告辭以利沙，去回他的主公。以利沙對你説了什麼？[國王] 問。他説陛下一定會好，他回答。只傳達半句，陰謀已定。¹⁵次日，他拿一床被單，浸了水，蒙在他臉上。令其窒息。此句若解作國王自殺，則不合情理。[雷神子] 就這樣死了，神視篡位為王。

猶大王耶揚

¹⁶以色列王牙哈之子耶揚五年，原文此處重複：耶審（為）猶大王。從二抄本及古譯本刪。猶大王耶審之子耶揚登基。前848~841在位，參3:1注。¹⁷他三十二歲即位，在耶路撒冷為王八年。¹⁸但他走了以色列諸王的路，學牙哈家的樣；還娶了牙哈女兒為妻，女兒，另讀如古敘利亞語譯本：妹妹，下文26節，代下22:2。專幹耶和華眼裏的惡事。¹⁹然而耶和華不願滅了猶大，為了大衛他的僕人，因他曾應允，給 [大衛] 及子孫留一盞燈，象徵王朝繫於永約，撒下7:11–16，王上11:36。永日 [不熄]。

²⁰其間紅嶺反叛，掙脱了猶大之手，自立為王。藩屬獨立，3:9，創27:40注。²¹耶揚遂點起全部兵車，越境直取扎爾。za`ir，一説即蕞爾，zo`ar，在死海南端，創

13:10。**不料陷入紅嶺人的包圍，他半夜突圍，兵車隊長死戰**，校讀從傳統本注。
原文：半夜起來，攻擊包圍他的紅嶺及兵車隊長。**子民才得以逃回自家帳篷**。討伐失敗。
 22 就這樣，紅嶺反出了猶大之手，至今仍是。與此同時，白丘也反叛了。倒
向非利士，書10:29。

²³ **耶揚其餘的事蹟，其所作所為，不都載於《猶大諸王實錄》？** ²⁴ **而後耶
揚與列祖同眠，葬於大衛城，列祖身畔**。參較代下21:20。**其子耶占繼位為王。**

猶大王耶占

²⁵ **以色列王牙哈之子耶揚十二年，猶大王耶揚之子耶占登基**。與牙哈之
子耶揚的哥哥同名，王上22:52。²⁶ **耶占二十二歲即位，在耶路撒冷為王僅一年**。前
841年。**其母名雅塔麗耶**，`athalyahu，"耶和華至尊"；聖書裏女性名字含聖名（耶），她
是第一人。**是以色列王昂力的女兒**。另作孫女（牙哈之女），上文18節，代下21:6。²⁷ **他
也走亞哈家的路，幹耶和華眼裏的惡事，與牙哈家無異，只因他是亞哈家
的外甥**。或外孫。

²⁸ **他同牙哈之子耶揚一起到基列山的高莊，迎戰亞蘭王神視**。再次爭奪河
東戰略要地，王上22:3–4。**可是亞蘭人射中了耶揚**。²⁹ **耶揚王不得不返回帝植**，行
宮所在地，王上21:1。**治療他在高莊與亞蘭王神視交戰時受的傷**。參9:14以下。**猶
大王耶揚之子耶占也下來帝植，探視在[那兒]養傷的牙哈之子耶揚。**

耶胡造反

九章

¹ **先知以利沙卻召來一個先知弟子，說：你束緊腰，拿上這一小瓶油，
去基列山的高莊**。² **到了那裏，即找寧西之孫、耶審之子耶胡**；高莊以軍的主
將。**見到，就叫他起身離開同僚**，直譯：兄弟們。**領他進一間內室**。³ **然後取出
這瓶油，澆在他頭頂**，秘密儀式，如撒母耳膏立掃羅，撒上9:27–10:1。**說：此乃耶和**

華之言：**我膏你為以色列的王！**完成以利亞生前佈置的任務，王上19:16。**完了就開門跑走，莫遲延。**

⁴於是這年輕人，先知的僕人，來到基列山的高莊。⁵一看，眾將領一處坐着，便上前道：**在下有話稟告將軍。稟告我們哪個？**耶胡問。認識或看得出，來者係門派先知。答：**您呀，將軍。**⁶[耶胡]遂起身，進到裏屋。謹慎。[年輕人]就把油澆在他頭頂，説：**此乃耶和華以色列的上帝之言：我膏你為耶和華子民的王，以色列王！**⁷**你要擊殺你主子亞哈一家 —— 如此我必向夷色貝討血債，為眾先知我的僕人並耶和華的全體僕人報血仇。**不僅懲惡篡位，且指點僭主如何宣傳，提出合法性口號，王上18:4, 19:10。⁸**要牙哈全家消滅，凡屬牙哈又對牆撒尿的，一律從以色列剪除，奴隸自由人不論。**引以利亞語，王上21:21-23。⁹**我待牙哈家，要像處置聶拔之子增民一家，像耶親之子巴沙一家。**¹⁰**至於夷色貝，她要被野狗吞吃，就在帝植田間，而無人收屍！**

説完，他開門跑走了。

¹¹耶胡出來，他主子的僕人們問他：**一切可好？**hashalom，兼指平安。**這瘋子來找您幹啥？**瘋子，俗稱靈媒先知，耶29:26，何9:7。答：**那傢伙你們曉得的，會瞎扯什麼。**尌酌，拿準將領們的立場。¹²**撒謊！**他們嚷嚷，**快，給我們説説！**[耶胡]道：**他跟我説如此這般，還説，此乃耶和華之言：我膏你為以色列的王。**¹³眾人一聽，忙脱下戰袍，鋪在他腳下的台階頂頭；gerem，骨頭、力量，此處象徵寶座，表擁戴。無定解。參太21:8。然後吹響羊角號，齊呼：**耶胡為王！**

¹⁴就這樣，寧西之孫、耶審之子耶胡謀反，背叛了耶揚 —— 時值耶揚親征，率全以色列守在基列山的高莊，抵禦亞蘭王神視。¹⁵但耶揚王因被亞蘭人射中，已返回帝植，治療他與亞蘭王神視交戰時受的傷。留下耶胡統領軍隊，而帝植空虛，8:28-29。故耶胡説：**各位若是同意，**委婉口吻，實為封鎖消息的死命令。**誰也不許溜出城去，給帝植報信！**¹⁶言畢，耶胡駕上兵車，往帝植進發。而因為耶揚在那兒病臥，猶大王耶占先已下去探視耶揚。

¹⁷帝植的瞭望塔上站着哨兵，他望見耶胡的兵馬到來，就喊：**我看見大隊兵馬！**是自己人，而非敵軍。耶揚下令：**叫一個騎兵，派他去迎接，問他們：**

一切可好？擔心前線的戰況。¹⁸那騎兵就過去迎接，向[耶胡]道：國王有言：一切可好？好不好干你何事？耶胡回答，給我到後邊去！威嚴。哨兵便報告：使者到那兒了，但沒往回走。加入了叛軍。¹⁹遂再派一個騎兵，過去問他們：國王有言：一切可好？好不好干你何事？耶胡回答，給我到後邊去！²⁰哨兵又報告：他到那兒了，但沒往回走。不過那車的駕法像是寧西之孫耶胡，瘋了似的，他駕車！足見其性格暴烈。²¹耶揚急喊：套車！一俟兵車套好，以色列王耶揚和猶大王耶占就分乘兵車，出去會耶胡。仍未意識到嘩變，雖然使者不回。他們在帝植人納伯的田頭遇上了他。

²²見到耶胡，耶揚就問：一切可好，耶胡？答：可好什麼？好你母親夷色貝的淫行，喻膜拜異神、容忍異教，士2:17。她巫術沒完沒了？²³耶揚一聽，急回韁逃跑，對耶占大叫：他反了，耶占！²⁴耶胡卻已拉得滿弓，射中了耶揚的兩肩胛之間，箭頭從心窩穿出；[耶揚]仆倒在了車上。²⁵把他抬走，耶胡命令副官釘鎬仔，bidqar，綽號？王上4:9注。扔到帝植人納伯的田裏去！記得嗎，你我並肩駕車，跟在他父親牙哈身後，原來當年以利亞預言詛咒牙哈，耶胡與副官在場，王上21:17以下。耶和華咒他的這道預言：²⁶昨天我看得真切，納伯的鮮血，他兒子們的鮮血──耶和華宣諭；兒子們，此細節王上21章不載，版本不同故。就在這塊田裏，我必對你報復──耶和華宣諭。好了，把他抬走，扔田裏去，遵循耶和華所言！

²⁷猶大王耶占一看這個，就往花園屋道上逃。花園屋，beth haggan，帝植向南10公里處，今巴屬西岸傑寧市。但耶胡下令追擊：把他也幹掉！他們在投宿坡，ma`aleh-gur，近花園屋。伊比蘭堡附近，追上他的兵車，射傷了他。原文脫此四字，據古譯本補。他逃到麥吉度，死在了那裏。²⁸臣僕用車將他送回耶路撒冷，葬於大衛城，列祖身畔。

²⁹耶占登基為猶大王，是在牙哈之子耶揚十一年。對比8:25。

夷色貝之死

³⁰耶胡到達帝植時，夷色貝已經聞說。政變及兒子之死。她用鉛華描了眼線，梳好頭，站到窗口眺望。太后盛裝，從容赴死；舊說解作巫婆扮妓，不通。³¹待耶胡進了門樓，就喚他：一切可好，辛黎，你這弒君的！咒其如刺君篡位的辛黎，不得好死，王上 16:9–18。至此"可好"重複七遍。³²[耶胡]仰臉，朝着那窗台道：誰在寡人一邊？誰？要求宮中的人歸附新王。有兩三個宦官在上面望他。³³推她下來！他說。他們便將她推了下來，鮮血濺上了牆和戰馬。

[耶胡]踏過她的[屍體]，踏，或如古譯本作複數，指戰馬。³⁴入內，吃飽喝足了，才吩咐左右：收拾下那個受詛咒的女人，把她埋了，畢竟她是國王的女兒。敬佩其勇敢，或希望百姓尊君，竟一時忘了神諭。³⁵然而他們出去收屍，只找到了她的骷髏、雙腳和手掌。³⁶遂回來稟報，[耶胡]道：是耶和華之言呐，他借手僕人提西貝人以利亞所傳的預言：就在帝植田間，野狗要吞吃夷色貝的肉；王上 21:23，詩 68:23。³⁷而夷色貝的屍骸要像糞土撒在帝植的田頭，耶 8:2。乃至無人能說，這是夷色貝。

大屠殺

十章

牙哈在撒瑪利亞尚有七十個兒孫。七十，泛指眾多、全部，創 46:27，士 8:30，12:14。耶胡致信撒瑪利亞城的長官、城，從七十士本。原文：帝植。長老和牙哈[兒孫]的師保，說：²此信到時，爾等身邊各有主子的兒孫，還有兵車戰馬、堅城和武器。³不妨從你們主子的孩兒裏挑一個最好、最合適的，兼指正直，君王的理想品格。放上他父親的寶座，然後替你們主子家，打仗吧！諷刺、威脅。⁴他們着實嚇壞了，說：看，在他面前，兩位國王尚且站立不住，喻對抗，書 1:5，10:8 注。何況我們？⁵於是家宰、邑宰同長老、師保派人去向耶胡說：我等皆是陛下的僕人。陛下有何吩咐，我等一定照辦；決不立任何人為王，一切聽憑陛下處置。直譯：你眼中（覺得）好就做。

⁶[耶胡]復又致信，說：爾等若歸順寡人，聽命於寡人，那就取你們主子的兒孫的人頭，明日此時送來帝植，送來，從古譯本。原文：來。獻與寡人。而那七十個王子，都是託付城裏的高貴人家教養的。流行的王室教育法。⁷這信一到，他們便拿下眾王子，將七十人一處屠戮了，首級用筐子盛了，送去帝植。

⁸便有使者來稟報[耶胡]：眾王子的首級送到。答：作兩堆，放在城門口，留待天明。震懾王室的支持者。⁹天亮以後，他便出來，立定，向眾人宣佈：算是清白了，你們！譏諷。是呀，寡人造主子的反，把他殺了。可這些人都是誰斬的？原來借撒城舊臣之手斬王子，是給屠餘黨找理由。¹⁰知道嗎，耶和華指牙哈家所言，耶和華的預言，沒有一句會墜落在地；喻無果、落空，書21:45、23:14。耶和華借手僕人以利亞所傳，都實踐了！王上21:21–24。¹¹言畢，耶胡將亞哈家在帝植的餘黨，貴族親友和祭司不論，一塊兒斬了，一個沒剩。

¹²而後[耶胡]起身前往撒瑪利亞。途中，在牧人捆羊屋，beth-`eqed haro`im，一說在今傑寧市東邊。¹³遇上一隊猶大王耶占的親戚，本義兄弟，泛指親族。便問：來者何人？答：我們是耶占的親戚，要下去向眾王子跟太后的兒子們請安。情節錯位：途經撒城，居然不知那裏的屠殺。¹⁴活捉他們！他下令。左右就活捉了他們，推到捆羊屋的旱井旁殺掉，總共四十二人，他一個不留。

¹⁵離開那裏，便遇見了前來迎接的雷卡之子耶貴。yehonadab，一禁欲主義宗派領袖及族長，耶35:6–10。[耶胡]向他問候，說：你的心對我是否真誠，一如我的心對你的心？籠絡可團結的力量。耶貴答：當然。若是這樣，請伸手，[耶胡說]。待他伸出手，就拉他上車，¹⁶道：來，一起去看看，為了耶和華，寡人如何不容不忠！引以利亞語，王上19:10。舊譯熱心，誤。即請他在車裏坐了。

¹⁷一到撒瑪利亞，[耶胡]就殺開了，凡屬牙哈留在撒瑪利亞的人，包括親屬和拒絕歸順者。一概剪滅，恰如以利亞所傳耶和華之預言。

¹⁸ 之後，耶胡召集百姓，宣佈：牙哈服事巴力太少，耶胡要多多服事！
¹⁹ 現在，你們去把巴力的先知、忠僕和祭司給寡人統統叫來，一個也不許漏
掉；寡人要向巴力舉行大祭 —— 誰不來，誰別想活命！這卻是耶胡設的騙
局，目的是消滅巴力的信徒。直譯：僕人。插入此句，生怕讀者誤會。²⁰ 接着耶胡下
令，為巴力召開聖會。詔告之後，²¹ 耶胡派人走遍以色列。那些拜巴力的都
來了，並無一人遺漏；全部湧進了巴力廟，把巴力廟從牆腳到牆腳塞得滿
滿。²² 他又吩咐掌禮服的：meltaḥah，衣櫥，轉指禮服。無確解。拿祭衣來，給巴力
的僕人都披上。那人就分發祭衣。²³ 完了，耶胡帶着雷卡之子耶貴來到巴力
廟，對巴力的信徒說：好好查一查，這裏不該有拜耶和華的，你們中間只
收巴力的僕人。²⁴ 言畢，便入內預備犧牲，獻全燔祭。

廟外，耶胡先已佈下八十人，刀斧手埋伏。交代他們：寡人引來你們掌下
的這些人，誰放走一個，拿誰的命抵命！²⁵ 一俟全燔祭結束，耶胡即命令侍
衛及隊長：進去，殺光，一口不留！隊長和侍衛便揮刀砍去，丟下一片 [屍
首狼藉]；然後闖入巴力廟的聖所，debir，校讀。原文：城，`ir。此句無確解。²⁶ 拖出
巴力廟的神柱，校讀從傳統本注，王上 16:33。原文：廟碑（複數）。一把火燒了。²⁷ 他
們砸了巴力碑，拆了巴力廟，將它掘成一個便所，至今仍是。

以色列王耶胡

²⁸ 如此，耶胡從以色列剪滅了巴力。前 841~814 在位。²⁹ 只是，耶胡並無放
棄以色列墮於其中的矗拔之子增民的罪愆，亦即伯特利和丹城的那兩頭金
牛犢。祭祀保持獨立，繼續與南國的耶京聖殿對峙，王上 12:28–29。³⁰ 耶和華對耶胡說：
由於你圓滿完成了我眼中的義事，處置亞哈家也深獲吾心，你的子孫可四
代坐以色列的寶座。承認其功大於過。³¹ 然而，耶胡終於未能全心遵行耶和華以
色列的上帝的教導，沒有唾棄增民陷以色列於其中的罪孽。

³² 於是日子到來，耶和華開始切削以色列；神視犯境，屢敗以色列，
³³ 侵佔了約旦河對岸，太陽升起之地：整個基列山區的迦得、呂便和瑪納

西，即喪失了河東劃歸兩個半支族的領土，申 3:12–17。**從亞嫩河上的檜堡 [到] 基列與巴珊。**

³⁴ **耶胡其餘的事蹟，其作為與武功，不都載於《以色列諸王實錄》** ？³⁵ **而後耶胡與列祖同眠，葬於撒瑪利亞。其子耶捉繼位為王。** 見 13:1 以下。³⁶ **耶胡在撒瑪利亞統治以色列，長達二十八年。** 破夷色貝 "辛黎" 之咒，9:31。

雅塔麗耶

十一章

雅塔麗耶，是耶占的母親；猶大王后，牙哈與夷色貝之女，8:18, 26 注。**她見兒子死了，獨生子，立刻起來，滅了王室所有的子實。** 即王位繼承人，未必眾多，已被耶胡殺了一批，10:13–14。² **但是耶誓，** yehosheba`，暗示天父對大衛的永約之誓。**耶揚王的女兒、耶占的姐姐，救下了耶占的兒子耶男，** yo'ash，約阿什，常名，王上 22:26。**將他從罹難王子中偷出來，跟他奶媽一起，** 孩兒尚在吃奶，12:1。**藏進臥房；這樣躲過了雅塔麗耶的眼睛，** 直譯：臉。**他才沒有遇害。** ³ **他同奶媽在耶和華的殿裏隱藏了六年，** 因耶誓是大祭司耶知之妻，代下 22:11。**而雅塔麗耶就竊國稱了女王。** 前 841~835 在位。

⁴ **第七年，耶知派人聯繫喀利人與衛隊的百夫長，** 耶知，yehoyada`，大祭司。喀利人，來自小亞細亞的雇傭兵。**召他們來耶和華的殿訂約，在耶和華的殿上起誓。** 效忠幼主，密謀起事。**然後引小王子出來接見，** 受臣子叩拜。⁵ **並下達命令：此事安排如下：你們安息日值班守衛王宮的三分之一，** ⁶ **負責據守 [王] 宮；餘者，即馬門的三分之一跟衛隊後門的三分之一，** 馬，sus，校讀，耶 31:40；代下 23:5 作基石。原文：轉，sur。此節有訛，無定解。⁷ **這兩個分隊，你們安息日不當值，就來耶和華的殿為國王戒備。** 強調小王子耶男才是君主。⁸ **要各人手執兵器，圍繞國王；擅入禁區者，** 禁區，sederoth，隊列，轉指設防區。**格殺勿論。國王出入，你們須緊隨不離。**

⁹百夫長按祭司耶知的指示辦了，各率士兵，安息日值班的和安息日不當值的，來向祭司耶知報到。¹⁰祭司便將大衛王存於耶和華殿內的長矛盾牌授與百夫長。象徵國王授權，非分發武器，撒下8:7。¹¹衛隊隨即就位，各人手執兵器，從殿的南翼到殿的北翼，在祭壇與大殿前，四面守護國王。略召集子民，或民眾自發聚集。¹²接着，他領出王子，為他加冕，遞上約書，象徵繼承上帝與大衛之約。立他為王而行膏禮；禮成，人人鼓掌，一片歡呼：吾王萬歲！

¹³雅塔麗耶聽到衛隊和百姓的喧聲，就趕來耶和華的殿，穿過人群¹⁴一看，那兒，銅柱旁，聖殿大門的雙柱之一，王上7:15-22。依成例站着國王，成例，mishpaṭ，強調新王登基的合法性。將領和吹號的在君上兩側，而國民都在歡慶、吹號！國民，`am ha'arez，統稱猶大百姓、耶和華之民，或特指幼主的支持者，皆通。雅塔麗耶撕破王袍，參5:7, 6:30。大叫：反了！反了！¹⁵祭司耶知命令領軍的百夫長：把她從禁區帶出去，追隨者刀斬！因為祭司有言在先，不可在耶和華的殿上殺她。以免玷污聖所。¹⁶他們便下手，舊譯閃開，誤。將她由馬隊入口押回王宮，避開人群？在那兒處死了她。

¹⁷之後，耶知在耶和華與君民之間立約，並使國王與臣民立約，人神、君民分別立約。誓做耶和華的子民。¹⁸誓成，大批國民湧到巴力廟，或是女王在京城所建。把廟拆了，祭壇神像通通砸碎，還在祭壇前殺了瑪坦，mattan，"禮物"，希伯來名。巴力的祭司。

[這邊]祭司佈好耶和華的殿的守兵，¹⁹即率領百夫長、喀利人和衛隊，連同全體國民，將國王送下耶和華的殿，由侍衛門入王宮。就這樣，[耶男]登上了王位。大祭司攝政，12:3。²⁰國民個個歡欣，城內恢復了平寧：王宮裏，雅塔麗耶已死於劍下。

猶大王耶男

十二章

耶男是七歲即位的。前 835~796 在位。²耶胡七年，耶男登基，在耶路撒冷為王凡四十年。其母名羚姬，zibyah，"母瞪羚"。是誓約井人氏。³終其一生，耶男都行耶和華眼中的義事，循祭司耶知的教誨。代下 24:2, 17 記載不同：義事限於受教於耶知期間。⁴只是丘壇未能鏟盡，子民仍舊上高丘燒香獻祭。一如曾祖耶審，王上 22:44。

⁵耶男曾對祭司們說：人以各種聖儀向耶和華的殿納銀，不論按人丁徵收的銀子，出 30:11–16。抑或人身價銀，利 27:2–8。此節晦澀，無定解。凡屬自願捐獻耶和華的殿的銀錢，⁶祭司皆可收受，各有各的熟人。王權弱小，向祭司集團及其支持者讓步。但殿內發現的一切損壞，也由其負責修葺。

⁷然而到了耶男王二十三年，國王 30 歲了，羽翼已豐。祭司們還未繕修聖殿。⁸耶男王遂召祭司耶知及眾祭司問話：為何不繕修聖殿？責問其腐敗，抗命。今後熟人的捐銀你們不要收了，劃歸聖殿修葺之用。⁹祭司們同意不再收子民的銀子，被迫妥協，接受新的財務安排。也不負責繕修聖殿。

¹⁰祭司耶知於是拿來一隻箱子，蓋子上鑽一個孔，置於祭壇一側，即人進來耶和華的殿的右手。守門祭司就把耶和華的殿收得的捐銀，都投入箱內。¹¹待看到銀箱滿了，國王的書記和大祭司便一起上來，書記代表君主，行使監督之權。將耶和華的殿積攢的捐銀用袋子紮起，yazuru，另作倒出。數點。過秤，其時以色列人尚無鑄幣。¹²銀錢稱出後，即交到耶和華的殿的監工手裏，不許祭司插手。由他們發給在耶和華的殿勞作的木工和役夫，¹³鑿石砌牆的匠人，或採購繕修耶和華的殿所需的木料跟鑿好的石方；總之，用於維修聖殿的一切開支。¹⁴但是，製作耶和華殿內的銀盆、燭剪、碗碟、號角或任何金銀器皿，不得花費耶和華的殿的捐銀。¹⁵這些應交與 [監] 工，用以維修耶和華的

殿。¹⁶而經手領銀子給工匠發放的人，亦無須交賬，因為他們辦事誠實。顯然較神職人員虔敬。

¹⁷至於贖過祭跟贖罪祭的價銀，利4–5章。則不向耶和華的殿繳納，而歸祭司。

¹⁸後來，擊敗北國之後，10:32–33。亞蘭王神視南侵，直譯（耶京視角）：上來。攻佔了酒榨市。非利士五城之一，在聖城西面。接着，神視轉過臉來，向東。直撲耶路撒冷。¹⁹猶大王耶男拿出祖上的聖物，即猶大王耶審、耶揚和耶占祝聖的獻儀，加上自己的聖儀，並耶和華的殿同王宮府庫所藏黃金，此舉直接損害了祭司集團的利益。全部給神視送去，交納贖金，乞和，代下24:23以下。亞蘭王才撤軍，放過了耶路撒冷。

²⁰耶男其餘的事蹟，其所作所為，不都載於《猶大諸王實錄》？²¹他的臣僕起來謀反，在堤壘宮（下細拉處）殺了耶男；堤壘，大衛城的防禦工事，撒下5:9，王上9:15。細拉，耶京地名，失考。²²刺客是他的兩個臣子，據代下24:25，他們是替耶知的兒子報仇。辛婭之子耶憶和舒默之子耶禮。yehozabad，常名。耶憶，yozakar，從諸抄本。原文抄重：耶禮。他死後葬於大衛城，列祖身畔。其子耶強繼位為王。見14:1以下。

以色列王耶捉

十三章

猶大王耶占之子耶男二十三年，耶胡之子耶捉登基，耶捉，yeho'ahaz，常名耶占的變體，前814~798在位。在撒瑪利亞統治以色列達十七年。²他常幹耶和華眼裏的惡事，效法聶拔之子增民，陷以色列於罪孽，而終不回頭。

³耶和華點燃鼻息，喻聖怒，書7:1注三。日復一日，將以色列交在亞蘭王神視手裏，並神視之子雷神子手裏。雷神子三世，下文24–25節。⁴但耶捉求耶和華開恩，耶和華垂聽了，因以色列如何慘遭亞蘭王蹂躪，他都看見了。⁵耶和華賜以色列一位救星，把他們從亞蘭的掌下救出，一說指增民二世，14:27；或入侵

亞蘭的亞述王 Adadnirari 三世。**讓以色列子孫像原先一樣安居在自家帳篷。⁶可是，他們在以色列墮於其中的增民家的罪愆裏不拔，一意孤行，撒瑪利亞照舊立着神柱。** 容忍迦南異教，受鄰國影響或出於政治上的考慮，10:26，王上 14:15。**⁷結果，** 接回上文 3 節。**耶捉的軍隊所剩無幾，僅五十騎、十輛車、一萬步卒。** 戰敗後淪為亞蘭的藩屬。**餘者皆被亞蘭王摧折，如塵土踏在腳下。**

⁸耶捉其餘的事蹟，其作為與武功，不都載於《以色列諸王實錄》？⁹而後耶捉與列祖同眠，葬於撒瑪利亞。其子耶男繼位為王。

以色列王耶男

¹⁰猶大王耶男三十七年，耶捉之子耶男登基，在撒瑪利亞統治以色列達十六年。 前 798~783 在位。南北二王同名：耶男 /約阿什，11:2 注二。**¹¹他也幹耶和華眼裏的惡事，在以色列墮於其中的聶拔之子增民的種種罪愆裏不拔，一意孤行。**

¹²耶男其餘的事蹟，其作為與武功，如何跟猶大王耶強爭戰， 見 14:8–14。**不都載於《以色列諸王實錄》？** 同 14:15–16。**¹³而後耶男與列祖同眠，增民坐上他的寶座；** 見 14:23。**耶男葬於撒瑪利亞，以色列諸王身畔。**

以利沙辭世

¹⁴之前，以利沙病重，垂危。以色列王耶男下來探視，流着淚喊他：父親呀，我的父親！以色列的戰車，連同駿馬！ 敬語，同以利沙在老師升天時的呼喊，2:12。**¹⁵以利沙向他道：拿弓箭來。待弓箭取來，¹⁶便吩咐以色列王：你拉弓。他就拉了。** 動作諷喻，王上 11:31 注。**以利沙把手按在國王的手上，** 施法，傳輸奇能。**¹⁷然後說：打開朝東的窗戶。** 亞蘭方向。**待窗打開，以利沙說：射箭！他就射了。[以利沙]道：耶和華的拯救之箭！對準亞蘭的勝利之箭！** 拯救 /勝

利，一詞兩義，撒下 22:3, 51。道出喻底 /神的啟示。**你將在圍堡痛擊亞蘭**，圍堡，加利利湖東邊，兵家要地，王上 20:26。**直至全殲。**

[18] **接着又説：拿幾枝箭來。待箭取來，便吩咐以色列王：往地上戳。他戳了三下，就住手了。**[19] **你戳個五次六次不行嗎？上帝之人發怒了**，責備其自作主張，減損了法術：民間故事風。**本來可以痛擊亞蘭，全殲的；而現在，你只能擊敗亞蘭三次了！**

[20] **以利沙就辭世，入土了。開年**，即開春，撒下 11:1。校讀：每年。無定解。**有摩押人越境劫掠。**[21] **恰好某家出殯，忽見一隊劫掠的，慌得他們把 [死] 人往以利沙的墓窟裏一丟便走。那 [死] 人卻觸碰到了以利沙的遺骨**，滾落墓窟，碰了裹屍的殮布或收存遺骨的甕。而先知的屍骸一如生前，保有令死者復活之神力。**他就活了，就站了起來。**

[22] **耶捉生前，亞蘭王神視蹂躪以色列不斷。**[23] **但是耶和華至慈，為了同亞伯拉罕、以撒和雅各立的誓約，他憐憫、眷顧了他們**；指出先知神力的來源：天父對子民的信約義務。**他不願毀了他們 —— 至今也沒有轉臉拋棄他們。**至今，一説為補注。

[24] **亞蘭王神視歿後，其子雷神子繼位為王。**呼應上文 3 節。[25] **從神視之子雷神子的掌下，耶捉之子耶男奪回了父親耶捉在戰爭中失去的城鎮。一共三次，耶男將他擊敗**，趁亞蘭被亞述擊敗而國力衰落之際出兵，實踐了以利沙的預言，上文 19 節。**收復了以色列的城鎮。**

猶大王耶強

十四章

以色列王耶捉之子耶男二年，猶大王耶男之子耶強登基。耶強，'amazyahu，常名，前 796~781 在位。[2] **他二十五歲即位，在耶路撒冷為王凡二十九年。**一説包括其子耶助 /烏齊亞攝政的年數，15:2。**其母名耶飾**，yeho`addan，"耶和華妝飾”。是耶路撒冷人。³他也行耶和華眼中的義事，只是不如他祖宗大衛，各方面都學父親耶男。參12:3–4。⁴於是丘壇未能鏟盡，子民仍舊上高丘燒香獻祭。

⁵一旦王權抓在己手，他就把刺殺父王的臣子斬了。見12:21–22。⁶但兇手的兒子並不處死，不願加深與祭司集團的對立。按摩西的律法書所載，耶和華的誡命：罪罰取個人原則，申24:16。不可因子殺父，也不可因父殺子；各人只擔自己犯的死罪。

⁷他還在鹽谷擊殺了一萬紅嶺人，鹽谷，死海以南谷地，撒下8:13。攻克了岩堡，紅嶺要塞，一說為都城，士1:36。更名為約帖，至今未變。

⁸之後，耶強遣使向以色列王耶胡之孫、耶捉之子耶男挑戰，說：來，我們見個面試試！婉言交戰。⁹以色列王耶男回猶大王耶強道：黎巴嫩一叢刺向黎巴嫩雪松提出：諷喻，自比高貴的雪松，貶對方為卑賤的刺叢。把你女兒嫁給我兒子為妻！可是跑來一頭黎巴嫩的野獸，踩扁了這叢刺。¹⁰你是打敗了紅嶺，心裏飄飄然了？暗示驕兵必敗。還是待家裏自個兒榮耀吧；何必挑動禍殃，叫猶大跟你一起倒地？

¹¹然而耶強不聽。以色列王耶男遂上到屬於猶大的太陽廟，搶佔有利地形，撒上6:9。與猶大王耶強“見面”。¹²猶大在以色列面前潰敗，人只顧逃回自家帳篷。儉省細節的諷刺筆法，8:21。¹³但猶大王耶占之孫、耶男之子耶強當了俘虜，被以色列王耶男在太陽廟生擒了帶到耶路撒冷，帶，從古譯本，代下25:23。原文：他來。將耶路撒冷的城牆拆了一截，從以法蓮門到角門，聖城北牆的一段，至西北角，耶31:38。足有四百肘。約合公制183米。¹⁴金銀寶器，耶和華的殿同王宮府庫的珍藏，被他洗劫一空——連同人質，留昏君一命，不廢王位，但扣王子為人質。擄去了撒瑪利亞。

¹⁵耶男其餘的事蹟，此段同13:12–13。其作為與武功，如何跟猶大王耶強爭戰，不都載於《以色列諸王實錄》？¹⁶而後耶男與列祖同眠，葬於撒瑪利亞，以色列諸王身畔。其子增民繼位為王。

¹⁷而猶大王耶男之子耶強，在以色列王耶捉之子耶男歿後，還活了十五年。

¹⁸耶強其餘的事蹟，不都載於《猶大諸王實錄》？¹⁹末了，耶路撒冷有人結黨謀反，他逃去了拉岐。西南重鎮，距耶京45公里。但叛黨派人追到拉岐，在那兒把他殺了。同父親的命運，但作者不言政變的原因，12:21–22，代下25:27。²⁰[屍身]則用馬拉回耶路撒冷，葬於大衛城，列祖身畔。²¹而後猶大子民全體擁立耶助，`azaryah，又名烏齊亞，15:13。年方十六，繼父親耶強為王。²²是他重建了橡林，'elath，紅嶺港鎮，王上9:26。將其收歸猶大，參8:20–21。在父王與列祖同眠之後。

以色列王增民二世

²³猶大王耶男之子耶強十五年，耶男之子增民登基，在撒瑪利亞統治以色列凡四十一年。前783~743在位。²⁴他專幹耶和華眼裏的惡事，在以色列墮於其中的轟拔之子增民的種種罪愆裏，不願自拔。

²⁵但他收復了以色列的失地，約旦河東，被神視王侵佔的領土，10:32–33。從哈馬隘口到深湖，即死海，書3:16。一如耶和華以色列的上帝借手他的僕人，來自井邊酒榨村的先知，忠伯之子約拿所傳之預言。約拿，yonah，"鴿子"，《約拿書》的主角。忠伯，'amittay，下加利利人氏，耶穌同鄉。²⁶因耶和華看見了以色列深陷困苦，從古譯本。原文：違抗。奴隸自由人不論，王上14:10注。無一救援以色列。²⁷而耶和華並未降言，要從天底下抹去以色列的名；且信約必須履行，13:23。所以他借手耶男之子增民解救了他們。

²⁸增民其餘的事蹟，其作為與武功，如何爭戰，將大馬士革、哈馬收歸猶大和以色列，誇張，比作大衛王降伏亞蘭。猶大和，校讀從聖城本。古敘利亞語譯本略此三字。原文：（以色列）中的猶大。不都載於《以色列諸王實錄》？²⁹而後增民與列祖同眠，[葬於]以色列諸王身畔。其子撒迦利亞繼位為王。見15:8。

猶大王耶助

十五章

以色列王增民二十七年，猶大王耶強之子耶助登基。前781~740在位，14:21。² 他十六歲即位，在耶路撒冷為王凡五十二年。或包含替父攝政，及與太子共治的年數，14:2注。其母名耶可，yekolyahu，"耶和華（一切）可能"。是耶路撒冷人。³ 他力行耶和華眼中的義事，各方面都學父親耶強。⁴ 只是丘壇未能鏟盡，子民仍舊上高丘燒香獻祭。

⁵ 然而耶和華擊中了國王：他染上癩病，至辭世那天，居所一直隔離；直譯：住在解脫之屋/宮。因癩病不潔，不能視事而"解脫"政務，隔離居住。遂由太子約坦代理朝政，統治國民。見11:14注三。

⁶ 耶助其餘的事蹟，其所作所為，不都載於《猶大諸王實錄》？⁷ 而後耶助與列祖同眠，葬於大衛城，列祖身畔。其子約坦繼位為王。見下文32節。

以色列王撒迦利亞

⁸ 猶大王耶助三十八年，增民之子撒迦利亞登基，撒迦利亞，zekaryahu，"耶和華記得"，常名，前743在位。在撒瑪利亞統治以色列，僅六個月。⁹ 一如父祖，他也幹耶和華眼裏的惡事，在以色列墮於其中的聶拔之子增民的罪愆裏，不願自拔。¹⁰ 豈料干城之子沙龍結黨謀反，沙龍，shallum，"平安/回報"，常名。干城，yabesh，解作人名或地名，皆通，士21:8。當眾將他殺死，當眾，七十士本另讀：在伊比蘭堡。從此北國動盪不止，直至滅於亞述。奪了王位。

¹¹ 撒迦利亞其餘的事蹟，皆載於《以色列諸王實錄》。¹² 當年耶和華有言，應許耶胡：見10:30。你的子孫可四代坐以色列的寶座。果然如此。

以色列王沙龍

¹³ 干城之子沙龍篡位，在猶大王烏齊亞三十九年。烏齊亞，`uziyyah，"我的力量在耶和華"，耶助的王號。他在撒瑪利亞稱王，僅一月，¹⁴ 便有迦得人之子米納罕在樂都起事，代表北國舊都的勢力。上來撒瑪利亞。[米納罕]擊殺了干城之子沙龍，原文此處重複：撒瑪利亞。從一抄本略。奪了他的王位。

¹⁵ 沙龍其餘的事蹟，如何結黨謀反，皆載於《以色列諸王實錄》。¹⁶ 米納罕接着從樂都[發兵]，攻打蘋果寨及周邊地區；蘋果寨，校讀從七十士本，書12:17, 17:7–8。原文：提津，王上5:4注。以色列僭主不可能打到幼發拉底河，威脅亞述。因為居民拒開[城門]，他就大肆屠殺，甚而孕婦都開膛剖宮。參較8:12。

以色列王米納罕

¹⁷ 猶大王耶助三十九年，迦得人之子米納罕篡位，米納罕，menaḥem，"安慰者"，前743~738在位。在撒瑪利亞統治以色列達十年。¹⁸ 他盡幹耶和華眼裏的惡事，在以色列墮於其中的聶拔之子增民的罪愆裏，不願自拔。

其時，從七十士本斷句。原文接上句：一生。¹⁹ 亞述王普珥犯境。普珥，pul，即提革拉-匹列瑟三世，前745~727在位，下文29節。米納罕向普珥進獻了一千秤銀子，約合公制34噸。換取其支持，以鞏固手裏的王權。²⁰ 米納罕在以色列徵稅：所有的富戶，每人須納銀五十舍克，公制570克。進貢亞述王。由此埋下了反抗亞述的軍事集團/地方勢力政變的種子，下文25節。亞述王遂退兵，未在國中留駐。

²¹ 米納罕其餘的事蹟，其所作所為，不都載於《以色列諸王實錄》？²² 而後米納罕與列祖同眠。其子耶睜繼位為王。

以色列王耶睜

23 猶大王耶助五十年，米納罕之子耶睜登基，耶睜，peqahyah，"耶和華（令眼睛）睜開"，前 738~737 在位。在撒瑪利亞統治以色列，僅兩年。24 他也幹耶和華眼裏的惡事，在以色列墮於其中的聶拔之子增民的罪愆裏，不願自拔。25 他的侍衛官，雷馬之子"睜眼"培卡結黨謀反，夥同"石堆"和"獅子"，'argob/'aryeh，此二名似綽號，另作地名或建築術語，無定解。一說是插注。帶五十名基列人，反亞述的民族主義勢力的骨幹，來自河東基列山區。入撒瑪利亞王宮的闕樓行刺。弒君之後，他自命國王。

26 耶睜其餘的事蹟，其所作所為，皆載於《以色列諸王實錄》。

以色列王培卡

27 猶大王耶助五十二年，雷馬之子"睜眼"培卡登基，培卡，peqah，"睜開"，綽號？前 737~732 在位。在撒瑪利亞統治以色列達二十年。此數明顯有訛，與史料矛盾。28 他專幹耶和華眼裏的惡事，在以色列墮於其中的聶拔之子增民的罪愆裏，不願自拔。

29 以色列王培卡年間，亞述王提革拉-匹列瑟入侵，佔了依雍、瑪迦屋甸子、亞諾、聖丘、夏城、基列和加利利，乃至拿弗他利全境；前 734~732 年，普珥/提革拉-匹列瑟南征，滅大馬士革，吞併以色列北部及河東領土。居民則擄去了亞述。第一批子民入囚。30 橡君之子何西亞趁機謀反，何西阿，hoshea`，"拯救"，與北國先知同名，何 1∶1。攻殺了雷馬之子培卡，篡位稱王——時在烏齊亞之子約坦二十年。此說牴牾下文 33 節。

31 培卡其餘的事蹟，其所作所為，皆載於《以色列諸王實錄》。

猶大王約坦

³² 以色列王雷馬之子“睜眼”培卡二年，烏齊亞之子約坦登基統治猶大。約坦，yotham，“耶和華完美/無過”，常名，士9:5。前740~736在位。³³ 他二十五歲即位，在耶路撒冷為王凡十六年。含太子攝政時期，上文5節。其母名葉茹莎，是撒都的女兒。³⁴ 他也行耶和華眼中的義事，各方面都學父親烏齊亞。³⁵ 只是丘壇未能鏟盡，子民仍舊上高丘燒香獻祭。但耶和華的殿的上門，即北門，結9:2，被攻入耶京的北軍破壞，14:13~14。是他重修的。

³⁶ 約坦其餘的事蹟，其所作所為，不都載於《猶大諸王實錄》？³⁷ 正當耶和華放出亞蘭王列欽、前750~732在位。雷馬之子培卡，準備進犯猶大之日，兩國聯手，企圖迫使南國加盟反抗亞述，賽7:1。³⁸ 約坦與列祖同眠了，葬於大衛城，原文此處重複：他祖宗。從二抄本略。列祖身畔。其子琊哈繼位為王。

猶大王琊哈

十六章

雷馬之子“睜眼”培卡十七年，約坦之子琊哈登基統治猶大。琊哈，'ahaz，“捉住/佔有”，常名耶捉、耶占的簡稱，13:1，王上22:52注。² 琊哈二十歲即位，在耶路撒冷為王凡十六年。前743/736~727/716在位，無定論。他卻不學祖宗大衛，行耶和華他的上帝眼中的義事；³ 反而走了以色列王的路，沉迷穢行，甚至把親生兒子投在火裏，迦南冥王的童子祭，利18:21，王上11:7。效法那些耶和華替以色列子孫驅逐的異族。⁴ 不拘丘壇高岡或綠樹之蔭，處處設祭焚香。吸納鄰族的宗教習俗，申12:2。

⁵ 然而，亞蘭王列欽聯合以色列王雷馬之子培卡，上來攻打耶路撒冷。約前734年，15:37注。他們把琊哈團團圍起，琊哈，提喻王城。代下28:5以下。卻未能攻破。⁶ 而紅嶺王就乘時將橡林收歸紅嶺，紅嶺王，校讀從傳統本注。原文：亞蘭王列

欽。參14:22。**把猶大人逐出了橡林；如此紅族回到橡林**，紅族，傳統讀法。原文：亞蘭人。**留居當地至今。**

7 **邪哈遣使向亞述王提革拉-匹列瑟求助**：不顧先知以賽亞的反對，賽7:3以下。**臣是陛下的僕人和兒子。**稱臣納貢，以換取救兵。**務請上來，從亞蘭王和以色列王的掌下救救我，挫其攻勢為盼！** 8 **邪哈傾其金銀，耶和華的殿同王宮府庫的珍藏**，再一次搜刮，財力大傷，14:14。**作貢品進獻亞述王。**貢品，shohad，舊譯不妥：禮物。9 **亞述王應允了他，亞述王發兵攻大馬士革**；發兵，直譯：上來。取聖城視角。**城破，居民擄去陶牆**，qir，亞蘭的發祥地，一說在兩河流域下游，巴比倫南部，摩1:5。**列欽則[就地]處死。**

10 **邪哈王遂去大馬士革拜見亞述王提革拉-匹列瑟，還參觀了大馬士革的祭壇。**亞蘭雷神/石榴神廟的大祭壇，5:18。**邪哈王着人繪了那祭壇的圖樣及詳細的營造法式，送給祭司耶光。**'uriyah，時任大祭司，賽8:2。11 **祭司耶光立即動工，一切按照邪哈王發自大馬士革的指示**；學習外國先進技術或理念，非膜拜異神，代下28:23。**祭司耶光築起了祭壇，趕在邪哈王從大馬士革回來之前。**

12 **一俟國王從大馬士革歸來，國王就視察了祭壇：國王趨前，登上祭壇**，重複"國王"三次，以示莊重。13 **將全燔祭和素祭化為青煙，奠了醑祭，再取平安祭的血淋灑祭壇。**祝聖祭壇，國君親自主祭，出24:6。14 **禮畢，把耶和華面前的銅壇**，王上8:64。**從殿門前，即[新]壇和耶和華的殿之間，移到[新]壇北側。** 15 **邪哈王這麼叮囑祭司耶光：大祭壇，用作燒獻早晨的燔祭和向晚的素祭**，出29:39-42，民28:4-5。**國王的燔祭與素祭，及全體國民的燔祭、素祭跟醑祭；壇上要淋灑全燔祭的血同各樣犧牲的血。那座銅壇，則由寡人親自查看。**或指為特定目的觀兆頭、求神諭。無定解。16 **祭司耶光照邪哈王的意旨一一辦了。**

17 **接着，邪哈王敲掉盆座的鑲板，搬走座上的[銅]盆，卸下銅牛馱着的[銅]海，放在石鋪地上。**收銅進貢，或改造聖殿？此段歧解紛紜。王上7:23以下。18 **耶和華的殿內為安息日修建的廊子和國王進殿的外門**，廊子，七十士本另讀：座基。**他也拆了——為了向亞述王致敬。**

¹⁹ **娜哈其餘的事蹟，其所作所為，不都載於《猶大諸王實錄》？²⁰而後娜哈與列祖同眠，葬於大衛城，列祖身畔。其子希士迦繼位為王。**見18:1。

以色列王何西阿

十七章

猶大王娜哈十二年，橡君之子何西阿在撒瑪利亞登基，受亞述扶持，篡位稱王，15:30，前732~724在位。**統治以色列九年。²他也幹耶和華眼裏的惡事，但不像之前的以色列王。**意謂北國覆滅，非末代王一人之過。

³亞述王沙爾曼瑟南侵之際，沙爾曼瑟五世，普珥王之子，前727~722在位。**何西阿稱臣納貢。⁴然而亞述王發現何西阿有二心，陰遣使者到薩伊斯見埃及王，**薩伊斯，校讀，尼羅河三角洲古都。原文作人名：瑣。但此法老名不見於史料。**不復如往年向亞述王納貢了。於是亞述王將他擒住，**試圖出逃，被截捕？**囚在牢裏。**

⁵亞述王隨即佔領全境，圍困撒瑪利亞達三年之久。摩3:11。**⁶何西阿九年，**撒城軍民效忠何西阿，未立新王，故以圍城之年紀年。**亞述王攻陷了撒瑪利亞；**前722/721年陷落。亞述王，或指薩爾公二世，前721~705在位。**以色列被擄到亞述，安置在哈臘與古山的哈波爾河邊，**幼發拉底河支流，今敘利亞北疆，賽37:12。**以及瑪代各城。**伊朗高原西北，裏海以南。

北國覆亡之教訓

⁷究其原因，是以色列子孫觸罪於耶和華他們上帝，即領他們掙脫埃及王法老之手而出埃及的哪一位。總結，取《申命記》傳統的神學角度，子民群體承責，王上3:2注。**他們竟怕起異神來了，**怕，猶言拜祭。下同。**⁸遵從異族的規矩——那些耶和華替以色列子孫趕走的異族，連以色列王也亦步亦趨。**此短語原文有訛，古敘利亞語譯本脫，似插注。**⁹以色列子孫還偷偷幹壞事，**或如通行本：出言不正／遜。**冒犯耶和華他們上帝，村村鎮鎮築丘壇，從守望塔直到堅城；**全國上下皆受迦南宗教影響，文化融合視為背約，出23:24, 34:11以下。**¹⁰每逢高岡和綠樹之蔭，就給**

自己立廟碑神柱。¹¹那裏他們燒獻，一座座丘壇擺開，學耶和華從他們面前驅逐了的異族 —— 如此惡貫滿盈，惹耶和華動怒，¹²而服事穢木，喻偶像，王上 15:12。而耶和華明明告誡過他們：此事斷不可行！

¹³耶和華曾借手先知視者，反復警示以色列和猶大：離棄你們的邪道吧，守我的誡命我的法令，一切依循我給你們先祖規定，藉我的僕人眾先知傳授的聖法。即摩西的教導，王上 2:3。¹⁴可是他們不聽，脖子一硬，犟似祖宗，出 32:9，申 9:13。就是不信耶和華他們上帝！¹⁵從而鄙棄他的法令，他同他們先祖立的誓約，他一再發出的警告；而去追一口噓氣，把自己給了噓氣，hebel，喻虛妄無益，貶稱異教神，耶 2:5。不顧耶和華的禁令，效法周邊異族。¹⁶他們拋開耶和華他們上帝的一切誡命，給自己鑄了兩頭牛犢；又雕木柱神母，王上 12:28, 15:13。拜諸天萬象，申 4:19，耶 19:13。服事巴力。¹⁷甚而把親生兒女投在火裏，占卜觀兆，參 16:3，申 18:10。把自己賣了，幹耶和華眼裏的惡事，招惹聖怒。¹⁸因此，耶和華對以色列雷霆震怒，轉過臉去將他們剔除 —— 除了猶大，他一個支族不留。

¹⁹然而，猶大也未守耶和華他們上帝的誡命，反而遵從以色列做下的規矩。huqqoth，兼指法令、習俗。此段譴責南國，是後補的。²⁰耶和華遂棄絕以色列所有的子實，任憑他們遭難，落在掠奪者手裏，直至從他面前放逐。

²¹是的，接上文 18 節。他把以色列從猶大家撕下，他們就擁立聶拔之子增民為王；增民卻驅使以色列背離耶和華，陷其於大罪之中。指造金牛犢，另建神殿，王上 12:25 以下。²²而以色列子孫走失在增民造下的罪途，不肯回首；²³終於，耶和華轉過臉去將以色列剔除，正如他借手眾先知他的僕人所言 —— 以色列從福地被擄去了亞述，第二批子民入囚，參 15:29。至今猶然。

撒瑪利亞人的舊俗

²⁴亞述王又從巴比倫、庫塔、亞窪、哈馬和雙河鎮遷來 [人口]，皆兩河流域同敘利亞城鎮，賽 36:19, 37:13。安置在撒瑪利亞各城，取代以色列子孫。並通婚，

改變人口結構。**這些人佔了撒瑪利亞，住進了她的村鎮。** 她，擬人，以撒城提喻北
國，王上 13:32。

    25 一開始，新住民不敬畏耶和華。耶和華就派來獅子，咬死了好些人。
巴勒斯坦至中世紀尚有獅子生息，士 14:5，賽 5:29。**26 火急稟報亞述王：陛下流徙撒瑪
利亞各城的列族，因為不懂本地神明的禮規，**mishpaṭ，兼指宗教禮俗、定規、懲
罰。新來者視耶和華為地方神，不能得罪。**被他派獅子來咬人，死了好些──只怪沒
人懂那本地神明的禮規！** 意謂當地已無耶和華的祭司可用。**27 亞述王下旨，說：你
們從那邊擄來的祭司呢？派一個回去，讓他住下，把那本地神明的禮規教
會他們。** 亞述帝國流徙被征服部族，推行宗教多元化政策，如下段所述。**28 於是，回來
一個被擄走的撒瑪利亞祭司，在伯特利住下；他教會了眾人如何敬畏耶
和華。**

    **29 如此，列族各造各的神像，供在神龕，擺上撒瑪利亞人築的丘壇；一
村一鎮，各拜各的。30 巴比倫人搭起 [馬爾督克的]女兒棚子，**sukkoth benoth，
一說指巴比倫守護神馬爾督克的配偶，妊娠女神 Zarpanitum 的廟，賽 46:1。無定解。**庫塔人造
一尊尼甲冥主，**nergal，"大城（冥府）之主"。**哈馬人刻一個阿西瑪，**'ashima'，迦南
女神，諧音罪責，'ashmah，摩 8:14。**31 亞窪人塑尼卜哈茲和塔塔女神，**tartaq，通說是漁
農神大鯀的配偶，士 16:23。尼神失考。**而雙河鎮人則燒獻兒女，祭雷雨王與天王，**
'anu-melek，巴比倫神祇的天父或第一代主神，雷雨王，'adad-melek，是他兒子。**雙河鎮的一
雙大神。32 不過他們也敬畏耶和華，在自己人中間選任丘壇祭司，上高岡神
廟主祭。33 耶和華他們敬畏，同時亦服事眾神，依照各族流徙前在故地的禮
俗。34 至今，他們仍保留着舊俗。**

    可是那些雅各子孫，插入此段，重申 "撒瑪利亞人" 亡國前的罪狀。**他們也不敬
畏耶和華，不實行耶和華特意為之頒佈的法令禮規、教導和誡命──辜負
了他賜名以色列。** 創 32:39。**35 耶和華曾經同他們立約，命令他們：** 授十誡，出
20:2–5。**萬勿懼怕異神，不可叩拜、服事它們，也不可向它們獻祭；36 而只
應敬畏耶和華，是他運大力伸巨臂，領你們出埃及──唯有他，你們可敬
拜、獻祭。37 他給你們寫下的法令禮規、教導和誡命，你們必須遵行，終生**

不渝。異神切勿懼怕，³⁸我同你們立的約，不可忘記。不可懼怕異神，再三告誡，上文7節注二。³⁹而只應敬畏耶和華你們上帝，他必從仇敵掌下救出你們！⁴⁰然而他們不聽，繼承了所羅門宣導的宗教寬容，王上11:4注。繼續沉溺於舊俗。

⁴¹於是，這些異族既敬畏耶和華，又服事他們的偶像；子子孫孫亦復如此，至今仍是祖輩怎樣，後人也怎樣。

猶大王希士迦

十八章

以色列王檺君之子何西阿三年，琊哈之子希士迦登基統治猶大。希士迦，hizqiyyah，"耶和華勇敢"，常名。前727/716~698/687在位，無定論。²他二十五歲即位，在耶路撒冷為王凡二十九年。其母名雅比，常名雅比婭/耶父的簡稱，撒上8:2，代下29:1。是撒迦利亞的女兒。³他篤行耶和華眼中的義事，各方面都學祖宗大衛。⁴他鏟丘壇，砸廟碑，砍神柱，首次禁止各地的傳統祭祀與聖所，而集中至耶京聖殿，意在鞏固王權。連摩西打造的銅蛇也錘個粉碎；銅蛇，祛除癘疫、救治病患的護符，救恩之象徵，民29:4–9。因為直到那時以色列子孫仍在給它燒香，稱之為銅靈。nehushtan，護符成了神靈，智16:6–7。

⁵唯有耶和華以色列的上帝他信靠。之後的猶大諸王，一如之前的，沒有一個及得上他。⁶他倚定了耶和華，緊隨不離，謹守耶和華頒與摩西的誡命。⁷故而耶和華與他同在，令其事事順達。蓄養國力，伺機擺脫亞述的統治。他便反叛亞述王，不再稱臣；前705年薩爾公歿後，帝國北部多處叛亂。⁸還擊敗了非利士人，直打到加沙及其邊境，守望塔堅城概莫能擋。

⁹希士迦王四年，此段複述17:5–7，引出辛黑力圍聖城故事。即以色列王檺君之子何西阿七年，亞述王沙爾曼瑟南侵，直譯：上來。圍困了撒瑪利亞，¹⁰經三年，終於攻克。希士迦六年，即以色列王何西阿九年，撒瑪利亞淪陷。¹¹亞述王將以色列擄去了亞述，安置在哈臘與古山的哈波爾河邊，安置，校讀從古譯本。原文：領到。以及瑪代各城。¹²這是因為他們沒有聽耶和華他們上帝的

話，違背了他的約；但凡耶和華的僕人摩西所頒佈的，他們一概不聽，不照辦。以下至20:19與賽36–39章雷同。

辛黑力圍聖城

¹³ 希士迦王十四年，亞述王辛黑力上犯猶大，辛黑力，sanherib（阿卡德語：Sin-aḫḫe-riba），前704~681在位，建都尼尼微，毀巴比倫；前701年伐猶大。**將堅城盡數攻佔**。以下乞降三節，賽36章略。¹⁴ 猶大王希士迦派使者至拉岐見亞述王，說：臣知罪了。只求陛下撤兵，任何條件均可接受。亞述王遂命猶大王希士迦賠償銀三百秤，金三十秤。約合公制一噸。¹⁵ 希士迦只好把耶和華的殿和王宮府庫所存的銀子，都交了出去。¹⁶ 那一次，希士迦將耶和華大殿各門及門柱上猶大先王包敷的[金子]剝下，先王，校讀從聖城本注。原文：希士迦王。**獻給了亞述王。**

¹⁷ 自拉岐，另起一片斷，與上段淵源不同。亞述王遣大將軍、大太監和大司酒率重兵困耶路撒冷，賽36:2無"大將軍、大太監"，下文故事亦不提二人，似補注。**向希士迦王問罪。他們上至耶路撒冷**，原文此處重複"上至"，從諸抄本及古譯本刪。**到漂工田大道，臨近上池的水溝，**¹⁸ **便向國王喊話。出城迎見的，是席爾加之子家宰艾利雅金**、'elyaqim，"上帝所舉/立"，常名。**書記薛伯**、shebna'，希士迦的內臣與親信，遭彈劾後降為書記，賽22:15–25。**亞薩之子史官約華**。yo'ah，"耶和華兄弟"。史官，聖城本作傳令官。

¹⁹ **大司酒對他們說：喏，告訴希士迦，大王即亞述王降旨：你倚靠的那個，算何倚靠？**²⁰ **你以為，幾句空話，動動嘴唇，抵得上打仗的謀略跟勇力？** 諷刺，說的正是人得自聖靈的稟賦，賽11:2。**你究竟靠了誰，敢反叛我？**²¹ **哼，你是靠那根破葦杆，靠埃及呀；誰傍上它，它就刺誰，把手扎穿！埃及王法老對投靠他的，向來如此。** 這也是先知警告過的，賽30:1–7, 31:1–3。²² **倘使你們說：我們信靠的是耶和華我們上帝。可他那些高丘祭壇不都是希士迦廢了的？還一定要猶大和耶路撒冷，只可在這一座祭壇前敬拜，在耶路撒冷。** 攻擊國

王的宗教改革，上文 4 節，企圖挑撥、利用人們的不滿情緒。²³ 那好，來，同我主公亞述王賭一把：我給你兩千匹馬，要是你能夠給它們配上騎手！²⁴ 連我主公的小小僕人一個都將也抵擋不了，都將，pe<u>h</u>ah，亞述官名，總督或將軍。你敢倚靠埃及的車騎？²⁵ 此番我上來討伐，滅取此地，可是背着耶和華的？不，是耶和華吩咐了的：雙重諷刺，究竟是上帝無能，還是亞述秉承神意？賽 10:5–11。上去，把這國滅了！

²⁶ 席爾加之子艾利雅金、薛伯與約華向大司酒道：可否對您的僕人講亞蘭語，屬西北閃語，是希伯來語的近親，亞述帝國外交商務的"普通話"。我們聽得懂；請別說猶大話，即希伯來語。城牆上人有耳朵！²⁷ 不想大司酒說：我主公派我來，只是為你的主子和你傳旨麼？你，單數表輕蔑。不也是告誡他們，那些坐在城牆上面，跟你們一樣等着吃自己屎、喝自己尿的人嗎？

²⁸ 當下大司酒站着，用猶大話高聲喊道：聽好了，你們，大王即亞述王降諭！²⁹ 吾王說了，莫上希士迦的當，他不可能從我掌下解救你們！我掌，從諸抄本及古譯本。原文：他掌。³⁰ 莫倚靠耶和華，隨便希士迦胡謅什麼：耶和華必來拯救，不許這城落入亞述王手裏。³¹ 別聽希士迦的，此乃亞述王的諭旨：同我締福吧！berakah，喻和約。只要出城歸順，你們就能人人吃上自己的葡萄、無花果，各人喝自家的井水；³² 待我來領你們，委婉語，流放罪民是亞述對敵族的政策。去一處像你們家園的地方，一片五穀新酒之地，麵餅與葡萄園之鄉，橄欖油和蜜之國——保你們活命不死！別聽希士迦的，他只會騙人：耶和華必拯救我們。³³ 但是各族的神明，可曾有一個把家園從亞述王掌下救出？³⁴ 哈馬跟亞爾帕的神祇在哪兒？雙河鎮、希納和伊瓦的神祇安在？列舉亞蘭城邦；伊瓦，一說即亞窪，17:24。二古譯本另有：撒瑪利亞的神祇安在。他們救沒救撒瑪利亞，他們，指迦南眾神。擺脫我手？³⁵ 我手裏的土地，列國諸神林林總總，誰救得了？偏那耶和華成了，從我掌下拯救耶路撒冷？

³⁶ 百姓默不作聲，未答一語，因國王有令：不可答覆他。³⁷ 席爾加之子家宰艾利雅金、書記薛伯、亞薩之子史官約華回去，撕破袍服，將大司酒的話向希士迦稟報了。

求問以賽亞

十九章

希士迦王聽畢，此章同賽37章。就撕下衰服，披上縗衣，志哀，度劫難，王上21:27。進了耶和華的殿。² 隨即派家宰艾利雅金、書記薛伯並幾位老祭司，着縗衣去見阿摩之子先知以賽亞，yesha`yahu，"耶和華拯救"，南國先知，其父相傳是烏齊亞王的叔父。³ 説：此是希士迦口諭：今天是危難而受罰受辱的日子！也是向天父祈求之日，詩20:1, 50:15, 86:7。眼看孩兒就要娩出，直譯：到了（產道）口。產婦卻沒了力氣。成語，形容絕望。⁴ 或許耶和華你的上帝在聽着，那大司酒的主子亞述王派他來辱罵永生上帝——願耶和華你的上帝聽到這番狂言就降罰！請替倖存者祈禱吧。

⁵ 希士迦王的臣僕遂來見以賽亞，⁶ 以賽亞道：請轉告你們主公，此乃耶和華之言：亞述王的嘍囉褻瀆我的話，你聽見了但無須害怕。⁷ 看，我會降一個靈給他，令其為"混亂之靈"誤導，妄動而敗亡，賽19:14。舊譯錯亂：驚動他的心。讓他聽信謠傳，舊譯風聲，誤。但下文35節似寫軍營染疫。退回老家，在本國伏屍劍下。

辛黑力再遣使臣

⁸ 大司酒回去，正遇上亞述王攻打白丘；通説在拉岐東北，聖城西南，詳不可考，書10:29。原來他得了消息，[國王] 已拔營離開拉岐，⁹ 因為聞報，古實王鐵哈卡正引兵北來。鐵哈卡，tirhaqah，古實/埃塞俄比亞人，埃及法老，前690~664在位。下接36節。

於是，以下至35節變奏勸降、王入聖殿和先知預言，淵源不同。[辛黑力] 復又遣使臣去勸降希士迦，説：¹⁰ 告訴猶大王希士迦：莫上你上帝的當，還想倚靠他，什麼"耶路撒冷決不會落入亞述王手裏"！¹¹ 你都聽説了吧，亞述諸王如何對待列國？一律禁絕！不降即屠城，書6:17注。單你會得救？¹² 我先祖滅掉的各族，古山、哈蘭、紅炭城，rezeph，賽37:12注。以及特拉薩的伊甸子孫，bene-`eden，所指不詳。餘皆幼發拉底河上游商城，17:6。他們的神明可曾施救？13 哈馬王跟亞爾帕王，還有雙河鎮、希納和伊瓦的王，都去了哪兒？參18:34。

14 希士迦從使臣手裏接過信，念了；然後走上耶和華的殿，希士迦把信攤開在耶和華面前。即祭壇上。15 希士迦向耶和華這樣禱告：耶和華啊以色列的上帝！你高踞昂首展翼的神獸之上，kerubim，源於巴比倫神話，負責侍衛上帝的寶座與戰車，撒上4:4，撒下22:11。唯有你，才是天下萬國的上帝——天地是你所造！16 耶和華啊，請側耳傾聽；請睜眼垂顧，耶和華！聽一聽，辛黑力說了什麼，他派人辱罵永生上帝！或作：辛黑力派來辱罵……的言語。17 耶和華啊，確實，亞述王夷滅了列族，從七十士本、死海古卷，賽37:18。原文：列族及其國土。18 將其神祇投入火中；但這些不是神明，只是人手的製作——木材石料，能不毀亡！駁亞述王，18:32以下。19 故而現在，求求你，耶和華我們上帝，從他的掌下救出我們，讓天下萬國都知道，唯有你，耶和華，是上帝！

以賽亞預言

20 於是，阿摩之子以賽亞傳話給希士迦：此乃耶和華以色列的上帝諭示：你苦於亞述王辛黑力而向我祈禱，我已聽到；21 耶和華降言，譴責了他：

她蔑視你，她嗤笑你——　她，擬人指耶京，書6:2。
姑娘是錫安的女兒；bethulah，開始行經，已屆婚齡的姑娘。
她在你背後把頭搖　表輕蔑、厭惡，詩22:7，109:25，伯16:4。
耶路撒冷的女兒。先知主張堅守聖城，故言，下文33–34節。

22 你辱罵、褻瀆的是誰？你，指亞述王。
對誰，你扯起嗓門
抬着你的眼睛，傲慢？marom，舊譯不確：高（舉）。

是對以色列的聖者。

23 借手你的使臣，你辱罵我主　使臣，通行本：臣僕，賽37:24。

說：是我，領無數兵車

登上眾山之巔，直抵黎巴嫩縱深。

我伐倒它最雄偉的雪松

並最秀美的絲柏；

掃蕩它邊陲的高地　從一抄本，賽37:24。原文：夜宿。

它的茂密的林園。直譯：它（黎巴嫩）果園（般的）林叢。無定解。

24 是呀，我掘遍喝遍了

外邦的水，用我腳掌

把埃及的江河踏乾。實際入侵埃及的是辛黑力之子亞述哈丁。

25 你沒聽説，這事我早有定奪？上帝回應，賽10:5以下。

很久以前便安排了　禍福均出於天父，全能者負全責，賽22:11。

而今我要它實現——

就是讓你把堅城夷為廢墟

26 而居民萎了手，驚慌又羞愧　萎了手，直譯：短手。

彷彿一株野花、一根青苗　喻無力，民11:23。

屋頂上被東風烤黃了的

一棵細草。東風，校讀從死海古卷，賽37:27。原文：長大。

27 然而，無論你起身坐下　起身，移自上節末。賽37:28注。

出去入來，我都知道　詩139:2–3。

你如何狂暴——

28 只因你對我張狂　二抄本脱此句。

你的叫囂已達我耳際；叫囂，sha'on，校讀。原文：得意，sha'anan。

而我卻要將你穿了鼻鉤

戴上嘴嚼子，牽着你

由原路回去！

²⁹ **給你**，指希士迦。**徵兆在此** ：徵兆，'oth，舊譯證據，誤，士 6:17。**今年你們有自生的可吃**，國土淪陷，嚴重缺糧。**明年地裏還有一茬；但第三年，即可播種收割，並開闢葡萄園，享用果實。** 經濟全面復蘇；辛黑力入侵迦南不足一年。³⁰ **那猶大家倖存的，就要重新往下生根，向上結果 ——**

³¹ **因為餘數必出於耶路撒冷**
倖存者來自錫安山。
萬軍之耶和華不容不忠 見 10:16，出 20:5，申 4:24。
此事必成。 原文脱 "萬軍"，從諸抄本及傳統讀法補。

³² **如此，耶和華有言，説亞述王**：預言，參較上文 7 節。

他決計進不了此城
朝這兒他別想射一支箭
持盾，也無法近前
更堆不起斜坡來強攻。 斜坡，solelah，舊譯築壘，誤。
³³ **他從哪條路來犯**
必由那條路退回，此城
他進不了 —— 耶和華宣諭。 再申決心，上文 28 節。
³⁴ **我必守護此城，一顯救恩**
為我自己，也為大衛我的僕人。 守諾大衛家永世為王，撒下 7:16。

辛黑力之死

³⁵ **當晚，**賽37:36脫此二字。**耶和華的使者出動，入亞述軍營，殺了十八萬五千。**史載亞述軍圍聖城遭鼠疫，約瑟夫《猶太史》10:21。參撒下24:15–16。**及至黎明，看哪，**取逃生者視角。**遍地是死屍！**

³⁶ **亞述王辛黑力慌忙拔營退兵，撤回尼尼微。**底格里斯河上游古城，相傳為挪亞孫寧錄王所建，創10:11。³⁷ **後來，**二十年後。**他在尼斯洛神廟拜祭時，**尼斯洛，nisrok，無楔形文字記載，一說是日神 Nusku 或戰神 Ninurta 的筆誤。**被兒子榮王和護王拔劍殺了。**意譯二名，'adrammelek, sar'ezer，生平失考。**兩人逃去了亞拉臘國；**古國，今土耳其與亞美尼亞邊陲；方舟着岸處，創8:4注。**繼王位的是幼子亞述哈丁。**'esar-haddon（阿卡德語：Assur-ah-iddina），前680~669在位。

希士迦病了

二十章

之前，直譯：那些天。參觀賽38:1–8。**希士迦曾病重，奄奄一息。阿摩之子先知以賽亞過來探視，說：此乃耶和華之言：料理家事吧，你在世不久了。**直譯：要死了，活不成了。² **希士迦把臉轉過去，**希士迦，從諸抄本及古譯本。原文：他。**朝着牆，向耶和華祈禱：**³ **啊耶和華，求求你，記得我如何走在你面前，全心而忠信，**舊譯誠實，誤，王上2:4。全心，就守約而言。**在你眼裏非善不為！**說着，希士迦痛哭不已。

⁴ **以賽亞下來，未出中庭，**從諸抄本及傳統讀法。原文：中城。**耶和華又降言，囑他：**⁵ **回去，告訴希士迦，我子民的領袖，此乃耶和華，你祖宗大衛的上帝諭示：我聽見了你的禱告，也看到了你的淚 —— 我在這兒！**hineni，借用先知應答上帝語，創22:1, 11，出3:4。**我會治癒你，第三天你就能登上耶和華的殿。**⁶ **我還會給你延壽一十五年，**希士迦卒於前687年，由此推算，罹病在辛黑力圍聖城的前一年，

18:2, 13。會從亞述王掌下將你和此城救出，並守護此城 —— 為我自己，也為大衛我的僕人。

7 以賽亞遂 [回去]説：取一塊無花果餅，當藥膏，賽38:21–22。讓他們拿來敷在瘡面，shehin，既是上帝降罰，埃及百姓身上的膿瘡，出 9:9，也是約伯遭受的 “考驗”，伯2:7。即可復原。8 希士迦卻問以賽亞：有何徵兆，耶和華會治癒我，第三天我能登上耶和華的殿？9 看，以賽亞回答，耶和華賜你一個徵兆：因聖言有變，不取性命了，降神跡為證。此事耶和華言出必行 —— 你要日影前進十度，還是後退十度？ma`aloth，步、階，轉指日晷或晷盤刻度。10 希士迦道：日影伸展十度容易；不，我要日影後退十度。11 先知以賽亞就向耶和華呼求。果然，那 [樓台]石階或琊哈的晷盤上 [太陽]投下的斜影便退了十度。一説琊哈的日晷是階梯式，依樓台而建，23:12。

巴比倫使者

12 不久，同賽 39 章。巴比倫王巴拉丹之子馬爾督 -巴拉丹，merodak bal'adan（阿卡德語：大神賜子），迦勒底酋長，曾兩度稱王反叛亞述，終為辛黑力所敗。聽説希士迦病體康復了，從死海古卷，賽39:1。原文重複：希士迦。就修書致禮。13 希士迦大喜，從少數抄本及古譯本，賽39:2。原文：聽説。開寶庫請 [使者]參觀，金銀香料珍膏並全部軍械，凡府庫貯藏，無不展示；炫耀，也是準備配合酋長起事。宮中所備乃至全國上下，希士迦都讓他們看了。

14 先知以賽亞忙來求見，問希士迦王：這些人説了什麼？是從哪裏來的？一個遠邦呢，希士迦回答，從巴比倫來的。15[以賽亞]又問：他們在宮中看了什麼？樣樣都看啊，希士迦説，凡府庫所藏，無不展示。

16 以賽亞遂向希士迦道：聽着，耶和華訓示：17 看哪，日子快到了，預言入囚巴比倫，24:13 以下。宮中所有，祖宗庫藏至今的一切，都要擄往巴比倫，一樣不留 —— 耶和華有言。18 而你親生的兒子，你將來的後嗣，必有被抓去，收在巴比倫王宮當太監的！19 可是希士迦回答以賽亞：承 [先知]見告，耶和華之言甚好。不聽忠告，婉拒先知。因為他想：反正我這輩子太平無事了。

直譯：會有平安與信實。

²⁰希士迦其餘的事蹟，其武備之功，如何挖池鑿溝，引水入城，由東牆外基雄泉引水，王上 1:33，鑿暗溝入城，至方塘/西羅亞池，賽 22:11，德 48:17，約 9:7。不都載於《猶大諸王實錄》？²¹而後希士迦與列祖同眠。其子瑪納西繼位為王。

猶大王瑪納西

二十一章

瑪納西十二歲登基，瑪納西，menashsheh，諧音"忘卻"，創 41:51；前 698/687~642 在位，無定論。在耶路撒冷為王凡五十五年。其母名何熹。hephzi-bah，"我中意她"，賽 62:4。²耶和華眼中，他惡事做絕，穢行噁心，學了祖父瑪哈，16:3–4。效法那些耶和華替以色列子孫驅逐的異族。

³他修復了父親希士迦廢掉的高丘，參 18:4。學以色列王牙哈給巴力築祭壇，雕木柱女神，王上 16:32–33。拜諸天萬象，服事它們。⁴還在耶和華的殿內另設祭壇，雖然耶和華說過：我的名，要立於耶路撒冷。立名，婉言上帝入居聖所，強調申命律統一祭祀的要求，申 16:5–6。⁵那些祭壇供的卻是諸天萬象，居然設在耶和華聖殿的[內外]二庭！⁶甚而他把親生兒子投在了火裏，念咒觀兆，招鬼魂問亡靈。申 18:10–11。這惡貫滿盈，耶和華看在眼裏，能不動怒！⁷那一尊神母雕像，他也放進了聖殿，受迦南宗教影響，視如耶和華的配偶而享祀。儘管耶和華曾諭示大衛、所羅門父子：就在此殿，在我從以色列各支族遴選的耶路撒冷，我必立名，至永遠。申 12:5。⁸我也決不會再讓以色列的腳步，走失了我賜與其祖先的土地——只要他們遵行我的一切誡命，循摩西我的僕人為之頒佈的全部教導。

⁹然而他們偏偏不聽，跟瑪納西走了歧路，作惡更甚於那些耶和華從以色列子孫面前消滅的異族。

¹⁰於是，耶和華借手他的僕人眾先知警告：¹¹鑒於猶大王瑪納西犯下這種種穢行，勝似之前的亞摩利人造孽，且以其朽木陷猶大於罪愆，罪狀一：拜異教神，王上 21:26。¹²如此，耶和華以色列的上帝有言：看，我這就降禍於耶路撒冷和猶大，要人聽說了都耳朵打鳴！撒上 3:11。¹³我要拿撒瑪利亞的準繩並牙哈家的鉛錘，來丈量耶路撒冷；喻審判、毀滅，賽 34:11，摩 7:7-9。要擦淨耶路撒冷，像人擦淨碗盤，擦完，還要倒扣。¹⁴我要摒棄我產業的殘餘，北國已亡，僅剩猶大。將他們交在敵人掌下，任憑各方仇讎擄掠。¹⁵只因他們在我眼中惡事做絕，自其先祖出埃及之日起，至今，還惹我動怒！聖者以瑪納西代表子民世代忤逆；對比代下 33:10-17。

¹⁶而且，瑪納西除了使猶大陷於罪愆，幹耶和華眼裏的惡事，還潑灑了許多無辜的血，罪狀二：殺忠信者，結 22:1，彌 3:10，鴻 3:1。以致耶路撒冷從牆根到牆根，滿城[血污]。

¹⁷瑪納西其餘的事蹟，其所作所為，罪行纍纍，不都載於《猶大諸王實錄》？¹⁸而後瑪納西與列祖同眠，但陵墓不在一處。葬於宮中花園即烏扎園。惡王竟得善終。其子阿蒙繼位為王。

猶大王阿蒙

¹⁹阿蒙二十二歲登基，阿蒙，'amon，"巧匠"，箴 8:30，前 642~640 在位。在耶路撒冷為王僅兩年。其母名梅書琳，meshullemeth，"得回報/和好"。是悅城人哈魯茨的女兒。悅城，yotbah，或屬猶大，失考。²⁰他在耶和華眼中也是惡事不斷，學父親瑪納西的樣；奉行瑪納西的親亞述政策，安於藩屬地位。²¹就是步步走父親的罪途，服事父親供奉的那一堆穢木，朝它們叩拜：²²不惜背棄耶和華他祖宗的上帝，拒上耶和華的道。

²³阿蒙的臣僕合謀叛亂，在宮中殺了國王。不言政變起因，未必是反抗亞述、抵制異教，11:18。²⁴但國民反擊，把謀害阿蒙王的人統統殺了，然後國民立他兒子約西亞繼位。

²⁵阿蒙其餘的事蹟，其所作所為，不都載於《猶大諸王實錄》？²⁶他也葬於烏扎園陵墓。伴隨父親。其子約西亞繼位為王。

猶大王約西亞

二十二章

約西亞八歲登基，前 640~609 在位，王上 13:2 注二。在耶路撒冷為王凡三十一年。其母命耶蒂妲，yedidah，"所愛"，撒下 12:25 注。是隆城人耶綴的女兒。耶綴，`adayah，常名。隆城，在拉岐附近，書 15:39。²他行了耶和華眼中的義事，每一步都是走祖宗大衛的路，早年有大臣用心輔佐。從無偏左偏右。申 5:32, 17:20，書 1:7。

³約西亞王十八年，前 622 年。國王遣梅書蘭之孫、耶留之子書記沙番去耶和華的殿，沙番，shaphan，"岩狸 / 非洲蹄兔"。耶留，`azalyahu，"耶和華保留"。說：⁴你上去見大祭司席爾加，hilqiyyahu，"我的一份在耶和華"，常名，18:18。讓他把守門 [祭司] 從百姓收來，入存耶和華的殿的捐銀稱出，yatem，合計。通行本另讀：熔作（銀塊），yatek。無確解。⁵交到耶和華的殿的監工手裏，按耶男王定下的規矩，12:10–16。由他們發給在耶和華的殿勞作，維修聖殿的⁶木工、役夫和石匠，或採購繕修聖殿所需的木料跟鑿好的石方。⁷但經手領銀子的人無須交賬，因為他們辦事誠實。

⁸大祭司席爾加卻對書記沙番說：我在耶和華的殿裏發現了律法書。又名約書，23:2，《申命記》的前身，或其核心部分 / 申命律，申 12:1 注。席爾加把書卷拿給沙番。請轉交君主。讀畢，⁹書記沙番就回來國王面前，向君上彙報：僕人已將殿內捐銀倒出，另作熔化，上文 4 節注。交在耶和華的殿的監工手裏。¹⁰還有，書記沙番稟告國王，祭司席爾加交與我一卷書。沙番隨即為國王誦讀了一遍。

¹¹國王聽罷律法書所言，就撕破衰服；呼應 19:1。¹²國王下旨，要祭司席爾加、沙番之子亞希甘、耶 26:24。米迦亞之子阿革波、耶 26:22, 36:12。書記沙番和侍臣耶制：`asayah，"耶和華製作"，常名。¹³去，替寡人和子民，替全猶大，

就這新發現的書卷所言求問耶和華。概因我們先祖不聽此書所言，行事也不按書上的規定，直譯：對我們所寫的一切。耶和華才對我們點燃了天怒。

14 祭司席爾加帶着亞希甘、阿革波、沙番和耶制，遂去見女先知胡爾姐。huldah，"鼴鼠"，利11:29。拉比傳統，君主未諮詢西番雅、耶利米，是覺得女先知更善求神恩。她是哈爾哈斯之孫、提望之子掌禮服的沙龍的妻，住在耶路撒冷二區。mishneh，耶京西城新區，番1:10。待他們説明了來意，15 她便回答：

此乃耶和華以色列的上帝之言，告訴那個派你們來見我的人：語氣十分嚴厲，不祥。16 如此，耶和華有言：看，我要降禍於這片地及其居民——字字真確，那猶大王誦讀的書卷！摩西的預言終於應驗。17 只怪他們捨棄了我，給異神燒香，用各樣手工製作招惹聖威；斥膜拜偶像，19:18，賽31:7，耶1:16，彌5:12。終於我怒火點燃，對準這片地，決不熄滅。18 至於派你們來求問耶和華的猶大王，告訴他這個：此乃耶和華以色列的上帝所言：這些話你既已聽聞，19 且因你心頭已軟，喻懺悔。在耶和華面前謙卑有加；一俟得知我對這片地及其居民的裁決，申28:15以下。將來他們要如何令人震驚，讓人詛咒，極言南國傾覆、聖城焚毀之慘狀，耶18:16, 25:18。你又撕破衰服，來我面前哀哭——這，我也聽到了，耶和華宣諭。20 因此看哪，待我收你與列祖團聚之時，你必平安歸葬。不言，或不忍説破，約西亞將戰死疆場，23:29–30。而我降於這片地的一切災殃，你也不必親眼見到。

他們照此回稟了國王。

重立誓約

二十三章

於是，國王派人召集猶大與耶路撒冷全體長老。2 隨即國王率全體猶大人同耶路撒冷居民，並眾祭司先知，全體子民無分卑小尊大，兼指年齡地位，耶6:13。上到耶和華的殿；將那耶和華殿裏新發現的約書，即律法書，22:8；據以立約，故名，出24:7。向他們耳中一字字誦讀了。3 然後國王站在銅柱旁，參11:14

注。在耶和華面前立約，誓以全心全靈追隨耶和華，守他的誡命、規約和法令，成就此書所載此約所言。誓成，子民全體承了約。直譯：立於約中。

⁴接着，國王命大祭司席爾加帶領副祭司和守門人，把為巴力、神母與諸天萬象製作的諸般禮器，從耶和華大殿搬出，清除瑪納西的"流毒"，21:3, 7。運到耶路撒冷城外黑溪地頭燒掉，王上 15:13。灰燼則着人送去伯特利。象徵廢其聖所，王上 12:29；其時亞述衰落，已退出以色列，約西亞趁機向北擴張。⁵他廢了那些偽祭司，即猶大王冊封在猶大各城和耶路撒冷四周的丘壇焚香，或供奉巴力和日月、黃道十二宮及諸天萬象的人。受亞述影響，日月星辰也一同祭祀。⁶還拔出耶和華殿上的木柱女神，將她扔下耶路撒冷城外的黑溪，就在黑溪燒毀敲碎，灰燼撒入民子的亂墳。民子，即普通百姓，耶 26:23。⁷耶和華殿內廟妓的屋子，王上 14:24 注。亦即女人給神母織祭衣處，祭衣，baddim，從聖城本。原文：房舍，battim。也都拆了。

⁸同時，集攏猶大各城的祭司，把這些祭司焚香的丘壇一一玷污，聖殿唯一，取消地方聖所。從戈丘到誓約井。猶言全國。城門左手，邑宰約書亞門前的公山羊丘壇也一併拆除。公山羊，se`irim，校讀從傳統本注。原文抄重：諸門。⁹但是，丘壇祭司不得上耶路撒冷的耶和華祭壇，只可在兄弟中間分食無酵餅。享受利未人待遇，申 18:6–8。¹⁰他還污損了啼子谷的焚化地，topheth，迦南冥王享童子祭的聖壇，書 15:8，賽 30:33。不許人把兒女投在火裏，祭祀恥王。molek，貶稱冥王，16:3，利 18:21。¹¹又廢了耶和華聖殿門口，挨着太監納單米勒的居室，廊房裏猶大王供奉太陽的駿馬；那日神的車駕也一把火燒了。古代近東神話，太陽每日乘車巡天，詩 19:5。¹²邪哈樓台屋頂上，猶大王修的幾方祭壇，拜星宿用，耶 19:13，番 1:5。及瑪納西在耶和華聖殿 [內外]二庭築的祭壇，國王皆就地搗毀，從傳統本注。原文：跑出那兒。碎石扔下黑溪。¹³耶路撒冷對面，毀亡山南頭，毀亡山，蔑稱為異教玷污了的橄欖山，王上 11:7。當年以色列王所羅門為西頓人的穢物阿思塔、摩押的穢物凱魔、亞捫子孫的孽偶米爾公壘的丘壇，國王就污毀了：¹⁴廟碑砸碎，神柱砍倒，地裏再埋進人的骨骸。使之不潔，無法再建神龕。

¹⁵ 至於那伯特利的祭壇，<small>約西亞的宗教改革與拓疆同步。</small>那陷以色列於罪愆的 轟拔之子增民修建的高丘，<small>婉言北國神殿，王上 12:31。</small>這座祭壇跟高丘他也毀 了：石器打碎，<small>從七十士本。原文重複：高丘燒掉。</small>化為齏粉，神柱付之一炬。

¹⁶ 而後約西亞轉臉看去，那邊山坡上有片墳地。便派人掘起墓裏的骨 骸，丟在祭壇上焚燒。如此污損，恰是應驗耶和華之言，即（當初增民造 節日立於祭壇之時）上帝之人的呼喊。（他抬眼望見）那説此預言的（上 帝之人的墓），<small>原文脫括號內文字，從七十士本補，王上 13:1 以下。</small>¹⁷就問：寡人看見 的那塊墓碑是誰的？有鎮民答：是上帝之人的墓；他從猶大來，喊出的預 言，正是剛才陛下對伯特利祭壇的處置。¹⁸讓他安息吧，[國王]道，誰也不 可動他的遺骨。他們便保住了他的遺骨，連同那位撒瑪利亞先知的骨骸。<small>王 上 13:31。撒瑪利亞，提喻北國，17:24, 28。</small>

¹⁹ 之前以色列王在撒瑪利亞各城高丘所建，招惹聖怒的廟宇，約西亞也 悉數清除，一如他在伯特利採取的措施。²⁰高丘祭司則拖到祭壇屠殺殆盡， <small>鎮壓異教祭司或"偽祭司"循以利亞先例，斬草除根，王上 18:40。</small>並在壇上焚燒人的骨 骸。完了，才返回耶路撒冷。

逾越節

²¹ 國王下旨，通令全體子民：當按此約書所載，向耶和華你們上帝守逾 越節。<small>申 16:1–8。</small>²²確實，逾越節從未如此守過，從士師領導以色列以降，<small>領 導，兼指審判，士 3:10 注。</small>至以色列王同猶大王各朝。²³但在約西亞王一十八年， 在耶路撒冷，<small>而非各地自行祭祀。</small>耶和華面前，這逾越節守成了！

²⁴ 此外，原先猶大國中和耶路撒冷所見，那些招鬼魂問亡靈的，連同家 神像、朽木與各種穢物，<small>包括異教禮儀、習俗，21:6，創 31:19，士 18:14。</small>被約西亞一 掃而光，以履行聖法之言，[如]祭司席爾加在耶和華的殿發現的書卷所載。 ²⁵之前，沒有一個國王能像他那樣，全心全靈全力歸於耶和華，<small>申 6:5。</small>一切 遵循摩西的教導；之後立起的，也無一及得上他。

²⁶ 儘管如此，耶和華並未收起他點燃的鼻息，子民不因宗教改革而獲赦免，國君雖是虔敬與熱忱的典範，亦無濟於事。他因瑪納西屢屢冒犯而燒向猶大的聖怒。²⁷ 耶和華說：猶大也要從我面前除去，一如以色列被我刪除；我要捐棄我揀選的這城，耶路撒冷，並我說過要立名其中的這座聖殿。收回承諾，21:4, 7。

約西亞之死

²⁸ 約西亞其餘的事蹟，其所作所為，不都載於《猶大諸王實錄》？

²⁹ 後來，直譯：在他的日子/年間。埃及王聶戈法老發兵大河幼發拉底，聶戈二世，nekoh，埃及第二十六王朝法老，前609~594在位。增援亞述王。末代王抵抗巴比倫軍。增援，校讀。原文：攻打。約西亞王出擊，試圖攔截；誤判形勢，貿然選邊，捲入列強的戰爭，代下35:20–24。然而在麥吉度甫一遇敵，即陣亡了。胡爾妲的預言落空，22:20。³⁰ 他的臣僕用兵車將屍體從麥吉度運回耶路撒冷，葬於他自己的陵墓。國民擁立約西亞之子耶捉，與以色列王同名，13:1注。給他行了膏禮，繼父位為王。

猶大王耶捉

³¹ 耶捉二十三歲即位，在耶路撒冷為王僅三個月。前609在位。其母名哈慕塔，hamutal，"公公如露"？參24:18。是白丘人耶利米的女兒。此非先知耶利米。³² 他卻幹了耶和華眼裏的惡事，全如祖輩的行徑。

³³ 法老聶戈將他幽禁在哈馬境內的里貝拉，亞蘭交通要衝，大馬士革向北，耶39:5。不許他稱王耶路撒冷，不許，傳統讀法及古譯本，代下36:3。原文：當。並罰全國賠款，銀一百秤、金[十]秤。原文脫數字。七十士本：一百/十秤。³⁴ 法老聶戈另立約西亞之子帝舉，'eliyaqim，艾利雅金，18:18，耶捉的異母兄。易名耶舉，yehoyaqim，改藩王名，凸顯宗主權威。繼父王約西亞之位。耶捉則押去了埃及，歿於異鄉。直譯：那裏。耶22:10–11。

³⁵耶舉給法老送上金銀。但他先得舉國徵稅才能賠款，向法老交差。於是國民人人按家產抽稅，_{家產，直譯：估價。}向法老聶戈納了金銀。

猶大王耶舉

³⁶耶舉二十五歲即位，在耶路撒冷為王十一年。_{前 609~598 在位。}其母名禮姬，_{zebudah，"賜禮"。}是魯瑪人耶贖的女兒。_{耶贖，pedayah，"耶和華救贖"，常名。}³⁷他也幹耶和華眼裏的惡事，全如祖輩的行徑。

二十四章

恰逢巴比倫王尼布甲尼撒進犯，_{耶舉四年，尼帝（前 605~562 在位）在彌西堡擊敗埃及法老聶戈，新巴比倫帝國崛起，耶 46:2。}耶舉便向他稱臣；但三年後，_{前 601 年。}復又反叛。²耶和華即放出迦勒底、亞蘭、摩押和亞捫子孫諸部前來劫掠；_{入侵者/異教徒充任神的代理人或工具，賽 10:5，耶 25:9。}他放出這些，是要摧毀猶大，誠如耶和華借手僕人眾先知所傳的預言。³猶大落難，棄絕於聖顏，_{失去神恩護佑。}當然是耶和華的旨意；_{七十士本另讀：降怒。}是起於瑪納西的纍纍罪愆，他的種種行事，⁴以及他潑灑的無辜的血，_{見 21:16。}耶路撒冷滿城無辜的血——耶和華不願意寬恕！

⁵耶舉其餘的事蹟，其所作所為，不都載於《猶大諸王實錄》？⁶而後耶舉與列祖同眠。其子耶立繼位為王。

⁷但埃及王就再沒有犯境了，因為巴比倫王奪了屬埃及王的一切，_{敘利亞、迦南先後落入尼帝手中。}從埃及河到大河幼發拉底。

猶大王耶立

⁸耶立十八歲即位，_{耶立，yehoyakin，前 598~597 在位。}在耶路撒冷為王僅三個月。其母名銅娥，_{nehushta'，聯想被錘碎的摩西銅蛇，18:4。}是耶路撒冷人艾爾納

丹的女兒。⁹耶和華眼中，他幹了惡事，一如父親的行徑。同樣被救主捨棄，耶22:24以下。

¹⁰當時，巴比倫王尼布甲尼撒大軍上犯耶路撒冷，京城陷於重圍。¹¹正當諸將圍攻之際，大軍/諸將，直譯：眾僕。巴比倫王尼布甲尼撒親臨城下，¹²猶大王耶立即率母后與臣僕、公卿、太監出降巴比倫王。放棄抵抗，以免重蹈北國之覆轍。巴比倫王拿下[耶立]，時在登基八年。前597年三月，據巴比倫編年史。

¹³於是，耶和華聖殿的寶藏及王宮珍寶被搶掠一空，以色列王所羅門所製耶和華大殿的金器通通砍碎，聖所遭褻瀆。一如耶和華所言。見20:17。¹⁴耶路撒冷全體入囚，公卿勇士共擄走一萬，百工匠人一個不留，國民僅剩了貧苦百姓。俘虜以耶京的貴族精英、守軍和工匠為主。以下二節似補注，淵源不同。¹⁵耶立也擄往巴比倫，連同太后、后妃、太監和國中貴族，一起從耶路撒冷入囚巴比倫。¹⁶所有的戰士，計七千，百工匠人一千 —— 凡能打仗的，都被巴比倫王擄去了巴比倫。

¹⁷巴比倫王另立[耶立]的叔叔瑪塔尼亞為王，瑪塔尼亞，mattanyah，"耶和華的禮物"，常名。易名耶義。zidqiyahu，約西亞之子，耶捉的同母弟。

猶大王耶義

¹⁸耶義二十一歲即位，自此至本書結尾，大致同耶52章。在耶路撒冷為王十一年。前597~586在位。其母名哈慕塔，是白丘人耶利米的女兒。見23:31。¹⁹耶和華眼中，他幹的也是惡事，全如耶舉的行徑。²⁰結果耶和華一聲鼻息，對準耶路撒冷和猶大，將他們從自己面前放逐了。

而耶義竟反叛了巴比倫王。誤判形勢，指望埃及支持，耶52:3注，結17:15。

二十五章

於是[耶義]王九年，十月初十，前588/587年一月。參觀耶39:1-7。巴比倫王尼布甲尼撒率大軍來到；紮了營，壘起工事，將耶路撒冷團團圍住。²圍城持續至耶義王十一年。³[四月]初九，前587/586年七月，耶52:6。全城大饑，百姓斷糧。

⁴隨即城[牆]就裂了口子，被敵軍攻破。士兵紛紛[棄城出逃]。趁着黑夜，穿過兩牆間的便門，泉門或碎瓦間。取道御苑，[避開]圍城的迦勒底人，直奔河谷之路。往約旦河谷/死海方向。⁵但迦勒底人立刻派出追兵，在耶利哥荒野趕上了[耶義]；以色列入侵迦南初戰大捷處，書6章。國王的隊伍頓時潰散了。⁶眾人將國王抓獲，帶到里貝拉，見23:33注。巴比倫王面前；後者遂宣佈其罪狀。後者，從諸抄本及古譯本，耶52:9。原文複數：他們。⁷他讓耶義親眼看着，兒子被一一屠戮。企圖使大衛寶座絕後，永約作廢，撒下7:12–16。然後，把耶義剜去雙目，鎖上銅鐐，押往巴比倫。結12:13。

聖殿焚毀

⁸五月初七，另作初十，耶52:12。那是巴比倫王尼布甲尼撒十九年，前587/586年八月。巴比倫王的御前侍衛長尼波扎爾丹進入耶路撒冷。尼波扎爾丹，nebuzar'adan，"大神賜子"，耶39:3。御前，從七十士本。原文：僕人。⁹他焚毀了耶和華的殿和王宮，耶路撒冷的民居，包括各處府邸，也一把火燒掉。¹⁰耶路撒冷四圍的城牆，則被侍衛長指揮迦勒底大軍拆除殆盡。消除自衛能力。

¹¹城中殘餘的子民，連同那些早先投降巴比倫王的，及剩下的工匠，校讀，耶52:15。原文：喧鬧人群。侍衛長尼波扎爾丹一總擄走。¹²唯有國中的窮人，被侍衛長留下，區別對待，籠絡人心，非常精細的統治策略，耶39:10。叫他們修剪葡萄，耕種田地。

¹³迦勒底人砸碎了耶和華聖殿的銅柱，並耶和華聖殿內的銅盆座與銅海，均為所羅門聖殿的遺物，王上7章。且將銅器運去了巴比倫：¹⁴盛油灰的盤、鏟和燭剪，供桌的碗碟等一切執禮銅器，他們一掃而光。¹⁵香爐、杯爵，凡屬金銀製作，出27:3, 29:40, 30:27, 35:16。皆被侍衛長劫掠一空。¹⁶至於那兩根銅柱、一座銅海及銅盆座，乃是所羅門王為耶和華的殿所鑄造，這幾樣所

用的銅，重量無從估計。王上 7:47。[17] 銅柱一根高十八肘，柱頭有銅頂，高三肘；另作五肘，王上 7:16，耶 52:22。銅頂四周飾有花網和石榴，均為銅制。另一根式樣相同，也飾了花網。此句未完？耶 53:22–23。

[18] 侍衛長還拿獲了祭司長耶角力、serayah，常名，紀念雅各與神/天使角力，創 32:29，撒下 8:17。副祭司西番雅，zephanyah，"耶和華寶藏"，耶 21:1。及三個看守殿門的。管理聖殿的官員，12:10, 23:4。[19] 又在城裏搜捕，捉住一個監軍的宦官同五名國王的親信，直譯：常與國王見面的。原文此處重複"城裏"。並負責全國徵兵的官長書記；另有六十個平民，也是在城內找到的。舊譯遇見，不妥。[20] 侍衛長尼波扎爾丹把這些人押解到里貝拉，獻與巴比倫王。[21] 就在里貝拉，哈馬境內，巴比倫王將他們砍倒，處死了。

就這樣，猶大入囚，痛失家園。

省長耶偉

[22] 至於猶大國中殘存的子民，巴比倫王尼布甲尼撒任命沙番之孫、亞希甘之子耶偉為省長。建傀偽政府。耶偉，gedalyahu，"合作者"或投降派的頭面人物，耶 21:9, 38:19。[23] 殘部將士聽說，巴比倫王敕封了耶偉，就來瞭望台見耶偉：瞭望台，mizpah，在耶京西北，書 18:26；巴比倫征服猶大後設行省，此為省府，耶 40:6。有內塔尼亞之子以實瑪利、yishma`e'l，"上帝聽見"，創 16:11。禿夫之子約翰、yohanan，"耶和華恩顧"。禿夫，qareah，綽號。水滴鎮人潭胡默之子耶角力、撒下 23:28。馬加人之子耶聆，ya'azanyahu，常名。各率部卒。[24] 耶偉當場發誓，向眾人及部屬保證：沒什麼好怕的，迦勒底人的臣僕。少數抄本：服侍迦勒底人，耶 40:9。留在國中，侍奉巴比倫王，大家會好起來的！

[25] 但是七月間，以利沙瑪之孫、內塔尼亞之子以實瑪利來了。他是宗室子實，王室成員。卻帶了十個隨從。他們到瞭望台砍殺了耶偉，連同他身邊的猶大人和迦勒底人。佯裝入夥，一舉鋤奸，耶 41:1–3。[26] 而後，大群子民無分卑小尊大，跟着諸將起身，去了埃及：因為害怕迦勒底人。詳見耶 40:7–43:7。

耶立出獄

²⁷ 猶大王耶立入囚第三十七年，十二月二十七日，另作二十五日，耶 52:31。
巴比倫王愚威-馬爾督克於登基當年，前 562 年。愚威-馬爾督克，'ewil merodak，"大
神之人"，尼帝之子，在位兩年，一說遇刺而薨，耶 39:3 注。**抬起了猶大王耶立的頭**，喻
認可、眷顧，創 4:7, 32:21；此處指大赦，暗示大衛之永約未廢。**[放他]出獄。²⁸繼而又召
他親切交談，賜座高於同在巴比倫的一眾[降]王之位**。誇張。據巴比倫史料，耶
立之囚大約是軟禁，他同五個兒子均享尼帝賞賜的飲食供應。**²⁹於是[耶立]換下囚服，得
以時時在御前進餐，終其餘生。³⁰他的需用，常年的飲食，巴比倫王亦有賞
賜：每天一份，終其餘生。**

二零二一年二月初稿，四月定稿

參考書目

　　拙譯《歷史書》及前言、導讀中引文所據原文的底本，跟之前的四卷聖書《摩西五經》《智慧書》《新約》與《先知書》(2006, 2008, 2010, 2020)相同：希伯來《聖經》用德國斯圖加特版 Kittel-Kahle-Elliger-Rudolph傳統本第五版 (*Biblia hebraica stuttgartensia*, 1997，簡稱 BHS)，《新約》則取斯圖加特版 Nestle-Aland匯校本第二十七版 (*Novum testamentum graece,* 1993，簡稱 NTG)，皆西方學界公認的權威。釋義、串解、斷句及風格研究，BHS、NTG注腳所載異文異讀之外，主要參考了六種經典西文譯本，即希臘語七十士本、拉丁語通行本、德語路德本、法語聖城本、英語欽定本和猶太社本。

　　以下羅列書中提及或引用的文獻，並一些相關的聖經學研究。排序按著 /編者姓氏中譯名的中文拼音和四聲筆劃。外國經典作家，譯名已約定俗成的，不附西文原名，如：奧古斯丁。

A

艾爾曼 (Bart Ehrman) :《天堂與地獄》(*Heaven and Hell: A History of the Afterlife*)，Simon & Schuster, 2020。

奧古斯丁:《上帝之城》(*The City of God*)，R.W. Dyson 譯注，劍橋大學出版社，1998。

奧特 (Robert Alter):《聖經敘事藝術》(*The Art of Biblical Narrative*)，Basic Books, 2011。

奧特 [譯注]:《古以色列：前先知》(*Ancient Israel: The Former Prophets*)，W.W. Norton & Company, 2013。

奧特:《聖經譯藝》(*The Art of Bible Translation*)，普林斯頓大學出版社，2019。

B

巴蘭丁 (Samuel Balentine) :《隱匿之神》(*The Hidden God: The Hiding of the Face of God in the Old Testament*)，牛津大學出版社，1983。

比亞里克 (Hayyam Bialik):《大衛王所羅門王的傳說》(*And It Came to Pass: Legends and Stories about King David and King Solomon*)，Kessinger Publishing, 2010。

伯爾曼 (Joshua Berman):《受造而平等》(*Created Equal: How the Bible Broke with Ancient Political Thought*)，牛津大學出版社，2011。

勃洛赫 (Ernst Bloch)：《烏托邦精神》(*The Spirit of Utopia*)，Anthony Nassar 英譯，斯坦福大學出版社，2000。

勃呂格曼 (Walter Brueggemann)：《先知的想像》(*The Prophetic Imagination*)，Fortress Press, 2018。

布魯姆／羅森堡 (Harold Bloom & David Rosenberg)：《J 之書》(*The Book of J*)，Grove Press, 1990。

D

戴伊 (John Day)：《耶和華與迦南眾神》(*Yahweh and the Gods and Goddesses of Canaan*)，Sheffield Academic Press, 2000。

德福 (Rolland de Vaux)：《古以色列之生活與制度》(*Ancient Israel: Its Life and Institutions*)，John McHugh 英譯，Wm. B. Eerdmans, 1997。

德維爾 (William Dever)：《上帝曾有妻否》(*Did God Have a Wife? Archaeology and Folk Religion in Ancient Israel*)，Eerdmans, 2008。

德維爾：《超越文本：描畫古以色列和猶大考古》(*Beyond the Texts: An Archaeological Portrait of Ancient Israel and Judah*)，SBL Press, 2020。

F

菲羅 (Philo of Alexandria)：《菲羅集》(*Philo*)，F.H. Colson & G.H. Whitaker 英譯，十卷，哈佛／羅伯叢書，1991。

馮象：《信與忘：約伯福音及其他》，北京三聯，2012。

馮象：《以賽亞之歌》，北京三聯，2017。

馮象：《聖詩擷英》，北京三聯，2017。

馮象 [譯注]：《先知書》，香港牛津，2020。

芬克斯坦／西爾伯曼 (Israel Finkelstein & Neil Silberman)：《聖經出土》(*The Bible Unearthed: Archaeology's New Vision of Ancient Israel and the Origin of Its Sacred Texts*)，Free Press, 2001。

福克斯 (Everett Fox)[譯注]：《前先知》(*The Early Prophets*)，Schocken Books, 2014。

福可曼 (J.P. Fokkelman)：《解讀聖經敘事》(*Reading Biblical Narrative: An Introductory Guide*)，Westminster John Knox, 2000。

傅利門 (Richard Friedman)：《上帝之消失》(*The Disappearance of God: A Divine Mystery*)，Little, Brown & Co., 1995。

H

哈里森 (Peter Harrison)：《聖經、新教與自然科學的興起》(*The Bible, Protestantism and the Rise of Natural Science*)，劍橋大學出版社，2001。

哈佐尼 (Yoram Hazony)：《希伯來聖經哲學》(*The Philosophy of Hebrew Scripture*)，劍橋大學出版社，2012。

亨德爾 (Ronald Hendel)：《銘記亞伯拉罕》(*Remembering Abraham: Culture, Memory and History in the Hebrew Bible*)，牛津大學出版社，2005。

J

金士伯 (Louis Ginsberg)：《猶太人的傳說》(*The Legends of the Jews*)，七卷，霍普金斯大學出版社，1998。

K

卡爾 (David Carr)：《希伯來聖經成形之新解》(*The Formation of the Hebrew Bible: A New Reconstruction*)，牛津大學出版社，2011。

卡吉爾 (Robert Cargill)：《城市築起聖經》(*The Cities that Built the Bible*)，HarperOne，2016。

凱爾特納 / 斯圖爾曼 (John Kaltner & Louis Stulman)[編]：《靈媒傳話：古代近東的預言》(*Inspired Speech: Prophecy in the Ancient Near East*)，T&T Clark，2004。

柯麗茨娜 (Judy Klitsner)：《聖經中的顛覆性接續》(*Subversive Sequels in the Bible: How Biblical Stories Mine and Undermine Each Other*)，Maggid Books，2011。

柯林斯 (John Collins)：《何謂聖經價值》(*What are Biblical Values: What the Bible Says on Key Ethical Issues*)，耶魯大學出版社，2019。

克羅斯 (Frank Cross)：《從史詩到正典》(*From Epic to Canon: History and Literature in Ancient Israel*)，約翰霍普金斯大學出版社，1998。

庫根 / 史密斯 (Michael Coogan & Mark Smith)[譯注]：《古迦南故事》(*Stories from Ancient Canaan*)，第二版，Westminster John Knox，2012。

庫格爾 (James Kugel)：《大轉換：遭遇上帝於聖經時代》(*The Great Shift: Encountering God in Biblical Times*)，Mariner Books，2018。

L

蘭伯特 (David Lambert)：《悔改和解經》(*How Repentance Became Biblical: Judaism, Christianity, and the Interpretation of Scripture*)，牛津大學出版社，2017。

列文森：《復活與以色列復興》(*Resurrection and Restoration of Israel: The Ultimate Victory of the God of Life*)，耶魯大學出版社，2008。

蘆笛：《對二女爭子故事起源和演變之推測》，載《文化藝術研究》4/2011。

羅默爾 (Thomas Roemer)：《發明上帝》(*The Invention of God*)，Raymond Geuss 英譯，哈佛大學出版社，2015。

M

邁爾斯 (Jack Miles)：《上帝傳》(*God: A Biography*)，Vintage Books, 1996。

麥茨格 (Bruce Metzger)：《聖經迻譯史》(*The Bible in Translation*)，Baker Academic, 2001。

米勒/海斯 (Maxwell Miller & John Hayes)：《古以色列和猶大史》(*A History of Ancient Israel and Judah*)，第二版，Westminster John Knox, 2006。

P

帕爾蒂絲 (Ilana Pardes)：《歌之歌》(*The Song of Songs: A Biography*)，普林斯頓大學出版社，2019。

平斯基 (Robert Pinsky)：《大衛傳》(*The Life of David*)，Schocken Books, 2005。

泊爾琴 (Robert Polzin)：《撒母耳與申命宗寫經人》(*Samuel and the Deuteronomist: A literary Study of the Deuteronomic History*)，卷三，印第安那大學出版社，1993。

Q

齊莫利 (Walther Zimmerli)：《律法與先知》(*The Law and the Prophets: A Study of the Meaning of the Old Testament*)，R.E. Clements 英譯，Wipf & Stock, 2010。

S

沙瑪 (Simon Schama)：《猶太人史》(*The History of the Jews: Finding the Words, 1000 BC~1492 AD*)，HarperCollins, 2013。

史密斯 (Mark Smith)：《上帝前史》(*The Early History of God: Yahweh and the Other Deities in Ancient Israel*)，Eerdmans, 2002。

斯賓諾莎：《倫理學》(*Ethics*)，Edwin Curley 英譯，Penguin Classics, 2005。

斯當普 (Eleonore Stump)：《黑暗中的徘徊：敘事與苦難問題》(*Wandering in Darkness: Narrative and the Problem of Suffering*)，牛津大學出版社，2012。

《死海古卷》(*The Complete Dead Sea Scrolls in English*)，Geza Vermes 英譯，企鵝叢書，1998。

《死海古卷聖經》(*The Dead Sea Scrolls Bible*)，Martin Abegg, Peter Flint & Eugene Ulrich 譯注，HarperSanFrancisco, 1999。

T

托夫 (Emanuel Tov)：《猶大荒野出土文本所示文書實踐及方式》(*Scribal Practices and Approaches Reflected in the Texts Found in the Judean Desert*)，Brill, 2004。

W

瓦爾澤 (Michael Walzer)：《上帝庇蔭：希伯來聖經裏的政治》(*In God's Shadow: Politics in the Hebrew Bible*)，耶魯大學出版社，2012。

威利克 (Jed Wyrick)：《論猶太、希臘與基督教傳統中作者之確認與正典之形成》(*The Ascension of Authorship: Attribution and Canon Formation in Jewish, Hellenistic and Christian Traditions*)，哈佛大學出版社，2004。

威爾遜 (Robert Wilson)：《古以色列的預言與社會》(*Prophecy and Society in Ancient Israel*)，Fortress Press, 1980。

Y

約瑟夫 (Flavius Josephus)：《全集》《猶太戰爭》《猶太史》《自傳》和《斥阿比安》)，H.St.J. Thackeray 等英譯，十三卷，哈佛／羅伯叢書，1926~65。

約西波維奇 (Gabriel Josipovici)：《上帝之書》(*The Book of God: A Response to the Bible*)，耶魯大學出版社，1988。

Z

澤維特 (Ziony Zevit)：《古以色列諸宗教》(*The Religions of Ancient Israel: A Synthesis of Parallactic Approaches*)，Continuum, 2001。

張友鸞 [選注]：《古譯佛經寓言選》，商務印書館，2015。

譯注者簡介

馮象，上海人。少年負笈雲南邊疆，從兄弟民族受"再教育"凡九年成材，獲北大英美文學碩士，哈佛中古文學博士 (Ph.D)，耶魯法律博士 (J.D)。現任北京清華大學梅汝璈法學講席教授，兼治法律、宗教、倫理和西方語文。著/譯有《貝奧武甫：古英語史詩》(北京三聯，1992)，《中國智慧財產權》(英文，Sweet & Maxwell, 1997)，《木腿正義》(1999；北京大學增訂版，2007)，《玻璃島》(北京三聯，2003)，《政法筆記》(2004；北京大學增訂版，2011)，《創世記：傳說與譯注》(2004；北京三聯修訂版，2012)，《摩西五經》(牛津大學，2006，修訂版，2013)，《寬寬信箱與出埃及記》(北京三聯，2007)，《智慧書》(牛津大學，2008，修訂版，2016)，《新約》(牛津大學，2010，修訂版，2018)，《信與忘》(北京三聯，2012)，《以賽亞之歌》(北京三聯，2017)，《聖詩擷英》(北京三聯，2017)，《我是阿爾法》(牛津大學，2018)，《先知書》(牛津大學，2020)，《歷史書》(牛津大學，2021)，及法學評論、小說詩歌若干。

（電郵：fengxiang@post.harvard.edu）

歷史書
The Histories

ISBN 978-988-8777-07-5

9 789888 777075